Inhalt

* Begriffe, die im Anhang erläutert werden, sind im Text durch ein vorangesetztes ▷ gekennzeichnet.

Einleitung

Die Industrialisierung ist der tiefgreifendste Veränderungsprozeß der Geschichte, seit die Menschen in der Jungsteinzeit begannen, Landwirtschaft zu betreiben und seßhaft zu werden (neolithische Revolution ab ca. 7000 v. Chr.). Alle früheren Veränderungsschübe führten nach einiger Zeit zu neuen Gleichgewichten, innerhalb derer das Leben der Menschen durch Jahrhunderte in den annähernd gleichen, langfristig vorhersehbaren Formen ablief. Selbst Kriege und Seuchen änderten daran grundsätzlich wenig. Die Revolutionierung der Welt durch die Industrialisierung dagegen dauert nun schon zwei Jahrhunderte an, ohne daß ein Ende dieses Prozesses absehbar wäre, und die neuen technologischen und gesellschaftlichen Entwicklungsschübe des ausgehenden 20. Jahrhunderts sind in ihren Konsequenzen wohl noch schwerer abzuschätzen als alle früheren.

Europäer, Nordamerikaner, Japaner und die Bewohner einzelner „Wohlstandsinseln“ der Südhalbkugel der Erde leben in Industriegesellschaften und verfügen dank hochentwickelter Produktionsmittel wie selbstverständlich über eine reichliche Ernährung und ein großes Angebot an Konsumgütern, Kommunikationsmitteln und Reisemöglichkeiten.

Als ebenso selbstverständlich erscheint den reichen Ländern, daß diese Welt sich ständig ändert, und zwar, das ist wichtig, in einer bestimmten Richtung. „Fortschritt“ ist hier ein Schlüsselwort, wenn auch längst kein unbefragtes mehr. Dennoch glaubt wohl die Mehrheit der Europäer, Nordamerikaner und der Industrieländer Ostasiens an einen steigenden Lebensstandard, mehr Freizeit und Gesundheit. Stillschweigend hoffen wir, daß der Wohlstand, den die Industrialisierung zu produzieren verspricht, auch die Spannung zwischen Armen und Reichen in der Welt verringern wird.

Ein anderer Weg als der der Anpassung der Dritten Welt an die erste scheint den Menschen in den Industrieländern schwer denkbar. Die Struktur und Mentalitäten der Agrargesellschaften sind in den Augen der Europäer veraltet und zu wirksamen rationalen Lösungen unfähig. Eine Existenz in mühseliger körperlicher Arbeit und bedroht von Mangel und Katastrophen verlangt nach industriellen Lösungen in großem Maßstab. Die europäische Selbstzufriedenheit wird allerdings seit den 1970er Jahren gestört. Trotz des technologischen Fortschritts sichert die Entwicklung auch in den reichen Ländern nicht mehr allen Menschen Arbeit, Wohlstand und politische Sicherheit. Ein Buchtitel wurde zum populären Schlagwort – „Das Ende des Wachstums“. Es mehren sich sogar Stimmen, die eine ganz pessimistische Haltung vertreten! Die meisten Völker der Dritten Welt gehen offenbar Katastrophen entgegen; kleine Inseln europäischer Lebensweise sind von Menschenmassen in tiefem Elend und ohne Hoffnung auf „Fortschritt“ umgeben. Selbst wenn diese Menschen noch an das Vorbild der Reichen der Erde glauben, können sie dennoch nicht genug von den industriellen Wundermitteln kaufen: Sie können nicht einmal mehr ihre alten Schulden zurückzahlen. Schließlich droht allen – Armen und Reichen – eine Umweltkatastrophe, die wir gerade mit der Industrialisierung ausgelöst haben.

Beide Einstellungen – Fortschrittshoffnungen und Katastrophenangst – stützen sich mit ihren Argumenten auf Erfahrungen der Geschichte, die um so glaubhafter erscheinen, je längere Zeiträume sie berücksichtigen. Am eindrucksvollsten erscheinen diese Argumente in statistischen Diagrammen. So sind sie auch am gefährlichsten: Haben sich nicht über 200 Jahre lang die positiven Dinge vermehrt und die negativen vermindert? Sollte man diese Kurven wie im Beispiel unten nicht verlängern dürfen?

Nachdem viele europäische Länder und die USA im 18. und 19. Jahrhundert zu Industrie-

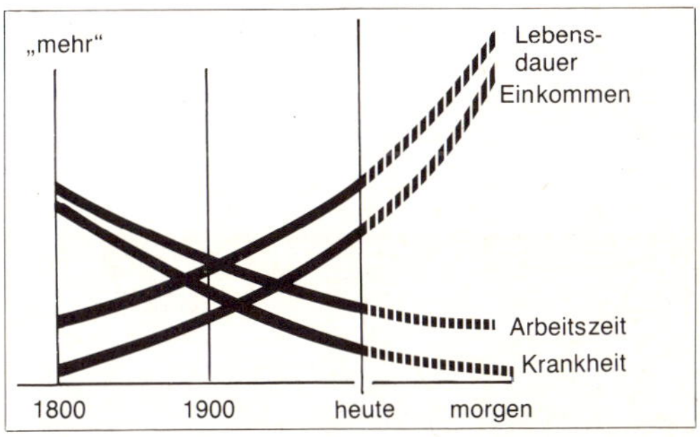

ländern geworden waren, die UdSSR und Osteuropa dies in der ersten Hälfte des 20. Jahrhunderts erreichten und China, Südkorea, Brasilien und andere Länder Ende des 20. Jahrhunderts dabei sind, diesen Schritt zu tun, scheint es nur eine Frage der Zeit zu sein, wann auch der Dritten Welt der Übergang ins Industriezeitalter gelingen wird.

Gibt es aber tatsächlich eine wissenschaftliche Grundlage, nach der wir vom bisherigen auf den künftigen Fortschritt schließen dürfen? In einer Studie des „Club of Rome" tragen ernsthafte Forscher eine andere Lösung vor: In Kurven, deren Geometrie an naturwissenschaftliche Gesetzmäßigkeiten erinnern soll, rücken sie ungeheure Katastrophen in den Bereich des Denkbaren — vergegenwärtigen wir uns nur einmal, was die Bevölkerungskurve beinhaltet!

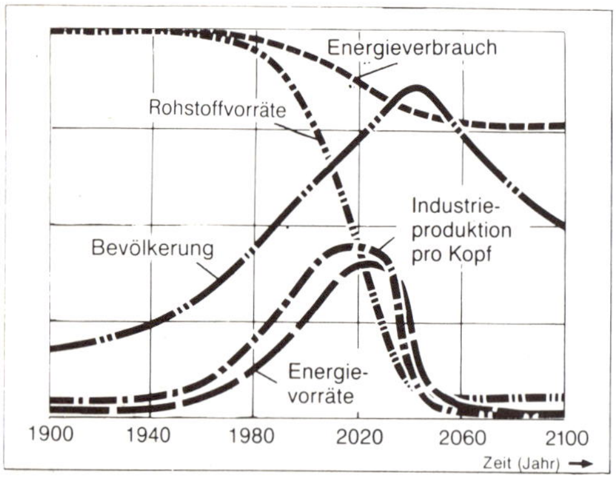

Dennis Meadows: Die Grenzen des Wachstums. (DVA) Stuttgart 1972. S. 113

(Die Größendimension des Diagramms ist nicht konkretisiert, es geht um relative Werte zwischen null und einem angenommenen Maximum.)

Davon, ob Wähler und Regierungen diese Gefahr für real halten, oder ob sie darauf vertrauen, daß in der Geschichte wie so oft ganz unerwartete technische, wirtschaftliche und politische Entwicklungen neue Lösungen eröffnen, hängt es ab, ob drohende Katastrophen abgewendet werden können oder nicht. Wenn dabei die Erfahrungen der Vergangenheit nützlich sein sollen, können wir nicht nach dem oberflächlichen Augenschein von Wachstumskurven vorgehen, sondern müssen genaue Fragen stellen und gewissenhaft nach Antworten suchen:

— Welche Faktoren haben die Industrialisierung in Gang gesetzt und ausgebreitet?
— Ließ sich Industrialisierung planen, ließ sie sich in ihren Folgen überblicken?
— Welche gesellschaftlich-politischen Auswirkungen hatte die Industrialisierung, und inwieweit ließen sich diese beherrschen?
— Inwieweit sind die Industrialisierungsprozesse in verschiedenen Zeiten und Ländern ähnlich; ist die gegenwärtige Phase, in der die menschliche Arbeitskraft in der Produktion zunehmend durch Automatisierung ersetzt wird, mit derjenigen von 1914 vergleichbar?

Auf diese Fragen wird man keine einfachen Antworten erwarten dürfen, und nur selten läßt sich aus der Geschichte eine direkte Handlungsanweisung für die Gegenwart ableiten. Sollten wir aber bei der Betrachtung der früheren Industrialisierung erkennen, welche Voraussetzungen dafür sich inzwischen verändert haben oder fortgefallen sind und welche Entwicklungen nicht mehr wiederholbar sind, so wäre auch das eine nützliche Erkenntnis, die uns Illusionen ersparen kann.

Wenn wir in das Zeitalter der Industrialisierung unsere eigene Gegenwart mit einbeziehen und die vergangenen zwei Jahrhunderte betont als Vorgeschichte dieser Gegenwart behandeln wollen, dann hat das Konsequenzen für die Schwerpunktbildung dieses Arbeitsbuches. Die Frage, welche Faktoren in einer Welt ohne Industrie die Industrialisierung in Gang setzten und warum dies im 18. Jahrhundert in England geschah, wird eher knapp (vor allem im ersten Kapitel) behandelt werden. Wichtiger ist das Problem der weiteren Ausbreitung der Industrialisierung in die agrarisch und handwerklich bestimmten Gebiete Europas und schließlich ihr Ausgreifen auf die ganze Welt. Von zentraler Bedeutung müssen für unsere Überlegungen Fragen sein, wieso die Industrialisierung nicht zu einem Stillstand gekommen ist, welche Impulse zu neuen Formen und Bereichen der Produktion führten und in welche Wechselwirkungen die Wirtschaft dabei mit unterschiedlichen gesellschaftlichen und politischen Systemen trat.

Wenn so die Fortentwicklung der Industrialisierung gegenüber ihrer Entstehung betont wird, so erlaubt uns das, die deutsche Geschichte als Beispiel dieses Prozesses zu behandeln; dabei wurde darauf geachtet, daß in den späteren Kapiteln die weltweite Dimension deutlich sichtbar wird.

1 Die Krise der vorindustriellen Gesellschaft Europas und der Beginn der Industrialisierung in England

Der historische Prozeß der Industrialisierung, der die Welt radikaler verändert hat als alle früheren Ereignisse, begann unauffällig. Er begann in Europa und nicht in China, das von seiner Kultur und vom Stand seiner naturwissenschaftlichen und technischen Fähigkeiten her mindestens ebensogut darauf vorbereitet war. Er begann in England, einem damals – nach Einwohnerzahl – eher kleinen Land in Randlage, nicht aber in dem viel größeren und kulturell bedeutenderen Frankreich. Die Industrialisierung setzte auch nicht in einer der historischen Glanzzeiten Europas ein, sondern in einer schwierigen Zeit – im 18. Jahrhundert. Die alte, vor allem an der Landwirtschaft orientierte Sozialordnung Europas stand vor neuen, kaum lösbar scheinenden Problemen.

Überall in Europa hatte ein stetiges und kräftiges Bevölkerungswachstum eingesetzt – in England wie in Italien, in Rußland wie in Spanien. Hatten sich früher Bevölkerungswachstum (dank guter Ernten und Landerschließung) und Bevölkerungsschrumpfung (durch Kriege, Seuchen und Mißernten) langfristig ausgeglichen, so blieben nach 1700 große Rückschläge aus. Die Folgen dieses Prozesses erlebten die Menschen des 18. Jahrhunderts als Ernährungs- und als Beschäftigungskrise. Die Lebensmittel, die kleine Leute in den Städten ohnehin deutlich mehr als die Hälfte des Einkommens kosteten, wurden noch teurer. Wenn auch direkte Hungerkatastrophen ausblieben, so sank doch die Qualität der Ernährung und der Lebensstandard ging zurück, weil weniger Geld für die übrigen Bedürfnisse des Lebens blieb.

In Deutschland betrug das jährliche Bevölkerungswachstum im 18. und 19. Jahrhundert etwa 1%. Dieser Wert mag im Vergleich zu heutigen Entwicklungsländern wenig dramatisch erscheinen, doch bedeutete er, daß sich die Bevölkerung innerhalb von 70 Jahren verdoppelte. Brot und andere Getreideprodukte, die die Grundlage der Ernährung bildeten, verteuerten sich deutlich und zwangen die Menschen, in großem Umfang die Kartoffel in ihren Speiseplan einzubeziehen und ihren Eiweißkonsum noch weiter einzuschränken.

Von dem Mangel an Nahrungsmitteln war die Landbevölkerung nicht ausgenommen, im Gegenteil: Wegen der geringen Produktivität (100 Menschen auf dem Lande ernährten etwa 30 in der Stadt) und den strengen Abgabeverpflichtungen spürten die Bauern den Mangel sogar als erste. Die Anstrengungen vieler Fürsten, neue Gebiete für die Landwirtschaft zu erschließen und die Leistung der Bauern zu erhöhen, reichten vor 1800 nicht aus, um den wachsenden Bedarf ganz zu decken.

Europäische Bevölkerungsentwicklung
(Man beachte die stetige Entwicklung Englands, das in der Neuzeit von Krieg weitgehend verschont blieb!)

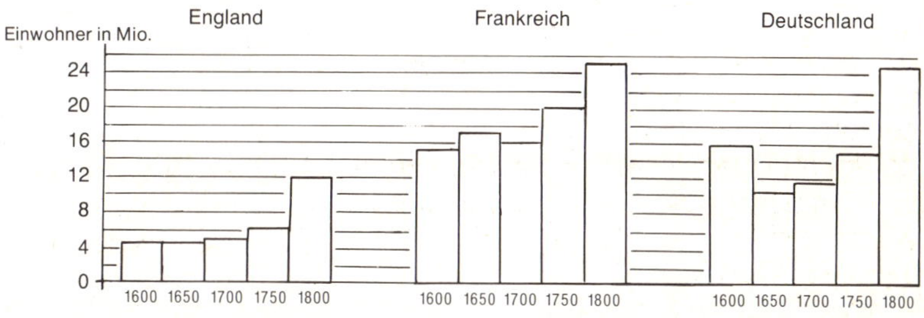

(Der Große Ploetz. [Ploetz] Freiburg [29]1980. S. 598)

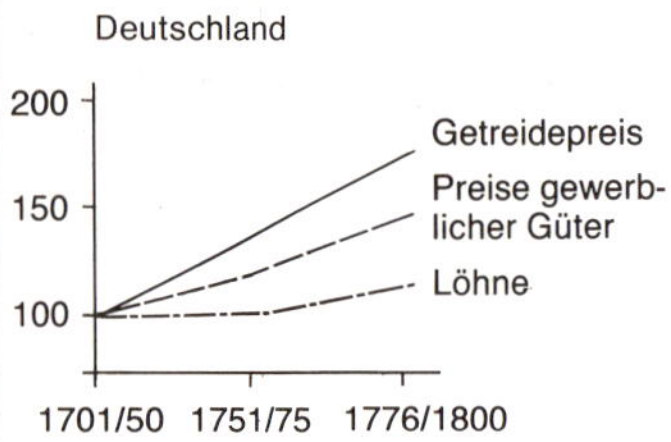

Preis- und Lohnbewegung in Deutschland 1700—1800

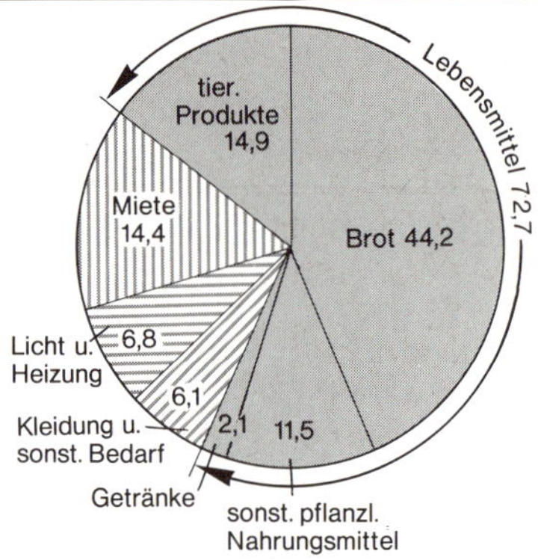

Lebenshaltungskosten einer Maurerfamilie in Berlin um 1800 (in %)

Wilhelm Abel: Agrarkrisen und Agrarkonjunktur. (Parey) Hamburg/Berlin [3]1978, S. 198 u. 245.

Die Städte und die von gewerblicher Produktion bestimmten Landschaften litten unter dieser Entwicklung doppelt, als eine wachsende Zahl von Menschen in die Städte zog, dort aber die Nachfrage nach gewerblichen Produkten sank; Arbeitsmangel und eine sichtbare Verarmung waren die Folgen. Tumulte der ärmeren Stadtbevölkerung und Bauernunruhen waren in Deutschland wie in den meisten anderen Gebieten Europas seit dem Mittelalter nichts Ungewöhnliches. Ihr häufiges Auftreten Ende des 18. Jahrhunderts mußte daher nicht unbedingt eine Krise des politischen Systems des Absolutismus signalisieren (→ M 2.4). In Frankreich aber trugen sie erkennbar zum Ausbruch der Revolution von 1789 bei.

1.1 Wirtschaft und Gesellschaft auf dem Lande

Um 1800 lebten in Deutschland etwa drei Viertel der Bevölkerung direkt von der Landwirtschaft; dabei waren die regionalen Unterschiede erheblich und der Westen deutlich höher entwickelt als die Gebiete östlich der Elbe. Ende des 18. Jahrhunderts konnten Preußen und einige kleinere Staaten in Deutschland als „Schwellenländer" zur industriellen Entwicklung betrachtet werden. Jeder Fortschritt der allgemeinen wirtschaftlichen Lage mußte aber im agrarischen Bereich beginnen und hing davon ab, ob der Produktionsüberschuß der Landwirtschaft gesteigert werden konnte, Arbeitskräfte freigesetzt wurden und ein Markt für gewerbliche Produkte entstand.

Die alte Agrargesellschaft in Deutschland

Die alte Agrargesellschaft in Deutschland vor dem 19. Jahrhundert zu beschreiben, ist außerordentlich schwierig. Eine umfangreiche wissenschaftliche Literatur bemüht sich, die vielfältigen und komplizierten Strukturen darzustellen, die sich aus den landschaftlichen und staatlichen Eigenarten Deutschlands ergaben. Im Unterricht können wir daher nur mit groben Vereinfachungen arbeiten; überdies werden die Verhältnisse im Königreich Preußen besonders stark berücksichtigt, da von diesem Staat die nationalstaatliche Einigung im 19. Jahrhundert ausging – mit weitreichenden Folgen für die deutsche Geschichte bis zum 20. Jahrhundert.

Die wirtschaftliche und gesellschaftliche Ordnung auf dem Lande war im 18. Jahrhundert noch stark vom Mittelalter her bestimmt und unterschied sich grundlegend von der unserer Gegenwart. Nur in wenigen Gebieten West- und Norddeutschlands gab es freie Bauern, die allein eine staatliche Obrigkeit über sich kannten. Die große Mehrheit war in unterschiedlichem Maße wirtschaftlich und politisch an den kleinen Stand des ▷ Adels gebunden. Historische Schutz- und Herrschaftsaufgaben des Adels und Eigentumsrechte am Boden mußten von den Bauern mit Arbeitsleistungen und Abgaben entgolten werden. Erstreckte sich die adelige Herrschaftsfunktion allein auf die Person des Bauern (und die seiner Angehörigen), spricht man von Leibeigenschaft; betraf sie Grund und Boden (und indirekt damit auch die Personen), spricht man von Grundherrschaft. Vor allem östlich der

Elbe hatte sich das wesentlich härtere Rechtsverhältnis der ▷ Gutsherrschaft herausgebildet. Hier waren die Bauern mit Person und Boden und daneben zahlreiche „unterbäuerliche“ Personen ohne einen Landanteil in den wirtschaftlichen Verband des adeligen Gutes, eines landwirtschaftlichen Großbetriebs, eingebunden (→ M 2.1).
Westlich der Elbe waren die Verhältnisse für die Bauern eher günstiger. Hier überwogen Geld- und Warenleistungen statt der Arbeitsdienste. ▷ Grundherrschaft stellte oft nur eine Art Obereigentum am Boden dar, das selbst dessen Vererbung oder Verkauf durch die Bauern kaum behinderte.

Die Gutsherrschaft

In den meisten Gebieten östlich der Elbe überwogen die bäuerlichen Dienste für die adelige Gutswirtschaft die Geldleistungen; sie konnten ein Drittel, aber auch mehr der bäuerlichen Arbeitszeit ausmachen und sogar „ungemessen“, d. h. nach der Dauer unbegrenzt sein. Dabei waren die Inhaber von Bauernstellen nicht einmal innerhalb eines einzelnen Gutsbezirks gleich. Sie unterschieden sich darin, wieviel Land zu ihrer Hofstelle gehörte, ob sie eigenes Zugvieh und Gerät besaßen und ob sie die Stelle nur für einige Jahre oder auf Lebenszeit oder gar erblich besaßen. (Unterhalb der Bauern standen noch die Arbeitskräfte ohne eigene Hofstelle.) Je weiter man nach Osten kam, desto drückender wurden die bäuerlichen Lasten im allgemeinen. Sie lähmten die Initiative der Bauern; das Recht des Adels etwa, beim Tode eines untertänigen Bauern die Hälfte seiner Habe einzuziehen, bestrafte jeglichen Fleiß. Neben den materiellen Lasten bedrückte die Bauern die Beschränkung ihrer Freiheiten im Rahmen der Gutsherrschaft. Ohne die Einwilligung des Adels durfte weder der Bauer noch seine Familie das Gut verlassen; seine Kinder wurden in die Untertänigkeit geboren und mußten ihre Arbeitskraft der Gutsherrschaft anbieten. Ohne Einwilligung des Gutsherrn durften sie weder einen nichtagrarischen Beruf erlernen noch auch nur heiraten.
In einer Zeit, in der die Staatsverwaltung noch nicht ausgebaut war, übten die Gutsherren in ihren Gutsbezirken zugleich die meisten Aufgaben der staatlichen Obrigkeit aus. Sie waren Richter in zahlreichen Straf- und Zivilsachen, sie waren Polizei, Gemeindeaufsicht und (in engen Grenzen) Sozialfürsorge; sie setzten Pfarrer und Lehrer ein. Ihre wirtschaftliche Macht und politische Herrschaft über ihre Gutsuntertanen waren außerordentlich

Die Mühsal der Bauernarbeit aus der Perspektive des aufgeklärten Menschen des 18. Jahrhunderts, des Menschen „auf der Sonnenseite“ des Lebens (im Vordergrund des Bildes Sonnenschein, im Hintergrund Regen). (Chodowiecki)

stark und wurden nicht immer durch ein gesellschaftliches Pflichtbewußtsein in Schranken gehalten. (→ M 2.3)
Erscheint uns heute die Gutsherrschaft ganz einseitig als Ungerechtigkeit und Ausbeutung, so darf man nicht vergessen, daß damit allerdings auch ein System der sozialen Sicherung verbunden war. Angesichts der außerordentlichen Gefährdungen des bäuerlichen Lebens bis zum 18. und 19. Jahrhundert bedeutete es den Bauern sehr viel, daß der Adel verpflichtet war, ihnen bei Krankheit, Mißernten, Krieg und Not zu helfen. Wo Hunger und Unglück den Menschen ungleich näher waren als heute, konnten Menschen zunächst nur in großen Personenverbänden überleben, auch wenn darin Rechte und Vorteile sehr ungleich verteilt waren.

Entwicklungen in der Landwirtschaft im 18. Jahrhundert

Die Landwirtschaft Europas hatte sich seit der Antike nur langsam verändert; nur das frühe und hohe Mittelalter hatten noch einmal eine Anzahl wichtiger Neuerungen gebracht. Seither wurde der Boden nach dem Verfahren der Dreifelderwirtschaft genutzt: Die Felder wurden in der Folge Wintergetreide, Sommergetreide, Brache bestellt; das bedeutet, daß ein Drittel der Felder nicht bestellt oder höchstens als Viehweide genutzt wurde. Da zugleich die kleinen Felder nach Besitzern gemischt in der Feldflur lagen, ergab sich ein Zwang zur gleichen Nutzung der gesamten Flur. Wer sollte hier etwas Neues beginnen? (→ M 2.1, 2.2)
Tatsächlich setzten aber im 18. Jahrhundert auch neue Entwicklungen ein. In England wandten einzelne Grundbesitzer und Gelehrte wissenschaftliche Methoden auf die Erforschung der landwirtschaftlichen Produktion an. Man entdeckte Verfahren, die Bodenqualität zu verbessern und die Zucht von Pflanzen und Tieren zu systematisieren. Größere und kleinere deutsche Staaten importierten diese Methoden; besonders holländische Bauern wurden gern ins Land geholt, damit die Einheimischen von ihnen lernten. In Norddeutschland wurden große Landflächen urbar gemacht; in Preußen wurden unter Friedrich II. (1740–1786) 900 Dörfer gegründet und 250 000 Menschen auf dem Land neu angesiedelt. Zugleich versuchte man, die Gutsherrschaft aufzuheben, da selbständige Bauern auf eigenem Grund mehr produzierten als unfreie im Gutsverband. Das gelang aber gegen den Widerstand des Adels nur begrenzt – in Preußen z. B. 1799 nur auf den Domänen, den Gütern im Besitz des Königs.
Schließlich waren es die steigenden Getreidepreise und ein wachsender Getreideexport von Ostdeutschland nach Großbritannien, die bei den ▷ Rittergütern selbst eine ganz neue Entwicklung auslösten. Die Aussicht auf Gewinn führte zur Kosten-Nutzen-Rechnung und löste eine Spekulation mit dem Boden aus. Die Preise für Rittergüter stiegen, und ein Teil des Adels war unternehmerisch genug, seine oft jahrhundertealten Familiengüter als eine Ware zu betrachten und damit Handel zu treiben. Zwischen Schleswig-Holstein und Ostpreußen nahm der Verkauf von Rittergütern von den 1770er bis zu den 1790er Jahren um das Fünf- bis Zehnfache zu – bei steigenden Preisen. Auch bürgerliche Geldanleger machten bei diesem Geschäft mit, obwohl das preußische Recht den Bürgerlichen den Kauf von Rittergütern stark erschwerte. Hier zeigte sich, daß die alte Agrarordnung sich langsam aufzulösen begann und der Staat gezwungen wurde, die aufbrechenden Konflikte durch neue Gesetze zu steuern.
In Preußen trat 1794 nach jahrzehntelangen Vorbereitungen das „Allgemeine Landrecht" in Kraft. Es sollte das Staatswesen modernisieren helfen, indem es aus den vielen verfassungsmäßig selbständigen Teilen des Königreichs eine rechtliche Einheit machte und aus schlesischen, kurmärkischen, Ravensberger und klevischen Untertanen preußische Staatsbürger. Gleichzeitig aber versuchte das Landrecht – fünf Jahre nach dem Beginn der Französischen Revolution! –, die sich auflösende Sozialordnung festzuschreiben und die drei ▷ Stände (Adel, Stadtbürger und Bauern) nach ihren wirtschaftlichen und als Folge davon auch gesellschaftlichen Aufgaben und Rechten zu definieren: Nur Adelige durften Rittergüter besitzen; die Bauern blieben ihnen untertan und an das Land gebunden; im Prinzip durften nur Bürger (= Stadtbewohner) Handwerker und Kaufleute sein (→ M 2.5). Offenbar brauchte diese Gesellschaft einen massiveren Anstoß, um die alten Bindungen der Wirtschafts- und Sozialordnung aufzugeben.

1.2 Die gewerbliche Produktion vor der Industrialisierung

In der gewerblichen Produktion bestimmten in Europa Ende des 18. Jahrhunderts verschiedene Produktionsformen das Bild, so daß man gern von einer „Gleichzeitigkeit des Ungleichzeitigen" spricht. Die alte zünftische Produktion hatte seit dem Spätmittelalter ständig an Bedeutung verloren. Während in England ▷ Zünfte und Städte im wirtschaftlich bedeutendsten Bereich, der Textilproduktion, nur noch eine untergeordnete Rolle spielten, konnten sie in Deutschland ihre historische Stellung besser wahren. Seit dem 15. Jahrhundert wuchs aber auch hier die Bedeutung der ▷ „Verleger". Kaufleute und reiche Handwerker brachten mehrere Stufen der arbeitsteiligen Produktion unter ihre Kontrolle, indem sie vor allem Dorfhandwerkern Material und Geräte „vorlegten", d. h. liehen, und die Produkte an die nächste Bearbeitungsstufe weiterleiteten. Dank ihrer finanziellen Überlegenheit und durch die Einbeziehung billiger bäuerlicher Arbeitskraft (im Winter) produzierten Verleger kostengünstiger als das städtische Handwerk (→ M 1.7).

Seit dem 17. Jahrhundert entstanden (zuerst in Italien und Frankreich) ▷ Manufakturen, in denen mehrere Produktionsschritte auch räumlich in einem Betrieb zusammengefaßt und mit Lohnarbeitskräften ausgeführt wurden. Die Weiterentwicklung der Manufaktur zur ▷ Fabrik durch den Einsatz von Kraft- und Produktionsmaschinen begann im 18. Jahrhundert in England und erreichte Deutschland kurz vor 1800 in ersten schwachen Ansätzen.

Städte und Zünfte in Deutschland um 1800

In Deutschland war um 1800 der größere Teil der gewerblichen Produktion immer noch der Stadt vorbehalten. Die Handwerker dort waren zumeist nach ihren Berufen in Zünften organisiert. Deren Aufgaben und Denkmuster unterschieden sich grundlegend von dem, was uns heute als wirtschaftliches Verhalten selbstverständlich ist: Nicht der einzelne Meister, sondern die Zunft bestimmte über Menge, Qualität und Preis der Produkte und sah zu, daß die Arbeit gleichmäßig verteilt wurde (→ M 1.3). In den meisten Gewerben gab es nur Kleinbetriebe, die Mehrzahl der Meister arbeitete ohne Gesellen oder Lehrlinge. Besondere Tüchtigkeit, Fleiß oder neue Methoden wurden nicht belohnt. Aber auch hier vergessen wir heute leicht, wo der große Vorteil dieser „korporativen" Ordnung lag. Die Zunft sorgte für die wirtschaftlichen, gesellschaftlichen und kulturellen Bedürfnisse ihrer Miglieder: Mit einem Anteil an der Arbeit sicherte sie ihnen ein Einkommen; sie sorgte, wenn auch mit dürftigen Mitteln, für Kranke, Witwen, Waisen und in Not Geratene. In katholischen Gebieten bildete sie sogar eine religiöse Gemeinschaft mit eigenen Heiligen, Kapellen und Festen; Lehrlinge und ein Teil der Gesellen waren in den Haushalt der Meister integriert und in die Vorsorge einbezogen. – Zugleich aber war die städtische Welt durch eine enge Sozialkontrolle beschränkt. Kleinliche, manchmal sinnlose Vorschriften regelten den Zugang zum Beruf, die Ausbildung, die Wanderschaft der Gesellen und die Meisterprüfung. Das Meisterstück entsprach häufig historischen Traditionen, war aber unmodern oder einfach unbrauchbar in einem veränderten Markt. Viele Menschen dürften unter diesen Zuständen gelitten haben.

Trotz ihrer Leistungen für ihre Mitglieder waren die Zünfte im 18. Jahrhundert in deutlichen Schwierigkeiten. Sie konnten Arbeitsmangel, steigende Lebensmittelpreise, Verarmung und zunehmende Bettelei nicht verhindern; sie konnten diese Krise nur verwalten (→ M 1.2): Selbst günstig gelegene alte Handels- und Produktionszentren wie etwa Köln, Mainz und Nürnberg sanken wirtschaftlich zur Bedeutungslosigkeit herab.

Verlag und Manufaktur um 1800

Schon vor 1800 zeichnete sich in den größeren deutschen Staaten ab, daß das zünftische Handwerk sich gegen Verlag und Manufaktur nicht mehr durchsetzen konnte. Ausschlaggebend für diese Entwicklung waren Kosten- und Marktvorteile der neuen Produktionsweise und die Interessenlage der Herrscher, deren steigender Geldbedarf für Rüstung, Politik und höfischen Luxus ein Wachstum der wirtschaftlichen Leistung der Staaten erforderte.

Verleger und Manufakturunternehmer mußten ohne korporative Unterstützung im offenen ▷ Markt gegen eine uneingeschränkte Kon-

Arbeit in der Metallmanufaktur des Kaufmanns Rumpe in Altena in Westfalen, 1790 mit staatlicher Unterstützung Preußen angelegt.

kurrenz überleben. Ihre Basis waren ihre Sach- und Geldvermögen (▷ Kapital), und der Gewinn entschied über Erfolg und Mißerfolg. Seit dem 19. Jahrhundert nennt man diese marktorientierte Produktionsweise mit Privateigentum an Produktionsmitteln und der Ausnutzung abhängiger Arbeitskräfte „kapitalistisch“. Insofern durch den Kapitaleinsatz eine immer größere Produktion zentral gelenkt und arbeitsteilig durchgeführt wurde und damit auch dem Einsatz von Maschinen der Weg bereitet wurde, bildeten sich industrielle Züge der Produktion heraus; zugleich entstanden damit die Anfänge einer neuen gesellschaftlichen Klasse, der ▷ Arbeiter. Die Ansätze der neueren gewerblichen Produktionsweise waren in Deutschland wie anderswo an bestimmte Branchen und an Standorte gebunden, die vor allem durch die Herkunft der entscheidenden Rohstoffe und durch die Absatzmöglichkeiten bestimmt waren. (→ M 1.5 – 1.7) Dabei kam den Hauptstädten mit ihrer Nachfrage nach Rüstungsgütern und Luxuswaren eine besondere Rolle zu. Das alles wurde in Mitteleuropa von einem ausgeprägten Ost-West-Gefälle überlagert. Am Beispiel Preußens läßt sich das gut zeigen: Während der Osten außerhalb Berlins und einiger Teile Schlesiens sehr einseitig agrarisch strukturiert war und am internationalen Handel vor allem durch Getreide- und Holzhandel teilnahm, war der Westen deutlich höher entwickelt und exportierte Textilien und hochwertige Metallwaren. Auch Verlags- und Manufakturproduktion waren im Westen stärker ausgeprägt. Wichtigster Zweig des vorindustriellen Gewerbes war auch in den deutschen Staaten die Textilproduktion.

In Preußen arbeiteten um 1800 gut die Hälfte aller Handwerker in Spinnerei und Weberei. Vor allem auf der Basis des einheimischen Flachses und der Schafwolle wurden in erster Linie Leinen- und Wollgewebe erzeugt und ein großer Teil davon exportiert. Seide und Baumwolle wurden in geringerem Maße verarbeitet. Es war vor allem der Textilproduktion zu verdanken, daß der Außenhandel der norddeutschen Staaten um 1800 stärker gewerblich als agrarisch bestimmt war.
Wie wichtig gerade im Textilbereich die neueren Produktionsformen waren, zeigt sich daran, daß in Preußen 40% der Handweber für Verleger und in Manufakturen arbeiteten und im Rheinland (preußische und nichtpreußische Gebiete zusammen) zwei Drittel der etwa 1 000 Manufakturen in der Textilverarbeitung tätig waren.

Wirtschaftsstruktur um 1800. (Wirtschaftssektoren nach Anteil an Gesamtzahl der Beschäftigten)

	Agrarsektor	Gewerbe	Handel und Verwaltung
nördl. Ostpreußen	87	9	4
Pommern	75	16	8
Umgebung Berlin	68	19	13
Umgeb. Magdeb.	61	25	14
Ostwestfalen	49	42	9
Herzogtum Berg (nicht preußisch!)	25	60	15

F.-W. Henning: Die Wirtschaftsstruktur mitteleuropäischer Gebiete an der Wende zum 19. Jahrhundert (SVSP NF 63). (Duncker & Humblot) Berlin 1971. S. 129.

Der absolutistische Staat und seine Wirtschaftspolitik

Ihr Geldbedarf und die Interessenkonflikte der wirtschaftlichen Kräfte stellten die Staaten vor schwierige Probleme:

- Die Städte mit traditioneller Produktion verlangten in ihrem Kampf gegen die Verelendung nach strengeren Zunftordnungen und einer Einschränkung der ländlichen Gewerbe.
- Kaufleute, Verleger und unternehmerische Handwerker mußten sich gegen eine internationale Konkurrenz behaupten und verlangten das Gegenteil, d. h. den Abbau zünftischer Produktionsbeschränkungen.
- Die Bauern und unterbäuerlichen Gruppen, die auf den Verdienst aus dem Heimgewerbe angewiesen waren, standen auf der Seite der Verleger. Hinsichtlich der Agrarproduktion waren ihre Interessen gegen die der Gutbesitzer gerichtet.
- Der Adel (und die bürgerlichen Gutsbesitzer) hatten ein starkes Bedürfnis nach gehobenem Konsum und benötigten z. T. auch Mittel, um in ihren Agrarbetrieben investieren zu können.
- Der Staat selbst brauchte wachsende Einnahmen für den Hof, die Verwaltung und die Armee; er befand sich in einem Dilemma: Um innen- und außenpolitisch handlungsfähig zu bleiben, mußte er finan-

Wirtschaft Deutschlands vor 1800

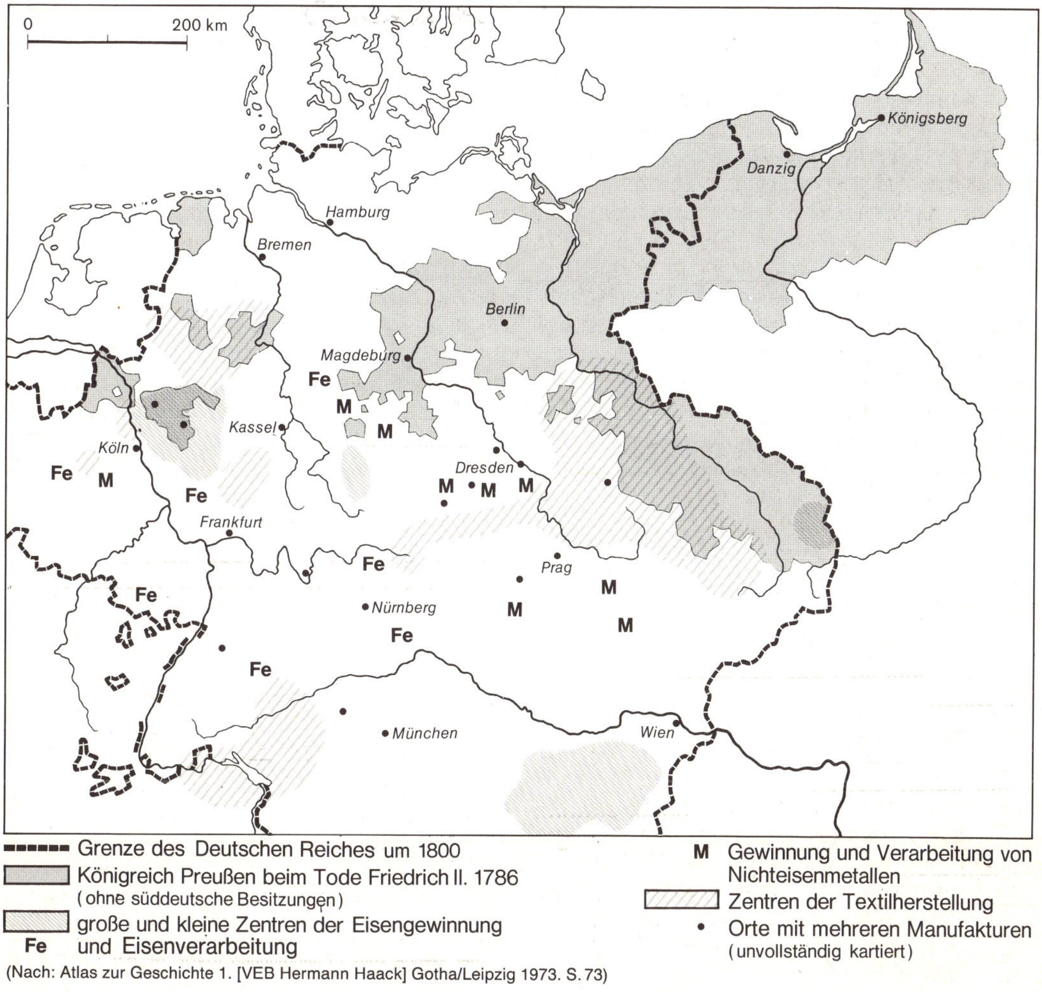

(Nach: Atlas zur Geschichte 1. [VEB Hermann Haack] Gotha/Leipzig 1973. S. 73)

zielle Mittel haben, zu deren Erlangung er die alte Sozialordnung in Frage stellen mußte. Im wirtschaftlichen und politischen Zusammenhang Europas blieb ihm nur eine Richtung für die Lösung der Probleme offen, nämlich die Vermehrung der landwirtschaftlichen und besonders der gewerblichen Produktion um jeden Preis.

Die größeren und mittleren Staaten in Deutschland hatten schon vor 1800 Erfahrung damit, eine gezielte Wirtschafts- und Gesellschaftspolitik zu betreiben. Vor allem unter dem Einfluß des absolutistischen Frankreich hatten sie im 17. und 18. Jahrhundert Aufgaben städtischer und adeliger Selbstverwaltung an sich gezogen, ihre Gesetzgebung ausgedehnt und einen wachsenden Verwaltungsapparat aus festbesoldeten und gehorsamen Beamten geschaffen. Im Rahmen des ▷ Merkantilismus, der darauf abzielte, den Zufluß an Geld (= Gold) von außen zu fördern und daher die Importe von Waren zu drosseln, hatte man an vielen Orten Manufakturen für neue Produkte gegründet. Oft war der Staat zum Unternehmer geworden. Preußen war im Bergbau (Ruhr und Schlesien), in der Eisenerzeugung (Schlesien), in Handel und Bankwesen tätig. Dabei war der Staat nicht immer erfolgreich, und viele höhere Beamte beurteilten vor 1806 das Verhältnis zwischen Aufwand und Ergebnis skeptisch. Zu der Konsequenz, nach britischem Vorbild den Untertan zum Bürger zu emanzipieren und ihm die nötige wirtschaftliche und politische Freiheit zu gewähren, konnte man sich aber vor 1800 in Deutschland nirgendwo entschließen.

1.3 Die Anfänge der Industrialisierung in England

Der ▷ Merkantilismus der absolutistischen Staaten mochte vielen Untertanen Vorteile, einigen sogar Wohlstand gebracht haben – letztlich blieb er immer nur an den Bedürfnissen des Staates orientiert und setzte damit seinem Erfolg Grenzen. Der Staat blieb die leitende Instanz der Wirtschaft und beschränkte die Initiative und den Gewinn der Unternehmer. Immerhin aber verdankte Europa dieser Politik einen langfristigen Nutzen, nämlich die Erfahrung, daß Wirtschaft sich bewußt und rational verändern ließ. – Diese Erkenntnis traf sich mit dem Bewußtsein der Epoche der ▷ Aufklärung, daß die Vernunft den Menschen befähigte, die Natur zu beherrschen und seine Existenz zu verbessern. Seit dem 17. Jahrhundert wurden in den meisten europäischen Ländern wissenschaftliche Gesellschaften gegründet, Forscher vom Staat gefördert und in umfangreichen Werken alles verfügbare Wissen naturwissenschaftlich-technischer Natur gesammelt. Die wohl berühmteste Veröffentlichung war die 1751–80 in Frankreich erschienene 35-bändige „Encyclopédie ou Dictionnaire raisonné des sciences, des arts et des métiers", an der die bedeutendsten Wissenschaftler und Philosophen der Zeit mitarbeiteten (→ M 1.10). Man wollte den materiellen Wohlstand der Menschen fördern und zugleich, indem man Not und Hunger überwand, auch seinen Geist und seine Moral heben. Früh erkannte man, daß Fortschritt und eine Veränderung der Gesellschaft unauflöslich miteinander verbunden waren. So nützlich die Bemühungen von Wissenschaftlern und Gelehrten aber auch waren, so wenig haben sie doch die Industrialisierung in Gang gesetzt.

Die britische Gesellschaft im 17. und 18. Jahrhundert und die industrielle Revolution

Die entscheidenden Anstöße zur industriellen Revolution gingen von der gesellschaftlichen und wirtschaftlichen Dynamik Großbritanniens aus. Schon die Zeitgenossen sahen staunend und bewundernd auf dieses Land. Übten schon die freiheitlichen Verhältnisse einer konstitutionellen Monarchie, in der das ▷ Parlament mächtiger war als der König, eine faszinierende Wirkung aus, so erregte von etwa 1750 an das Wachstum von Produktion und Handel das Interesse Europas. Die Wirtschaftsbranche, von der die entscheidenden Impulse ausgingen (die „Leitbranche") war die Textilproduktion. Hier wurde Großbritannien zur erdrückenden Konkurrenz für die alten Textilgebiete des Kontinents. Die Produktion beschleunigte sich von der Jahrhundertmitte ab immer mehr; die Zeitspannen, in denen sie sich verdoppelte, wurden kürzer. Außer im Textilbereich war auch die Entwicklung der britischen Eisenproduktion bemerkenswert. Hatte das Land 1768 gerade erst die

Ausfuhr bedruckter Stoffe aus England und Wales 1713 bis 1805 (Angaben in Millionen yards)

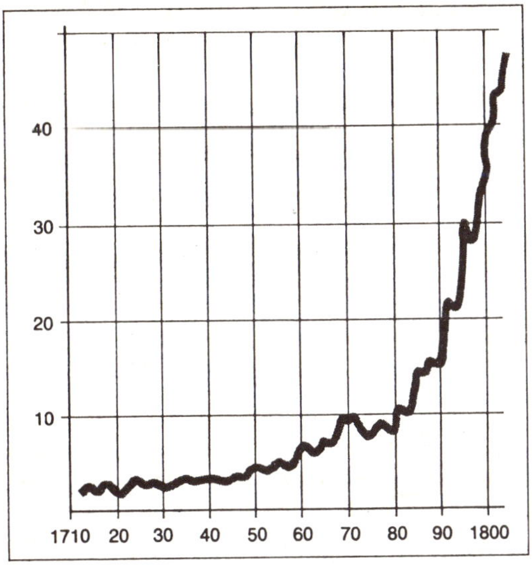

Nach: Brian Mitchell: Abstract of British Historical Statistics. (Cambridge University Press) London 1971. S. 184

Hälfte der Produktion Rußlands, des damals größten Herstellerlandes, erreicht, so zog es nach acht Jahren gleich und verdoppelte in den folgenden Jahren seine Herstellungsmenge, während die Rußlands stagnierte.

Es fiel den Zeitgenossen des 18. Jahrhunderts schwer, genau zu verstehen, wann und womit die neue Produktionsweise in England begann. Der Begriff „Industrie" wurde schon früh verwendet, hieß aber zunächst nichts anderes als Fleiß und gewerbliche Tüchtigkeit (→ M 1.10).

Früh wurde die Fabrik als neue Betriebsform erkannt. Hier arbeitete an einem Ort eine große Zahl von Menschen stark arbeitsteilig, um standardisierte Produkte in großer Zahl herzustellen. Mit wachsendem Kapitaleinsatz wurden dabei immer mehr Vorgänge mechanisiert, d. h. von spezialisierten Maschinen übernommen. Die Steigerung der Produktivität (Leistung pro Arbeitskraft) und der Qualität des Produkts als Daueraufgaben wurden zu entscheidenden Merkmalen des Fabriksystems. Insofern die Fabrik den Maßstab der wirtschaftlichen und technischen Entwicklung setzte, kann man von etwa 1750 an vom Zeitalter der Industrialisierung sprechen, auch wenn der größte Teil der Produktion in Europa noch lange in älteren Betriebsformen hervorgebracht wurde.

Die englische Gesellschaft, die das alles in Gang setzte, machte im 17. Jahrhundert tiefgreifende innere Wandlungen durch. Der Versuch König Karls I., das Parlament zu entmachten und eine absolutistische ▷ Monarchie zu schaffen, scheiterte in einem Bürgerkrieg. Der König wurde 1649 hingerichtet, und die politische Macht ging an das reiche ▷ Bürgertum über, das sich gesellschaftlich mit dem alten Adel verband. (Die meisten Herzogstitel wurden Ende des 17. Jahrhunderts an reiche Bürgerliche verliehen.) Entscheidend für die Zukunft war, daß das Bürgertum dabei nicht seine unternehmerischen Fähigkeiten durch Übernahme eines adeligen Lebensstils einbüßte, sondern umgekehrt den Adel in die kapitalistische Wirtschaft integrierte und so dem Land den mühsamen Konflikt zwischen feudalen Traditionen und Industrie ersparte, der fast das ganze übrige Europa bis ins 20. Jahrhundert belastete. Der britische Adel betrieb eine gewinnorientierte Landwirtschaft (besonders Schafzucht zur Wollproduktion). Er eignete sich die Allmenden an, den Gemeinbesitz der Bauern an Weideland, und gab kein Pachtland mehr an Bauern aus. Das zwang viele Bauern, ihre Höfe aufzugeben und in die Textilgebiete zu ziehen, um dort Arbeit zu suchen. (Die so entstehenden Lücken in der Getreideproduktion konnte England bequem durch Importe aus Polen und Ostdeutschland decken.) Adlige waren so frei von Standesdünkel, daß sie ihre Söhne in Kaufmannslehren gaben, selbst Kaufleute und Unternehmer wurden, wenn sie das ▷ Kapital hatten, und im Parlament die Interessen des Kapitals unterstützten. Zugleich blieb diese Oberschicht offen für erfolgreiche Aufsteiger und mobilisierte immer neue Kräfte. Dabei wirkte sich die spezielle protestantische Frömmigkeit (Calvinismus) des englischen Bürgertums wirtschaftlich positiv aus: Der Glaube, daß Arbeit Pflicht des Christen und Gewinn der Segen Gottes sei, den man nicht genießend verschwenden dürfe, bildete einen starken Leistungsantrieb.

Die Textilproduktion war schon im 16. Jahrhundert kaum noch durch ▷ Monopole der ▷ Zünfte behindert und entwickelte sich zu einer exportintensiven Führungsbranche der modernen Produktion. Daneben expandierten

Fasse die Faktoren, die die wirtschaftliche industrielle Entwicklung Englands begünstigte, zusammen

18. Jahrhundert Bergbau und Metallgewinnung und -verarbeitung. Straßen- und Kanalbau verbesserten den Warenaustausch und trugen vor allem dazu bei, die Arbeitskraft auch abgelegener Gebiete zu erschließen.

Die Folgen der beginnenden Industrialisierung für die Mehrheit der Bevölkerung sind immer in sehr düsteren Farben dargestellt worden. Tatsächlich war vor allem die erste Hälfte des 19. Jahrhunderts von schlimmen Formen der Ausbeutung menschlicher Arbeitskraft gekennzeichnet. Insgesamt aber hatten die Handwerker und Arbeiter zunächst mehr Vor- als Nachteile von der Industrialisierung. Schon 1728 stellte Daniel Defoe, ein bedeutender politischer Schriftsteller, fest, daß „ihre Häuser und Wohnungen erträglich ausgestattet sind. Sie sind zumindest gut mit nützlichen und notwendigen Haushaltswaren versorgt. Selbst diejenigen, die wir als arme Leute bezeichnen, die Handwerksgesellen und Arbeiter, können sich einiges leisten: Sie liegen warm, leben reichlich, arbeiten hart und kennen keine Not (oder müssen sie nicht unbedingt kennen)". Vor allem aber sahen Defoe und viele seiner Zeitgenossen, daß der bescheidene Wohlstand der kleinen Leute die Nachfrage vermehrte und so ein Motor für die Produktion war.

Nicht zuletzt förderte auch die Tatsache, daß Großbritannien vom Ende des 17. Jahrhunderts an keinen Krieg mehr in seinen Grenzen erlebte, die Wirtschaft. Der innere Friede ermöglichte es dem Land, seine Kräfte nach außen zu richten, mit seiner Flotte die wichtigsten Seewege unter seine Kontrolle zu bringen, Kolonien zu gründen, Transportmonopole zu erzwingen und große Märkte zu erobern. Der Zugang zu Rohstoffen – besonders zur Baumwolle – und die leistungsfähige Produktion ermöglichten Preissenkungen, die neue Nachfrage weckten und die Konkurrenz schwächten. Zwischen Europa, Afrika und Amerika entstand ein überaus gewinnträchtiger Dreieckshandel. Britische, französische und niederländische Kaufleute tauschten in Afrika billige europäische Konsumgüter gegen Sklaven und verkauften diese in Amerika auf ▷ Plantagen, deren Produkte (Baumwolle, Zucker, Tabak) sie nach Europa brachten und dort teils roh, teils verarbeitet weiterhandelten. Die hohen Gewinne aus diesem Handel vermehrten das Kapital, das wiederum der gewerblichen Produktion in England reichlicher und risikobereiter als anderswo zur Verfügung stand. Die Verwertung des Kapitals wurde zu einem Motor der Industrialisierung, der Gewinn zum entscheidenden Motiv.

Mitte des 18. Jahrhunderts stieß England an die Grenzen der alten Produktionsweise. Solange man fünf Arbeitskräfte brauchte, um soviel Garn zu spinnen, wie ein Weber brauchte, ließ sich die Textilproduktion nicht mehr erweitern, ohne daß die zusätzliche Nachfrage die Löhne erhöht und die Ware verteuert hätte.

Die Entwicklung der Technik

Das Wachstum der britischen Produktion war vom 18. Jahrhundert an mit einer zunehmenden Veränderung der Technik verbunden. Was dabei Ursache und was Folge war, läßt sich nicht immer leicht erkennen. Man wird aber sicher sagen können, daß es die Erfordernisse der Produktion waren, die wirtschaftlich verwertbare Erfindungen auslösten, und nicht umgekehrt. Die Erfinder vor allem in Großbritannien waren bis zur Mitte des 19. Jahrhunderts überwiegend Handwerker, gelegentlich sogar Laien, alle mit einer geringen wissenschaftlich-mathematischen Bildung. Viele der neuen Vorrichtungen waren Mechanisierungen einfacher Bewegungen. Dabei hinkte die Entwicklung weit hinter den technologischen Möglichkeiten her, die sich seit dem Spätmittelalter herausgebildet hatten, aber noch nicht genutzt wurden. Wiederholt waren in Europa mechanische Webstühle, Drehbänke, Pumpen und Hebezeuge erfunden worden, die aber wirtschaftlich folgenlos blieben, weil kein Bedarf nach einer entsprechenden Vermehrung der Warenproduktion bestand und die Zünfte und Obrigkeiten Neuerungen verboten, die nur zur Arbeitslosigkeit zahlreicher Handwerker geführt hätten.

Charakteristisch war die Entwicklung im Textilbereich: Der Webstuhl – um 5000 v. Chr. in Ägypten erfunden – war zuletzt im Mittelalter zur Beschleunigung des Arbeitsvorganges verbessert worden. 1735 erfand ein englischer Handwerker eine Vorrichtung, um das Weberschiffchen zwischen den Kettfäden hindurchzu„schießen", statt mit der Hand durchzureichen. Das steigerte die Leistung pro We-

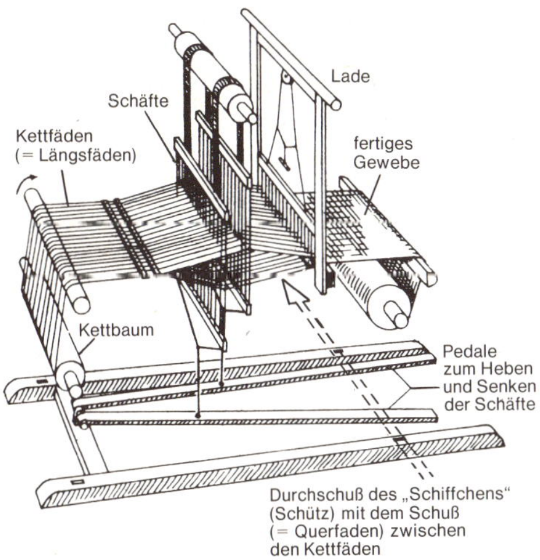

Handwebstuhl (Schema)

ber und Webstuhl spürbar. Dieser Vorteil ließ sich aber nicht voll ausnutzen, solange der alte Engpaß bei der Garnproduktion (Spinnerei) nicht behoben war. Die steigende Nachfrage nach Garn löste eine lebhafte Suche aus, wie man den Prozeß des Verspinnens von Pflanzen- und Tierfasern mechanisieren konnte. Das Spinnrad, im Mittelalter erfunden und um 1530 mit der Einführung des Tretrades ein letztes Mal verbessert, kam nicht ohne die Arbeit der menschlichen Hand aus, die die Faser zusammenpreßte, auszog und verdrillte. Diese drei Bewegungen in maschinelle Vorgänge umzusetzen und zu koordinieren, war ein mühsamer Prozeß, der zuerst für die Baumwolle gelang und dort bis 1767 zu einem ersten Erfolg führte. 1785 gelang die Konstruktion eines mechanischen Webstuhls, der die kritische Stelle des Webprozesses, den Durchschuß des Schiffchens, verbesserte und die Zahl der Durchschüsse pro Minute verdoppelte. Von diesem Fortschritt ging ein neuer Erfindungsschub im Bereich des Spinnens aus. Zugleich begann die Textilindustrie, in weitere Produktionszweige hineinzuwirken: Die immer größeren und präziseren Maschinen und die Wasserräder, die sie antrieben, verlangten mehr eiserne statt hölzerner Bauteile. Da nicht überall genügend Wasserkraft bereitstand, begann Ende des 18. Jahrhunderts der vermehrte Einsatz von Dampfmaschinen (deren langsame Entwicklung schon Jahrzehnte früher begonnen hatte). Das alles

Dampfmaschine von Newcomen um 1725 (ca. 20 PS)

beeinflußte Kohlenbergbau und Eisenerzeugung. Die Anpassung der Bleich- und Färbeverfahren an die Massenproduktion von Textilien förderte die Entstehung der industriellen Chemie. – Gleichzeitig aber wurden leistungsfähige alte Techniken weiter verwendet. Obwohl die Dampfmaschine das Symbol des neuen Zeitalters war, waren Wasserräder, wie das Mittelalter sie erfunden hatte, noch lange der billigste und häufigste Antrieb der neuen Fabriken.

Die Frage nach der Zukunft der Industrialisierung und die Theorie des Liberalismus

Die Revolutionierung der britischen Wirtschaft im 18. Jahrhundert vollzog sich ganz offensichtlich ohne jede Steuerung durch den Staat, eine verblüffende Erscheinung im Zeitalter des fürstlichen Absolutismus und seiner merkantilistischen Wirtschaftspolitik.
Offenbar gab es in England genügend fleißige und begabte Kaufleute, um den Wirtschaftsprozeß nicht nur in Gang zu halten, sondern auch zu beschleunigen; die Zeitgenossen waren von der Frage beunruhigt, ob dies unbegrenzt so weitergehen würde.
Das Problem wurde in Großbritannien in dem größeren Zusammenhang der politischen Philosophie diskutiert. Seit die königliche Herrschaft nicht mehr als gottgegebene Ordnung verstanden wurde, sondern als ein historischer, d. h. änderbarer Vertrag zwischen Volk und Herrscher, mußte die Gesellschaft in sich selbst nach den Grundlagen für eine gerechte und friedliche Ordnung suchen. In der philosophischen Diskussion (vor allem von John Locke ausgehend) und in der Publizisitik bildete sich die Überzeugung heraus, daß Vernunft und wohlverstandenes Eigeninteresse des Menschen verhindern würden, daß seine Freiheit zerstörerisch wirkte.
Vor diesem Hintergrund erklärte der schottische Philosoph Adam Smith (1723 – 1790) in seinen 1776 erschienenen „Untersuchungen über die Natur und die Ursachen des Wohlstands der Nationen", daß jetzt ein Zeitalter des Wohlstands beginne und den Menschen in eine bessere Zukunft führen werde. Lasse man jedem die Freiheit (libertas), seinem Eigeninteresse zu folgen, so müsse sein Tun zum Nutzen aller wirken und mit dem eigenen Wohlstand auch den der Gesellschaft mehren (→ M 1.11). Die Freiheit wurde dabei nicht nur als eine wirtschaftliche, sondern allgemein als eine gesellschaftliche und politische verstanden, die Glaubens- und Meinungsfreiheit des ▷ Bürgers und seine politische Mitverantwortung einschloß. Von dieser Freiheit leitet sich der Begriff des Liberalismus her, der bis heute wirksam ist und dem ▷ Kapitalismus zwei Jahrhunderte lang den Optimismus gegeben hat, daß sein Wirken allen nutzen müsse, weil kein einzelner und kein Staat diesen komplizierten Prozeß lenken und gegen die Interessen der Mehrheit steuern könne.
Die wirtschaftliche Überlegenheit Großbritanniens leitete einen weiteren machtpolitischen Aufstieg des Landes ein. Das nach seiner Einwohnerzahl doppelt so große Frankreich (nach 1806 sogar die vereinigte Macht Mitteleuropas unter Napoleon) konnte sich nicht gegen Großbritannien durchsetzen. So stellte sich auch für die anderen europäischen Staaten schon aus machtpolitischen Gründen die Frage, wie sie an der wirtschaftlichen Entwicklung, die in England begonnen hatte, teilnehmen könnten.
Man blickte dabei gern auf so auffällige Instrumente des Fortschritts wie Fabriken, mechanische Webstühle und Dampfmaschinen. Deren Import oder Imitation schien den gewünschten Erfolg zu versprechen. Nur wenige Zeitgenossen um 1800 und am seltensten deutsche Fürsten und ihre Beamten begriffen, daß der Fortschritt nicht ohne Verzicht auf diejenigen gesellschaftlichen Strukturen zu haben sein würde, die man am liebsten erhalten wollte. Nur die Aufhebung der ▷ Stände, der Verzicht des Staates auf die Lenkung der Wirtschaft und die Gewährung grundlegender Freiheits- und Mitwirkungsrechte an die Bürger konnten die Wirksamkeit des wirtschaftlichen Liberalismus sichern. Es war dieser gesellschaftliche und politische Liberalismus, der die neue Wirtschaftsordnung in den alten Monarchien des europäischen Kontinents so schwer annehmbar machte. Dabei wirkten Smiths Gedanken schon früh über die Universität Königsberg, an der viele preußische Beamte studiert hatten, auf die Verwaltung Preußens, so daß man mit ihnen gut vertraut war, als 1806 der Zeitpunkt für tiefreichende Veränderungen in Gesellschaft und Staat gekommen war.

Überlegungen zur weiteren Arbeit

Die voraufgehende Darstellung hat eine Skizze der Wirtschaft und Gesellschaft Mitteleuropas und Englands im späten 18. Jahrhundert gegeben. (Die Politik ist dabei weitgehend ausgespart worden.) Ein solcher Querschnitt wird von der Methode als eine „synchrone" Betrachtungsweise bezeichnet. Wenn auf die frühere Geschichte zurückgegriffen wurde, so geschah das auswahlweise: Es wurden nur Aspekte berücksichtigt, die die Entstehung der Situation vor 1800 erklären helfen.
Da im Mittelpunkt des Bandes nicht das einmalige Ereignis der Entstehung der Industrialisierung steht, sondern deren langfristige Dynamik und räumliche Ausdehnung, ist die englische Entwicklung im 18. Jahrhundert nur knapp behandelt worden. Wichtiger war in Darstellungsteil und Materialien von Kapitel 1 die Frage, welche Strukturen und Fähigkeiten der agrarisch bestimmten Gesellschaft Deutschlands inmitten der Krise des 18. Jahrhunderts eine ganz neue wirtschaftliche und gesellschaftliche Entwicklung vorbereiteten und die Aufnahme der von England kommenden Impulse erleichterten. Dabei ist es auch wichtig zu untersuchen, welche Auffassungen die Zeitgenossen des 18. Jahrhunderts über das, was in ihren Gesellschaften vor sich ging, selbst entwickelten.
Um die Arbeit übersichtlicher zu gestalten, werden die Materialien zur Lage der Landwirtschaft erst im zweiten Kapitel – zusammen mit den Agrarreformen in Deutschland – bearbeitet werden; im ersten Kapitel wird zunächst nur die gewerbliche Produktion behandelt.
Genauere Arbeitsaufträge finden Sie bei allen Kapiteln im Anschluß an die Materialien.

Materialien zu Kapitel 1

M 1.1 **18. Jahrhundert — Staatsausgaben Preußens, Frankreichs und Englands als Ausdruck von Wohlstand und politischer Macht** (Schätzungen)

		Einwohner in Mill.	Staats-ausgaben in Mill. Mark[1]	Ausgaben pro Einwohner in Mark[1]
Preußen	1713	1,6	14,4	9,0
	∅ 1750/56	3,5	36,0	10,0
	∅ 1756/63 (Krieg)	3,5	74,4	21,3
	1786	5,8	69,0	12,0
	1804	10,7	93,0	8,7
Frankreich	1715	16,0	218,9	13,9
	1773	22,0	306,0	14,0
	1789	26,0	488,0	18,8
England	∅ 1702/14 (Krieg)	5,5	170,0	30,0
	∅ 1739/48	6,5	251,0	38,0
	∅ 1756/63 (Krieg)	7,0	467,0	66,0
	∅ 1787/93	9,0	338,0	37,0
	∅ 1794/1817 (Krieg)	9,1	1427,0	156,0

1 Die Geldwerte entsprechen grob gerechnet der Kaufkraft der Mark 1914 – d.h. ca. 20,– DM heute. Die Angaben sind wissenschaftlich ungenau, lassen aber die Größenordnungen der Wirtschaftskraft erkennen.

∅ Durchschnittswert für mehrere Jahre

Georg Eckert: Quellen zur Wirtschafts- und Sozialgeschichte des 17./18. Jahrhunderts. (Limbach) Braunschweig 1949. S. 5f.

Wirtschaftliche und soziale Gegebenheiten in Deutschland um 1800

M 1.2 1791 – Ein sächsischer Wirtschaftsfachmann über die Krise der Städte in Deutschland

[. . .] Unter diesen Voraussetzungen nun wende ich mich zur Bestimmung der Quellen, warum so viele Städte Deutschlands in neuern Zeiten in Verfall gerathen sind. Der Hauptgrund liegt ohnstreitig in dem Mangel hinlänglicher bürgerlicher Nahrungszweige. Es fehlt nicht leicht an Händen, die arbeiten können und arbeiten wollen, oder doch aus Noth arbeiten müssen; aber nicht selten fehlt es an solchen Arbeiten, welche mit einem angemessenen Lohne bezahlt werden. Der Tagelöhner, der Profeßioniste[1], und der Künstler[2] werden immer etwas zu verdienen finden; aber dieses Etwas – ist nur nicht zureichend, um davon ihre Bedürfnisse bestreiten zu können. Wollen sie Arbeit haben, so müssen sie diese oft so wohlfeil hingeben, daß sie kaum das trockne Brod, welches sie mit ihrer Familie immittelst aßen, davon bezahlen können. Der wahre Verfall aller städtischen Handthierungen liegt daher vorzüglich in der zu geringen Bezahlung der Arbeit. – Und dennoch, wird man mir entgegen rufen, sind die Arbeitslöhne seit den sonstigen Zeiten ungeheuer gestiegen! – Das sind sie, aber nur nicht in gleichem Verhältnisse mit dem Preiße der ersten menschlichen Bedürfnisse. Es gab Zeiten, wo der Taglöhner nur 2, 3, höchstens 4 Pfennige täglich verdienen konnte; aber diese reichten in den damaligen Zeiten, wo alles äußerst wohlfeil war, und wo man eine Menge eingebildeter[3] Bedürfnisse noch gar nicht kannte, viel weiter, als jetzt ein Tagelohn von 4 Groschen.

[. . .] die zu hohen Abgaben, der ertödete Credit, und die sparsame Oekonomie, die Reiche und Arme, ja, selbst die meisten Fürsten an ihren Höfen treiben, müssen nothwendig der Handlung höchst gefährlich werden [. . .].

Hierzu kömmt nun noch die Dorfkrämerey,[4] die der Handlung kleiner Städte höchst gefährlich ist, und das Land mit schlechten Waaren überschwemmt; indem der Dorfkramer mit den Kaufleuten in kleinen Städten gewöhnlich gleiche Preise hält, und seinen Nutzen nur darin sucht, daß er die Waaren entweder verfälscht, oder ganz geringe Sorten einkauft [. . .].

Am besten befinden sich in unsern Tagen immer noch diejenigen Städte, die einen starken Feldbau[5] haben, dabey die Viehwirtschaft treiben und nur gemischte Professionisten in ihren Ringmauern zählen. [. . .]

Zit. nach: Michael Stürmer (Hrsg.): Herbst des alten Handwerks. (dtv) München 1979. S. 150 f.

1 Handwerker
2 Mechaniker
3 überflüssiger Luxus
4 Einzelhandel im Dorf
5 Landwirtschaft (häufig im Nebenerwerb)

M 1.3 1810 – Vorindustrielles Handwerk

Aus dem Bericht des kaiserlich-französischen Kommissars Beugnot über das Großherzogtum Berg

Hier erhob sich eine sehr lebhafte Diskussion über das System der Privilegien[1] und das der Freiheit[2]. Die Privilegien im Solinger Manufakturwesen glichen sehr stark der Gesetzgebung im alten China. Die Zahl der Händler war unverrückbar festgesetzt. Keiner wurde zugelassen, der nicht in Solingen geboren und Sohn eines Kaufmanns war. Die Arbeit wurde dann auf die Arbeiter verteilt, die ihrerseits verschiedenen Klassen angehörten, wobei der jeder Klasse zugewiesene Arbeitsvorgang so umschrieben war, daß kein Arbeiter jemals das Werk eines anderen machte. Zu den Arbeitern durfte nur gehören, wer Sohn eines Meisters war, und niemals in einer anderen Klasse als sein Vater.

Der privilegierte Arbeiter konnte wohl Ortsfremde als Gehilfen und Lehrlinge annehmen, aber diese arbeiteten nie auf eigene Rechnung, sondern immer für den Meister, der seinerseits die in seiner Werkstätte gefertigten Waren nicht nach Gutdünken verkaufen konnte, sondern gehalten war, sie dem privilegierten Händler zu bringen. [. . .]

Die Tradition der erprobten Verfahren und die in den Familien gehüteten Geheimnisse wurden so von Generation zu Generation bewahrt und vervollkommnet. Da der Arbeiter seine Preise nicht eigenmächtig festsetzen konnte, brachte er seine Sitten mit seinen Mitteln in Übereinstimmung; die Erziehung hatte ihn klug gemacht, seine Stellung machte ihn nüchtern, genau, arbeitsam, und nirgendwo anders fand diese Menschenklasse größere Rücksichtnahme, nirgendwo lebte sie behaglicher. Es gab genug Konkurrenz, um den Wetteifer anzuspornen; sie war aber nicht so übermäßig stark, daß die Arbeit darunter zu leiden begann. Den Händlern wurde gleichbleibende Qualität abgeliefert, und die Preise waren für alle gleich. Der Wohlstand des Einzelnen konnte folglich nur das Ergebnis allgemeinen Wohlstands sein, auch kam es nicht vor, daß einer auf Kosten seines Nachbarn groß zu werden versuchte. [....]

Zit. nach: Gerhard Huck, Jürgen Reulecke (Hrsg.): ... und reges Leben ist überall sichtbar. (Ph. C. Schmidt) Neustadt (Aisch) 1978. S. 190

1 Sonderrechte für eine Personengruppe (z. B. für Zünfte)
2 Freiheit für alle, ein Gewerbe selbständig zu betreiben

M 1.4 1805 – Bräuche der Handwerksgesellen und ihr Nutzen

Am anderen Morgen machte ich mich frischgemut nach Magdeburg auf. Ich fragte mich zur Herberge[1] durch: „Mit Gunst, wo ist der frommen Brüder Feierstube?" – Die Tür zum Tempel[2] war mit Brezeln und Löwen bemalt. Dreimal klopfte ich an, doch niemand rief „Herein!" Da drückte ich auf und machte, ohne mich umzudrehen, hinter mir die Tür zu; denn jedes Versehen kostet drei Gutegroschen Strafe. Die Stube schien leer, doch hinter dem Ofen konnte trotzdem einer stecken, drum fing ich meinen Spruch an: „Mit Gunst, ihr Brüder, ich grüße Euch von dem Altgesellen aus Erfurt wegen der Brüderschaft. Mit Gunst leg' ich mein Bündel ab." Und richtig! hinterm Ofen kam ein alter, wohl 50jähriger Stromer[3] hervor, reichte mir die Hand und sagte: „Willkommen, frommer Bruder aus Erfurt! Du bist noch infam jung, hast aber deine Sache gut gemacht. Hast du schon mal Brüderschaft geboten?" – „Ja, in Erfurt." – „Wer ist da Altgeselle?" – „Hesse aus Langensalza." – „Richtig, das trifft's. Na, mach dichs bequem und setz dich nieder." [...]
Vier Tage nach meinem Abgang von Cottbus stand ich vor Dresden. Nachdem ich aufgewandert war und abgelegt hatte, sagte ein 50jähriger, sehr reinlich gekleideter Mann zu mir: „Willkommen, junger Bruder, du kannst bald ums Bruderbett[4] bitten; das kostet ein Licht auf heute abend für einen Gutegroschen." – „Mit Gunst, ihr Brüder! Ich bitte für diese erste Nacht um das Bruderbette." – „Es sei dir gewährt, Bruder." sagten mehrere Stimmen. Der Alte war ein Geselle, der immerfort auf der Herberge wohnte, hieß Mönß und hatte den Titel „Wortführer". Er hatte seine Einkünfte von der Brüderschaft und den Gesellen, die er in Arbeit brachte.[5]

Zit. nach: Wolfram Fischer (Hrsg.): Quellen zur Geschichte des deutschen Handwerks. (Musterschmidt) Göttingen 1957. S. 111 f.

1 Herberge = die Herberge der Handwerksgesellen
2 Scherzhafte Bezeichnung der Herberge
3 Landstreicher
4 Bruderbett – Übernachtungsmöglichkeit in der Handwerkerherberge; normalerweise wohnten die Gesellen bei ihren Meistern.
5 Auf ihren Wanderungen hatten die zünftigen Handwerksgesellen Anspruch auf eine kleine Geldgabe oder ein Essen bei den Meistern, die sie um Arbeit fragten – auch wenn sie keine Arbeit erhielten. Im Falle einer Krankheit wurden sie auf Kosten ihrer Mitgesellen bei einem Handwerksmeister versorgt.

Neue gewerbliche Ansätze im 18. Jahrhundert

M 1.5 1774 – Privileg[1] eines Landesherrn (Graf Wied-Neuwied) für den Manufakturunternehmer David Roentgen

Die Familie Roentgen belieferte vor allem den west- und süddeutschen Adel und den französischen Hof mit Luxusmöbeln.

Dem Kunst- und Cabinets-Schreiner David Roentgen, wird auf deßen unterm 22ten verwichenen Monats übergebene unterthänigste Vorstellung und Bitte um gnädigste Verstattung einiger zum Behuf seiner Kunst- und Cabinets-Schreinerey erforderlichen Freyheiten hiermit auf erhaltenen ausdrücklichen und gnädigsten Special-Befehl, pro Resoluto[2] zugestellet:
daß Supplicant[3]
Erstens: nicht gehalten seyn solle, sich in die dahiesige Schreiner-Zunft zu begeben oder sich mit selbiger abzufinden, sondern demselben, gleich seinem Vater, Abraham Roentgen, gänzlich unbenommen bleibe, seine Kunst-Schreinerey Fabriquen-mäßig und außer aller Verbindung mit erwähnter Zunft zu betreiben jedoch unter dem billigen[4] Vorbehalt, daß Supplicant

sich, wie vorgedachter sein Vater der Ordnung nach fordersamst in die hiesige Bürgerschaft begeben möge.
Zweytens: Kann Supplicant zum Betrieb seiner Kunst-Schreinerey so viele Arbeiter, Gesellen und Lehrlinge annehmen und wieder entlaßen, als er nur will: und
Drittens: sollen sämtliche dise in Supplicantens Arbeit stehende Leute, sie seyen ledig oder beweibt, sie wohnen und arbeiten in deßen Behausung, oder außer derselben, von allen Abgaben befreyet sein und bleiben, so lange sie für ihn, Supplicanten, arbeiten. [...]
Viertens. Soll Supplicant von dem Betrieb seiner Kunst und Cabinets Schreinerey unter keinerley Vorwand eine Abgabe entrichten, sondern selbige, gleich vorerwähntem, seinem Vater, und gleich verschiedenen andern hiesigen Fabriquen, frey betreiben.

Zit. nach: Michael Stürmer (M 1.1). S. 255 f.

1 Vorrecht, Begünstigung
2 als amtliche Entscheidung
3 Antragsteller
4 rechtmäßigen

M 1.6 1789 – Reichtum eines Gewerbegebiets

Aus einem Reisebericht

Im Gericht Hagen und Schwelm, sodann in und um Altena und Iserlohn kommen auf eine Quadratmeile[1] weit über 5000 Personen. [...] Der Ackerbau ist im Süderland unbedeutend außer, daß hin und wieder viel Haber (Hafer), hauptsächlich aber eine Menge der herrlichsten Kartoffeln, die Alltags- und Lieblingsspeise des Volks, gezogen und dadurch ein ansehnlicher Beitrag zu den ersten Bedürfnissen genommen wird. [...]
So armselig das Süderland in Absicht der natürlichen Produkte ist, so merkwürdig ist dasselbe durch die unendliche Emsigkeit und den ausgebreiteten Kunstfleiß seiner Einwohner und seiner vielen Fabriken und Manufakturen. – Hier ist kein Bach, kein Wassergefälle, welches nicht zu Hämmern und Schleifwerken benutzt wird. [...] Alles lebt und regt sich hier mit unglaublicher Tätigkeit. Tag und Nach hallt das Echo von dem Getöse der Hämmer von Berg zu Berg durch Täler und Schluchten, und die Feuer-Essen[2] machen des Nachts ein herrlich Schauspiel. – Die Regierung hat von jeher eine wohltätige, väterliche Aufmerksamkeit auf die Fabriken und Manufakturen gehabt, nie aber mit einem durch Erfahrung und Sachkunde richtiger geleiteten Scharfblick als unter dem Ministerio des großen und guten Staatsministers Freiherrn von Heinitz. Unter der Oberaufsicht dieses großen Ministers sind einige ganz neue Fabriken, z. B. die Schwarzblech-, Stahl-, Nähnadelfabrik und Stahlzementieranstalt zu Altena und die wichtige(n) Kleineisenfabriken zu Halver entstanden. Das durch allgemeine Industrie erworbene und mit Mäßigkeit gebrauchte Vermögen erzeugt immer mehr Fleiß, Raffinement und Betriebsamkeit. Jetzt kommt es hauptsächlich nur darauf an, die Verteuerung der Materialien und den Holzmangel zu verhüten und durch mehrere Eleganz und Politur die Fabrikwaren zu vervollkommnen. Außerdem besteht das Wesentliche der Direktion darin, daß Treu und Glauben befördert, auf Gesetze und Reglements strenge gehalten und daß zwischen dem Kaufmann und Fabrikanten oder Reidemeister[3] ein richtig Gleichgewicht erhalten werden. [...][4]

Zit. nach: Friedrich Keinemann (Hrsg.): Westfalen um 1800. (Selbstverlag) Hamm 1978. S. 45

1 ca. 36 qkm
2 Schmiedefeuer
3 Verleger in der Eisenindustrie
4 Vgl. zur Eisenindustrie des südlichen Westfalens Karten S. 51

M 1.7 Ende 18. Jahrhundert – Verlagswesen und Arbeitsteilung im Textilgewerbe

Auszug aus einer späteren Darstellung

Nachdem aus der Zwirnerei das Garn geliefert worden war, gelangte es zunächst in die Färberei und von hier an die Zentrale, die sog. „Fabrik". An dem so verarbeitungsfertigen Rohmaterial wurden nun die ersten Vorarbeiten vorgenommen. Die verschiedenen Winder bekamen die Stränge mit nach Haus, um sie auf Bobbinen[1] zu winden. Von den einzelnen Werkstätten liefen dann die aufgewundenen Bobbinen wieder in Krefeld zusammen. Es folgte nun ein Arbeitsvorgang, der zu dieser Zeit bereits im Hause des Verlegers vorgenommen wurde. Mittels der Scherzettel wurden die Ketten der Gewebe von Frauen webfertig hergerichtet, dann aufgebäumt[2], und diese fertigen Ketten wanderten wiederum mit den dazugehörigen Kämmen außer Haus in die Einzelbetriebe. Von nun an war das Material bis zur Fertigstellung ununterbrochen in den Händen des Webers, der erst das fertige Produkt dem Zentralbetriebe ablieferte, um seinen Lohn zu erhalten. In den Gebäuden des Unternehmers wurde nun die fertige Ware in Lagen gelegt und versandfertig verpackt. Einzelne Artikel hatten, bevor sie versendet werden konnten, noch eine Appretur durchzumachen. Dies geschah teils im eigenen Betrieb des „Fabrikanten“, teils als Lohnarbeit in Appretieranstalten. Innerhalb der einzelnen Werkstätten fand eine gewisse Arbeitsteilung statt. So war z. B. die Webarbeit in der Samtindustrie allein dem Manne vorbehalten, während die Frau ihm allerlei Hilfereichungen machte und die Kette, soweit dies nicht schon im Hause des Verlegers geschehen war, vom Scherrahmen auf den Kettbaum brachte. Auch die Winderei war Frauenarbeit, doch wanden auch sehr oft Kinder die Stränge. Es konnte sich bei der Anordnung des Produktionsganges, der die Vornahme gewisser Zwischentätigkeiten im Hause des Unternehmers vorschrieb, nur eine dezentralisierte Arbeitsteilung entwickeln, das Handinhandarbeiten während der ganzen Dauer des Produktionsprozesses war hier, wie in fast allen hausindustriellen Gewerben, unmöglich.

Zit. nach: Joachim Kermann: Die Manufakturen im Rheinland 1750–1833. (Röhrscheid) Bonn 1972. S. 285

---

1 Spulen
2 Nach einem Muster (Scherzettel) wurden die Längsfäden des Gewebes (Kette) auf einem Rahmen befestigt und dann am Kettbaum, auf dem später das fertige Gewebe beim Weben aufgewickelt wurde, angebracht (vgl. Abbildung eines Webstuhls S. 19).

Frühe Beispiele einer Verelendung durch Verlag und Manufaktur

M 1.8 1798 – Anonymer Bericht über das Elend von Manufakturarbeitern in Aachen

Unter den Einwohnern gibt es wenig Reiche, nicht viel Wohlhabende, und um so viel mehr Arme. Diese Unglücklichen durchwandern haufenweise die Gassen der Stadt. Alle Landstraßen, Spatziergänge, jeder Pfad ist von ihnen besetzt. Für sie gesorgt wird durchaus nicht. Die, welche durch die Arbeit dieser Elenden reich geworden sind, werfen ihnen kaum die Brosamen zu, die von ihren Tischen fallen.
So viel ich aus dem Verkehr mit dieser weitläufigen Familie des Elends erfahren habe, lassen sich die Mitglieder in drei Klassen bringen.
Die erste enthält erkrankte und veralterte Fabrik-Arbeiter. Ein Scheerer, Karder und Kratzer wird, ehe er zwanzig Jahre durch gearbeitet hat, steif, wie ein alter Hühnerhund, mit dem Unterschiede, daß dieser von seinem Herrn immer noch gepflegt und versorgt wird: da um jenen sich der Fabrikherr, sobald er untauglich zur Arbeit ist, nicht mehr bekümmert. Das Ausrecken bei den Karden und Bürsten der in Rahmen gespannten Tücher, das Tragen und Verschleppen großer Ballen nasser Tücher, ziehen ihm dieses Uebel unausweichbar zu. Einem Weber brechen die Beine vom steten Niederhängen gewöhnlich schon vor seinem vierzigsten Lebensjahre auf[1]; mit fünfzig ist er ein völliger Krüppel.

(Die zweite Klasse sind die Frauen und Kinder arbeitsunfähiger Arbeiter, die dritte berufsmäßige Bettler, „die diesen Stand aus Faulheit ergriffen haben“.)

Zit. nach: Joachim Kermann (M 1.7). S. 616 f.

---

1 Ulcus cruris (Unterschenkelgeschwür, „offenes Bein“), Venenerkrankung

M 1.9 1784 – Manufakturarbeiter – die sozialen Folgen im Verständnis eines staatlichen Beamten (Bericht an vorgesetzte Behörde)

[. . .] Ich muß hiebey [. . .] sogleich erinnern, daß allerdings eine weit stärckere Herabsetzung[1] mehrer ja fast aller Articles möglich wäre, wenn diese liebe Leutchens nur beßere Wirthe[2] wären, oder wenigstens durch eine besondere innere Hauß-Authoritaet ihrer Vorgesetzten noch dazu angehalten werden dürffen, wenn der bisherige Glimpf[3] nichts mehr verfangen will. So aber sind sie dieses nicht. Die Männer sind Affen an ihren Frauen und diese wieder an ihren Kindern; daher kömt der übertriebene Luxus und so pflanzt sich dieses verdorbene Geschlecht imer von einem zum andern hindurch. Ew. Hochwohlgeb. erlauben mir jetzo da noch gesagt werden soll, was zu sagen ist, zu Dero eigenen Nachricht nur noch anführen zu dürfen, daß die Weiber hier immer wie unter den Juden[4] bloß aus dem verdorbenen Ruhler Geschlecht[5], nicht aber aus ländlich wohlerzogenen Bürger Töchter oder andern guten Einwohnern des Landes sondern allemahl nach den ersten Reitz geblendeter Liebe und Leidenschafften genommen werden. Im Augenblick hat man sich gesehen. Im Augenblick wird geheyratet und dann erst aufgeboten und copulirt. Da verstehet die Frau nichts vom Kochen, Waschen, Nähen, Spinnen oder anderer Wirthlichkeit, der Mann welcher arbeiten muß, ist hungrig frißt das Fleisch noch ehe es mittag wird, ungar aus dem Topf.

Da versieget ihnen das Geld unter den Händen, der Mann bekauffet die Frau und die Frau das Kind mit allerley närrischen unnützen Putz und Flitterwerk. Die Stadt Bürger und Juden wißen meisterlich davon zu profitieren.

Horst Krüger: Zur Geschichte der Manufakturen und der Manufakturarbeiten in Preußen. (Rütten & Loening) Berlin 1958. S. 591

[1] Preissenkung (durch Lohnsenkung)
[2] Hauswirte = besser mit ihrem Geld umgehen könnten
[3] freundliche Mahnung
[4] Vergleich mit angeblichen Heiratsgewohnheiten der Juden
[5] Frauen der gleichen Herkunft

Das zeitgenössische Verständnis der Entwicklung

M 1.10 1779 – Der Begriff *„industrie"* in der Enzyklopädie von Diderot und d'Alembert

In die deutsche Übersetzung ist das französische Wort *l'industrie* wieder eingefügt worden, damit das Übersetzungsproblem sichtbar wird.

Industrie: Dieses Wort bedeutet zweierlei: einmal bloße Handarbeit, zum anderen Erfindungen des Geistes im Hinblick auf Maschinen, die für die Künste und Gewerbe nützlich sind. *L'industrie* umfaßt bald den einen, bald den anderen dieser zwei Gegenstände, verbindet aber auch häufig beide. Sie bezieht sich auf die Bestellung von Grund und Boden, auf die Manufakturen und auf die Künste; sie befruchtet alles und verbreitet überall Leben und Überfluß. Wie die zerstörenden Völker Übel anrichten, die länger dauern als sie, so schaffen die *industrieuses* Völker Güter, die mit ihnen selbst nicht aufhören.

In Amerika bringt der Boden von Natur aus viele Früchte hervor, die zur Ernährung dienen. Wenn man in Europa den Boden unbebaut ließe, so würden dort nur Wälder entstehen, Eichen, Fichten und ähnliche Bäume ohne Früchte wachsen. So waren in Europa für die Ausnutzung des Bodens viel Arbeit, *industrie* und Wissen notwendig; denn man sieht immer, daß die Bedürfnisse, *l'industrie* und die Kenntnisse im Gleichschritt voranschreiten. Deshalb muß man in den europäischen Staaten die Bauern und überhaupt alle im Sinne des Nutzens arbeitenden Menschen ganz entschieden fördern und belohnen. Der Grund dafür liegt auf der Hand; jede Steigerung des Anbaus und jede neue *industrie* vermehren die Lebensmittel und die Waren und bringen dem Staat Geld ein, das doch das Zeichen für die Wertschätzung derselben ist.

[. . .] in gewissen Ländern gibt es Leute, die jene Mittel und Wege scheuen, die man ihnen angibt, um diese Wahrheit zur Geltung zu bringen, und die derartige Prinzipien stets den Vorurteilen opfern, von denen sie beherrscht sind. Sie wissen nicht, daß die Fesseln, die der *industrie* auferlegt werden, diese völlig erlöschen lassen, daß dagegen die Leistungen, zu denen man sie anspornt, *l'industrie* wunderbar gedeihen lassen, sowohl durch den Wetteifer als auch durch den Gewinn, der daraus entspringt. Man darf also keine Abgaben von *l'industrie* erheben, sondern muß jene belohnen, die ihre Felder am besten bestellt haben, und ebenso die Arbeiter, die den Wert ihrer Arbeit aufs höchste gesteigert haben. Jeder weiß, welchen Erfolg dieses Verfahren in den Vereinigten Königreichen von Großbritannien gehabt hat. [. . .]

Da der Verbrauch der Waren auf Grund des niedrigen Preises der Arbeitskraft zunimmt, hat *l'industrie* immer dann einen Einfluß auf ihren Preis, wenn sie die Arbeit erleichtern oder die Zahl der beschäftigten Arbeitskräfte verringern kann. Das ist der Nutzeffekt der Wasser- und Windmühlen, der Webstühle und so vieler anderer Maschinen, die alle das Ergebnis einer wertvollen *industrie* sind. [. . .]

(Der Text zählt jetzt Wasser- und Windmühlen, Webstühle und Sägemühlen als Beispiele auf.)

Melon hat ganz richtig bemerkt: Mit einem Mann und mit *machines d'industrie* leisten, was man sonst nur mit zwei oder drei Männern leisten könnte, heißt die Zahl der Bürger verdoppeln oder verdreifachen.

Encyclopédie . . . des sciences, des arts et des métiers. Bern/Lausanne 1779. Bd. 18, S. 627.
Zit. nach: Helga Bergmann, Roland Erb (Redakt.): Artikel aus Diderots Enzyklopädie. (Reclam) Leipzig 1984. S. 547

M 1.11 1776 – Gedanken des schottischen Philosophen Adam Smith (1723 – 1790) über Natur und Ursachen des Wohlstands der Nationen

Der einzelne ist stets darauf bedacht, herauszufinden, wo er sein Kapital, über das er verfügen kann, so vorteilhaft wie nur irgend möglich anlegen kann. Und tatsächlich hat er dabei den eigenen Vorteil im Auge und nicht etwa den der Volkswirtschaft.[1] Aber gerade das Streben nach seinem eigenen Vorteil ist es, das ihn ganz von selbst oder vielmehr notwendigerweise dazu führt, sein Kapital dort einzusetzen, wo es auch dem ganzen Lande den größten Nutzen bringt. Wenn er es vorzieht, die nationale Wirtschaft anstatt die ausländische zu unterstützen[2], denkt er eigentlich nur an die eigene Sicherheit, und wenn er dadurch die Erwerbstätigkeit so fördert, daß ihr Ertrag den höchsten Wert erzielen kann, strebt er lediglich nach eigenem Gewinn. Und er wird in diesem wie auch in vielen anderen Fällen von einer unsichtbaren Hand geleitet, um einen Zweck zu fördern, den zu erfüllen er in keiner Weise beabsichtigt hat. Auch für das Land selbst ist es keineswegs immer das schlechteste, daß der einzelne ein solches Ziel nicht bewußt anstrebt, ja, gerade dadurch, daß er das eigene Interesse verfolgt, fördert er häufig das der Gesellschaft nachhaltiger, als wenn er wirklich beabsichtigt, es zu tun. Alle, die jemals vorgaben, ihre Geschäfte dienten dem Wohl der Allgemeinheit, haben meines Wissens niemals etwas Gutes getan. [. . .]

Der einzelne vermag ganz offensichtlich aus seiner Kenntnis der örtlichen Verhältnisse weit besser zu beurteilen, als es irgendein Staatsmann oder Gesetzgeber für ihn tun kann, welcher Erwerbszweig im Lande für den Einsatz seines Kapitals geeignet ist und welcher einen Ertrag abwirft, der den höchsten Wertzuwachs verspricht. Ein Staatsmann, der es versuchen sollte, Privatleuten vorzuschreiben, auf welche Weise sie ihr Kapital investieren sollten, würde sich damit nicht nur, höchst unnötig, eine Last aufbürden, sondern sich auch gleichzeitig eine Autorität anmaßen, die man nicht einmal einem Staatsrat oder Senat, geschweige denn einer einzelnen Person getrost anvertrauen könnte.

[. . .] Ein Familienvater, der weitsichtig handelt, folgt dem Grundsatz, niemals selbst etwas herzustellen versuchen, was er sonstwo billiger kaufen kann. So sucht der Schneider, seine Schuhe nicht selbst zu machen, er kauft sie vielmehr vom Schuhmacher. Dieser wiederum wird nicht eigenhändig seine Kleider nähen, sondern läßt sie vom Schneider anfertigen. [. . .] Alle finden, daß es im eigenen Interesse liegt, ihren Erwerb uneingeschränkt auf das Gebiet zu verlegen, auf dem sie ihren Nachbarn überlegen sind, und den übrigen Bedarf mit einem Teil ihres Erzeugnisses oder, was dasselbe ist, mit dem Erlös daraus zu kaufen.

Was aber vernünftig im Verhalten einer einzelnen Familie ist, kann für ein mächtiges Königreich kaum töricht sein. Kann uns also ein anderes Land eine Ware liefern, die wir selbst nicht billiger herzustellen imstande sind, dann ist es für uns einfach vorteilhafter, sie mit einem Teil unserer Erzeugnisse zu kaufen, die wir wiederum günstiger als das Ausland herstellen können.

[. . .] Mithin lenkt jede staatliche Regulierung die Erwerbstätigkeit eines Landes von ertragreichen Wirtschaftszeigen in weniger ertragreiche, was dann letztlich nicht zu dem vom Gesetzgeber beabsichtigten Anstieg, sondern zu einem Rückgang im Tauschwert des jährlichen Ertrages[3] führt [. . .] Die Erwerbstätigkeit in einem Lande kann nur in dem Umfang zunehmen, in dem seine Kapitalausstattung größer wird, und diese Zunahme wiederum hängt davon ab, wieviel die Bürger aus ihrem Einkommen nach und nach sparen können.

Adam Smith: Der Wohlstand der Nationen (1776). (dtv) München 1978. (4. Buch, 2. Kapitel), S. 369 ff.

---

[1] Wirtschaft des ganzen Landes
[2] vorausgesetzt, der Gewinnn ist in beiden Fällen etwa gleich hoch
[3] Gesamtbeitrag aller Leistungen einer Volkswirtschaft, also das Sozialprodukt

Aufgaben zu Kapitel 1

❶ Alle Politik eines Staates hängt letztlich von den Produktivkräften einer Gesellschaft ab; sie bestimmen die finanziellen Möglichkeiten. Vergleichen Sie die Staatsausgaben Preußens, Englands und Frankreichs (als Maßstab ihrer wirtschaftlichen Kraft) und erläutern Sie, welche Konsequenzen sich daraus für die politischen Kräfteverhältnisse ergaben! (M 1.1)

❷ Stellen Sie auf der Grundlage der Materialien M 1.2 – M 1.4 und der Darstellung S. 13 f. die Lage des traditionellen Handwerks in Deutschland dar und erörtern Sie, wieso man in der Existenz von Zünften ebensogut schwere Nachteile wie große Vorteile der damaligen Staaten sehen konnte!

❸ Positive Auswirkungen versprachen sich die Staaten von der Förderung des ▷ Verlegersystems und der ▷ Manufakturen. Vergleichen Sie diese beiden Produktionsformen untereinander und mit dem Zunfthandwerk, indem sie einen Staatsbeamten, einen Handwerksmeister und einen Gesellen abwägen lassen, welche Vor- und Nachteile ihm die drei Unternehmensformen boten, und schließen Sie daraus auf die Zukunftschancen des Zunfthandwerks! (M 1.5 – M 1.7 und Darstellung S. 13 f.

❹ Früh schon zeichneten sich negative soziale Folgen der Verlags- und Manufakturproduktion ab. Geben Sie eine knappe Beschreibung dessen, was die beiden Texte M 1.8 und 1.9 mitteilen, und nehmen Sie Stellung zu der Interpretation des Elends, die M 1.9 gibt!

❺ Erörtern Sie, ob den Staaten in Mitteleuropa etwas anderes möglich war, als Verlag und Manufaktur zu fördern und die sozialen Folgen hinzunehmen! (Zusammenfassung der Ergebnisse der vorausgehenden Aufgaben)

❻ Die Zeitgenossen des 18. Jahrhunderts bemühten sich, über das Registrieren der sichtbaren Tatsachen hinaus zu einem Verständnis der langfristigen Entwicklungstrends zu gelangen. Untersuchen Sie unter Berücksichtigung der Darstellung S. 14 – 18, inwieweit die Texte M 1.10 und 1.11 die tatsächliche Entwicklung wiedergeben, wie sie die widersprüchliche Wirklichkeit ordnen und begreiflich machen und welche Hoffnungen sie wecken!

2 Die Agrarreformen als Basis der Industrialisierung

frühes 18. Jahrhundert	– Versuche zur Aufhebung der ▷ Leibeigenschaft in Preußen gescheitert
1781	Aufhebung der Leibeigenschaft in Österreich (teilweise wieder rückgängig gemacht)
1788	Aufhebung der Leibeigenschaft in Dänemark als Abschluß umfangreicher sozialer Reformen; die dänische Politik wird in Deutschland weithin als Vorbild gesehen
1789	Beginn der Französischen Revolution
1794	Einführung des Allgemeinen Landrechts für die preußischen Staaten
1799	Abschaffung der ▷ Gutsherrschaft auf den Domänen des preußischen Königs
1806	Niederlage Preußens gegen Frankreich; Preußen verliert die Hälfte seines Gebiets
1807	Beginn der preußischen Reformen – Edikt zur Bauernbefreiung
1808	Städteordnung in Preußen – Selbstverwaltung der Städte
1815	Wiener Kongreß – Neuordnung Europas nach dem Sturz Napoleons
1822/25	starker Rückgang der Agrarpreise erschwert die Agrarreformen
1848/49	weitgehender Abschluß der „Regulierungen" in Preußen (Herauslösung selbständiger Bauernbetriebe aus den Gütern)
1848/51	Ende der adeligen Gerichtsfunktionen über die Bauern in Preußen

2.1 Deutschland und die Französische Revolution: Das Beispiel Preußen

Von ihrem Beginn 1789 an wirkte die Französische Revolution über die Grenzen Frankreichs hinaus. Sie löste bei den Fürsten Angst um ihre Throne aus und weckte bei vielen Untertanen politische Erwartungen. Österreich und Preußen versuchten 1792, von außen mit militärischer Gewalt die absolute ▷ Monarchie in Frankreich wieder einzuführen; sie scheiterten dabei an der französischen Revolutionsarmee. Als diese 1794 das Rheinland erreichte und als 1797/1801 die deutschen Gebiete links des Rheins in den französischen Staatsverband eingegliedert wurden, rührte sich dort kein Widerstand; die Einführung der französischen Gesetze beendete die alte ▷ Ständeordnung und gab vor allem dem ▷ Bürgertum wirtschaftliche Chancen und gesellschaftliche Freiheiten. Das Ausmaß der Zustimmung der Bevölkerung läßt sich an den Gesuchen rechtsrheinischer Gemeinden ablesen, gleichfalls in den französischen Staat aufgenommen zu werden. Frankreichs Aufstieg zur Vormacht auf dem europäischen Kontinent unter Napoleon bedeutete für Deutschland das Ende des alten Kaiserreichs und eine tiefgreifende Neuordnung (1803/06). Über 100 Kleinstaaten wurden aufgehoben; die neuen deutschen Mittelstaaten wurden fast ausnahmslos Vasallen Frankreichs (Rheinbund). Sie folgten mit ihren Sozial- und Wirtschaftsverfassungen dem französischen Vorbild und übernahmen auf diesem Weg wesentliche Ergebnisse der ▷ Revolution von 1789. Preußen und Österreich indessen sahen ihre Rolle als europäische Großmächte gefährdet; gerade ihr politischer Selbstbehauptungswille aber zwang auch sie sich der von Frankreich ausgehenden neuen Dynamik zu unterwerfen und soziale Reformen vorzunehmen. Wegen der Folgen für die spätere deutsche und europäische Geschichte soll auch hier wieder Preußen in den Mittelpunkt gestellt und als Beispiel einer „Revolution von oben“ betrachtet werden.

Erst in der zweiten Hälfte des 18. Jahrhunderts hatte Preußen seine Machtstellung im östlichen Mitteleuropa gefestigt, und erst 1794 hatte es mit der Einführung des Allgemeinen Landrechts ein einheitliches Rechtssystem für alle Teile der Monarchie geschaffen. Als Preußen 1806 – in Verkennung der Kräfteverhältnisse und außenpolitisch isoliert – einen Krieg mit Frankreich riskierte und verlor, mußte es sein halbes Staatsgebiet abtreten und auf seine Rolle als europäische Macht verzichten.

Ein Teil der alten militärisch-politischen Führungseliten war durch die Niederlage diskreditiert, die Politik des ▷ aufgeklärten Absolutismus gescheitert. Für eine Reihe von Jahren ging die politische Führung auf neue Männer über. Diese waren zwar auch Adelige und wollten die Monarchie erhalten und die Großmachtstellung Preußens wiederherstellen; sie waren aber bereit, dafür einige Privilegien aufzugeben und weitgehende gesellschaftliche Reformen durchzuführen. Diese Reformer – der Freiherr vom und zum Stein (Minister von 1804 bis 1808), von Hardenberg (Staatskanzler von 1810 bis 1822), der Gelehrte und Schulreformer Wilhelm von Humboldt u. a. – schätzten die Tragweite der Französischen Revolution richtig ein: Die Gleichheit der Franzosen als Staatsbürger ohne Ständeschranken, die wirtschaftliche Freiheit und – wenn auch zunächst von Napoleon aufgehoben – die politischen Rechte würden die Franzosen auf Dauer nicht mehr aufgeben. Eher mußten die alten Monarchien Europas die Vorbildwirkung Frankreichs fürchten. Frankreich war 1806 nicht trotz, sondern wegen der Revolution die führende Macht Europas.

Die Reformer zogen daraus den Schluß, daß Preußen sich der historischen Tendenz zur bürgerlichen Gesellschaft nicht entziehen könne, und schlugen vor, daß der König und der Adel selbst von oben und friedlich die notwendigen Reformen einleiten sollten. Die Monarchie könne so, wie z. B. auch in England, überleben.

Die Gedanken der Reformer – unmittelbar nach der Niederlage von 1806 in umfangreichen Denkschriften für den König entwickelt – wurden zu einem großen Teil tatsächlich verwirklicht, wobei allerdings Auslassungen und Inkonsequenzen der späteren Jahre ein erhebliches Gewicht haben sollten. Vor allem aber sollte es die deutsche Geschichte tief prägen, daß der Staat mit den alten absolutistischen Instrumenten des Beamtentums „von oben“ einführte, was in anderen Ländern vom Volke selbst erkämpft worden war und dort den Prozeß der Demokratisierung stärkte.

Ansatzpunkt der Reformen war die Aufhebung zweier alter Sozialordnungen – der Agrarverfassung mit ▷ Grund- und Gutsherrschaft sowie der städtischen ▷ Zünfte. So war es möglich, mit einem Minimum an Gesetzen ein Maximum an Wirkungen zu erzielen. Millionen von Menschen wurden so aus ihren traditionellen Personenverbänden in eine persönliche Freiheit entlassen. Die jahrhundertealte Wirtschaftsweise, die vorwiegend auf Überlebenssicherung angelegt war, endete; die Menschen waren nun gezwungen, ihre Existenz selbständig zu sichern. Dazu waren Initiative und härtere Arbeit als zuvor notwendig, d. h. genau die Tugenden, die der Staat zum allgemeinen Nutzen gern freigesetzt sehen wollte. Zentrale Instanz der Wirtschaft wurde der Markt für Waren und Arbeitskraft. Dieser ▷ Markt war den Gesetzen des ▷ Kapitals unterworfen, was die Zeitgenossen um 1800 auch wußten. Kosten, Nutzen und Gewinn der landwirtschaftlichen und der gewerblichen Produktion sollten über Erfolg und Scheitern sowohl der Kapitalbesitzer als auch der zahlreichen Menschen ohne Kapital entscheiden.

Die Kapitalisierung der Wirtschaft mußte die Gesellschaft vollständig verändern, wenn man sie ungehemmt wirken ließ. Die Stände mußten sich auflösen und eine neue Ordnung entstehen lassen, in der der Besitz an Kapital zu einem entscheidenden Kriterium für Rang und Einfluß wurde. Unvermeidlich mußte der Adel im traditionellen Sinne verschwinden. Das allerdings widersprach nicht nur den Interessen der alten preußischen Oberschicht, sondern stellte auch die Verfassung des Königreichs in Frage: Das Allgemeine Landrecht, das erst reichlich ein

Jahrzehnt gültig war, konnte nicht ohne die Dreiteilung der Gesellschaft in Adel, Bauern und Stadtbürger gültig bleiben; die untere Verwaltung, die niedere Justiz, das Schulwesen u. a. mußten ohne die adelige Gutsherrschaft in weiten Teilen des Landes zusammenbrechen, wenn nicht der Staat seine Tätigkeit ausdehnte und den teuren Beamtenapparat erheblich erweiterte.

2.2 Die Durchführung der preußischen Reformen

Die Städteordnung von 1808

Von den preußischen Reformen wurden diejenigen, die die Städte und das Bürgertum betrafen, am raschesten verwirklicht. 1808 wurde mit der Städteordnung die Selbstverwaltung der Städte eingeführt. Das Wahlrecht war dabei an Grundbesitz oder ein bestimmtes Einkommen gebunden. In der Stadt sollte der politische Erziehungsprozeß beginnen, der sich später auch auf der Ebene des Staates bewähren sollte. (Die preußische Monarchie hat diese Konsequenz nach 1815 lange verweigert.)

Im Gefolge der Städteordnung wurden Zunftzwang und Gewerbemonopol der Städte aufgehoben; damit endete eine jahrhundertealte Sozialordnung der Stadt. Da hier nicht, wie im Falle des Adels, staatspolitisch wichtige Privilegien berührt waren, kam es nicht zu komplizierten Kompromissen: Jeder, der das städtische Bürgerrecht besaß und die finanziellen Mittel und – nach eigenem Ermessen – die Qualifikation hatte, konnte einen Gewerbeschein erwerben und mit der Produktion in jeder beliebigen Form und in jedem Umfang beginnen. Die Gewerbefreiheit und der freie ▷ Markt im Sinne des ▷ Liberalismus waren geschaffen. (Nur bei Bergbau und Salzgewinnung blieben noch Sonderregelungen bestehen.)

Neben den alten Sozialordnungen, in der die Mehrheit der Bevölkerung gelebt hatte, wurden auch die Sondergesetze aufgehoben, die das Leben der jüdischen Minderheit geregelt und belastet hatten. Die Juden wurden den übrigen Staatsbürgern gleichgestellt (Judenemanzipation). Die Integration der Juden in die Gesellschaft war damit aber noch lange nicht erreicht. Ihre Hoffnung auf Anerkennung und Befreiung von Vorurteilen erfüllte sich nur langsam, und nach der Gründung des Deutschen Reichs 1871 verstärkten sich wieder gegenläufige Tendenzen (→ S. 107).

Die Probleme der Agrarreform

Zu einer Industrialisierung ist immer (auch im 20. Jahrhundert) zuerst eine tiefgreifende Veränderung der Landwirtschaft notwendig gewesen. In Europa mußte zudem nach 1800 die seit Jahrzehnten andauernde Nahrungsknappheit überwunden werden – und das bei fortgesetztem raschem Bevölkerungswachstum. Durch eine starke Vergrößerung der Anbauflächen und die Steigerung der Produktivität mußte man zudem zu verhindern suchen, daß der Bevölkerungsüberschuß in kurzer Zeit in die Städte abwanderte. Zugleich sollte die Landwirtschaft zum Markt für industrielle Produkte werden.

Die Vielfalt und Kompliziertheit der Agrarreformen in Deutschland nach 1800 soll wieder am Beispiel Preußens behandelt werden. (Die Entwicklung war in anderen Gebieten Deutschlands mit starkem Adelsbesitz nicht sehr viel anders.) – Der in der deutschen Geschichte vorherrschende Begriff der „Bauernbefreiung" hebt ein wichtiges Moment der Agrarreformen hervor, nämlich die Herauslösung der Bauern aus ihrer wirtschaftlichen und politischen Abhängigkeit vom Adel, vernachlässigt aber ein zumindest gleichgewichtiges Problem, nämlich die Sicherung der gesellschaftlichen Vorrangstellung des Adels in Preußen und anderen Ländern Deutschlands. Die Stoßrichtung der Reformen ging gegen die Vorrechte des Adels; aber im Gegensatz zu Frankreich hatte in Deutschland keine Revolution die politische und soziale Macht des Adels gebrochen. Der Adel verstand seine Privilegien und damit die Leistungen der untertänigen Bauern an ihn als ein Eigentumsrecht; wenn man es überhaupt wagte, ihm davon etwas zu nehmen, so verlangte er dafür Entschädigung. Da in einem armen Lande wie Preußen kein leistungsfähiges Kreditsystem den Ausgleich der Forderungen erleichtern konnte, mußten komplizierte Lösungen für die Verteilung des Bodens und die langfristige Ablösung von Verpflichtungen gefunden werden:

- Die Bauernbetriebe waren rechtlich und wirtschaftlich aus den Gütern herauszulösen.
- Die alten bäuerlichen Pflichten (Hand- und Spanndienste, Abgaben in Waren und Geld) waren in Geld- und Bodengrößen umzurechnen und mit den herrschaftlichen Pflichten etwa der sozialen Fürsorge zu verrechnen, um sie austauschbar zu machen.
- Grundstücke mußten so getrennt und neu zusammengelegt werden, daß jeder Landwirt selbständig nach eigenem Sachverstand wirtschaften konnte.

Über die gesetzliche Regulierung hinaus gingen die Fragen, wie man die neuen Betriebe (oder sollte man besser von agrarischen Unternehmen sprechen?) lebens- und konkurrenzfähig machen konnte:

- Die Güter mußten nach dem Verlust der bäuerlichen Dienste die nötigen Arbeitskräfte finden und diese auch bezahlen können.
- Die neuen bäuerlichen Betriebe mußten so leistungsfähig werden, daß sie die Ablösungszahlungen an den Adel, die staatlichen Abgaben und die Aufwendungen für die eigene Modernisierung aufbringen konnten. – Man mußte also adelige und nichtadelige Landwirte dazu befähigen, betriebswirtschaftlich, d. h. kapitalistisch zu kalkulieren und zu wirtschaften.

Die Praxis der preußischen Agrarreform

Im Gegensatz zur städtischen Ordnung benötigte die agrarische Jahrzehnte zur Lösung der Probleme, und viele ursprüngliche Absichten wurden in ihr Gegenteil verkehrt.

Das berühmte Oktoberedikt von 1807 mit den eindrucksvollen Worten „Nach dem Martinitage 1810 gibt es nur freie Leute" befreite die untertänigen Bauern nur aus ihren persönlichen Bindungen an den Gutsherrn, regelte aber noch nicht die vermögensrechtlichen Fragen (→ M 2.7). Da der Bauer auch weiterhin auf dem Hof und dem Boden wirtschaftete, auf dem er 1807 saß, blieb er zunächst gebunden und mußte abwarten, welche Rechte des Herrn und welche bäuerlichen Leistungen zu welchen Bedingungen gegeneinander verrechnet würden. Um diese Fragen zu regeln, wurden zwischen 1807 und 1842 nicht weniger als 84 Gesetze erlassen. Zwar war der wichtigste Teil der Aufgabe, die Herauslösung selbständiger Bauernhöfe aus den Gütern, bis 1848 weitgehend abgeschlossen, doch wurden die letzten Ablösungszahlungen erst gegen 1900, in Bayern sogar erst nach dem Ersten Weltkrieg geleistet. In Preußen sollte ursprünglich allen Bauern der Weg in die wirtschaftliche Selbständigkeit offenstehen – den gutsuntertänigen mit Erbrecht gegen Abgabe eines Drittels des Bodens, denen ohne Erbrecht gegen die Hälfte des Bodens (oder entsprechende Geldleistungen) und den nur grunduntertänigen Bauern gegen Zahlung des 25fachen des Wertes ihrer jährlichen Leistungen. Schon 1816 aber wurden in Preußen auf Druck des Adels hin die Bauern ohne eigenes Zugvieh von der „Befreiung" ausgenommen und ihr Land von den Gutsbesitzern entschädigungslos eingezogen. Der Gemeinschaftsbesitz der Dorfgemeinden an Wald und Weide (Allmende) wurde überwiegend den ▷ Rittergütern zugeschlagen. Die Zahl der Bauernstellen stieg in Preußen um ca. 25%; daneben entstanden zahlreiche Kleinbetriebe. Die größten Gewinner der Reformen waren die Güter. Sie erhielten als Ablösungsleistungen von den ehemals untertänigen Bauern ca. 400 000 ha Land und ca. 250 Mill. Mark (mit einer gegenüber heute ca. zwanzigfachen Kaufkraft).

Der Weg zur Selbständigkeit war überaus mühsam. Die Bauern mußten nicht nur die Ablösesummen aufbringen, sondern auch zusätzliches Land kaufen, Geräte- und Viehbestand verbessern und die Qualität der Böden steigern. Dafür standen ihnen in den ersten Jahrzehnten, anders als den Gutsbesitzern, keine Kredite zur Verfügung; es war kein Wunder, daß viele Bauern dabei scheiterten.

Wie zu erwarten war, veränderten die Reformen die Sozialstruktur auf dem Lande erheblich. Auf der einen Seite standen die Güter und die leistungsfähigen Bauernhöfe, auf der anderen Seite eine wachsende Zahl von Klein- und Kleinstbauern und von Landarbeitern: Häusler (Eigenkätner, Kossäten usw. – die Namen wechselten von Landschaft zu Landschaft) mit eigenem Haus und etwas Land, Instleute (ehemalige Bauern) auf Gutsland mit langjährigem Arbeitsvertrag, Tagelöhner und Gesinde, die für eine Saison und kürzer angeworben wurden und – vor allem im späteren

19. Jahrhundert – Wanderarbeiter für die Erntesaison. Sie alle genossen sozialen Schutz nur unzulänglich und für eine begrenzte Zeit; Vorsorge für Alter und Invalidität war weitgehend Aufgabe der Familie. Es läßt sich verstehen, daß viele, vor allem jüngere Menschen das Land verließen und selbst die harte Existenz von Industriearbeitern als Fortschritt empfanden. Trotzdem nahm die Landbevölkerung nicht ab – im Gegenteil.

Veränderung eines Ritterguts durch die Agrarreform (Herrschaft Boitzenburg/Uckermarck)

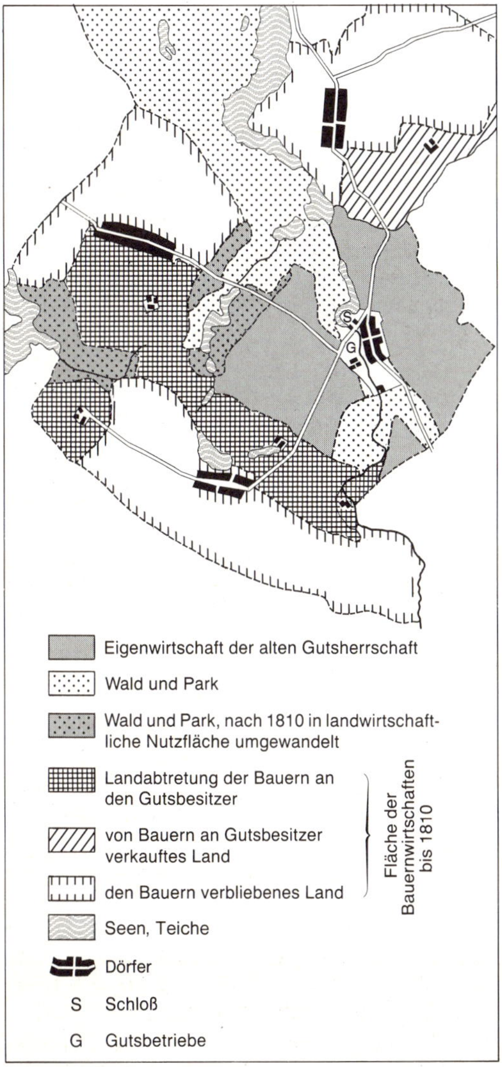

(Nach: Atlas zur Geschichte 1. [VEB Hermann Haack] Gotha/Leipzig 1973. S. 98)

Eine Bilanz der Agrarreform

Einer der wichtigsten Erfolge der Agrarreformen in Deutschland bestand in der Tatsache, daß eine rasche Abwanderung der Bevölkerung in die Städte verhindert wurde. Was hier auf den ersten Blick paradox erscheinen mag, leuchtet ein, wenn man die Probleme sieht, die die Dritte Welt heute mit der Landflucht hat: Die rasche Zuwanderung riesiger Menschenmengen in die überlasteten Metropolen schafft unlösbare wirtschaftliche und soziale Schwierigkeiten, die durch keine Industrialisierung bewältigt werden können. In Deutschland nahm nach 1815 die Zahl der Arbeitsplätze auf dem Lande zu, da neue Anbauflächen geschaffen und arbeitsaufwendigere Kulturen eingeführt wurden. (Daneben banden die unwirtschaftlichen Kleinbauernstellen viele Menschen.) Nach 1815 verdoppelte sich der Anteil der intensiv genutzten Böden an der gesamten Bodenfläche innerhalb von 50 Jahren. Der Zwang, Landwirtschaft kaufmännisch, d. h. kostengünstig zu betreiben, traf sich mit wissenschaftlichen Anstrengungen, ertragreichere Tier- und Pflanzenarten zu züchten. Durch die Einführung stickstoffbindender Futterpflanzen wurde die Brache überflüssig. Die Klärung der Chemie des Bodens (Liebig) erlaubte eine wirksame Düngung der

Zunahme der Leistungsfähigkeit der Landwirtschaft — gemessen am Ertrag pro Hektar der vier wichtigsten Getreidearten (bis 1840 nur Trendangaben — ab 1845 tatsächliche Erträge und Trendkurve)

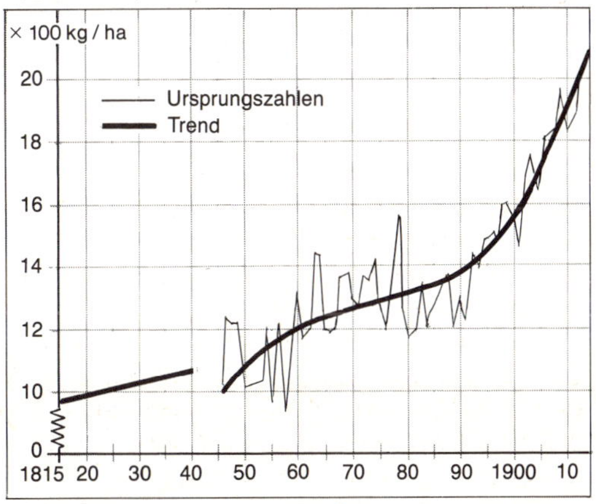

Vierteljahreshefte für Konjukturforschung, Sonderheft 35. (Hobbing) Berlin 1934. S. 5

Böden und eine erhebliche Leistungssteigerung. Der Erfolg stellte sich anfangs aber nur langsam ein; es gab immer wieder Mißernten, und die von 1847 trug viel zum Ausbruch der Revolution von 1848 bei. – Mißt man das Erreichte aber an dem grundlegenden Problem der Zeit, der enormen Bevölkerungsvermehrung, so kann man nur von einem großen Erfolg der Reformen sprechen. Trotz eines Bevölkerungszuwachses von 60% in nur 33 Jahren (Preußen 1815 – 48) kam es nicht zu einer Hungersnot, ja, gemessen am Anteil des Eiweißes an der Nahrung, kann man sogar von einer Verbesserung der Verhältnisse sprechen. (In der zweiten Hälfte des 19. Jahrhunderts sollte sich die positive Entwicklung noch verstärken.) (→ M 2.11)

Neben den Erfolgen der Agrarreform standen Entwicklungen, die meist Folgen der Inkonsequenzen der Reformen waren. Die Ansätze zur Demokratisierung, die den Reformern um den Freiherrn vom Stein absolut notwendig erschienen waren, um den Untertan in einen Bürger zu verwandeln, blieben lange auf die Ebene der Städte beschränkt. Einen politischen Mißstand bildeten die Gutsbezirke, die 1839 etwa die Hälfte des Gebiets der östlichen Provinzen Preußens einnahmen und denen in Schlesien 60% der Bevölkerung unterstanden. Hier gab es keine Gemeindewahlen. Der Gutsherr blieb bis 1848/51 Richter und Polizeigewalt. Er konnte sein Gesinde und seine Landarbeiter in seiner Polizeifunktion zur Einhaltung der Arbeitsverträge zwingen; auch die preußischen Landtagswahlen und später die Reichstagswahlen standen unter Einflüssen, die in einem funktionierenden Verfassungsstaat der Gegenwart undenkbar sind. Nimmt man die schlechten Löhne hinzu, so gab es genug Gründe für eine Landflucht in die Industriezentren und ins Ausland – vor allem nach Nordamerika.

Obwohl der Großgrundbesitz die günstigsten Voraussetzungen für seinen Betrieb vorfand, war sein wirtschaftlicher Erfolg eher gering. Nicht zuletzt der hohe persönliche Geldbedarf der adeligen Familien entzog den Betrieben zu viele Mittel und förderte eine gefährliche Überschuldung der Rittergüter, deren Tempo den Anstieg der Preise und der Verkaufswerte überstieg. Um 1880 galt mehr als die Hälfte der Rittergüter östlich der Elbe als „hochverschuldet". Das sollte viele Rückwirkungen auf die Innen- und Außenpolitik Deutschlands vor und nach dem Ersten Weltkrieg haben, die wir aus der Perspektive der späteren Geschichte nur als verhängnisvoll bezeichnen können.

Preise und Verschuldung der Rittergüter und Roggenpreise in Sachsen-Anhalt (1781—1895) Durchschnittswerte für je 10 Jahre in % des Durchschnitts 1780—1800

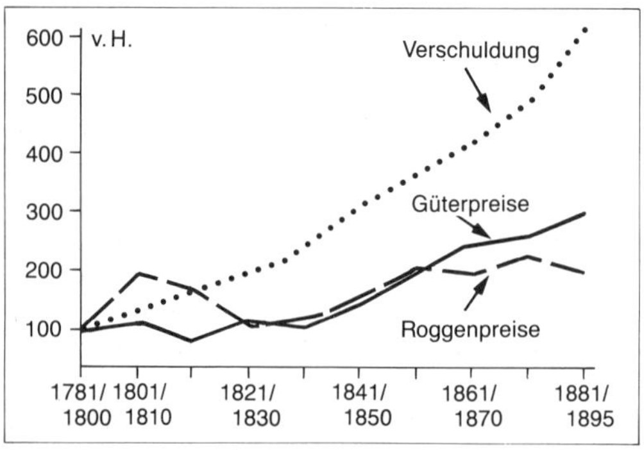

Wilhelm Abel: Agrarkrisen und Agrarkonjunktur. (Parey) Hamburg/Berlin [3]1978. S. 277

Überlegungen zur weiteren Arbeit

Die großen Reformen der deutschen Gesellschaft zu Beginn des 19. Jahrhunderts interessieren uns als wichtiger Einschnitt in der deutschen Geschichte; zugleich ist unsere Neugierde aber auch von der späteren Entwicklung und von der heutigen Gegenwart her geprägt. Unvermeidlich muß man fragen, wie die Reformen nach 1806 in Preußen und anderen deutschen Staaten langfristig die Gesellschaft geprägt haben und die Stabilisierung des Adels und die dominante Rolle des Staates gegenüber seinen Bürgern die deutsche Geschichte beeinflußt haben.
Die Probleme der Dritten Welt bei der Modernisierung ihrer Landwirtschaft und bei dem Einbezug ihrer Wirtschaft in den Welthandel lassen die mitteleuropäischen Agrarreformen als eine Art von Vergleichsbeispiel erscheinen. Sie legen die Frage nahe, ob die Wege der Modernisierung einer traditionellen Agrargesellschaft und ihre Orientierung hin zu Markt und Kapitalverwertung im 19. Jahrhundert Einsichten für die Gegenwart erlauben. Solche perspektivische Betrachtungsweise führt dazu, daß wir unserer historischen Interpretation politische Vorstellungen und Werte einer demokratischen Gesellschaft unterlegen. Das ist legitim, fordert aber zugleich, daß wir uns dessen bewußt werden, wenn wir nicht die Geschichte falsch verstehen wollen.
Im Gegensatz zum ersten Kapitel, das mit einer vorwiegend synchronen Betrachtungsweise einen Querschnitt durch eine Zeit zog, ist dieses zweite am zeitlichen Ablauf eines Geschehens – der Agrarreformen in Preußen – orientiert. (Man spricht hier von einer diachronen Methode.) Ausgehend von der Lage der Landwirtschaft um 1800 werden die Gedanken und Entscheidungen einer Reihe von Politikern und anderen Betroffenen betrachtet und schließlich die langfristigen Auswirkungen dieser Politik beurteilt.

Materialien zu Kapitel 2

Die alte Ordnung auf dem Lande

M 2.1 18. Jahrhundert – Gutswirtschaft in der Darstellung eines Sozialwissenschaftlers von 1909

Der herrschaftliche Hof ist der Mittelpunkt eines großen landwirtschaftlichen Betriebes. Neben dem Haus oder Schloß, in welchem der Gutsherr [. . .] wohnt, befinden sich weitläufige Wirtschaftsgebäude, große Scheunen und Speicher, Stallungen für das Nutzvieh, besonders für Kühe und Schafe, was aber zu unserer Überraschung fehlt, das sind die Ställe für das Zugvieh; höchstens findet man einige Pferde für den herrschaftlichen Wagen, aber der Bestand an Ackerpferden oder Zugochsen ist sehr gering oder fehlt sogar ganz. Der zugehörige Ackerbesitz ist groß, aber er bildet keine zusammenhängende Fläche; die Äcker liegen vielmehr auf der Flur verstreut, und auf derselben Flur liegen die Äcker der Bauern, die in einem nahen Dorfe wohnen; [. . .] – Der Inspektor – wie wir heute sagen würden – sagt den Bauern am Abend vorher an, wo sie sich mit bespanntem Pflug oder Egge am folgenden Morgen einzufinden haben, dann geht es aufs Feld hinaus, und unter Zanken und Fluchen wird der träge Gaul und der widerwillige Mann zu seiner verdammten Pflicht und Schuldigkeit angehalten. Kommt die Erntezeit heran, so werden neben den Spanndiensten die Handdienste der kleinen Leute wichtig; es versteht sich durchaus von selbst, daß der Herrendienst allem anderen vorgeht. [...] So ist alles, was an Arbeit für den Gutsherrn nötig ist, auf die Bauern verteilt oder, richtiger gesagt, auf die Einwohner des Dorfes, mögen sie eigentliche Bauern sein oder nicht, das heißt: mögen sie einen Bauernhof bewirtschaften oder nicht.

Georg F. Knapp, Die Landarbeiter in Knechtschaft und Freiheit. (Duncker & Humblot) Leipzig 1909. S. 52 f.

(Zu den Formen des Umgangs des Adels mit den Bauern sollte man sich der Anweisung König Friedrich Wilhelms II. erinnern, daß „vornämlich das eigenmächtige Prügeln gänzlich abzustellen und die Maleficanten[1] allenfalls nur mit ordinairen[2] Peitschen oder Ruten“ zu strafen seien.)

---

[1] Übeltäter
[2] gewöhnlichen, ortsüblichen

M 2.2 1788 – Adolph Freiherr von Knigge, ein politischer Schriftsteller der Aufklärung, über die Bauern

In den mehrsten Provinzen von Teutschland lebt der Bauer in einer Art von Druck und Sclaverei, die wahrlich oft härter ist als die Leibeigenschaft desselben in andern Ländern. Mit Abgaben überhäuft, zu schweren Diensten verurteilt, unter dem Joche grausamer, rauhherziger Beamten seufzend, werden sie des Lebens nie froh, haben keinen Schatten von Freiheit, kein sicheres Eigentum und arbeiten nicht für sich und die Ihrigen, sondern nur für ihre Tyrannen. Wen nun die Vorsehung in die glückliche Lage gesetzt hat, zur Erleichterung dieser so sehr gedrückten Menschenklasse etwas beitragen zu können; o! der schaffe sich doch die süße Wonne, in den kleinen Hütten der Landleute Freude zu verbreiten und seinen Namen von Kindern und Enkeln mit Segen genannt zu hören! Wohl freilich sind die Bauern zum Teil so hartnäckige, zänkische, widerspänstige und unverschämte Geschöpfe, daß sie aus der geringsten Wohltat eine Schuldigkeit machen, daß sie nie zufrieden sind, immer klagen, immer mehr haben wollen, als man ihnen zugestehen kann; allein sind wir nicht selbst, durch lange fortgesetzte unedle Behandlung und Vernachlässigung ihrer Bildung, daran Schuld, daß niederträchtige Gesinnungen bei ihnen herrschend werden?
Und giebt es nicht einen Mittelweg, zwischen übertriebener Nachsicht und despotischer Strenge und Grausamkeit? Ich verlange nicht, daß ein Landes- oder Gutsherr sich des Rechts begeben soll, seine Untertanen zu gewissen schuldigen Diensten zu brauchen; allein er soll nicht, damit er, zum Beispiele, das grausame Vergnügen einer Hirsch- und Schweine-Mezelei schmecke, den Bauer zu einer Zeit, wo seine Gegenwart zu Haus ihn und seine Familie gegen Mangel schützen muß, mehr Tage hintereinander in strenger Kälte mit leerem Magen herumlaufen und Ohren und Nasen erfrieren lassen. Er soll ihm die schuldigen Abgaben nicht schenken; aber er soll Nachsicht mit seinen Umständen haben, Rücksicht auf erlittene Unglücksfälle nehmen und darauf halten, daß die Beamten die Gelder zu einer Zeit eintreiben, wo es dem armen Landmanne weniger schwer wird, bare Münze aufzutreiben. [...]
Man schwätzt so viel von Verbesserung der Dorfschulen und Aufklärung des Landvolkes; allein überlegt man auch wohl immer genau genug, welch' ein Grad von Aufklärung für den Landmann, besonders für den von niedrigem Stande, taugt? Daß man den Bauer nach und nach, mehr durch Beispiele als durch Demonstrationen zu bewegen suche, von manchen ererbten Vorurteilen in der Art des Feldbaues und überhaupt in Führung des Haushalts zurückzukommen; daß man durch zweckmäßigen Schulunterricht die törichten Grillen, den dummen Aberglauben, den Glauben an Gespenster, Hexen und dergleichen zu zerstören trachte; daß man die Bauern gut schreiben, lesen und rechnen lehre; das ist löblich und nützlich. Ihnen aber allerlei Bücher, Geschichten und Fabeln in die Hände zu spielen; sie zu gewöhnen, sich in eine Ideenwelt zu versetzen; ihnen die Augen über ihren armseligen Zustand zu öffnen, den man nun einmal nicht verbessern kann; sie durch zu viel Aufklärung unzufrieden mit ihrer Lage; sie zu Philosophen zu machen, die über ungleiche Austeilung der Glücksgüter deklamiren; ihren Sitten Geschmeidigkeit und den Anstrich der feinen Höflichkeit zu geben – das taugt wahrlich nicht.

Zit. nach: Günther Franz (Hrsg.): Quellen zur Geschichte des deutschen Bauernstandes in der Neuzeit. (Wissensch. Buchgesellschaft) Darmstadt [2]1976, S. 311

M 2.3 1818 — Ansprache des brandenburgischen Gutsherrn und Generals Friedrich August Ludwig von der Marwitz an die Bauern von Friedersdorf bei der Taufe seines Sohnes

Solange die Aufteilung und Verrechnung des Bodens und der Rechte noch nicht stattgefunden hatte, blieben die alten Güter bestehen. Auch wenn die Bauern von Friedersdorf freie Leute waren, lebten sie in vieler Hinsicht noch in Verhältnissen wie vor den Reformen. Von der Marwitz war ein einflußreicher politischer Schriftsteller, seine Rede war zur Veröffentlichung gedacht.

Hier stelle ich Euch meinen neugebornen Sohn vor! Seit meine älteren Söhne dort ruhen und seit meine Brüder auf den Schlachtfeldern gefallen sind, war ich der letzte meines Hauses. Wenn der Himmel mir einen Sohn versagt hätte, so fielet Ihr nach meinem Tode in fremde Hände. Wie nachteilig das Wechseln der Herrschaften und der Untertanen für das allgemeine Wohl ist, wie nachteilig, wenn der Grundbesitz wie eine Kaufmanns-Ware immer aus einer Hand in die andere gehet, das könnet Ihr hier herum bei so vielen Eurer Nachbaren sehen! Es wird einer dem andern von Tage zu Tage fremder, es entstehet ein ewiges Umherziehen und es bekümmert sich ein jeder nur um den Geld-Erwerb. Wer dabei Glück hat, der kann bestehen; wer Unglück hat, der bleibt verlassen; den Armen und Schwachen fehlt der Vater, der für sie sorgt, und in Zeiten der Not, wie wir sie erlebt haben, entbehrt das Ganze den treuen Vorsprecher und Versorger.
So ist es, Gottlob! hier bei uns seit 150 Jahren nicht gewesen. Meine Vorfahren haben, nach dem 30jährigen Kriege, wie sie hier eingezogen, das ganz verwüstete Dorf wieder hergestellt; statt drei Bauern, die sie nur fanden, die jetzigen 19 eingesetzt; die Kirche erbaut und bis jetzt erhalten; die Schule gegründet, und frei gehalten; die Armen immer ernährt. Ich selbst habe Euch Eure sonstigen Laßgüter[1] zum freien Eigentum gegeben, die Dienste aufgehoben, bei des früher und unter besseren Bedingungen, als nachher im ganzen Lande geschehen ist; ich habe Euch gegen Ungerechtigkeit im Lande verteidigt, ich habe Eure Jugend gegen den äußeren Feind angeführt, – ich habe mich bemüht, in die Fußstapfen meiner ruhmwürdigen Vorfahren zu treten.
Soll nun also das Band, welches so lange zwischen uns bestanden hat, noch ferner dauern und auf Eure Kinder übergehen, so betet, daß mein Sohn lebe! In der Hoffnung, daß Ihr es tun werdet, in der Hoffnung, daß Ihr den Gehorsam und die Treue, die Ihr mir immer bewiesen habt, auch auf ihn übertragen werdet, habe ich Euch Alle zu seinen Taufzeugen geladen! [. . .]
Ist nun auch Euer Wille, als redliche und getreue Untertanen künftig mit ihm zu leben und zu sterben, fest an ihn zu halten und ihn nicht zu verlassen in Glück und in Unglück, wollet Ihr auch immerdar eingedenk sein dieses Tages, wo Ihr seinen Taufbund mit besiegelt habt, so antwortet mir mit einem lauten und vernehmlichen Ja!
Hier sagte die ganze Gemeinde laut ja, dankten, reichten mir die Hände, usw.
Nun, so bitte ich Gott den Allmächtigen, daß er ihn segne und in seinen Schutz nehme! Wir aber wollen zusammen in die Kirche gehen!
Hierauf geschahe die Taufe in der Kirche,und nach derselben überreichte mir der Schulze[2] im Namen von 13 Kossäten[3] (6 hatten sich excludiert[4]) einen silbernen Becher für meinen Sohn, mit einer Inschrift. – In der Kirche hatte der Schulze das Kind gehalten, und außer ihm hatten die beiden ältesten Kossäten, die beiden am längsten in meinem Dienst befindlichen Hausleute, und die beiden ältesten aus Friedersdorf gebürtigen Frauen die ganze Gemeine vorgestellt und waren an den Altar getreten.
Am folgenden Sonntag wurden die 13 Geschenkgeber noch besonders auf dem Schlosse gespeiset.

Zit. nach: Friedrich Meusel (Hrsg.): Friedrich A. L. von der Marwitz. (Mittler) Berlin 1913, Bd. 2, S. 258 f.

[1] Laßgüter – Nutzungsrechte untertäniger Bauern am gutsherrlichen Grund und Boden
[2] Bürgermeister
[3] bäuerliche Arbeitskraft auf großen Gütern, die in eigenem Haus wohnte und etwas eigenes Land hatte
[4] ausgeschlossen

M 2.4 1790 – Flugblatt der aufständischen Bauern in Sachsen

In Nahmen Gottes, des Allerhöchsten, des Dreieinigen Gottes, des weisen Regenten und König aller Könige und Herrn aller Herren[1]. Sei hiermit jedermännlich kund und zu wißen getan, dass wegen grosen Betrengen[2] in unseren Sächßischen Lande sich eine Rebellerei entsponnen und ihren Ausbruch nunmehro erlangen wird, und dieses den hiesigen Landt-Einwohnern kund getan wird, durch dieses Schreiben, wornach sich genau zu achten. [...] Waget euer Leben, Gut und Blut daran, wie wir aus Not und Unglück uns erretten, darum laßt euch nicht grauen, wir sind ja nur eines Todtes schultig, und dann endiget auf einmahl unsere Not und Unglück, darum haltet fest und weichet nicht weder zur Rechten noch zur Linken, haltet standthaft aus. Hier mit Gott befohlen. Amen in Jesu Nahmen. Amen.[1] Den Adelichen gebieten wir, nicht wir, sondern der Herr Himmels und der Erde, daß solche Höllenbränder[3] in unserm Lande sich als Herrschaften nennen und Götter auf Erden sein wollen, dahero aber Teufel genannt werden möchten, wo nun diese Adeliche nicht von ihren Diensten, Zinsen, Arbeiter-Tagen, Zins-Getreide, Schutz-Geldern, Erb-Zinsen, Michaelis-Zinsen, Jagd-Geldern und Summarum von allen Diensten ihre Untertanen frei laßen, so soll das Unglück über sie ergehen und ihre Rittergüter verheeret, zerstöhret, mit Feuer verbrennet und aller Adel, der sich in unseren Lande empor hebt, soll zu Boden geschlagen und aus dem Lande gejagt werden.

Zit. nach: Günter Franz (M 2.2). S. 321 f.

[1] religiöse Formeln, die von den Verfassern zur Rechtfertigung zitiert werden
[2] Bedrängen (der Bauern durch den Adel)
[3] Schimpfwort gegen Adlige

M 2.5 1794 – Auszüge aus dem Allgemeinen Landrecht für die preußischen Staaten

§ 1. Unter dem Bauerstande sind alle Bewohner des platten Landes begriffen, welche sich mit dem unmittelbaren Betriebe des Ackerbaues und der Landwirtschaft beschäftigen, insofern sie nicht durch adlige Geburt, Amt, oder besondere Rechte von diesem Stande ausgenommen sind.

§ 2. Wer zum Bauerstande gehört, darf, ohne Erlaubnis des Staats, weder selbst ein bürgerliches Gewerbe treiben, noch seine Kinder dazu widmen.

§ 91. Nur die Besitzer von Rittergütern können in der Regel Untertanen haben und herrschaftliche Rechte über dergleichen ausüben.

§ 93. Kinder untertäniger Eltern werden derjenigen Herrschaft untertan, welcher die Eltern zur Zeit der Geburt unterworfen waren.

§ 94. Waren die Eltern ungleichen Standes, so folgen, auch in Ansetzung der Untertänigkeit eheliche Kinder dem Vater, uneheliche aber der Mutter.

§ 96. Personen weiblichen Geschlechts, welche einen untertänigen Mann heiraten, treten in die Untertänigkeit, zu welcher dieser verpflichtet ist.

§ 97. Wenn während der Ehe der freie Mann sich in die Untertänigkeit begibt, so kann die Frau, ihm dahin zu folgen, in der Regel nicht gezwungen werden.

§ 98. Vielmehr ist sie auf Trennung der Ehe und daß der Mann für den schuldigen Teil erkannt werde, anzutragen berechtigt.

§ 122. Eine jede Gutherrschaft ist schuldig, sich ihrer Untertanen in vorkommenden Notfällen werktätig anzunehmen.

§ 125. Der Gutsherrschaft liegt besonders ob, für eine gute und christliche Erziehung der Kinder ihrer Untertanen zu sorgen.

§ 133. Untertanen sind ihrer Herrschaft Treue, Ehrfurcht und Gehorsam schuldig.

§ 147. Untertanen werden, außer der Beziehung auf das Gut, zu welchem sie geschlagen sind, in ihren Geschäften und Verhandlungen als freie Bürger des Staates angesehen.

§ 148. Es findet daher die ehemalige Leibeigenschaft, als eine Art der persönlichen Sklaverei, auch in Ansehung der untertänigen Bewohner des platten Landes nicht statt.

§ 149. Sie sind fähig, Eigentum und Rechte zu erwerben, und dieselben gegen jedermann, auch gerichtlich zu verteidigen.

§ 150. Sie dürfen das Gut, zu welchem sie geschlagen sind, ohne Bewilligung ihrer Grundherrschaft nicht verlassen.

§ 151. Sie können aber auch von der Herrschaft, ohne das Gut, zu welchem sie gehören, nicht verkauft, vertauscht oder sonst an einen Anderen wider ihren Willen abgetreten werden.

§ 152. Wo es bisher zulässig gewesen, daß Untertanen, mit ihren Stellen zugleich, von einer Gutsherrschaft an die andere überlassen worden, da mag es zwar auch ferner dabei sein Bewenden haben.

§ 155. Entwichene Untertanen kann die Herrschaft überall und zu allen Zeiten aufsuchen und zur Rückkehr nötigen.

§ 172. Ohne ausdrückliche Erlaubnis der Gutsherrschaft können sie zur Erlernung eines bürgerlichen Gewerbes oder zum Studieren nicht gelassen werden.

§ 176. Wenn ein Kind, nach dem Befunde sachkundiger Männer, zu einer Kunst oder Wissenschaft vorzügliche Talente und die erforderlichen Hilfsmittel zu deren Erlernung besitzt, so darf ihm auch dazu die Erlaubnis nicht verweigert werden.

§ 227. Faules, unordentliches und widerspenstiges Gesinde kann die Herrschaft durch mäßige Züchtigungen zu seiner Pflicht anhalten.

Zit. nach: Günther Franz (M 2.2). S. 324 ff.

Die preußischen Reformen

M 2.6 1807 – Denkschrift Karl August von Hardenbergs zur Reform des preußischen Staates (Rigaer Denkschrift)

Die Denkschrift war als Diskussionsgrundlage an den König und die führenden Politiker und Beamten in Preußen gerichtet. Hardenberg war kurz zuvor auf Druck Napoleons vom preußischen König als Minister entlassen worden; er hatte sich zu seiner Sicherheit nach Riga im Russischen Reich zurückgezogen.

Die Begebenheiten, welche seit mehreren Jahren unser Staunen erregen und unserem kurzsichtigen Auge als fürchterliche Übel erscheinen, hängen nur mit dem großen Weltplan einer weisen Vorsehung zusammen. Nur darin können wir Beruhigung finden. Wenngleich unserem Blick nicht vergönnt ist, tief in diesen Plan einzudringen, so läßt sich doch der Zweck dabei vermuten: das Schwache, Kraftlose, Veraltete überall zu zerstören und nach dem Gange, den die Natur auch im Physischen nimmt, neue Kräfte zu weiteren Fortschritten zur Vollkommenheit zu beleben.

Der Staat, dem es glückt, den wahren Geist der Zeit zu fassen und sich in jenen Weltplan durch die Weisheit seiner Regierung ruhig hinein zu arbeiten, ohne daß es gewaltsamer Zuckungen bedürfe, hat unstreitig große Vorzüge, und seine Glieder müssen die Sorgfalt segnen, die für sie so wohltätig wirkt.

Die Französische Revolution, wovon die gegenwärtigen Kriege die Fortsetzung sind, gab den Franzosen unter Blutvergießen und Stürmen einen ganz neuen Schwung. Alle schlafenden Kräfte wurden geweckt, das Elende und Schwache, veraltete Vorurteile und Gebrechen wurden – freilich zugleich mit manchem Guten – zerstört. Die Benachbarten und Überwundenen wurden mit dem Strome fortgerissen. [...]

Man schrecke ja nicht zurück vor dem, was er als Hauptgrundsatz fordert, möglichste Freiheit und Gleichheit – nicht die regellose, mit Recht verschriene: die die blutigen Ungeheuer der Französischen Revolution zum Deckmantel ihrer Verbrechen brauchten oder mit fanatischer Wut statt der wahren, im gebildeten gesellschaftlichen Zustande möglichen, ergriffen, sondern nur diese nach weisen Gesetzen eines monarchischen Staats, die die natürliche Freiheit und Gleichheit der Staatsbürger nicht mehr beschränken, als es die Stufe ihrer Kultur und ihr eigenes Wohl erfordern.

Es wird darauf ankommen,

a) die Prinzipien auf angemessene Weise zu bestimmen, nach welchen die Wahlen vorzunehmen sind, nicht nach den Ständen, sondern aus allen Ständen von den Kommunitäten; wie diese zu konstituieren und wie von ihnen die Wahlen vorzunehmen sein würden;
b) welchen Behörden Repräsentanten zuzugeben sind. Meines Erachtens würden die Kommunitätsverwaltungen und Obrigkeiten bloß aus Gewählten bestehen; den Kreisvorstehern, den Verwaltungskammern, dem Ministerium neben dem König selbst würden Repräsentanten beigegeben;
c) die Qualifikation festzusetzen, welche eine jede dieser Gattungen von Repräsentanten haben muß, sowie die Art ihrer Nachweisung;
d) ihre Legitimation; sie müßten Vollmacht haben, aber keine Instruktionen; sie folgen ihren Einsichten. [...]

Zit. nach: Werner Conze (Hrsg.): Quellen zur Geschichte der deutschen Bauernbefreiung. (Musterschmidt) Göttingen 1967. S. 114 f.

M 2.7 1807 – Edict betr. den erleichterten Besitz des Grundeigentums sowie der persönlichen Verhältnisse der Landbewohner[1]

Wir Friedrich Wilhelm, König von Preußen, etc. etc. tun kund und fügen hiermit zu wissen: Nach eingetretenem Frieden hat uns die Vorsorge für den gesunkenen Wohlstand Unserer getreuen Untertanen, dessen baldigste Wiederherstellung und möglichste Erhöhung vor Allem beschäftigt. Wir haben hierbei erwogen, daß es bei der allgemeinen Not die Uns zu Gebote stehenden Mittel übersteige, jedem Einzelnen Hülfe zu verschaffen, ohne den Zweck erfüllen zu können, und daß es ebensowohl den unerläßlichen Forderungen der Gerechtigkeit, als den Grundsätzen einer wohlgeordneten Staatswirtschaft gemäß sei, Alles zu entfernen, was den Einzelnen bisher hinderte, den Wohlstand zu erlangen, den er nach dem Maße seiner Kräfte zu erreichen fähig war; Wir haben ferner erwogen, daß die vorhandenen Beschränkungen teils im Besitz und Genuß des Grundeigentums, teils in den persönlichen Verhältnissen des Landarbeiters Unserer wohlwollenden Absicht vorzüglich entgegenwirken und der Wiederherstellung der Kultur eine große Kraft seiner Tätigkeit entziehen: [...]

§ 1. Freiheit des Güterverkehrs: Jeder Einwohner Unserer Staaten ist ohne alle Einschränkung in Beziehung auf den Staat zum eigentümlichen und Pfandbesitz unbeweglicher Grundstücke aller Art berechtigt; der Edelmann also zum Besitz nicht bloß adeliger, sondern auch unadeliger, bürgerlicher und bäuerlicher Güter aller Art, und der Bürger und Bauer zum Besitz nicht bloß bürgerlicher, bäuerlicher und anderer unadeliger, sondern auch adeliger Grundstücke [...].

§ 2. Freie Wahl des Gewerbes: Jeder Edelmann ist ohne allen Nachteil seines Standes befugt, bürgerliche Gewerbe zu betreiben, und jeder Bauer ist berechtigt, aus dem Bauer- in den Bürger- und aus dem Bürger- in den Bauerstand zu treten.

§ 10. Auflösung der Gutsuntertänigkeit: Nach dem Datum dieser Verordnung entsteht fernerhin kein Untertänigkeitsverhältnis weder durch Geburt noch durch Heirat, noch durch Übernehmung einer untertänigen Stelle noch durch Vertrag.

§ 11. Mit der Publikation der gegenwärtigen Verordnung hört das bisherige Untertänigkeitsverhältnis derjenigen Untertanen und ihrer Weiber und Kinder, welche ihre Bauerngüter erblich oder eigentümlich oder erbzinsweise oder erbpachtlich besitzen, wechselseitig gänzlich auf.

§ 12. Mit dem Martinitage 1810 hört alle Gutsuntertänigkeit in Unseren fürstlichen Staaten auf: Nach dem Martinitage 1810 gibt es nur freie Leute, so wie solches auf den Domänen in allen Unseren Provinzen schon der Fall ist; bei denen aber, wie sich von selbst versteht, alle Verbindlichkeiten, die ihnen als freien Leuten vermöge eines Grundstücks oder vermöge eines besonderen Vertrages obliegen, in Kraft bleiben [...].

(Für Schlesien wurde folgende Ergänzung zum Edikt erlassen:)

Für völlig aufgehoben sind zu achten:
Das den Gutsherren zustehende Recht, Loslassungsgelder zu fordern; das Recht zu verlangen, daß alle Kinder der seitherigen Untertanen gegen Zwangsgesindelohn auf dem herrschaftlichen Hofe dienen; das Recht, (statt dessen) eine Geldentschädigung zu fordern, das Recht, die Kinder der seitherigen Untertanen auch nach beendigtem Zwangsgesindedienst zu nötigen, daß sie dem Gutsherrn gegen den sogenannten Fremdenlohn fernerhin zwangsweise dienen müssen; das Recht, von den auswärts dienenden Untertanen ein Schutzgeld zu fordern, jedweden Untertan zur Aufnahme einer dienstpflichtigen Stelle im Dorfe zu nötigen; das Recht zu bestimmen, welches unter mehreren Kindern die bürgerliche Stelle in der Erbschaft übernehmen solle. (Endlich:) Kein Dorfbewohner ist fortan zur Verheiratung und ebensowenig zur Erlernung eines bürgerlichen Gewerbes die herrschaftliche Genehmigung nachzusuchen verbunden.

Zit. nach: Günther Franz (M 2.2). S. 340 f.; Zusatz für Schlesien zit. nach: Wilhelm Altmann, Ausgewählte Urkunden zur Brandenburgisch-Preußischen Verfassungs- und Verwaltungsgeschichte. 2. Teil, Berlin 1915, S. 29.

[1] Edikt – Erlaß des Königs mit Gesetzeskraft; persönliche Verhältnisse = Rechtsverhältnisse zwischen den Personen (Adelige und Bauern)

M 2.8 1809 – Albrecht Thaer, einer der wichtigsten Agrarwissenschaftler seiner Zeit, über Zweck und Mittel der Landwirtschaft

§ 1. Die Landwirtschaft ist ein Gewerbe, welches zum Zweck hat, durch Produktion (zuweilen auch durch fernere Bearbeitung) vegetabilischer und tierischer Substanzen Gewinn zu erzeugen oder Geld zu erwerben.

§ 2. Je höher dieser Gewinn nachhaltig ist, desto vollständiger wird dieser Zweck erfüllt. Die vollkommenste Landwirtschaft ist also die, welche den möglich höchsten, nachhaltigen Gewinn, nach Verhältnis des Vermögens, der Kräfte und der Umstände, aus ihrem Betriebe zieht. Nicht die möglich höchste Produktion, sondern der höchste reine Gewinn, nach Abzug der Kosten

– welches beides in entgegengesetzten Verhältnissen stehen kann – ist Zweck des Landwirts, und muß es sein, selbst in Hinsicht auf das allgemeine Beste; den einzigen Fall ausgenommen, wo man der Wissenschaft wegen die Möglichkeit hoher Produktion, obwohl unter den bestehenden Verhältnissen mit geringerem Vorteil, zeigen wollte.

§ 3. Die rationelle Lehre von der Landwirtschaft muß also zeigen, wie der möglich höchste reine Gewinn unter allen Verhältnissen aus diesem Betriebe gezogen werden könne.

Zit. nach: Günther Franz (M 2.2). S. 348.

M 2.9 1808 – Beschwerde des ostpreußischen Gutsbesitzers und Generals Yorck von Wartenburg über den Minister Freiherrn vom und zum Stein

Yorck war selbst noch Bauernsohn; er wurde berühmt wegen seiner Rolle im Kampf gegen Napoleon.

Der Mann (= vom Stein) ist zu unserm Unglück in England gewesen und hat von dort seine Staatsweisheit hergeholt; und nun sollen die in Jahrhunderten begründeten Institutionen des auf Seemacht, Handel und Fabrikwesen beruhenden reichen Großbritannien unserm armen, ackerbautreibenden Preußen angewöhnt werden.

Wie hat er geeilt, mit seinen Absichten zum Vorschein zu kommen. Gleich bei seiner Ankunft in Memel das bewirkte Edict[1], daß *Jeder* ohne Unterschied ein Rittergut kaufen, der Adel dagegen jedes bürgerliche Gewerbe treiben dürfe. Eine eigentliche Abschaffung, man möchte sagen, Verhöhnung des Adels ist dem Geiste unseres Monarchen und unseres Volkes durchaus zuwider. Wird der Gewürzkrämer oder der Schneider, der das Gut erwirbt oder der Speculant, der auf seinen Profit gedacht hat und schon auf Wiederveräußerung sinnt, wird er auch im Unglück seinem Monarchen „zu Dienst sein mit Gut und Blut?“ Wird der neue Herr seine Bauern, die ihn wohl mit Ziegengemecker an der Ehrenpforte empfangen, mit sich in der Treue festhalten, wie der alte Erbbesitzer tat, der in seinem Dorf über die Gemüter mit Liebe und Anhänglichkeit herrschte? Daß die sogenannte Sklaverei der Bauern usw. nur philanthropisches Geschwätz ist, wissen wir alle.

Doch läuft es eigentlich darauf hinaus, daß ein Grundbesitz sein soll wie ein Taler Geld, der durch die Zirkulation sich vervielfältigt, wobei noch durch die Stempelgebühren etwas für den Staat abfällt. Keine landesväterliche Idee nach dem Sinn des Königs. So etwas kann nur in der Kanzlei eines Banquiers oder von einem Professor, der einen schlecht verdauten Adam Smith[2] vom Katheder dozirt, ausgeheckt werden. Leider hat sich dergleichen Geschmeiß des genialen Ministers bemächtigt. Man sieht ja, wie es von allen Seiten herbeiströmt und was sie in ihrer Coterie[3] schon zu Tage bringen. Hörte man nicht sogar schon den demokratischen Unsinn, daß alle Stellen im Staat durch Votieren des Volkes besetzt werden möchten?

Wie aber wird das schöne Land bei diesem Plusmachersystem verwüstet werden! Auch die Königlichen Domainen, die sie veräußern und den König auf lauter Geldeinnahmen setzen möchten, werden nicht ausgenommen sein. Der Spekulant, der ein Gut erwirbt, denkt nur auf die Gegenwart; er wird eilen, die schönen Eichen- und Buchenwälder niederzuhauen, weil sie nicht so viel einbringen wie Weizenfeld. Nach Jahren aber wird der Wind die entfernten Sandhügel über die Weizenfelder wehen, und statt des schönen grünen Waldes, der Auge und Herz erfreut, werden wir dürren Buchweizen, die magerste aller Ackerfrüchte, erblicken. [...]

Ein anderes Steckenpferd, das der Minister reitet, ist die Population[4]. Aus der Familie jedes ehrsamen Bürgers und Handwerkermeisters, der eine Anzahl Gesellen beschäftigt, ernährt und zur sittlichen Ordnung anhält, soll eine Anzahl kleiner Familien hervorgehen, indem jeder Gesell seine Dirne[5] heiratet und der Stifter eines neuen Geschlechts von Hungerleidern wird. Ebenso auf dem Lande, wo man gar gern alle großen Güter in kleine auflöste, und jede Erbschaft teilend, statt eines wohlhabenden adeligen Besitzers oder Großbauern eine Anzahl kleiner Gärtner- oder höchstens Kossätenhöfe[6] stiftete. [...] Der Kalkül der in Progression steigenden Bevölkerung ist ganz richtig; gleicht aber solche Pöbelerzeugung – wir sollten Gott danken, daß wir dergleichen nicht haben wie Frankreich und England – nicht dem Ungeziefer, das man aus Hobelspänen erzeugt?

Zit. nach: Günther Franz (M 2.2). S. 344.

[1] → M 2.7 [2] → M. 1.11 [3] Gefolgschaft
[4] Bevölkerungsvermehrung [5] Mädchen
[6] ländliche Arbeitskraft auf großen Gütern mit eigenem Haus und einem minimalen Landbesitz

M 2.10 1810 – Gesindeordnung für die Provinzen der preußischen Monarchie (Auszug)

Von den Rechten und Pflichten der Herrschaften und des Gesindes.

§ 1. Das Verhältnis zwischen Herrschaft und Gesinde gründet sich auf einem Vertrage, wodurch der eine Teil zur Leistung gewisser häuslicher oder wirtschaftlicher Dienste auf eine bestimmte Zeit, sowie der andere zu einer dafür zu gebenden bestimmten Belohnung sich verpflichtet.

§ 9. Dienstboten, welche schon vermietet gewesen, müssen bei dem Antritte eines neuen Dienstes die rechtmäßige Verlassung der vorigen Herrschaft nachweisen.

§ 64. Das Gesinde ist schuldig, seine Dienste treu, fleißig und aufmerksam zu verrichten.

§ 70. Auch außer seinen Diensten ist das Gesinde schuldig, der Herrschaft Bestes zu befördern, Schaden und Nachteil aber, so viel an ihm ist, abzuwenden.

§ 71. Bemerkte Untreue des Nebengesindes ist es der Herrschaft anzuzeigen verbunden.

§ 74. Ohne Vorwissen und Genehmigung der Herrschaft darf es sich auch in eigenen Angelegenheiten vom Hause nicht entfernen.

§ 76. Die Befehle der Herrschaft und ihre Verweise muß das Gesinde mit Ehrerbietung und Bescheidenheit annehmen.

§ 77. Reizt das Gesinde die Herrschaft durch ungebührliches Betragen zum Zorn, und wird in selbigem von ihr mit Scheltworten oder geringen Tätlichkeiten behandelt, so kann es dafür keine gerichtliche Genugtuung fordern.

§ 79. Außer dem Falle, wo das Leben oder die Gesundheit des Dienstboten durch Mißhandlungen der Herrschaft in gegenwärtige und unvermeidliche Gefahr gerät, darf er sich der Herrschaft nicht tätlich widersetzen.

§ 82. Die Herrschaft ist schuldig, dem Gesinde Lohn und Kleidung zu den bestimmten Zeiten ungesäumt zu entrichten.

§ 83. Ist auch Kost versprochen worden, so muß selbige bis zur Sättigung gegeben werden. Offenbar der Gesundheit nachteilige und ekelhafte Speisen kann das Gesinde anzunehmen nicht gezwungen werden.

§ 84. Die Herrschaft muß dem Gesinde die nötige Zeit zur Abwartung des öffentlichen Gottesdienstes lassen und dasselbe dazu fleißig anhalten.

§ 86. Zieht ein Dienstbote sich durch den Dienst oder bei Gelegenheit desselben eine Krankheit zu, so ist die Herrschaft schuldig, für seine Kur und Verpflegung zu sorgen.

§ 167. Gesinde, welches vor Ablauf der Dienstzeit ohne gesetzmäßige Ursache den Dienst verläßt, muß durch Zwangsmittel zu dessen Fortsetzung angehalten werden.

Zit. nach: Günther Franz (M 2.2.), S. 359

Ergebnisse der Agrarreformen

M 2.11 Agrarstatistik

a) Zunahme des Kulturlandes
(Anteil der Bodennutzung an der Gesamtfläche des preußischen Staates in %)

	1815	1864
Äcker und Gärten	26,5	51,4
Wiese und Weide	19,0	17,9
Wald	14,3	24,6
Unland und Ödland	40,3	7,1
Verhältnis Acker- zu Grünland	1,39 : 1	2,87 : 1

b) Zahl und Nutzfläche der landwirtschaftlichen Betriebe in Deutschland 1882

Größenklasse	% aller Betriebe	% dieser Größenklasse an der Gesamtnutzfläche
unter 2 ha	58,0	5,7
2—5 ha	18,6	10,0
5—20 ha	17,6	28,8
20—100 ha	5,3	31,1
über 100 ha	0,5	24,4

(Die Zahl der kleinen und kleinsten Betriebe nahm von der Reformzeit bis 1914 ständig zu.)

c) Durchschnittliche Betriebsgrößen (1849)

Ost- u. Westpreußen	35,8 ha
Pommern	41,5 ha
Westfalen	9,5 ha
Rheinland	3,8 ha

d) Entwicklung der Leistungsfähigkeit der Landwirtschaft im 19. Jahrhundert

Zeitraum	Weizen 100 kg/ha	Kartoffeln 100 kg/ha	Milch- pro Kuh Liter/Jahr
um 1800	10,3	80	ca. 1 000
1858—62	13,0	—	—
1893—97	16,9	117	1 400
1908—12	20,7	133,4	2 200
1984	61,0	336	4 750

e) Entwicklung der landwirtschaftlichen Gesamtproduktion in Deutschland (Gebietsstand Deutsches Reich ab 1871, für die Zeit vor 1871 aber ohne Elsaß-Lothringen) — Mengen in Mill. t

	Getreide[1]	Kartoffeln	Fleisch	Milch	Zum Vergleich: Bevölkerung in Mill. Menschen
1800/04	—	—	0,49	5,24	—
1820	(8,0)[2]	—	0,39	5,15	25,5
1850	11,06	10,94	0,77	9,30	34,5
1870/72	14,19	20,37	1,24	13,21	39,4
1900	22,49	40,59	2,48	22,90	56,4

[1] Summe aus Weizen, Roggen, Gerste und Hafer
[2] Näherungswert — aus dem Wert für Preußen ermittelt

f) Die Veredlung der Produktion – Verwendung der wichtigsten pflanzlichen Produkte in Deutschland (Getreide, Kartoffeln, Rüben, Ölfrüchte)

	in 1 000 t		in v. H.	
	1800	1883	1800	1883
zur menschlichen Ernährung bzw. als Rohstoffe dienten	6 479,3	13 135,6	50,8	36,4
zur Verfütterung kamen	3 965,8	17 757,4	31,0	49,2
zur Aussaat kamen	2 245,2	4 268,6	17,6	11,9
Schwund	77,2	886	0,6	2,5

Zusammenstellung nach Günther Franz (M 2.2). S. 448; E. Bittermann: Die landwirtschaftliche Produktion in Deutschland 1800—1950. (Kühn-Archiv) Halle/Wittenberg 1956, S. 150; Hermann Aubin, Wolfgang Zorn: Handbuch der deutschen Wirtschafts- und Sozialgeschichte. (Klett-Cotta) Stuttgart 1976. Band 2, S. 295 ff., 308 ff. und 512 ff. u. a.

M 2.12 1840 – 80: Erfolg in der Landwirtschaft

Elard von Oldenburg-Januschau (1855 – 1938) war ostpreußischer Gutsbesitzer und einflußreicher Politiker am Hof, im Reichstag und im Bund der Landwirte.

Im Gegensatz zu zahlreichen Besitzern verlor mein Großvater nicht den Mut, obwohl er eine Zeitlang geschwankt hatte, ob er nicht in die Krim auswandern sollte. Er wirtschaftete mit großer Umsicht und brachte es sogar fertig, einige bankerotte Güter in seiner Nachbarschaft zu übernehmen, indem er den Vorbesitzern eine Leibrente gewährte. Auf diese Weise biß sich mein Großvater unter Anspannung aller Kräfte durch die schlechten Zeiten hindurch und hinterließ bei seinem Tode Beisleiden in einer Größe von 6000 Morgen. Außerdem vermachte er seinen beiden Töchtern je ein hinzuerwobenes Gut.
Mein Vater war das neunte Kind. Er trat frühzeitig bei den 3. Kürassieren in Königsberg ein. Nach dem im Jahre 1843 erfolgten Tode meines Großvaters übernahm er Beisleiden mit einer Schuldenlast von 50 000 Talern.
Was das bedeutete, zeigt eine Äußerung des alten Grafen Lehndorff-Steinort, der gekommen war, um meinem Vater zu kondolieren. Er erkundigte sich nach den Verhältnissen und sagte dann: „Sie haben mit Beisleiden 50 000 Taler Schulden übernommen, obwohl Ihr Vater einer der klügsten Leute war, die ich gekannt habe. Wenn Sie dabei nicht zugrunde gehen, können Sie mehr als Brot essen."
Diese Prophezeiung erfüllt mein Vater. Er bewirtschaftete Beisleiden beinahe 50 Jahre und brachte es auf auf eine staunenswerte Höhe. Dabei half ihm der Umstand, daß er nur Zeiten erlebte, in denen es der Landwirtschaft gut ging. Was lernte nicht auch damals die Landwirtschaft an neuen Erfindungen und Verfahren kennen, die bisher unbekannt waren. Alles das nutzte mein Vater aus. Er war der erste, der in Ostpreußen Rotklee anbaute, der erste, der mit großen Kosten den künstlichen Dünger einführte, und schließlich auch einer der ersten, der das Mergelverfahren anwandte und durch den Mergel dem Boden Kalk zusetzte, so daß der Bodenertrag wesentlich stieg.
Unablässig mühte sich mein Vater, das Gut zu

verbessern, bis es ihm gelang, die Schuldenlast von 50000 Talern auf Heller und Pfennig abzubezahlen. Ja, er kaufte noch andere Güter hinzu und hinterließ sie 1888 bei seinem Tode in anerkannt gutem Zustande. Er brachte es sogar fertig, ein großes Barvermögen zu erwerben, so daß meine vier Schwestern bei seinem Tode je 150000 Mark erhielten.

Elard von Oldenburg-Januschau: Erinnerungen. (Koehler & Amelung) Leipzig 1936. S. 10 f.

Aufgaben zu Kapitel 2

❶ Beschreiben Sie anhand der Darstellung S.10 ff. und der Materialien M 2.1 — 2.4 das alte Verhältnis zwischen Adel und Bauern nach den Pflichten und Rechten beider Seiten.

❷ Welche Streitpunkte liegen dem sächsischen Bauernaufstand von 1790 zugrunde, und inwieweit kann man die Forderungen der Bauern und die Rechtfertigungen, die sie dafür angeben, als revolutionär bezeichnen? (M 2.4)

❸ Inwiefern stellten der Nahrungsmittelmangel und die damit verbundenen hohen Getreidepreise die alte Sozialordnung auf dem Lande in Frage, und warum konnte der Staat dieser Entwicklung nicht konsequent entgegenwirken? (s. Darstellung S. 12)

❹ Das Allgemeine Landrecht sollte die preußische Gesellschaft modernisieren; erklären Sie anhand des Textauszugs M 2.5, inwieweit die untertänigen Bauern Staatsbürger wurden und inwieweit nicht!

❺ Beschreiben Sie anhand der Arbeitsergebnisse zum ersten und zum zweiten Teil dieses Bandes Preußen um 1800 als ein Beispiel für die „Gleichzeitigkeit des Ungleichzeitigen"!

❻ Untersuchen Sie, welche Personen und Gruppen die preußischen Reformen nach 1806 in Gang setzten, welche Ziele sie verfolgten und welche Auswirkungen sie einkalkulierten! (M 2.6 — 2.7, Darstellung S. 30 f.)

❼ Welche sozialen Gruppen sollten die Reformen tragen, welche Vorteile wurden ihnen versprochen, welche Nachteile und Kosten zugemutet? (Betrachten Sie getrennt aus den Perspektiven von Staat, Rittergutsbesitzern und abhängigen Landbewohnern Nutzen und Preis der Reformen) (M 2.6 — 2.7, Darstellung S. 31 ff.)

❽ Den praktischen wirtschaftlichen Problemen, die sich nach Nutzen und Kosten kalkulieren ließen, waren Wertfragen übergeordnet. Untersuchen Sie besonders an den Stimmen der adeligen Opposition gegen die Reformen, welche Gegensätze hier aufeinandertrafen. Stellen Sie die Texte M 2.7 und 2.8 den Texten 2.3 und 2.9 gegenüber und beurteilen Sie, welche Kompromisse hier möglich waren!

❾ Untersuchen Sie auf der Basis der Darstellung S. 33 f. und der statistischen Werte in M 2.11 die Folgen der Agrarreformen für Struktur und Produktion der Landwirtschaft und überprüfen Sie auf dieser Basis, ob die pessimistischen Voraussagen Yorck von Wartenburgs (M 2.9) begründet waren!

❿ Suchen Sie ein zusammenfassendes und begründetes Urteil über die Agrarreformen des frühen 19. Jahrhunderts zu finden! (Berücksichtigen Sie dabei auch die preußische Gesindeordnung, die bis November 1918 gültig blieb!) (M 2.10 — 2.12)

⓫ Die preußischen Reformen sind als eine Revolution „von oben" bezeichnet und häufig im Vergleich zur Französischen Revolution kritisiert worden. Nehmen Sie zu dieser Sicht der Dinge Stellung und erläutern Sie dabei sorgfältig, welche politische Strukturen und Werte unserer eigenen Zeit und Gesellschaft unsere Wertung prägen!

⓬ Vergleichen Sie auf der Basis Ihrer Kenntnisse aus Presse und Fernsehen und aus Erdkunde- und Politikunterricht die Lage Deutschlands um 1800 mit der ärmerer Entwicklungsländer unserer Gegenwart! Stellen Sie Ähnlichkeiten und Unterschiede der Lage heraus! Bezeichnen Sie die Konsequenzen einer Modernisierung für eine traditionelle Agrargesellschaft, ihre Werte und Lebensformen! (Diese Überlegungen können Sie aber auch aufschieben, bis in Kapitel 7 die Auswirkungen des Imperialismus behandelt werden.)

3 Die erste Phase der Industrialisierung in Deutschland

1810	Gewerbefreiheit in Preußen
1814/15	Neuordnung Europas auf dem Wiener Kongreß
1818	Preußen wird einheitliches Zollgebiet, erstes Dampfschiff auf dem Niederrhein
1834	Gründung des Deutschen Zollvereins
1835	erste Eisenbahn in Deutschland
1837	Franz Haniel erschließt mit der ersten Tiefbauzeche die Kohlenlager der Emscherzone
1845/47	erste industrielle Hochkonjunktur in Deutschland (Eisenbahnbau)
1848/49	Revolutionen in Frankreich und in mehreren deutschen Staaten
1851	erste Weltausstellung in London als Selbstdarstellung der Industrie
1860	Ende des staatlichen Bergmonopols in Preußen
1871/73	Gründerjahre in Deutschland

3.1 Die wirtschaftliche Entwicklung nach 1815

Das Jahr 1815 stellt einen wichtigen Einschnitt in der europäischen Geschichte dar. Auf dem Wiener Kongreß gaben die europäischen Mächte dem Kontinent eine neue äußere und innere Ordnung, die die Folgen der Französischen Revolution und der napoleonischen Kriege überwinden sollte. Ein Kräftegleichgewicht zwischen den fünf Großmächten Rußland, Österreich, Preußen, Frankreich und Großbritannien sollte eine langfristige außenpolitische Stabilität sichern. Zugleich versuchten Rußland, Österreich und Preußen, in der „Heiligen Allianz" verbündet, die uneingeschränkte Macht der ▷ Monarchen wiederherzustellen, und bekämpften in ganz Europa alles, was ihnen als ▷ demokratische Tendenzen erschien. Die Hoffnungen vieler Deutscher auf einen ▷ Nationalstaat mit einer konstitutionellen Monarchie blieben unerfüllt. 39 souveräne Teilstaaten bildeten einen politisch bedeutungslosen „Deutschen Bund" unter österreichischer Führung.

Die Geschichte Deutschlands im 19. Jahrhundert sollte aber nicht von Österreich, sondern von Preußen bestimmt werden. 1815 war es als Großmacht wiedererstanden. Im Osten hatte es seine Landgewinne aus den beiden ersten polnischen Teilungen zurückerhalten und grenzte an Rußland. Im Westen hatte es große Gebiete – Rheinland und Westfalen – gewonnen und war ein direkter Nachbar Frankreichs geworden. In Preußen lagen fast alle Kohlevorkommen Deutschlands und auf ihrer Grundlage seine wichtigsten künftigen Industriegebiete (Ruhrgebiet, Oberschlesien). 1815 war Preußen allerdings nur wegen seiner militärischen Stärke als Großmacht anerkannt. Seine wirtschaftlichen Grundlagen waren im Vergleich zu denen Großbritanniens und auch Frankreichs schwach. Das starke Wachstum der Bevölkerung und der zunächst langsame Fortschritt der landwirtschaftlichen Produktion bedeuteten jahrzehntelang eine drückende Armut für die Masse der Bevölkerung, und bis in die 1840er Jahre bestimmten nicht ▷ Konjunkturen der Industrie, sondern der Zyklus guter und schlechter Ernten die

Wirtschaft. Es war der Regierung klar, daß nur eine Entwicklung der industriellen Produktion die Situation verbessern konnte, aber gerade auf diesem Gebiet brachte das Jahr 1815 keine Wende zum Besseren – im Gegenteil: Die kleinen Fortschritte der Industrialisierung, die die französische Kontinentalsperre gegen Großbritannien auch für Deutschland gebracht hatte, endeten 1815. (→ M 3.1 – 3.2)
Nun hatte wieder die britische Industrie unbehinderten Zugang zu den kontinentalen Märkten, und es zeigte sich, daß ihre Fortschritte bei der massenhaften und kostengünstigen Produktion von Textilien und Eisenwaren die der deutschen Hersteller weit übertrafen. Der Mangel an Arbeitsplätzen wurde nach 1815 noch drückender und sollte bis über 1850 hinaus andauern.
Man setzt in vielen Schulbüchern den Beginn der industriellen Revolution in Deutschland mit dem Jahr 1815 an und mißt in diesem Prozeß dem preußischen Staat die entscheidende Rolle zu. Dieses Bild kann man nicht ohne Einschränkungen aufrechterhalten. Zwar betrieben fast alle deutschen Staaten nach 1815 eine gezielte Industrialisierungspolitik, aber ihre Mittel waren begrenzt und vor allem nur langfristig wirksam. Letztlich waren es doch die Unternehmen selbst, die sich behaupten mußten.
Industrialisierung verläuft nicht gleichmäßig in allen Bereichen. Immer sind es sogenannte Leit- oder Führungsbranchen, deren rasches, oft explosionsartiges Wachstum die Volkswirtschaft eines Landes vorantreibt.
Leitbranche der frühen britischen Industrialisierung war die Textilindustrie gewesen, und auch auf dem Kontinent folgte man zunächst den Impulsen, die von diesem großen Markt ausgingen. Dabei versuchte man in Deutschland, der großzügigen Ausstattung mit modernsten Maschinen, die die Überlegenheit der britischen Industrie ausmachte, durch rücksichtlose Ausbeutung billiger Arbeitskraft zu begegnen. Die Knappheit an ▷ Kapital begünstigte das ▷ Verlagssystem, das mit geringen ▷ Investionen auskam.
Das Ergebnis war eine extreme Ausbeutung und Verelendung der Handwerker im Heimgewerbe (und auch der Arbeiter in den frühen Fabriken). Die niedrigen Löhne in der frühen Industrialisierung in Deutschland bedeuteten zugleich ein massives Entwicklungshemmnis, da sie die Massenkaufkraft niedrig hielten und damit den inländischen Absatzmarkt eng begrenzten. Im Aufstand der schlesischen Weber von 1844 trat das Elend kraß in das Bewußtsein der Öffentlichkeit. Es waren Handwerker, nicht Arbeiter, die sich hier erhoben; durch die Marktmechanismen aber arbeiteten sie bereits unter industriellen Verhältnissen.
Gegen die übermächtige britische Konkurrenz konnte die Textilbranche in Deutschland nicht zum entscheidenden Motor der Industrialisierung werden. (In der Baumwollverarbeitung, dem größten und expansivsten Bereich der Branche, betrug die deutsche Produktion um 1850 nicht einmal 10% der britischen.) Andere Produktionszweige zeigten bis in die 1830er Jahre kaum größere Antriebskräfte. Zwar konnten Spezialprodukte wie etwa die Schneidwaren und Hieb- und Stichwaffen des Bergischen Landes ihre internationalen Märkte behaupten, aber die Massenproduktion an Eisen blieb technisch und wirtschaftlich lange hinter der Großbritanniens und Belgiens zurück. Die Maschinenbauindustrie entwickelte sich trotz vieler begabter Ingenieure nur langsam, obwohl allen Fachleuten deutlich war, daß die industrielle Produktion von der schnellen Entwicklung immer größerer und spezialisierterer Maschinen abhängig war.

Ein- und Ausfuhr der Staaten des Deutschen Bundes um 1835

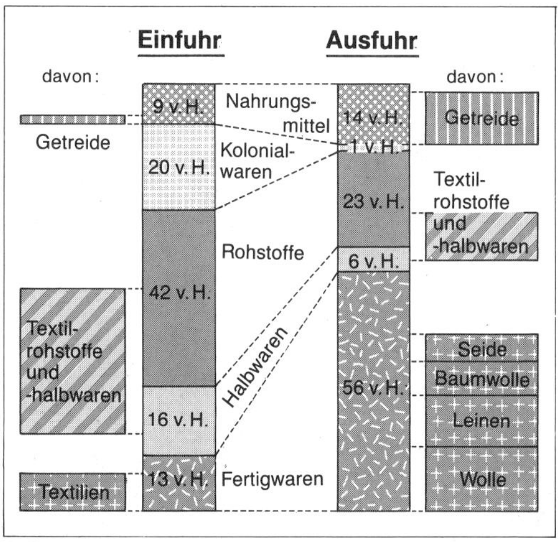

Friedrich-Wilhelm Henning: Die Industrialisierung in Deutschland 1800—1914. (Schöningh-UTB) Paderborn 1973. S. 93

Zahlreiche Unternehmer wagten zwischen 1815 und 1840 den Übergang zur industriellen Produktion von Kohle, Eisen und Maschinen; sie sammelten Informationen in England und Frankreich, kauften die neuesten Maschinen und warben ausländische Fachleute an. Sie waren damit nicht immer erfolgreich, denn der deutsche Markt blieb noch lange eng begrenzt. Immer wieder zogen Kaufleute es vor, ihr Kapital im Handel statt in der Produktion anzulegen. Langfristig führten aber doch die Energie der Unternehmer, die (erzwungene) harte Arbeit von Millionen Menschen und die Rahmenbedingungen der europäischen Wirtschaft auch in Deutschland zum Durchbruch der Industrialisierung (→ M 3.1 – 3.4). Schon 1835 war der weitaus größte Teil der Ausfuhren des Deutschen Bundes nichtagrarischer Natur.

3.2 Die Rolle des Staates bei der Industrialisierung Deutschlands

Wie in vielen Ländern, die sich dem Prozeß der Industrialisierung mit einer zeitlichen Verzögerung anschlossen, spielte auch in Preußen und anderen deutschen Ländern der Staat eine größere Rolle als in Großbritannien. Aus der Einsicht heraus, daß nur ein wirtschaftlicher Fortschritt die Großmachtrolle Preußens erhalten konnte, versuchte der Staat selbst, die Industrialisierung voranzutreiben.

Im Sinne der Reformen der Zeit nach 1807 lag der Abbau traditioneller Hemmnisse wie z. B. der Zollgrenzen innerhalb Preußens (1818), ein neues Handelsgesetzbuch und das Aktienrecht von 1843, das die Gründung von ▷ Aktiengesellschaften erlaubte (allerdings zunächst nur unter Einschränkungen angewendet wurde). Außer durch die staatliche Nachfrage nach Gütern und Dienstleistungen, die unter dem Druck der Staatsschulden nach 1815 eng begrenzt war, griff der preußische Staat durch weitere Maßnahmen in die Wirtschaft ein:

- Durch eine intensive Verbesserung der Infrastruktur (Kanäle und von 1816 bis 1852 fast 10 000 km Staatsstraßen) bot er zugleich zahlreiche Arbeitsplätze und verbesserte die Absatzmöglichkeiten der Wirtschaft.
- Der Staat war selbst Unternehmer – in Bergbau und Hüttenindustrie Schlesiens, in Rüstungsproduktion und Maschinenbau und – indirekt – durch eine unternehmerische Leitungsfunktion gegenüber den privaten Bergwerksbesitzern im Ruhrgebiet.
- Der Staat modernisierte sein Schulsystem und förderte Gewerbeschulen für Handwerker und Techniker. (Einzelne dieser Schulen wurden Ende des 19. Jahrhunderts bis zum Universitätsrang aufgewertet.)
- Er unterstützte Unternehmer bei der Modernisierung ihrer Produktion, indem er Kredite und ▷ Subventionen vergab, Maschinen im Ausland kaufte und an erfolgreiche Unternehmer verschenkte, zahlreichen Beamten und Unternehmern Studienreisen in die Industriegebiete Europas finanzierte und überhaupt zur Aneignung fremden geistigen Eigentums ermunterte. (→ M 3.7 – 3.8)

Auch Karl Friedrich Schinkel (1781 – 1841), der bedeutendste deutsche Architekt seiner Zeit, ging auf eine Englandreise. Er war zwar schockiert („Die ungeheuren Baumassen, blos von einem Werkmeister, ohne alle Architektur aufgeführt, machen einen höchst unheimlichen Eindruck ...“), aber er war sich

1826 – Karl Friedrich Schinkel: Fabriken in Manchester

nicht zu schade, Fabriken, Gaswerke, Brücken und Details von Decken- und Dachkonstruktionen abzuzeichnen.
Viele Maßnahmen des Staates waren tatsächlich weniger wirksam, als man gehofft hatte. Nicht alle Unternehmer, denen man die neuesten Maschinen geschenkt hatte, konnten sie technisch und wirtschaftlich erfolgreich einsetzen (→ M 3.7). Viele Subventionen scheiterten, weil Kapitalbedarf, Unternehmensgröße und Absatzmarkt falsch eingeschätzt worden waren. Auch im frühen 19. Jahrhundert war die Kompliziertheit von Produktion und Markt so groß, daß man sie nicht mit Einzelmaßnahmen allein vorantreiben konnte. Der Lernprozeß der Unternehmer selbst war nicht zu überspringen und nur begrenzt zu beschleunigen. Vor allem aber erwiesen sich die staatlichen Beamten bei aller Tüchtigkeit als zu langsam, wenn neue Techniken zu beurteilen waren; so verstand man nicht früh genug, wie schnell und unvermeidlich die Größe von Dampfmaschinen wuchs. Auch plötzliche Änderungen der Marktlage wie z. B. die Öffnung des niederländischen Marktes für Ruhrkohle nach 1830 wurden von den preußischen Behörden nicht schnell genug verstanden und genutzt (→ M 3.3). Die Forschungs- und Bildungseinrichtungen zur Erlangung und Verbreitung technologischer

Die Konkurrenz der Zollvereine in Deutschland und die Durchsetzung des Deutschen Zollvereins 1834

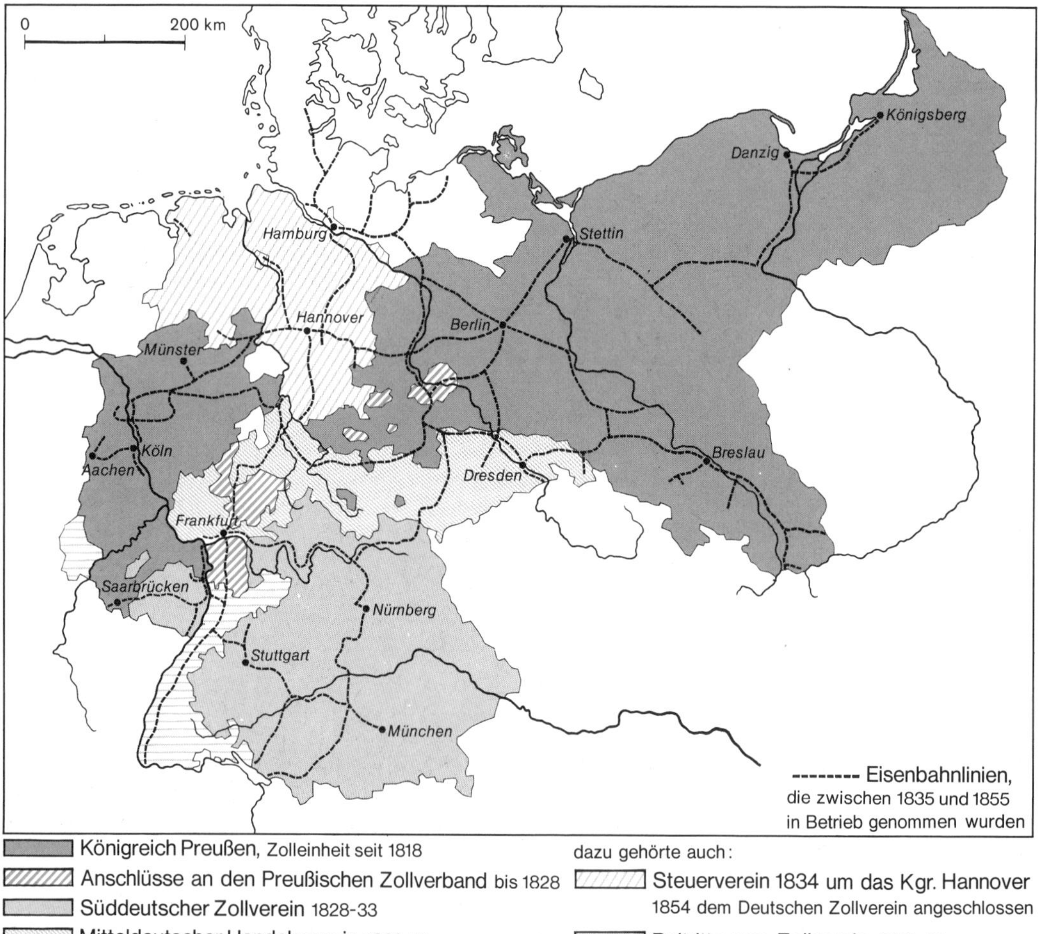

Kenntnisse waren vielleicht die wichtigste Leistung des Staates in der frühen Industrialisierung; aber der Erfolg dieser Maßnahmen zeigte sich erst nach vielen Jahren, oft Jahrzehnten (→ M 3.7). Letztlich waren die finanziellen Mittel Preußens bei der Förderung der Industrialisierung sehr bescheiden. Der Staat gab dem Abbau der Staatsverschuldung aus den napoleonischen Kriegen einen Vorrang vor allen anderen Aufgaben und mußte stets einen ausgeglichenen Staatshaushalt anstreben, da ohne eine verfassungsmäßige Beteiligung der Bürger der Staat keine Schulden machen konnte.

Von seiner langfristigen Wirkung her war eine der wichtigsten staatlichen Maßnahmen die Zollpolitik. Nach zäher Vorarbeit mit finanziellen und oft harten politischen Druckmitteln schuf Preußen 1834 den Deutschen Zollverein, der den größten Teil des späteren Deutschen Reichs umfaßte und der 1857 mit dem Zollvereinstaler eine eigene Währung erhielt. Schon den Zeitgenossen erschien dies nicht nur als ein großer Binnenmarkt, sondern auch als die Vorstufe und der Motor einer späteren politischen Einheit.

Der Außenhandel des Zollvereins stand zwischen zwei Alternativen: Sollte man durch hohe Zölle die eigene Produktion schützen (und wachsen lassen), oder sollte man durch möglichst niedrige Zölle oder gar Zollfreiheit (Freihandel) die Einfuhr verbilligen und die Preise niedrig halten? Leuchtet es auf den ersten Blick ein, daß man Preußens Baumwollspinner durch Zölle vor der britischen Konkurrenz schützen konnte, so muß man nach etwas Nachdenken auch den preußischen Tuchproduzenten rechtgeben, daß der Zwang, statt billiger (und guter) Importgarne teure Inlandsware zu verwenden, ihre eigene Konkurrenzfähigkeit sogar im Inland gefährdete. Der Zollstreit ging quer durch die Unternehmerschaft ein und derselben Stadt (Elberfeld und Barmen). Am Ende traf der Staat die Entscheidung für den Freihandel, d.h. möglichst niedrige Zölle. Das bedeutete harte Überlebenskämpfe für viele Unternehmen und ein kaum vorstellbares Elend für Millionen Menschen. Insgesamt aber konnte man durch die unbegrenzte und billigstmögliche Einfuhr von guten Vorprodukten und modernsten Maschinen die eigene Industrie schneller konkurrenzfähig machen als ohne solche Vorteile.

3.3 Die technische Entwicklung im frühen 19. Jahrhundert

Stellte schon die maschinelle Produktion einen großen Fortschritt gegenüber der älteren handwerklichen Arbeitsweise dar, so setzte auch schon um 1800 ein Fortschritt innerhalb der industriellen Produktion ein, der den Ländern außerhalb Großbritanniens den Anschluß an die neue Entwicklung erschwerte. Die Maschinen der ältesten mechanischen Spinnerei auf dem Kontinent in Ratingen waren 1815, gerade 30 Jahre alt, so unmodern, daß das Werk nicht mehr konkurrenzfähig war. (→ M 3.2) Die Länder und Unternehmen, die nur bestehende Technologien imitierten, waren damit zu dauernder Unterlegenheit verurteilt. Nur die selbständige Entwicklung neuer Maschinen versprach Konkurrenzfähigkeit auf lange Sicht, und damit war es in der deutschen Textilmaschinenindustrie zunächst schlecht bestellt. Auch in der kostengünstigen Produktion von Eisen in großen Mengen hatte Deutschland vor 1815 gegenüber England an Boden verloren. Angesichts der großen Nachfrage nach Eisen und des Mangels an Holz hatte man dort die Holzkohle bei der Verhüttung durch Koks ersetzt und die Leistung pro Hochofen gesteigert. Der Einbau der Dampfmaschine in Schiffe und Schienenfahrzeuge war 1802 bzw. 1813 gelungen, und die Leistungsfähigkeit der Maschinenbauindustrie war gewachsen.

Von den Ländern auf dem europäischen Festland gelang zuerst Belgien mit Hilfe englischer Ingenieure und Unternehmer der Anschluß an die englische Entwicklung. Die deutschen Staaten – auch Preußen mit seiner vielgerühmten Gewerbeförderung – blieben bis in die 1840er Jahre klar hinter der britischen Entwicklung zurück. Vor allem fehlte es an einer genügend breiten Schicht qualifizierter Arbeiter. Gerade in dieser Zeit eines noch ganz unwissenschaftlichen Experimentierens, als man z.T. ohne technische Zeichnungen im Fertigungsprozeß die Probleme löste, war handwerkliches Geschick entscheidend. In Deutschland wurde der Mangel an guten Arbeitern ein Impuls für die Theoretisierung und Verwissenschaftlichung der Technik. Das sollte sich langfristig als Vorteil für die deutsche Wirtschaft erweisen (→ M 3.4 – 3.9). Bis in die 1870er Jahre klagten bedeutende

Wissenschaftler, daß die Praktiker die vorhandenen wissenschaftlichen und mathematischen Hilfsmittel nicht einmal kannten, geschweige denn nutzten. (Das galt bei Eisenverhüttung, Maschinenbau und Brückenbau, während in der Chemie die Verwissenschaftlichung sehr früh einsetzte.) Erst um 1900 war der Punkt erreicht, von dem ab das wissenschaftliche Potential von Firmen und Staaten über ihr wirtschaftliches Schicksal entschied. Im übrigen bestand neben der modernen Technologie die alte weiter, wenn sie billig und zuverlässig war. Vor allem die Wassermühlen, die seit dem Mittelalter in Europa vorhanden waren, haben für die Anfänge der Industrie mehr geleistet als die Dampfmaschine. 1848 stammten in Frankreichs Fabriken über 50% der Energie aus Wasserrädern und tierischer Arbeit; 1870 bestand die britische Handelsflotte – nach Tonnage – zu 80% aus Segelschiffen, die die Hälfte der Transportleistung erbrachten.

3.4 Take-off: Die Industrialisierung kommt in Gang

Als Take-off bezeichnet man die Startphase der Wirtschaft eines Landes, in der sie sich aus ihrer alten agrarischen Struktur löst und an deren Ende sie vorwiegend von Industrie und Dienstleistungssektor bestimmt ist. Der Beginn des Take-off läßt sich in Preußen auf die späten 1840er Jahre eingrenzen: 1847 wurde zum letzten Mal in der deutschen Geschichte eine ▷ Wirtschaftskrise durch eine Mißernte ausgelöst; aber schon 1844 war es zu einem ▷ Konjunktureinbruch gekommen, weil an der Berliner ▷ Börse die Spekulation mit Eisenbahnaktien zusammengebrochen war. Das Ende dieser Phase setzt man mit dem Beginn der 1870er Jahre an.

Untersucht man (in der untenstehenden Statistik) die Zahlen für die Kapitalanlagen in Preußen zwischen 1816 und 1849, so erkennt man, daß es ein neues Produkt und ein neuer ▷ Markt waren, die den Durchbruch zur Industrialisierung auslösten – die Eisenbahn. Neben der überraschenden Tatsache, daß bis 1840 über die Hälfte aller ▷ Investitionen in die Landwirtschaft gegangen war, fällt danach der rasche Anstieg der Verkehrs- (= Eisenbahn-)investitionen auf. Der Bau von fast 6500 km Eisenbahnstrecken in Deutschland zwischen 1840 und 1849 war auch nach heutigen Maßstäben eine gewaltige technische und wirtschaftliche Leistung. 1835 war die erste deutsche Eisenbahn – 7 km lang – eröffnet worden, und 1845 waren bereits über 100000 Menschen beim Bau und Betrieb von Eisenbahnen beschäftigt. Die Nachfrage nach Fahrzeugen, Schienen und Tief- und Hochbauarbeiten übertraf alle finanziellen Größenordnungen, die Deutschland bis dahin gekannt hatte. Mit den Rückwirkungen dieser Investitionen auf andere Wirtschaftszweige setzte eine ungeheure Eskalation der Nachfrage ein: Jeder Kilometer Eisenbahn erforderte mit Fahrzeugen und Brücken ca. 400 t Eisen. Zwischen 1849 und 1864 entsprach der Eisenbedarf der Eisenbahn über 50% der deutschen Produktion. Wachsende Industrien ihrerseits entwickelten eine steigende Nachfrage nach Transportleistungen für Menschen und Waren, die die meisten Eisenbahnen bald

Jährliche durchschnittliche Nettoinvestitionen[1] in Preußen, 1816—1849
(Millionen Mark in Preisen von 1913)

	Landwirtschaft	Nicht-landwirtschaftliche Gebäude	Verkehr	Industrie	Insgesamt
1816—22	86,5	28,7	7,0	2,8	125,0
1822—31	70,4	18,7	8,8	5,1	103,0
1830/1—40	109,6	52,0	22,5	5,6	189,7
1840—49	59,9	69,2	73,7	7,0	209,8

[1] Als Nettoinvestition bezeichnet man die Summe aller ▷ Investitionen abzüglich des Wertverlustes der schon vorhandenen Kapitalanlagen.

Richard Tilly: Kapital, Staat und Protest in der deutschen Industrialisierung. (Vandenhoeck) Göttingen 1980. S. 83.

Räumliche Verlagerung und Industrialisierung der Schmiedeeisenherstellung in Westdeutschland zwischen 1820 (oben) **und 1860** (unten)

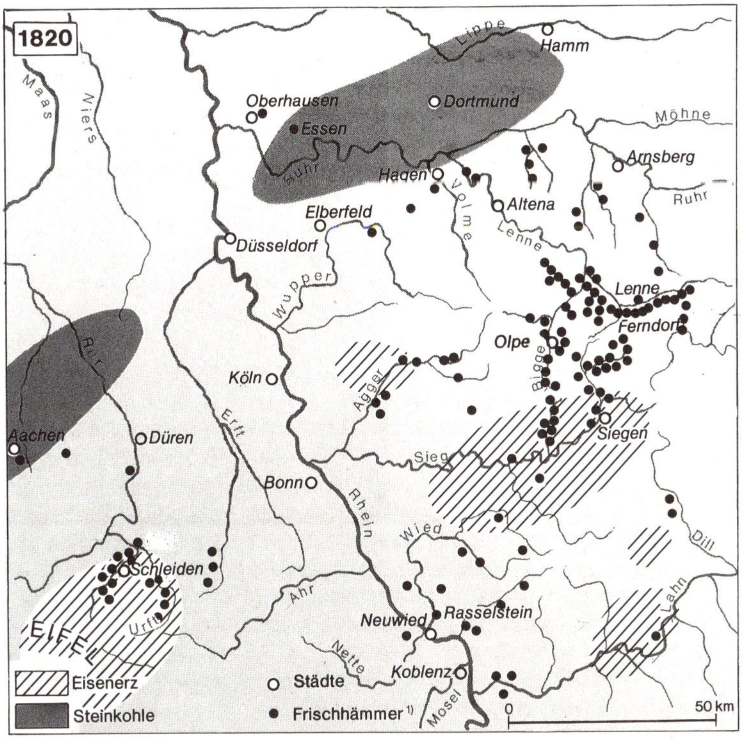

[1] Frischhämmer = Schmieden, die aus dem spröden Roheisen technisch brauchbares Schmiedeeisen (Stahl) machen

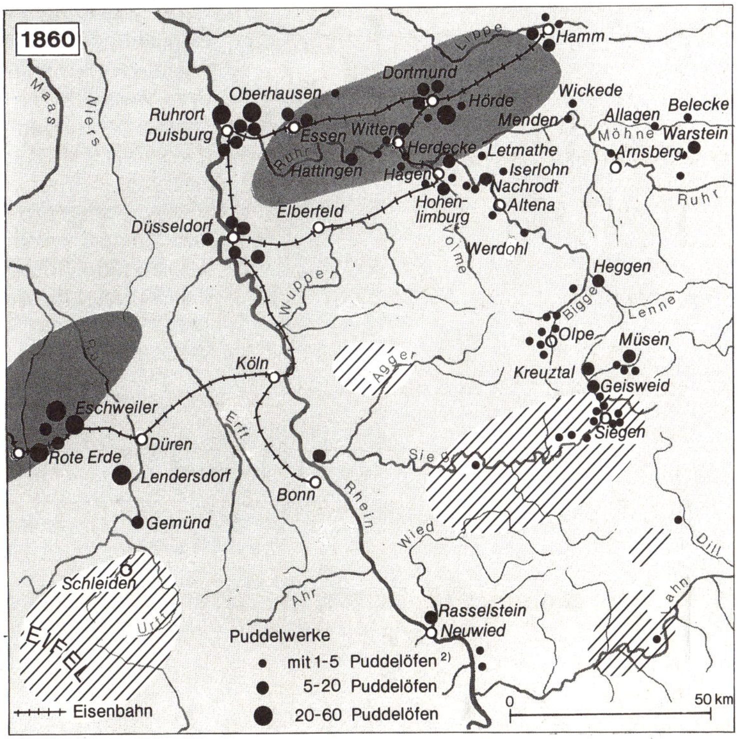

[2] Puddeln (engl. to puddle = rühren) — Verfahren, durch Rühren des teigartigen Roheisens einen Teil des darin gelösten Kohlenstoffs verbrennen zu lassen, um einen schmiedbaren Stahl zu erhalten

Auswirkungen des Eisenbahnbaus in der Wirtschaft 1864—1900

═► = Nachfrage der Eisenbahnen

—► = von den Eisenbahnen ausgelöste Nachfrage

- - -► = starke Nachfrage nach Eisenbahntransport

Alle diese Nachfragen lösen zugleich eine massive Nachfrage nach Arbeitskräften aus!

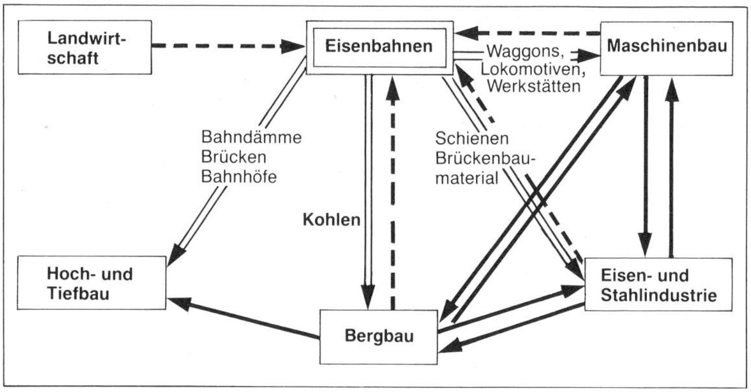

zu einem gewinnbringenden Geschäft machten.

Die Transportleistungen verlagerten sich nicht nur von der Straße auf die Schiene, sondern vervielfachten sich zugleich. (Zwischen dem Wuppertal und dem Rhein z. B. verfünffachte sich die Transportmenge dank der Eisenbahn in 15 Jahren.) Indem die Eisenbahn die fortschreitende Arbeitsteilung und die Produktion verbilligte (▷ Rationalisierung), erweiterte sie ihren eigenen Markt und senkte zugleich ihre Kosten und Preise — ein Prozeß von allseitigem volkswirtschaftlichem Vorteil.

Alle Bereiche der Wirtschaft empfingen von der Eisenbahn starke Impulse; die Nachfrage nach Zulieferungen und Arbeitskraft betraf ebenso wie die jetzt verfügbaren Kapazitäten für den Transport von Personen und Waren Millionen Menschen. Die Ruhrkohle gewann neue Absatzmärkte in Mitteldeutschland, die Berliner Maschinenbauindustrie konnte eng mit der schlesischen Hüttenindustrie verbunden werden. Die Mobilität der Menschen wuchs – Industriezentren und Auswanderungshäfen wurden schneller und billiger erreichbar.

Auch in anderen Bereichen als dem des Verkehrs zeigten sich in den 1850er und 1860er Jahren deutlich neue Antriebskräfte. So stieg der Industrialisierungsgrad in der Textilproduktion – zuerst beim Spinnen, dann beim Weben – steil an:

Massenproduktion und ihr Rationalisierungseffekt. Güterverkehr der Eisenbahnen in Mrd. Tonnenkilometer (steigend) und Kosten eines Tonnenkilometers (fallend)

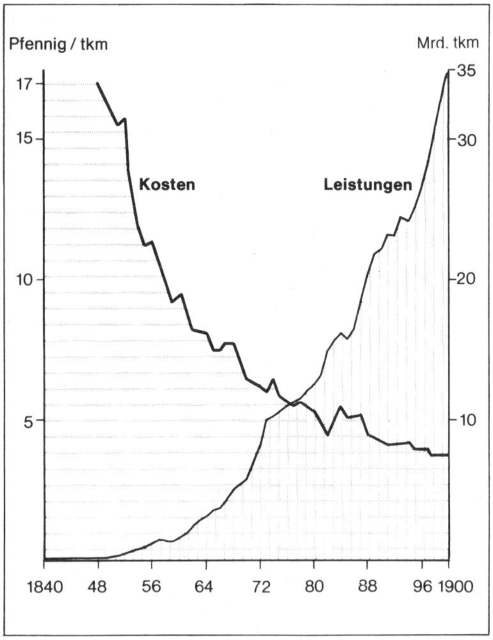

Nach: Rainer Fremdling: Eisenbahnen und deutsches Wirtschaftswachstum. (Vandenhoeck) Göttingen 1980. S. 17 ff. u. 58.

Industrialisierung der Textilproduktion

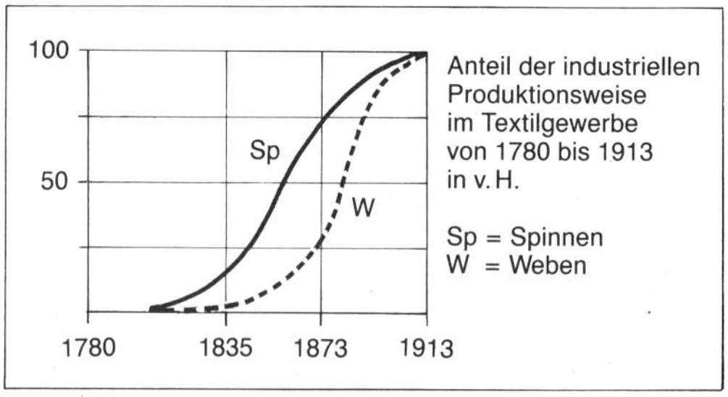

Friedrich-Wilhelm Henning: Die Industrialisierung in Deutschland 1800—1914. a. a. O. S. 145

Industrialisierung in Europa

	Länge des Eisenbahnnetzes (in km)	Kohlenförderung oder -verbrauch (in 1 000 Tonnen)	Dampfkraftkapazität (in 1 000 PS)	Roheisenproduktion (in 1 000 Tonnen)
Deutschland				
1850	5856	5100	260	212
1869	17436	26774	2480	1413
1873	23886	36392	—	2241
			1880: 5120	
Frankreich				
1850	3008	7225	370	406
1869	16927	21432	1850	1381
1873	18507	24702	—	1382
			1880: 3070	
Großbritannien				
1850	10655	37500	1290	2249
1869	24373	97066	4040	5446
1873	25881	112604	—	6566
			1880: 7600	

David S. Landes: Der entfesselte Prometheus. (dtv) München 1983. S. 187.

Der Einsatz der Dampfmaschine wuchs nach 1850 rasch. 1821 war im Gebiet der späteren Stadt Wuppertal die erste Dampfmaschine aufgestellt worden; 1849 gab es 20 Maschinen mit einer Durchschnittsleistung von 9 PS; 1867 aber arbeiteten hier schon 458 Maschinen mit durchschnittlich über 12 PS.

So wie es Leit- oder Führungsbranchen der Industrialisierung gab, so gab es auch Leitregionen. Der weitaus größte Teil Deutschlands wurde von der neuen Entwicklung indirekt beeinflußt. Dagegen wuchsen das Ruhrgebiet, Berlin, Sachsen und Oberschlesien in unerhörtem Tempo. Selbst ältere Gewerbegebiete verloren Unternehmen nach dort: Aus den alten Zentren der Eisenindustrie in den Mittelgebirgen zogen Firmen in die neuen Industriestädte – so von der Eifel in die Städte an Rhein und Ruhr. Zugleich kamen aus dem früh industrialisierten Belgien ganze Unternehmen mit Firmenleitung und Arbeitskräften nach Deutschland – ein ungemein wertvoller Beitrag zur deutschen Industrialisierung.

Das ▷ Kapital für die Take-off-Phase wurde zu einem erstaunlich großen Teil in Deutschland gesammelt; selbst die preußische Regierung, die ▷ Aktiengesellschaften nicht begünstigte, ließ im Verkehrs- und Versicherungsbereich zahlreiche Gründungen zu. Kapital kam daneben auch aus Frankreich und Großbritannien und besonders aus Belgien. Innerhalb eines halben Jahrhunderts hatte sich die Lücke zwischen dem Industrieland Großbritannien und dem Schwellenland Deutschland erstaunlich verringert.

Auch die innere Struktur der deutschen Wirtschaft zeigte den Modernisierungsprozeß deutlich: Kurz nach 1871 sank der Anteil der im Agrarbereich beschäftigten Arbeitskräfte unter 50% der Gesamtzahl. Das ▷ Verlagswesen (und damit die Heimarbeit) ging seit ca. 1850 drastisch zurück, während die Zahl der Fabrik- und Bergarbeiter stark wuchs.

Der wirtschaftliche und gesellschaftliche Optimismus in den 1860er Jahren war außerordentlich groß. Der enorme Bedarf an Arbeitskräften ließ endlich das Problem eines Gleich-

Strukturänderung im sekundären (gewerblichen) Sektor in Mill. Arbeitskräften

Jahr	Verlag	Manufaktur, Industrie, Bergbau	Handwerk
1780	0,86	0,08	0,97
1800	0,96	0,12	1,12
1835	1,40	0,35	1,50
1850	1,50	0,60	1,70
1873	1,10	1,80	2,50
1900	0,50	5,70	3,30
1913	0,50	7,20	4,00

F. W. Henning: Die Industrialisierung in Deutschland, a. a. O., S. 130.

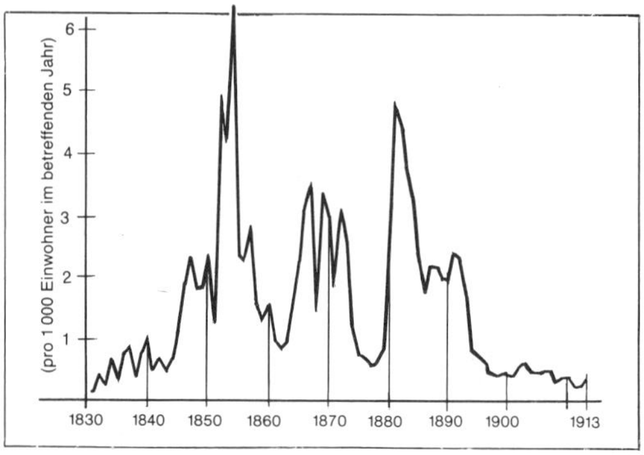

Auswanderung aus Deutschland 1830—1913 (pro 1000 Einwohner im betreffenden Jahr; das bedeutete, daß 1854 und — bei gewachsener Bevölkerung — 1882 je über 200 000 Deutsche auswanderten.)

Nach Friedrich Burgdörfer: in Wolfgang Köllmann u. Peter Marschalck (Hrsg.): Bevölkerungsgeschichte. (Kiepenheuer & Witsch) Köln 1972, S. 290 u. 294.

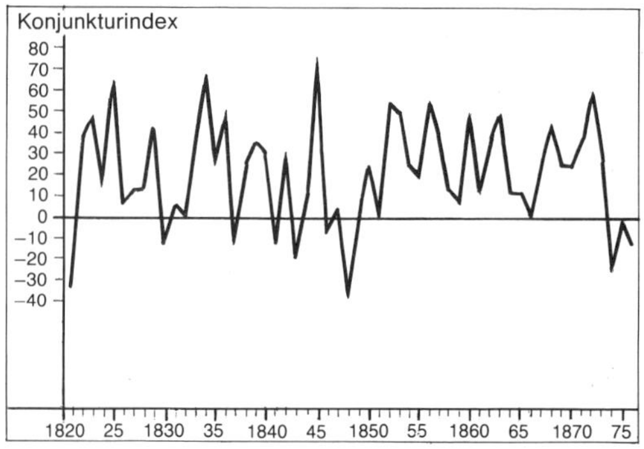

Konjunkturverlauf in Deutschland 1820–1875
Es handelt sich hier um einen aus mehreren einzelnen Indikatoren erstellten Index. Je höher der Wert, desto günstiger ist die Konjunktur und desto höher ist das Wachstum. Negative Werte bedeuten Schrumpfung des Sozialprodukts.

Reinhard Spree: Wachstumstrends und Konjunkturzyklen in der deutschen Wirtschaft 1820–1913. (Vandenhoeck) Göttingen 1978. S. 107.

gewichts zwischen Bevölkerungsvermehrung, Arbeitsplatzangebot und Produktionswachstum als lösbar erscheinen. Landflucht und Industrialisierung glichen sich aus; Hunger und Elend ließen sich überwinden.
Es gab aber auch erhebliche Zweifel an der Entwicklung. Die relativ niedrige Dauerarbeitslosigkeit seit Ende der 1850er Jahre war offenbar gebunden an niedrige Löhne und lange Arbeitszeiten. Daneben waren immer mehr Menschen zur Auswanderung gezwungen. (Sie hatten immerhin das Glück, daß die USA Millionen Menschen aufnehmen konnten.) Zwar verbesserten sich Löhne und Lebensstandard der Arbeiter seit den 1860er Jahren stetig; aber das Risiko kurzfristiger Rückschläge durch die unkalkulierbaren Schwankungen der Konjunktur blieb eine dauerhafte Drohung.

Wirtschaftskrisen von einem oder mehreren Jahren ließen die Produktion wieder schrumpfen und den Lebensstandard der Arbeiter zurückgehen. Offenbar konnte eine Wirtschaft, die von zahllosen unkoordinierten Anbietern allein nach deren individuellen Erwartungen und Investionen bestimmt war, sich nur im Wechsel von Aufschwung und Krise regulieren. Wohnte diesem anarchischen System eine Tendenz zur allgemeinen Verbesserung inne, wie es der ▷ Liberalismus meinte, oder ging die Tendenz zu immer größeren Katastrophen mit immer größerem Elend für immer mehr Menschen, wie es Marx und Engels annahmen?

Rauch und Dampf als Zeichen des Fortschritts – Blick vom Essener Rathausturm nach Westen auf die Kruppwerke (1890)

Überlegungen zur weiteren Arbeit

Das Kapitel 3 hat die Umwandlung einer überwiegend agrarischen Gesellschaft in eine Industriegesellschaft zum Gegenstand. Es konzentriert sich auf die Dimensionen Wirtschaft und Technik. (Technik wird hier als ein Bereich der Kultur verstanden.) Der Prozeßcharakter der Industrialisierung legt wieder eine diachrone Betrachtungsweise nahe, d. h. wir betrachten in einer zeitlichen Abfolge die Vorstellungen, Planungen und tatsächlichen Entscheidungen beteiligter Personen. Angesichts seiner zentralen Bedeutung wird dabei der frühe Unternehmer deutlicher als alle anderen Akteure berücksichtigt. Mehrere Texte sollen einen vergleichenden Überblick über die unterschiedlichen Voraussetzungen und Strategien der Unternehmensgründungen ermöglichen. Der Streit um die Rolle des Staates im Kohlenbergbau am Ende des Materialteils dokumentiert die gewachsene wirtschaftliche Macht und das Selbstbewußtsein der Unternehmer.
Auch hier beeinflußt unsere Gegenwart unsere historische Untersuchung. Die heutigen Probleme der alten Industriegesellschaften werfen die Frage auf, ob wir von der Industrialisierung noch ähnliche Entwicklungsschübe erwarten dürfen wie im 19. Jahrhundert. Das Verlangen fast der gesamten Dritten Welt nach Eingliederung in die Industriewirtschaft zwingt uns zu prüfen, ob die Industrialisierung des 19. Jahrhunderts ein wiederholbares Vorbild für heute sein kann. Insofern wir uns diese Fragen bewußt stellen, kann unsere Arbeit mit einem historischen Gegenstand heutiges Bewußtsein erhellen und kritisieren helfen. (Diese Funktion der Untersuchung nennt man „ideologiekritisch".)

Materialien zu Kapitel 3

Frühe Unternehmensgründungen

M 3.1 1783 – Genehmigungsantrag des Unternehmers Brügelmann an den Herzog von Jülich-Berg (Auszug)

1771 gründete der Erfinder der Spinnmaschine, der Perückenmacher Arkwright, seine erste Fabrik in Cromford in Mittelengland; bereits 1784 baute der Kaufmann Brügelmann bei Ratingen eine ähnliche Anlage, die er zu Ehren Arkwrights, dessen Erfindung er ohne Erlaubnis und mit englischen Fachleuten kopiert hatte, Cromford nannte. Die Anlage ist heute Museum.

Durchlauchtigster Kurfürst, gnädigster Herr!
Ew. Kurfürstliche Durchlaucht erlauben gnädigst, Höchstdemselben untertänigst vorzutragen, daß [*ich*] gleich bei Übernahme der Fabrik meines Vaters jener Ursachen mit unermüdetem Fleiß nachgeforscht habe, warum unsere sogenannte Siamosen[1] den Englischen u. Rouener Fabrikaten an Güte, Reinheit und Egalität nicht beikommen und warum bei unserer so vorteilhaften Lage keine anderen baumwollene Fabriken entstanden seien? Durch Länge der Zeit und durch beträchtlichen Kostenaufwand erfuhr ich endlich, daß in Engeland die Baumwolle durch Handmaschinen, und Wassermühlen[2] gesponnen wurde, durch welche der Faden eine solch vollkommene Gleichheit, und Kraft erhielte, daß das Garn fein oder grob zur Kette[3] mithin zu allerhand neuen oder hier fremden Fabrikaten gebraucht werden könne. Dahingegen ist jenes, welches in dem benachbarten Märkischen und hiesigen Gegend versponnen wird, ganz unrein, roh und los.[...] In Engeland sind die baumwollene Fabriken seit Einführung der Spinnmühlen in den größten Flor[4] gekommen – ich gab mir daher alle Mühe, eine solche Mühle, oder wenigstens derselben Modell zu bekommen – allein alle Versuche und Belohnungen wollten nichts erhalten, und ich konnte niemand ausfindig machen, welcher mir eine dergleichen Mühle überschickte, in dem das Parlament[5] die

Ausführung[6] derselben sowohl, als auch deren Arbeiter unter der schwersten Strafe verboten hatte. Ich besprach mich daher mit verschiedenen Mechanicis[7] und erfuhre, daß im Siegerland ein gewisser Künstler[7] seie, der eine solche Spinnmühle zu verfertigen, und einzurichten im Stande wäre. Ich reiste demnach bereits vor sechs Jahren selbst dahin, und brachte denselben mit Lebensgefahr nach Elberfeld.

(Der Versuch scheiterte.)

Jedoch im vorigen Jahr erhielte ich endlich das Modell. Allein, kein Mensch wäre im Stande mit solchem etwas anzufangen, noch einzurichten. Dieses bewoge mich abermals, an meinen Freund nach Engeland zu schreiben, daß weder die Kratzmaschine[8], noch das Modell der Spinnmühle, an welche ich bereits 3000 Rthlr.[9] verwendet mir von einigem Nutzen sein könnten, wenn solche nicht durch einen geschulten Mechanicum zum Gebrauch eingerichtet würden. Große Versprechungen und Belohnungen lockten endlich einen ganz geschickten Meister nach vieler Mühe, und Umständen zur anhero[10] Reise. Derselbe ist auch wirklich in Begleitung meines Freundes bei mir eingetroffen. [. . .]
Durch schwerste Kosten, durch unermüdeten Fleiß und durch Treue meines Freundes bin ich endlich zu meinem Endzweck gekommen, welcher Freund nicht aus Noth sein preußisches Vaterland verlassen, sondern da er während seinem langen Aufenthalt die in England herrschende Freiheitsgrundsätze eingesogen, so hat er Höchstdero[11] durch Freiheit und unbeschränkten Handel vorzügliches Gülich- und Bergische Land dem Seinigen vorgezogen, und alle in den preußischen Staaten ihm gebotenen Vorteile ausgeschlagen. Nie ist eine nützlichere Anlage für das ganze Land, besonders aber für Ratingen vorgenommen worden. [. . .]
Ew. Kurfürstliche Durchlaucht ist gnädigst bekannt, daß von Preußen alle nur zu verlangende Privilegien und sogar bis auf 25 und auf mehr Prozent sich erstreckende Baugelder, oder das nötige Bauholz und andere Materialien umsonst hergeben lasse, daß diese Prämien ganz bestimmt durch offene Zeitungen verkündet und daß daher viele Fabrikanten in preußische Staaten gelockt werden. Solcher, und mehrer Vorteilen würde ich mich ebenfalls zu erfreuen haben, wenn ich nur eine neu einzurichtende Fabrike, [. . .] zu Duisburg angelegt hätte. Allein, Liebe zu meinem Vaterland, und unter Höchstdero Regierung, als ein beglückter Unterthan zu leben, hielten mich zurück.
Da nun zu dieser Unternehmung, welche mir schon bei 4000 Rthlr. zu allerhand Proben gekostet, noch eine Anlage von 20000 Rthlr. für die Gebäude und dem inneren Werke gefordert werden, ehe ich den geringsten Nutzen ziehen könne; da durch diese Anlage Höchstdero Stadt Ratingen, und das ganze Amt die größten Vorteile ziehet, in dem eine Menge armer Einwohner, und kleiner Kinder von 6 – 10 Jahren, welche nur gar zu häufig dem Müßiggang, und Betteln nachgehen, ihren täglichen Unterhalt verdienen, und dadurch von Jugend an zur Arbeit und Fleiß angehalten werden, [erbitte ich ein Produktionsprivileg für 40 Jahre].

(Der Kurfürst gewährte ein Privileg für 12 Jahre und bedrohte Werkspionage mit lebenslänglichem Zuchthaus; die Arbeiter waren notariell zu lebenslänglicher Arbeit bei Brügelmann verpflichtet.)

Zit. nach: Die Macht der Maschine. (Stadtmuseum Ratingen) Ratingen 1984. S. 190 f.

---

1 Baumwollgewebe
2 durch Wasserkraft betriebene Fabrik
3 Längsfäden von Geweben
4 Blüte, geschäftlicher Erfolg
5 das englische Unterhaus
6 Export
7 Maschinenbauer
8 Maschine zum Auflockern und Ausrichten der Rohbaumwolle
9 Reichstaler, Kaufkraft eines Talers entspricht mehr als 100 DM
10 nach hier
11 Anrede des Kurfürsten

M 3.2 1783 – 1846 – Übersicht über die Entwicklung der Firma Brügelmann (Cromford)

1783 – 1784: fünfstöckiges Gebäude errichtet; geplant, hierin 1 600 durch Wasserkraft angetriebene Feinspindeln einzusetzen.
Arbeitskräfte 1784: 70 – 80
1798: 62 Hand- und Wassermaschinen, ca. 5 200 Spindeln; eigene Färberei eröffnet.
1802: „englische Baumwoll-Spinnerey, Färberey, Farbstoffe und Ölmühle“
1808: eigene Schmiede und Schreinerei
Arbeitskräfte 1808: ca. 350
1809: Arbeitskräfte 52

Das Wohnhaus des Unternehmers Brügelmann in Ratingen (1790)

1817: (aus einem Bericht:) „eine der ältesten Spinnereien auf dem ganzen festen Lande, jetzt ganz veraltet, verbraucht"
Arbeitskräfte über 300
4000 Spindeln

1818: 1920 Spindeln

1818 – 1823: Die Arbeit in der Spinnweberei Cromford ruht völlig.

August 1823: „Die seit langer Zeit unthätig gewesene Wollspinnerei des Kaufmanns Brügelmann in Cromford bei Ratingen ist wieder in volle Thätigkeit gekommen."

März 1829: „Die in früheren Zeiten so bedeutende Baumwollspinnerei bei Ratingen erhält nur sehr mühsam ihr Dasein."

1830: „Schon seit längerer Zeit war Julius Brügelmann beschäftigt, die ansehnliche Baumwollspinnerei zu Cromford bei Ratingen ganz neu einzurichten und auszudehnen und teilweise damit die Maschinenweberei zu verbinden. Schon hatte er zu diesem Behufe für etwa 20000 Reichsthaler neue Maschinen angeschafft und war im Begriff, diese allmählich aufzustellen, als der unerwartete Tod ihn wegriß."

1834: Arbeitskräfte: 226

1835: 4784 Spindeln, 80 Webstühle
Arbeitskräfte: 300

1846: eine Dampfmaschine aufgestellt

Zit. nach: Joachim Kermann: Die Manufakturen im Rheinland 1750 – 1833. (Röhrscheid) Bonn 1972. S. 663 f.

M 3.3 1803 – 1830 – Aus den 1858 verfaßten privaten Aufzeichnungen des Kaufmanns Franz Haniel

Haniel (1779 – 1868) entstammte einer Duisburger Kaufmannsfamilie; ab 1804 kaufte er eine kleine Eisenhütte und Bergwerke; er wurde einer der bedeutendsten Pioniere der Ruhrindustrie (Gutehoffnungshütte).

Der Ländertausch im Jahr 1803[1] und die Bekanntschaft inbetreff der Spedition und der Zahlungen veranlaßte mich auf die Hütten Werke der Fürstin[2] zu reflektiren, ich stelte eine Berechnung über die Kosten der Eisenertze bis zur Hütte, der Holzkohlen, des Kalksteins der verschiedenen Formertiefen, Gehälter, Zinsen pp auf, welche mir pro Jahr vorteilhaft erschienen, daß ich mich zum Ankauf entschloß und dieses Bruder Gerhard für gemeinschaftliche Rechnung mittheilte, welcher aber nicht besonders dafür war, im Verfolg indeßen beistim(m)te; die Unterhandlungen zum Ankauf wurde mit der Fürstin von Essen so ihr Domiziel in Augsburg hatte angeknüpft, Inventarium pp aufgenommen und endlich der Ankauf abgeschloßen; unser Verkehr in Ruhrort litt durch Entbehrung dieser Fonds[3] indeßen sehr, Speculation in Getreide, Wein, Colonial-Waren pp wurde beschränkt, da zum Betrieb der angekauften Werke auch Geld erforderlich war und

Zinsen und Dividende viele Jahren nicht gegeben sondern zur Ausdehnung und Creditirung angelegt werden mußten.
Im Jahr 1825 reißte ich in Gesellschaft mit m(einem) Br(uder) Gerhard, Lueg und Georg Luyken über Rotterdam p(e)r Dampfschiff nach London um die dortigen neuen Oelmühlen Anlagen pp und Verbeßerungen in Augenschein zu nehmen, blieben mehrere Tage in London, besuchten viele große Anstalten, Brauereyen, New Gate pp fuhren nach Grenwich besahen das Militär Hospital, Park, Temse Tunel fuhren zurück nach Hyde Park sahen die Reit und Spazierfahrten der Engländer alda pp – folgenden Tage machten wir eine Vergnügungstour nach Richmond besahen ebenfalls Park und nachdem wir in London so viel wie möglich in Augenschein genommen reisten wir nach Birmingham besahen die Gewerbe Ausstellung und die sonstige Merkwürdigkeiten; weil H(er)r Watt in Soho im Jahr 1817 bei der 1ten Probefahrt auf den Rhein mit seinen Dampfschiff einige Beschädigung erlitten, so wir ihn in Sterkrade[4] herstellen konnten, so mußte derselbe sich mehrere Tage in Ruhrort aufhalten wodurch ich deßen Bekanntschaft machte und bei mir zu Mittag speißte; dieses gab Veranlaßung daß ich ihm meine Ankunft in Birmingham, und Besuch in Soho ankündigte und Ansicht seiner sehr berühmten Attelliers[5] und Anlagen bat – ich wurde gleich hierauf zum Mittageßen mit mehre Andern aus Birmingham eingeladen, da derselbe aber meine Ansicht seiner Atteliers pp ablehnte; so lehnte ich sofort seine Einladung zum Mittags Eßen ab.
Durch den im Jahr 1818 in Holland auf unsere Steinkohlen eingeführten enormen Eingangszoll, waren diese in Niederland gleichsam gänzlich verboten [. . .]; durch den Verlust des Kohlenverkehrs nach Holland und schwachen Betrieb des Bergbaus schwankte ich von 1818 bis Ende 1823 zwischen der Anlage einer Zucker-Raffinierie, Porzelanfabrick, Glaßhütte oder Dampf Oel Mühle. [. . .]

(Er baute die Ölmühle mit einer Dampfmaschine aus dem eigenen Unternehmen „Gutehoffnungshütte".)

Bis zum Jahr 1830 hatte das Gesetz[6] (oder vielmehr die Gewalt der Bergbeamten die dabei beteiligt waren) bestanden, daß kein anderes oder neues Bergwerk den Betrieb erlaubt wurde als diejenige so in Betrieb waren; nach Ausbruch der Revolution in Belgien und der Trennung Belgiens von Niederland entschied 1830 die Holländische Kammer der Repraesentanten im Haag daß die Einfuhr von Belgische Kohlen in Holland verboten, dagegen die frühere verbotene Ruhrkohle jetzt die freie Einfuhr der preusischen Kohlen erlaubt wurde; mir wurde die für unsere Gegend höchst wichtige Nachricht vom Haag und Rotterdam sofort mitgetheilt; ich sandte Abschrift des Briefs gleich an meinen befreundeten Berghauptmann und Oberbergamtsdirektor v(on) Charpentier nach Dortmund. [. . .] (Charpentier) kam persönlich herüber, hierauf erklärte ich ihm mündlich obschon ich auch bei mehreren in Betrieb stehenden Zechen betheiligt, so sei es jetzt durch aus Bedürfnis daß mehrere Kohlen Zechen den Betrieb erlaubt werde; empfahl und bat ihm hierum dringend indem solches Bedürfnis sei; und ersuchte um Unterstützung, erhielt indessen keine feste Zusage. 10/14 Tage später kam derselbe wieder zu mir herüber und versicherte daß er wegen mein angelegentliches Gesuch die Berg-Ordnung so wie das allgemeine Land Recht[7] wiederholt nachgelesen aber nichts darin gefunden was eigentlich gesetzlich den weitern und freien Betrieb einiger Kohlengruben entgegenstehe oder verbiete; er sei daher geneigt, einige stilliegende Gruben den Betrieb zu erlauben – Er wolle dieses daher bevorworten und nach Berlin anzeigen und anfragen; ich munterte ihm auf, letzteres nicht zu thun, indem dann wieder allerlei Umstände von Berlin eintreten könnten und Er in seiner Stellung als OberbergAmtsDirektor auf Bedürfnis und Wohl des Landes füglich einige Gruben den Betrieb erlauben dürfe[8], wo wir für einige tausend Jahren das Produkt im Schooß der Erde besäßen – derselbe gab hierauf einige Gruben den Betrieb frei – zog sich in deßen viel Verdruß dadurch von den Gegnern zu [. . .] und ich hatte ebenfalls manche Unannehmlichkeiten mit den Gegnern zu bestehen 1833 im Anfangsquartal.

Zit. nach: Bodo Herzog, Klaus J. Mattheier (Hrsg.): Franz Haniel. (Röhrscheid) Bonn 1979, S. 49 u. 73 ff.

1 Der Reichsdeputationshauptschluß beendete 1803 die Existenz des alten Deutschen Reichs und zahlreicher kleiner und kleinster Territorien.
2 Die Fürstäbtissin von Essen, Besitzerin der Gutehoffnungshütte in Sterkrade, gehörte zu den Opfern von 1803.
3 Das Handelsgeschäft der Haniels litt unter dem Abzug der Gelder für den Kauf des Hüttenwerks.
4 heute Oberhausen-Sterkrade
5 Werkstätten
6 Der preußische Staat hatte weitgehende Wei-

sungsrechte gegenüber den Bergwerksbesitzern.

7 Allgemeines Landrecht für Preußen

8 Haniel versuchte also, den Bergbeamten an dessen eigene Befugnisse zu erinnern und von einer Nachfrage in Berlin abzuhalten, wo offenbar kaufmännischer Sachverstand fehlte.

M 3.4 1808/18 – Aus einem Zeitungsbericht über den Techniker Franz Dinnendahl und aus dessen Autobiographie

Aus dem Zeitungsbericht:

Er ist zu Horst an der Ruhr geboren. [. . .]. So wie damahls auf dem platten Lande der Schulunterricht äußerst mangelhaft war, so hatte er, besonders da die Schule entlegen war, auch nicht einmahl eines gewöhnlichen Unterrichts sich zu erfreuen; seine Eltern bedurften seiner Beyhülfe, und beschäftigten ihn in der Mühle bey'm Abmahlen des Getreides. Da sie aber doch seine Laufbahn mit einem Dienst außer dem Hause anfangen zu müssen glaubten: so verdungen sie ihn, als Knaben von 12 Jahren, als Schweinehirten bey einem Bauern der Nachbarschaft. [. . .] Er verließ den Dienst, gab sich an's Kohlenschieben, und nachher in eine Grube, wo er auf den Kohlenhau angestellt wurde. Er war beynahe 17 Jahre alt, als ihm auch diese Arbeit nicht weiter gefiel und er sich bey einem Schreinermeister in die Lehre gab. Hier fühlte er sich auf einem Wege, der mit seinem Hange näher verwandt war, und nach Verlauf eines Jahres wurde er in dieser Profession schon als Meister erkannt. Er setzte sein Handwerk während 3 Jahre mit 4 Gesellen ununterbrochen fort. [. . .]
Sein Sinn war indessen immer auf mechanische Arbeiten höherer Art gerichtet; er wendete seine wenige Muße in freyen Stunden dazu an, sich mit der Arithmetik u. Mathematik bekannt zu machen, und sein eigenes Nachdenken, seine Versuche, womit er die für sich abstrahirten Sätze der Mechanik prüfte, führten ihn immer weiter in dieses Feld der Wissenschaft, wo ihn nichts als sein Genius leitete. So setzte er sich unter andern eine Maschine zum Wasserheben[1] ganz nach seiner eigenen Idee zusammen. [. . .]

Aus Dinnendahls Autobiographie:

Im Jahre 1801, ehe die Stifter Essen und Werden noch mit den Preußischen Landen vereinigt waren, bauete ich den Gewerken[2] der schon vorhin genannte Zeche Wohlgemuth im Werdenschen die erste Feuer-Maschine nach altem Prinzip.[3] Das ganze Personal am Märkischen Bergamte, besonders der Herr p. Crone, selbst fremde Bergleute, welche Dampf-Maschinen zu sehen Gelegenheit gehabt hatten, zweifelten daran, daß ich ein solches Werk zu Stande bringen würde. Einige schwuren gerade zu, daß es unmöglich sey, und andere prophezeiten mir, weil es mir als gemeinem[4] Handwerker jetzt wohl ging, meinen Untergang, weil ich mich in Dinge einließ, die über meine Sphäre hinaus gingen. Freilich war es ein wichtiges Unternehmen, besonders, weil in der hiesigen Gegend nicht einmal ein Schmidt war, der im Stande gewesen wäre eine ordentliche Schraube[5] zu machen, geschweige andere zur Maschine gehörige Schmiedetheile, als Steuerung, Cylinderstange, und Kessel Arbeit pp. hätte verfertigen können oder Bohren und Drechseln verstanden hätte. Schreiner- und Zimmermanns-Arbeiten verstand ich selbst; aber nun mußte ich auch Schmiede-Arbeiten machen, ohne sie jemals gelernt zu haben. Indessen schmiedete ich fast die ganze Maschine mit eigener Hand, selbst den Kessel, so daß ich 1 – 1½ Jahr fast nichts anders, als Schmiede-Arbeiten verfertigte, und ersetzte also den Mangel an Arbeitern der Art selbst. Aber es fehlte auch an gut eingerichteten Blechhammern und geübten Blechschmieden in der hiesigen Gegend, weshalb die Platten zum ersten Kessel fast alle unganz und kaltbrüchig waren. Eben so unvollkommen waren diejenigen Stücke der Maschine, welche die Eisenhütte liefern mußte, als Cylinder, Dampfröhren, Schachtpumpen, Kolben und dglch. Auch dieses Hinderniß wurde überwunden, indem es es durch Mittheilung meiner Ideen und durch das eigene Raffiniren des Herrn Jacoby, Eigenthümer der Eisenhütte zu Starckrade[6], in der Gegend von Dinslacken bei Wesel, dahin brachte, daß diese Eisenhütte alle nöthige Stücke zu einer Maschine, Anfangs freilich unvollkommen, aber jetzt in der möglichsten Vollkommenheit lieferte.

Zit. nach: Hedwig Behrens: Mechanikus Franz Dinnendahl. (Rhein-Westf. Wirtschaftsarchiv) Köln 1970. S. 75 ff. u. 216 ff.

1 Pumpe zur Wasserhaltung (= Trockenlegung) von Bergwerken

2 Teilhaber eines Bergwerks

3 Dampfmaschine vor ihrer Verbesserung durch James Watt

4 einfach

5 Schrauben wurden um 1800 einzeln geschnitten

6 Gutehoffnungshütte, s. M 3.2

Technik und Fortschritt

M 3.5 1780er Jahre in einer 1829 veröffentlichten Autobiographie – Ein Pfarrer erzielt einen epochemachenden technischen Durchbruch, er erfindet den automatischen Webstuhl

Als ich im Sommer 1784 zufällig in Matlock war, schloß ich mich der Gesellschaft einiger Herrn aus Manchester an, als sich die Unterhaltung Arkwrights Spinnmaschinen zuwandte. Einer der Herren bemerkte, daß nach dem Auslaufen von Arkwrights Patent so viele Mühlen errichtet werden und so viel Baumwolle gesponnen werden würde, daß man niemals genug Hände zum Weben werde finden können. Ich erwiderte auf diese Bemerkung, daß Arkwright dann seinen Geist in Bewegung setzen müßte, um eine Webfabrik zu erfinden. Dies regte eine Unterhaltung über diesen Gegenstand an, wobei die Herren aus Manchester sich darin ganz und gar einig waren, daß dies nicht praktikabel wäre. Zur Verteidigung ihrer Meinung führten sie Argumente an, die ich nicht einmal verstehen, geschweige denn beantworten konnte, weil ich vom Gegenstand überhaupt nichts verstand und damals noch niemals einen Menschen weben gesehen hatte. [...]

Wenig später, als besondere Umstände mir diese Unterhaltung ins Gedächtnis zurückriefen, fiel mir auf, daß es beim einfachen Weben, so wie ich es mir damals vorstellte, nur drei nacheinander abfolgende Bewegungen geben könne und es also nur geringe Schwierigkeiten bereiten würde, sie zu erzeugen und zu wiederholen. Erfüllt von diesen Ideen, beschäftigte ich sofort einen Zimmermann und einen Schmied, um sie in die Tat umzusetzen. Sobald die Maschine fertig war, zog ich einen Weber hinzu, der Kettfäden aus einem solchen Material aufzog, wie man es gewöhnlich bei der Herstellung von Segelzeug benutzt. Zu meiner großen Freude war das Produkt ein Stück derartigen Tuchs.

Zit. nach: Werner Grütter, Günther Lottes (Hrsg.): Die Industrielle Revolution. (Schöningh) Paderborn 1982. S. 69 f.

M 3.6 1844 – Maschinelle gegen handwerkliche Herstellung bei Leinengarnen

In Bielefeld, einem der ältesten und größten Zentren der Leinenherstellung, ging der Streit um Einführung oder Verhinderung maschinell gesponnener Garne aus Großbritannien. Er endet mit dem weitsichtigen Entschluß, eine eigene Garnproduktion aufzunehmen: 1851 wurde die erste mechanische Spinnerei eröffnet.

Denn daß es für unsere Spinner unendlich besser wäre, wenn das Maschinengarn gar nicht in der Welt wäre, darüber ist Jedermann einverstanden, und wir alle fühlen tief das herannahende Unglück. Aber das Maschinengarn ist nun einmal da, ist bereits in unsere Industrie eingedrungen, und alle Maßregeln dagegen haben sich fruchtlos bewiesen. Es handelt sich nicht mehr darum, das Maschinengarn einzuführen oder nicht, es ist da, der Verbrauch nimmt in überraschend steigender Progression zu, es handelt sich also nur noch darum, ob wir das Maschinengarn ferner von England beziehen oder selbst spinnen wollen. [...]

Es ist eine große, durchgreifende Wahrheit der Erfahrung, daß überall, wo zwischen Maschinen und Handarbeit der Kampf begann, dieser mit totaler Niederlage der Handarbeit endete. Wehe denen, die solchen Erfahrungen gegenüber ihre Augen schließen.

Zit. nach: Reinhard Vogelsang: Bielefelds Weg ins Industriezeitalter. (Gieselmann) Bielefeld 1986. S. 15.

M 3.7 1835/39 – Schwierigkeiten der preußischen Gewerbeförderung in der Praxis

Aus einer modernen wissenschaftlichen Darstellung:

Im August 1835 erhielt Oberbürgermeister Brüning über Düsseldorf und den Landrat die Nachricht, daß dem Kaufmann Platzhoff zu Elberfeld *[vier Textilmaschinen]* unter der Bedingung als Geschenk bewilligt würden, daß er dieses Maschinengerät nach Ankunft „mit Elementarkraft“[1] in Betrieb setze. Platzhoff meldete einige Wochen später, die Maschinen seien in 12 Kisten verpackt bei ihm eingetroffen und würden, wie es ihm der Geh. Finanzrat Beuth[2] gestattet habe, versuchsweise mit Menschenkraft betrieben werden. „Für die Betreibung derselben mit Elementarkraft bin ich erst im Laufe des Jahres 1836 verpflichtet", berichtete er an Brüning und fuhr fort, „... ich werde dafür sorgen, daß dieser Zeitraum nicht allein nicht überschritten, sondern so viel als möglich verfrüht werde, da dieses in meinem eigenen Interesse ist". Mit diesem Maschinengeschenk an Platzhoff hatte indessen Berlin kein Glück. Die Firma gab das Gerät mit „erhaltener Genehmigung" zunächst an einen anderen Kaufmann weiter, der später insolvent wurde[3]. Nachdem das Finanzministerium sich im Sommer 1838 erkundigte, wie es denn nun mit den Maschinen stehe, antwortete Platzhoff im Frühjahr 1839, sie würden ihm im Mai wieder zurückgeliefert und dann sofort in sein Fabriketablissement zu Brüggen im Kreis Kempen transportiert. „Eine in der mechanischen Werkstätte zu Wetter bestellte Dampfmaschine wird bis dahin zu ihrem Betrieb dort aufgestellt sein", bemerkte er weiter. Aber auch dieser Termin wurde nicht eingehalten. Im Juli war die Dampfmaschine noch nicht in Tätigkeit, und als das Ministerium recherchierte und inzwischen der Meinung war, daß „der p. Platzhoff sich bei der Sache wenig zuverlässig gezeigt" habe, schrieb dann am 26. Oktober 1839 Platzhoff jr. auf eine Anfrage des Oberbürgermeisters [...], sein Vater befinde sich auf einer Reise mit unbestimmter Dauer. Erst nach der Rückkehr könne eine Antwort gegeben werden.

Hermann Herberts: Alles ist Kirche und Handel ... (Ph. C. W. Schmidt) Neustadt/Aisch 1980. S. 35 f.

[1] durch eine Dampfmaschine
[2] P. C. W. Beuth (1781 – 1853), Beamter im preußischen Finanzministerium – wichtigste Persönlichkeit der staatlichen Industrieförderung
[3] bankerott

M 3.8 1841 – Eine britische Kommission berichtet nach einer Informationsreise über deutsche Wirtschaftsförderung im Bereich des Maschinenbaus

Die britische Industrie mußte sich entscheiden, ob im Bereich hochwertiger Technik der Export oder das Verbot von Exporten günstiger für ihre Interessen war.

Frage: Haben Sie eine Maschinenbauanstalt in Hamburg besucht?
Antwort: Ja, und ich glaube, daß der Zustand der Fabrik, die ich besuchte, recht genau das illustriert, was ich soeben gesagt habe hinsichtlich des eifrigen Bestrebens, englische Maschinen zu bekommen, das in ganz Deutschland herrscht. Die Fabrik, auf die ich mich beziehe, ist die der Herren Gleichmann und Busse; es ist dies ein Werk, das in den letzten zwei Jahren errichtet worden ist, und ich bemerkte, daß es mit englischem Eisen, englischen Kohlen und englischen Modellen arbeitete; alle Werkzeuge waren englisch, der Direktor Engländer und auch von den 150 Beschäftigten 90 Engländer. Man ließ mich wissen, daß sie trotz der Kosten, die der Transport aller dieser Dinge und Personen aus England verursachte, ihre Maschinen so produzieren konnten, daß sie die Maschinen, die aus England herübergeschmuggelt wurden, noch unterbieten konnten.
Frage des Vorsitzenden: Unter den Orten, die Sie besuchten, war auch Berlin?
Antwort: Ja. – Frage: Haben Sie einige Maschinenbauanstalten dort genauer betrachtet; und in welchem Zustand fanden Sie sie?
Antwort: Ich traf in Berlin die energischsten und planmäßigsten Anstrengungen auf seiten der Regierung an, die Beherrschung des Maschinenbaus zu erlangen. Ich fand, daß man zu diesem Zweck keine Mittel sparte, und die Anstrengungen verblüfften mich. Es gibt eine sehr bedeutende Einrichtung in Berlin, das Gewerbeinstitut, das eine große Anstalt zur technischen Ausbildung ist und technische Entwürfe für fast jede Art von Produkten entwickelt, die mit Naturwissenschaft und Mechanik etwas zu tun haben. Die Schüler dieser Anstalt sind aus ähnlichen Schulen auf Provinzebene in ganz Preußen ausgewählt worden und als Auszeichnung auf die Hauptanstalt in Berlin geschickt worden, wo sie ihre weitere Ausbildung erhalten und während des Semesters sogar ein Gehalt beziehen. Beim Gang durch die Räume mit dem Professor, Herrn Wedding, zusammen, sah ich zahlreiche Kabinette voller Modelle englischer Maschinen. Der Professor informierte mich, daß man hier Modelle aller Maschinen habe, die in England bei der Produktion von Baumwolle, Seide, Flachs und Wolle verwendet werden, dazu einige aus Amerika und Deutschland, und daß man dadurch nicht nur in der Lage war, unsere modernsten Verbesserungen zu haben,

sondern auch – ein wichtiger Umstand, der uns nicht zur Verfügung steht – häufig zwei verschiedene englische Patente in einer (eigenen) Maschine verbinden könne.

Zit. nach: Sidney Pollard, C. Homes (Hrsg.): Documents of European Economic History. (Edward Arnold) London 1968. Bd. I, S. 327 f. (Übers. vom Hrsg.)

M 3.9 1852 – Praxis und Theorie in der Technik – Ein deutscher Brückenbauingenieur vergleicht britische und deutsche Technik

In New-Castle upon Tyne sah ich die schöne ausgeführte unter dem Namen High-Level-Bridge bekannte Brücke. [...] Sie hat 6 Oeffnungen von 124 ′[1] lichter Weite und 86 ′ lichter Höhe. [...] Der Grund, auf den die hohen Pfeiler gebaut werden mußten, war sehr schlecht, und Stephenson, der Erbauer dieser Brücke, beabsichtigte dieselbe so steif als möglich zu machen. Um diesen Zweck zu erreichen wurden die Enden des Bogens durch eine Kette miteinander verbunden und alle 10 ′ eine hohle gußeiserne Säule angebracht, die die Fahrbahnen der Eisenbahn und der Straße auseinander hält, und die einen schmiedeisernen Bolzen umhüllt, der das Ganze zusammenfaßt. Aber die Streben[2], durch die jedes Rechteck zwischen den Säulen als Rechteck erhalten werden soll, die wurden vergessen. Wären die Säulen nur einfach entweder aus Schmiedeisen oder aus Gußeisen hergestellt, und wäre das so ersparte Material zu rückwirkenden[3] gußeisernen oder zu absolut[4] wirkenden schmiedeisernen Streben verwendet worden, so wäre der Zweck vollkommen erreicht gewesen; allein so ist er gar nicht erreicht; die Steifigkeit der ganzen Konstrukzion beschränkt sich auf die eigene Steifigkeit der Bögen, die freilich sehr stark und massiv und dadurch auch steif genug sind.

Obgleich diese Konstrukzion als fehlerhaft im Entwurf bezeichnet werden muß, so erscheint sie doch meisterhaft in ihrer Ausführung.[5] [...] so sauber, genau und richtig sind die geringsten Einzelheiten gearbeitet; sie zeugen alle von Ueberfluß an den geübtesten Handarbeitern, die den englischen Ingenieuren zu Gebote stehen. Hierin übertreffen die Engländer alle andern Völker; die unerschöpflichen Geldmittel, die geübten Arbeiter und ihr wohlfeiles[6] Material ersetzen ihren Mangel an theoretischer Bildung. Der englische Ingenieur weiß, daß die und die Konstrukzion fehlerhaft ist, nicht weil sie den einfachsten Gesetzen der Statik nicht entspricht, sondern weil sie da und da nicht gehalten hat. [...] Welch herrliche Früchte müßte es tragen, wenn der kontinentalen Intelligenz einmal englische Mittel zu Gebote ständen! Wird es in Deutschland je dahin kommen? Schwerlich. Unsere Gebildeten sind zu unbemittelt; die über Mittel zu verfügen haben[7], zu ungebildet, und das gegenseitige Vertrauen fehlt ganz.

Karl Culmann: Der Bau der eisernen Brücken in England und Amerika. Neudruck (Werner) Düsseldorf 1975. S. 208

1 124 ′ = 124 Fuß = 38 m
2 Diagonale, die das Rechteck formstabil hält
3 durch Druck belastet
4 durch Zugkräfte beansprucht
5 Die Brücke ist – nach Umbauten – noch heute in Betrieb!
6 billig
7 Der Vorwurf richtet sich gegen die Unternehmer, die die Wissenschaft ignorierten.

Der Rückzug des Staates aus dem Bergbau

M 3.10 1836 — Ein Vorstoß des Bergamts [Essen-]Werden, zugunsten der Unternehmer längere Arbeitszeiten durchzusetzen[1]

Obschon die Nützlichkeit dieser Einrichtung [Verfahren längerer Schichten] in den schon angezogenen Berichten vorgetragen ist und diese sich auch zu unserer und der Zufriedenheit der Gewerken, auch selbst des dabei interessierten Teils der Belegschaften bewährt hat, so erlauben wir uns doch noch, nachstehende für die Beibehaltung sprechende Gründe vorzutragen:

a) ist in einem Staate wie der unserige einem fleißigen, tätigen und geschickten Arbeiter gern ein reichliches Verdienst gegönnt.
b) kann einem solchen schon deshalb eine längere Schichtzeit vergönnt werden, damit er imstande ist, seinen Fleiß in einer längeren Zeit zu entwickeln, als durch übermäßige Anstrengung in einer kürzeren – oder 8stündigen Schichtzeit und
c) in mehreren Provinzen des Preußischen Staats aus gleichen Motiven eine 12stündige Schichtzeit vorgeschrieben ist.

d) von dieser Einrichtung ganz besonders diejenigen fleißigen, kraftvollen und geschickten Bergleute Gebrauch machen können, welche nicht in ihren Haushaltungen Nebenbeschäftigung finden, mithin lediglich von der Bergarbeit leben, ingleichen die Alten und Schwachen, welche bei der bestimmten Schichtzeit, bei den jetzigen Gedingen nicht zum Lohne kommen, sich mehr Zeit nehmen, sich nicht zu sehr anzustrengen brauchen und der Knappschaftskasse nicht zu früh zur Last fallen.

(Das Oberbergamt Dortmund setzte sich durch und verbot 12stündige Schichten.)

Zit. nach: Gerhard Adelmann (Hrsg.): Quellensammlung zur Geschichte der sozialen Betriebsverfassung — Ruhrindustrie. (Hanstein) Bonn 1960. Bd. 1, S. 85

---

[1] Die Arbeitszeit für Bergleute betrug bis 1860 nur 48 Wochenstunden; der Zugang zum Beruf war streng geregelt.

M 3.11 1850 – Forderung eines Unternehmers nach dem freien Markt im Bergbau

Mevissen (1815–1899) war einer der einflußreichsten Bankiers und Unternehmer des Rheinlands.

[...] Bis jetzt haben die Regierungen in Deutschland die wesentlichsten Zweige der Produktion teils überwacht, teils direkt geleitet und dadurch die Nation der frei und selbständig schaffenden Tätigkeit entwöhnt.

Das Fundament aller modernen Industrie, der Bergbau und das Hüttenwesen, sind bisher fast überall nur aus fiskalischen[1] Gesichtspunkten, nirgends aus dem Gesichtspunkte der zu steigernden nationalen[2] Produktion ins Auge gefaßt worden. Als das zu erstrebende Ziel wird auch auf diesem Gebiete nach dem Vorbilde Englands eine gänzlich freie Bewegung mit Ausschluß aller fiskalischen Zwecke gelten müssen. An die Stelle der zurzeit noch nötigen polizeilichen[3] Überwachung des Grubenbetriebes wird eine zahlreiche Glieder der Nation durchdringende, durch Bergschulen zu fördernde Einsicht in die Erfordernisse desselben treten müssen. Bei gänzlich freier Bewegung, nach hinreichend verbreiteter technischer Vorbildung, wird es wohl noch vorkommen, daß in einzelnen Ausnahmefällen irgendwo eine Grube nicht nach nationalökonomisch richtigen Grundsätzen abgebaut wird; aber der Betrieb des Bergbaues wird zu den Bedürfnissen der jedesmaligen Gegenwart in steten Rapport treten, die Gewohnheit selbständiger Bewegung und der dem Tüchtigen zuteil werdende Gewinn werden ein mächtiger Sporn sein, die Schätze des Bodens in einem höheren Maße aufzuschließen, als dieses heute, wo Einsicht und Tatkraft gleich sehr mangelt, möglich ist.

Die Belehnung[4] der Bergwerke ist gänzlich aufzuheben und in freies Eigentum zu verwandeln. Nur die Form, wie dieses Eigentum erworben, besessen, geteilt, verkauft und mit Schulden belastet werden kann, hat das Gesetz zu bestimmen. Die Bildung großer und mächtiger Korporationen zur Ausbeutung der Schätze des Bodens ist im monarchischen Staate auf diesem wie auf allen übrigen Gebieten der produktiven Tätigkeit unbedingt zu fördern. Jene Korporationen sind konservativer Natur, und die großen Geldmittel, worüber sie verfügen, erlauben ihnen in der Regel die vorteilhafteste Ausbeutung und die höchstmögliche Produktion – zwei in gleichem Grade dem Staatsinteresse entsprechende Resultate.

Wie die gänzliche Freigebung des Bergbaues, so ist auch der allmähliche Übergang sämtlicher dem Staate noch gehörenden Domänen[5] in Privateigentum zweckmäßig, um unnötigen Reibungen und Konflikten der Organe der Staatsgewalt mit den Interessen der Staatsbürger vorzubeugen. [...]

Zit. nach: Josef Hansen: Gustav von Mevissen. (Georg Reimer) Berlin 1906. Bd. 2, S. 906

---

[1] finanzpolitischen
[2] volkswirtschaftlichen
[3] gewerbepolizeilich – die Gewerbeaufsicht betreffend
[4] staatliche Vergabe der Betriebsrechte
[5] staatlicher Bergbaubesitz

M 3.12 1860 – Gesetz, die Aufsicht der Bergbehörden über den Bergbau und das Verhältnis der Berg- und Hüttenarbeiter betreffend

§ 1. Der Bergwerkseigentümer ist bei dem unter der Aufsicht der Bergbehörde stehenden Bergbau der Einwirkung derselben auf die Gewinnung und Benutzung der Mineralien fortan nicht weiter unterworfen, als zur Wahrung der Nachhaltigkeit des Bergbaues, der Sicherheit der Baue, der Oberfläche im Interesse des Privat- und öffentlichen Verkehrs, des Lebens und der Gesundheit der Arbeiter notwendig ist. Die Genehmigung der hiernach von dem Bergwerkseigentümer oder dessen Stellvertreter anzufertigenden Betriebspläne erfolgt durch die Bergbehörde.

§ 2. Die Abschließung der Verträge zwischen dem Bergwerkseigentümer und den Betriebsführern, den übrigen Grubenbeamten und Bergleuten ist nach näherer Bestimmung dieses Gesetzes lediglich dem freien Übereinkommen derselben überlassen; eine Mitwirkung der Bergbehörde bei der Annahme und Entlassung der genannten Personen, sowie bei der Festsetzung und Zahlung des Schicht- und Gedingelohnes findet ferner nicht statt.

§ 3. Die Bergbehörde bestätigt die von den Bergwerkseigentümern für ihre Werke erlassenen Arbeitsordnungen.

§ 4. Das Vertragsverhältnis zwischen dem Bergwerkseigentümer und den Bergleuten kann, wenn nicht ein Anderes verabredet ist, durch eine jedem Teile freistehende, vierzehn Tage vorher zu erklärende Kündigung aufgelöst werden.

§ 5. Vor Ablauf der vertragsmäßigen Arbeitszeit und ohne vorhergegangene Aufkündigung können Bergleute entlassen werden:

1. wenn sie eines Diebstahl, einer Veruntreuung, eines liederlichen Lebenswandels, groben Ungehorsams oder beharrlicher Widerspenstigkeit sich schuldig machen;
2. wenn sie eine sicherheitspolizeiliche Strafvorschrift bei der Bergarbeit übertreten;
3. wenn sie sich Tätlichkeiten oder Schmähungen gegen den Bergwerkseigentümer, dessen Stellvertreter oder die ihnen vorgesetzten Beamten erlauben;
4. wenn sie zur Fortsetzung der Arbeit unfähig geworden.

§ 16. Bergwerkseigentümer oder deren Stellvertreter, welche ihre Bergleute oder die Obrigkeit zu gewissen Handlungen oder Zugeständnissen dadurch zu bestimmen suchen, daß sie sich mit dem Eigentümer eines anderen Bergwerks verabreden, den Bergwerksbetrieb einzustellen, oder die ihren[1] Forderungen nicht nachgebenden Bergleute zu entlassen oder zurückzuweisen, imgleichen diejenigen, welche zu einer solchen Verabredung Andere auffordern, sollen mit Gefängnis bis zu einem Jahre bestraft werden.

§ 17. Bergleute, welche entweder die Bergwerkseigentümer, deren Stellvertreter oder die Obrigkeit zu gewissen Handlungen oder Zugeständnissen dadurch zu bestimmen suchen, daß sie die Einstellung der Arbeit oder die Verhinderung derselben bei einzelnen oder mehreren Bergwerken verabreden oder zu einer solchen Verabredung Andere auffordern, sollen mit Gefängnis bis zu einem Jahr bestraft werden.

Zit. nach: Gerhard Adelmann (M 3.8). Bd. 1, S. 127

[1] d. h. den Forderungen der Eigentümer

M 3.13 Die Änderung der Wirtschaftsstruktur

Zahl der Beschäftigten in den drei Hauptsektoren der Wirtschaft in Deutschland(in Mill. Personen)

	Landwirtschaft	Industrie und Handwerk	Dienstleistungen
1800	6,51	2,24	1,79
1825	7,43	2,77	2,39
1852	8,29	3,76	2,97
1871	8,54	5,02	3,78

Wolfram Fischer u. a. (Hrsg.): Sozialgeschichtliches Arbeitsbuch I. (Beck) München 1982, S. 52

M 3.14 1851 – Eindrücke eines Besuchers der Londoner Weltausstellung

Die erste Weltausstellung – London 1851 – war vom Siegeszug der Industrie und vom Fortschrittsoptimismus geprägt.

Es will uns bedünken[1], als ob [...] Faust, Watt, Luther, Kolumbus, Jenner, Volta, Jacquard, Newton, Daguerre und Adam Smith[2], die alle nicht einmal courfähig[3] und zum Theil ganz mißliebig waren, jeder einzeln mehr gethan haben als sämmtliche Majestäten der Vergangenheit zusammengenommen; als ob die Mächtigen, Weisen und Wohlgesinnten sich stets gegen das Bessere gesträubt haben, gegen das Christenthum und die Reformation, gegen die Abschaffung der Hexenprocesse und der Sklaverei, gegen Gaslicht[4] und Eisenbahnen; als ob seit der französischen Revolution nur noch die Massen fortschreiten, alle Erfolge durch die unscheinbare, aber in ihrer Gleichzeitigkeit und Kombination unwiderstehliche Arbeit der Massen gewonnen werden in der Ideen- wie in der Körperwelt, und keine Macht im Stande ist, einen Gedanken zur Entwicklung, ein Unternehmen zu etwas mehr als einer Karikatur zu bringen, die nicht von selbst aus diesem breiten Boden sprossen. Trotz der Bußpsalmen und Prophezeiungen der papiernen Geißelbrüder[5] möchten wir sagen, daß es besser geworden ist in der Welt, daß die durchschnittliche Lebensdauer länger ist, daß nicht alle 50 Jahre eine Hungerpest die großen Städte entvölkert, daß Kenntniß den Massen zugänglicher geworden ist, und mehr von ihnen gesucht und geschätzt wird, daß die theologischen Gegensätze an Schärfe verloren haben und es nur in den allerhöchsten und den allerniedrigsten Klassen den Priestern gelingt, den alten Haß anzufachen, daß die Mehrheit sich auf dem Gebiet der Humanität und in dem gemeinschaftlichen Hasse gegen weltliche und geistliche Tyrannei begegnet.

Zit. nach: Wilhelm Treue, Karl-Heinz Manegold (Hrsg.): Quellen zur Geschichte der industriellen Revolution. (Musterschmidt) Göttingen ^{2}1979. S. 205

---

[1] es scheint uns
[2] Die Reihe der Namen enthält Denker, Entdecker, Naturwissenschaftler und Ingenieure.
[3] nicht vornehm genug, um bei Hofe dem Herrscher vorgestellt zu werden
[4] das erste industrielle Kunstlicht
[5] Kritiker der Industrialisierung

Aufgaben zu Kapitel 3

❶ Untersuchen Sie die Anfänge dreier Industrieunternehmen, die Herkunft des Kapitals, fördernde Impulse und Hindernisse ihrer Entwicklung! (Man kann in ihnen drei Typen der Unternehmensenwicklung sehen.) (M 3.1 – 3.4)

❷ Untersuchen Sie den Einfluß des Staates, der ausländischen Wirtschaft und des technischen Fortschritts auf die Industrialisierung und versuchen Sie, ihre jeweilige Bedeutung zu gewichten! (s. Darstellung S. 47 – 50 u. M 3.5 – 3.9)

❸ Inwieweit erwies sich die Industrialisierung als ein vorhersehbarer und planbarer Prozeß? (s. Darstellung S. 50 – 54 u. M 3.4, 3.7, 3.8)

❹ Ziehen Sie aus der Perspektive des Staates und aus der der Unternehmer eine Bilanz der ersten Phase der Industrialisierung (d. h. der Zeit bis Anfang der 1870er Jahre), und vergleichen Sie diese mit den Erwartungen, die die Theorie von Adam Smith (M 1.11) geweckt hatte! – Welche neuen Erwartungen konnte man auf dieser Basis an die Zukunft richten?

❺ Stellen Sie die Forderungen der Unternehmer hinsichtlich der Privatisierung aller Belange des Kohlenbergbaus dar und interpretieren Sie die Begründungen dafür sowohl vor dem Hintergrund der liberalen Theorie (Adam Smith, M 1.11) als auch als Ausdruck der gewachsenen wirtschaftlichen Macht und Tüchtigkeit des Bürgertums! (M 3.10 – 3.12 und 3.14)

❻ Es gibt wohl in allen Städten und ländlichen Regionen der Bundesrepublik Untersuchungen und Veröffentlichungen zur Geschichte der örtlichen Industrialisierung. Hier bieten sich für einen Geschichtskurs wie für einzelne Schüler und Gruppen interessante Möglichkeiten, den in diesem Buch beschriebenen Prozeß konkreter und anschaulicher zu betrachten und durch Details zu präzisieren.

❼ Beurteilen Sie auf der Basis der bisherigen Informationen und Arbeitsschritte, ob die Bedingungen einer raschen Industrialisierung in der Art des 19. Jahrhunderts heute in den Ländern der Dritten Welt gegeben sind; beachten Sie dabei besonders die vorindustriellen Voraussetzungen Europas und die Anforderungen der frühen und der heutigen Industrie an Zahl und Qualifikation von Unternehmern, Ingenieuren und Arbeitskräften. Beziehen Sie in Ihre Überlegungen auch Randbedingungen wie Bevölkerungswachstum, Entwicklung der Landwirtschaft und Auswanderungsmöglichkeiten damals und heute ein!

❽ Zeigen Sie – methodisch ähnlich wie in Aufgabe 7 –, wie auch in den alten Industrieländern eine neue industrielle Revolution nach Art des 19. Jahrhunderts nicht wiederholbar ist!

4 Die sozialen Folgen der Industrialisierung und die Entstehung der Arbeiterbewegung

1830	Revolution in Paris – nachfolgende Unruhen in vielen deutschen und anderen europäischen Zentren
1832	„Der hessische Landbote" von Georg Büchner, eine der eindrucksvollsten Kampfschriften gegen Unterdrückung und Elend
1834	Gründung des „Bundes der Geächteten" in Paris (1836 Abspaltung des „Bundes der Gerechten", aus dem 1847 der „Bund der Kommunisten" hervorging)
1844	Schlesischer Weberaufstand
1848	Revolution in Europa; in Deutschland neben bürgerlichen auch erste proletarische Träger; Streiks und vereinzelt Zerstörung von Fabriken Erscheinen des „Kommunistischen Manifests" von Karl Marx und Friedrich Engels „Arbeiter-Verbrüderung" als Dachorganisation von Arbeiterbildungsvereinen und Gewerkschaften, erste große Organisation der Arbeiterbewegung in Deutschland
1863	Lassalle gründet den Allgemeinen Deutschen Arbeiterverein (ADAV)
1869	Gründung der Sozialdemokratischen Arbeiterpartei (SDAP) durch A. Bebel und W. Liebknecht
1875	Gründung der Sozialistischen Deutschen Arbeiterpartei aus ADAV und SDAP
1878 – 90	Sozialistengesetze zur Unterdrückung der deutschen Arbeiterbewegung

4.1 Unternehmer und Bürgertum

Die Industrialisierung läßt sich wohl noch weniger als andere historischen Ereignisse auf die Taten einzelner Personen zurückführen; schon an ihrem Anfang standen viele Menschen, die der Nachwelt unbekannt blieben. Je weiter sie voranschritt, desto mehr Menschen wurden – freiwillig oder nicht – zu ihren Trägern. Aber die Menschen spielten sehr unterschiedliche Rollen dabei. Am klarsten lassen sich zwei Gruppen unterscheiden, nämlich den Teil des ▷ Bürgertums, der das ▷ Kapital besaß (Bourgeoisie), und die ▷ Arbeiter, die nichts als ihre Arbeitskraft einzusetzen hatten. Die bürgerlichen Unternehmer gründeten und leiteten Firmen, hatten gesellschaftliche Macht und politischen Einfluß, die anderen mußten sich in die Bedingungen der Wirtschaft fügen – bei Strafe der Arbeitslosigkeit und der Not. (Bauern, kleine Handwerker und Beamte lassen sich nicht ohne Mühen in dieses Schema einfügen und bleiben hier zunächst einmal unberücksichtigt.) Nach den Grundregeln des Wirtschaftssystems erhielt der Arbeiter einen vorab festgelegten Lohn, der in Zeiten der Hochkonjunktur stieg, in schlechten Zeiten aber auch fallen konnte. Der Lohn rechnete zu den Produktionskosten, während der Unterschied zwischen Kosten und Verkaufserlös, der Gewinn (oder Verlust) als Lohn (oder Risiko) des Kapitals verstanden wurde und dessen Inhabern zufiel. Die Unternehmer waren es, die die Industrialisierung beherrschten und steuerten; sie vermehrten ihr Kapital und ihre Macht, indem sie den größten Teil ihres Gewinns nicht konsumierten, sondern neu investierten (wenn sie nicht an den Risiken des Marktes scheiterten).

Woher kam diese neue Elite, die zumindest wirtschaftlich die alten Eliten bald in den Schatten stellte? Trotz aller Schwierigkeiten bei der Verallgemeinerung läßt sich sagen, daß sie besonders häufig aus Kaufmanns- und Unternehmerfamilien stammte. Auch wer aus einer kleinen Handwerker- oder Händlerfamilie kam, hatte immer noch bessere Chancen als Kinder von Handwerksgesellen, Arbeitern oder Bauern. Bis zur Mitte des 19. Jahrhunderts war es typisch, daß Kaufleute (oder ihre Söhne) zu industriellen Produzenten wurden. Besonders in der frühen Industrialisierung war der Weg vom Verleger zum Fabrikanten typisch, da hier der geringere Kapitaleinsatz zum Start reichte und die Gewinne relativ hoch waren.

Aus „kleinen Verhältnissen" gelang der Start am ehesten in Bereichen, die besondere technische Fähigkeiten erforderten, wie dem Maschinenbau. Gerade in diesem Produktionszweig aber waren Rückschläge häufig und kostspielig; das bedeutete, daß die Fabrikanten hier besonders stark von Kapitalgebern abhängig waren, die selbst nicht den Schritt zum Produzenten tun konnten oder wollten. Einer der fähigsten und weitsichtigsten Unternehmer der frühen Industrialisierung an der Ruhr – Friedrich Harkort – ist an dieser Fessel gescheitert.

Herkunft bedeutender deutscher Unternehmer
(in % zweier Stichproben)

Beruf des Vaters	1800—1870	1871—1914
Höhere Beamte	4	6
Offiziere	1	—
Hochschullehrer/ Lehrer (höh. Schulen)	2	2
Geistliche	3	1
Rechtsanwälte	—	1
Ärzte, Apotheker	1	2
Künstler und publ. Berufe	—	—
Großgrundbesitzer	2	2
Unternehmer	54	53
Handwerker, Kleinhändler, Wirte	23	20
Landwirte	2	4
Mittlere/untere Beamte	5	6
Angestellte/Werkmeister	1	2
Arbeiter	—	—
Lehrer	—	1

Gerd Hohorst, Jürgen Kocka, Gerhard A. Ritter: Sozialgeschichtliches Arbeitsbuch. Materialien zur Statistik des Kaiserreichs 1870—1914. (Beck) München 1975. S. 125

Die Kapitalverwertung und die Lage der Arbeiter standen und stehen in einer direkten Beziehung zueinander: Je niedriger der Aufwand für Löhne war (und das bedeutete damals: je niedriger der Lohn des einzelnen Arbeiters war), desto größer war der Gewinn. So betrachtet, war jeder Unternehmer (oder Kapitalist) ein unmenschlicher Ausbeuter. Selbst ein gebildeter Bürger wie der Buchhändler Perthes drückte seinen Widerwillen gegen das Nebeneinander von Reichtum und Armut im Wuppertal sehr drastisch aus:

„Elberfeld hat mir einen unheimlichen Eindruck hinterlassen; die Gegensätze auf diesem Menschenmarkte sind gar zu groß: kaufmännische Großhänse mit Schmerbauch und ausgearbeiteten Freßwerkzeugen, ausgehungertes Lumpengesindel, abgemagerte Gestalten mit Gesichtern, bleich von innerer Arbeit, und dabei nachts auf den Straßen ein so roher Lärm liederlicher und betrunkener Menschen, wie mir selten vorgekommen ist." (→ M 4.1)

Die meisten Unternehmer arbeiteten kaum weniger hart als die Mehrheit ihrer Arbeiter; sie lebten besser, aber selten luxuriös. Ihre Häuser standen zunächst neben der Fabrik und waren zugleich Wohnhaus und Kontor. In Deutschland begannen erst nach 1870 die Fabrikanten, von ihren Werken fortzuziehen und sichtbar Luxus zu entfalten. Die meisten Industriellen hatten klare Wertvorstellungen, die häufig vom protestantischen Christentum geprägt waren; sie wollten gerecht und menschlich sein, Wohltäter für ihre Arbeiter und für ihre armen Mitbürger. Das war häufig aufrichtig gemeint, insgsamt aber nur begrenzt wirksam. Die Unternehmer standen wie ihre Arbeiter unter dem Diktat des ▷ Marktes und seiner Gesetzmäßigkeiten. Die Kapitaleigentümer mußten (und müssen auch heute) ihr Kapital erhalten und möglichst ständig vergrößern, um in der Konkurrenz um Märkte nicht ins Hintertreffen zu geraten. Zugleich

Der Triumph des Unternehmers. August Borsig jun. 1858 bei der „Taufrede" für die 1000. in seiner Fabrik gebaute Lokomotive

vollzogen sie damit – zu ihrem eigenen Vorteil – was jede sich industrialisierende Gesellschaft von ihren Mitgliedern verlangt, nämlich die Vergrößerung des volkswirtschaftlichen Kapitalstocks als der Basis aller Produktion. Um das zu können (indem man einen möglichst großen Anteil des Sozialprodukts neu ▷ investierte), mußte man den Konsum auf das gesellschaftlich und politisch durchsetzbare Minimum verringern. Auch die sozialistischen Gesellschaften, z. B. die Sowjetunion in den 1930er Jahren und China seit 1949, folgten dem gleichen Zwang – auch wenn sich hier nicht Privatpersonen das gesammelte Kapital aneigneten. In der Gegenwart scheint sich auch für die Dritte Welt keine andere Möglichkeit zu bieten, Kapital zu bilden, als eine massive Ausbeutung des agrarischen Sektors und der Arbeitnehmerschaft in den meist noch kleinen Industrien.

Hatte das Bürgertum schon um 1850 den Adel an wirtschaftlicher Bedeutung übertroffen, so konnte es mit seiner gesellschaftlichen und politischen Stellung nicht zufrieden sein. Bis 1847 war sein politischer Einfluß gering; kein ▷ Parlament war – wie in England – Bollwerk seiner Macht. Nicht einmal gesellschaftlich wurde es genügend gewürdigt: Unter den 241 Personen, die die preußischen Könige 1807–1848 in den Adelsstand erhoben, waren nur 10 Kaufleute und Fabrikanten, der Rest Beamte und Offiziere. Im Rheinischen Provinziallandtag waren 6000 Adlige durch 25 Abgeordnete vertreten, die 95000 Einwohner von Köln und Aachen nur durch drei! Hier konnte sich ein Konflikt mit der ▷ Monarchie anbahnen. In der Revolution von 1848 hat das Bürgertum dann auch versucht, eine ▷ Verfassung durchzusetzen, die ▷ demokratischer war und eine bessere Vertretung der bürgerlichen Interessen ermöglicht hätte.

Aber das Bürgertum war schon 1848/49 in einer komplizierten Lage. Es fühlte seine neue Macht und seinen Reichtum von den Menschenmassen, die es selbst in Bewegung gesetzt und organisiert hatte, bedroht. Sollte das Bürgertum die Prinzipien von Freiheit und Demokratie so gegen die Monarchie ausweiten, daß die Arbeiter davon auch gegen die Interessen der Bürger Gebrauch machen konnten? – Schon 1849 war ein Teil des Bürgertums in einem konsequenten Streben nach Demokratie schwankend geworden, doch gab es in Deutschland auch weiterhin schwere Konflikte zwischen den bürgerlich beherrschten Abgeordnetenhäusern und den Regierungen. Nach 1871 verstärkten sich bei Teilen des Bürgertums Neigungen zu autoritäreren Strukturen. Die allgemeine Tendenz zu einer Liberalisierung war damit aber nicht gebrochen.

Arbeiter vor dem Magistrat (Gemälde von Johann Peter Hasenclever, 1850). Das Gemälde knüpft an tatsächliche Ereignisse aus der Revolution 1848/49 in Düsseldorf an.

4.2 Die Arbeiterschaft

Wachstum und Mobilisierung der Bevölkerung

Bis zum Anfang des 20. Jahrhunderts ging die Industrialisierung in Europa mit einem ungeheuren Bevölkerungswachstum einher, das sich mit dem der Dritten Welt in unserer Gegenwart vergleichen läßt. Zwischen 1815 und 1914 verdoppelte sich die Bevölkerung Europas, diejenige Deutschlands in den Grenzen von 1871 stieg sogar von ca. 23 auf 65 Millionen Menschen, obwohl zugleich ca. 5 Millionen auswanderten (davon 90% in die USA). Die Ursachenbeziehung zwischen Industrialisierung und Bevölkerungswachstum war kompliziert: Einerseits trieb der Bevölkerungsdruck die Industrialisierung voran, andererseits förderten die Aufhebung alter Ehehemmnisse, die Verbesserung von Ernährung und Hygiene und die Vermehrung der Arbeitsmöglichkeiten das Bevölkerungswachstum. Das Entwicklungsschema ist mit zeitlichen Verschiebungen in allen Ländern, wahrscheinlich auch in der heutigen Dritten Welt, gleich: Nach

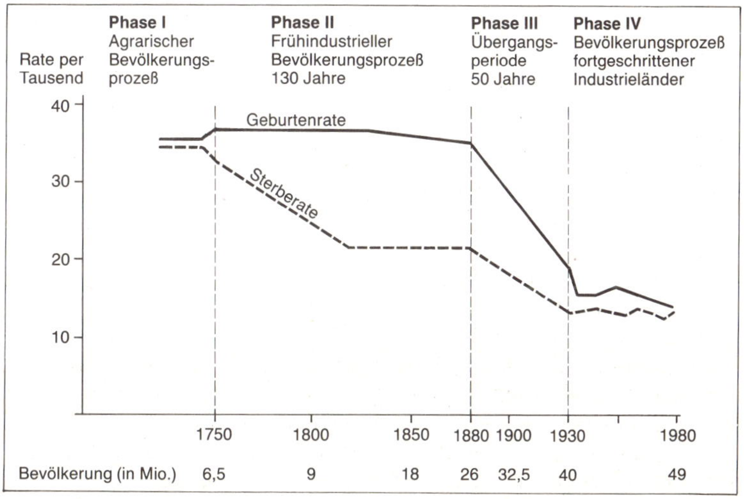

Bevölkerungsentwicklung in England und Wales (Population Bulletin 18 [1962])

einem Gleichgewicht von Geburten und Sterbefällen auf hohem Niveau sinkt die Sterberate, während die Geburtenrate noch für einige Jahrzehnte auf ihrem alten Niveau bleibt. Erst nach deren Absinken kann sich ein neuer Gleichgewichtszustand auf niedrigem Niveau herausbilden. In der Zwischenzeit aber wächst die Bevölkerung.
Mit der Industrialisierung begann zugleich eine Völkerwanderung, wie sie die Geschichte noch nicht gekannt hatte. (Ihre Fortsetzung ist heute in der Dritten Welt zu beobachten.) In Europa gaben zunächst die Agrargebiete Menschen an die nahegelegenen Industriegebiete ab; dann kam eine Fernwanderung in Gang, die in Deutschland Millionen von Deutschen und Polen nach Westen trieb – nach Berlin und ins Ruhrgebiet. Man schätzt, daß in Deutschland bis 1914 über 20 Millionen Menschen aus wirtschaftlichen Gründen ihre Heimat für dauernd verließen.

Die Verstädterung (Urbanisierung) Deutschlands

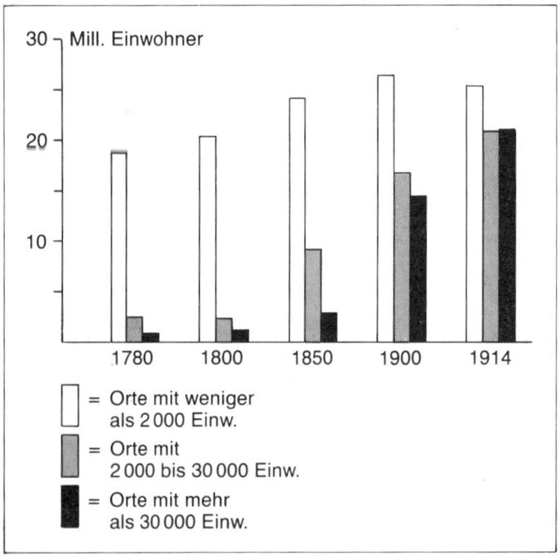

Das regional unterschiedliche Anwachsen der Bevölkerung

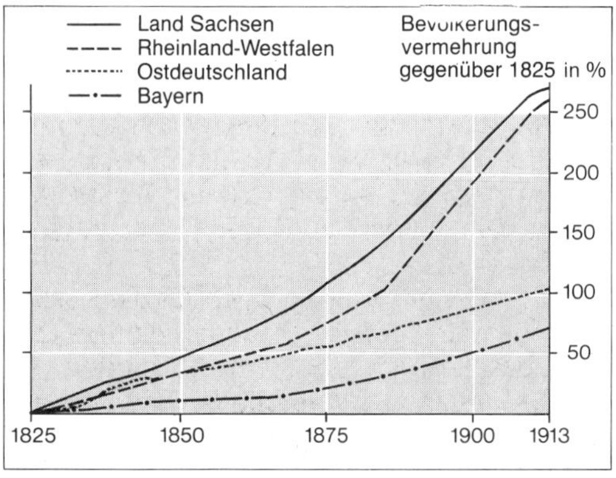

Nach: F.-W. Henning, Die Industrialisierung in Deutschland 1800 bis 1914. (Schöningh-UTB) Paderborn 1973, S. 31 u. 18

Das Leben der Menschen wurde jetzt von der Stadt bestimmt – mochte sie eine Weltstadt wie Berlin sein oder eine zersiedelte Industrielandschaft wie das Ruhrgebiet. In diesen Städten vollzog sich eine radikale Veränderung der Gesellschaft. Die Menschen lösten sich aus ihren traditionellen Beziehungen und traten in eine neue Ordnung ein, die sie nur schwer verstehen und bewältigen konnten. Mochte der Wandel vom Zunfthandwerker zum Kleinunternehmer aber noch einfach sein, so war die Entstehung der Arbeiterschaft, des Industrieproletariats, eine Revolution. Bis 1914 wuchs die Arbeiterschaft in Deutschland zur größten gesellschaftlichen ▷ Klasse heran und bildete mit ihren Familienangehörigen fast die Hälfte der Bevölkerung. Ihre Lage unterschied sich grundlegend von der früherer Unterschichten; sie war häufig – besonders in den Textilgebieten – von großem materiellem und geistigem Elend gekennzeichnet. Schon die Lage der Heimarbeiter im Verlagssystem wurde zu Beginn des 19. Jahrhunderts immer furchtbarer. Bis zu 80 Arbeitsstunden pro Woche und die Mitarbeit aller Familienmitglieder sicherten gerade das Existenzminimum. Jahrzehntelang ließ der Staat es zu, daß die Verleger die Heimweber z. T. mit Waren statt mit Geld entlohnten – zumeist überteuerten oder überflüssigen Artikeln, teilweise sogar mit Stoff, den der Weber gerade selbst hergestellt hatte. Da solche Waren nur mit Verlust in Geld zu verwandeln waren, senkte dieses sogenannte „Truck-System" die Einkommen noch weiter. Wenn es den meisten Fabrikarbeitern im Vergleich zu den Heimarbeitern besser ging, so lebte doch auch die Mehrheit von ihnen in einer für unsere Begriffe unerträglichen Lage. Schon früh wurden diese Probleme von bürgerlicher Seite gesehen und als „Soziale Frage" bezeichnet. Auch wenn dieser Begriff eine bedenkliche Verharmlosung darstellt, soll er hier weiter verwendet werden, da er allgemein verbreitet geblieben ist.

Fabrikarbeit

Die zentrale Erfahrung für die Arbeiter war die ▷ Fabrik. Harte und lange Arbeit waren die Menschen aus der Landwirtschaft und dem Handwerk gewohnt, nicht aber den starken Takt der Maschinen, der auf den Rhythmus des Menschen keine Rücksicht nahm und keine individuellen Pausen und kein Nachlassen des Arbeitstempos duldete. Lärm, Enge, Schmutz und Unfallrisiken belasteten die Arbeiter. Um das auszuhalten, bedurfte es „eiserner" Disziplin, die in den Arbeitsregelungen (Fabrikreglements) festgelegt und mit harten Strafen durchgesetzt wurde (→ M 4.4 u. 4.6).

Die Arbeitszeiten stiegen bis 1850 auf Werte an, die man bis dahin in Europa noch nicht gekannt hatte. Waren im 18. Jahrhundert – durch den Gang der Jahreszeiten und kirchliche Feiertage begrenzt – etwa 2500 Jahresarbeitsstunden üblich, so stieg dieser Wert in der Textilindustrie des frühen 19. Jahrhunderts auf 4000 Stunden (1986: ca. 1700 Stunden). Von der Jahrhundertmitte ab ließen wachsender Widerstand der Arbeiter und Fortschritte der Produktivität die Arbeitszeiten auf etwa 3500 Jahres-(= 70 Wochen-)arbeitsstunden 1870 und knapp 3000 Jahres- (= 57 Wochen-)arbeitsstunden 1914 zurückgehen. (Diese Zahlen berücksichtigen nicht den Ausfall an Arbeitszeit durch Krankheit und Arbeitslosigkeit.) Für den täglichen Lebensrhythmus bedeutete das, daß ein Arbeiter einschließlich der Pausen bis zu 14 Stunden in der Fabrik verbrachte und ihm – rechnet man noch die Fußwege zum Arbeitsplatz hinzu – kaum Freizeit außer dem Sonntag verblieb.

Jahreseinkommen in Essen und Umgebung ca. 1855

Kleine Handwerksmeister	180—200 Taler
Berg- und Hüttenarbeiter	150—240 Taler
Fabrikarbeiter Metallindustrie	135—210 Taler
Tagelöhner	120—160 Taler
Arbeiter in Spinnerei	100—130 Taler
Arbeiterin in Spinnerei	75— 90 Taler
Handwerksgesellen	40— 90 Taler*
Gesinde	20— 60 Taler*

* plus freie Kost und Wohnung

Wolfram Fischer: Herz des Reviers. (Bacht) Essen 1965. S. 258 u. a.

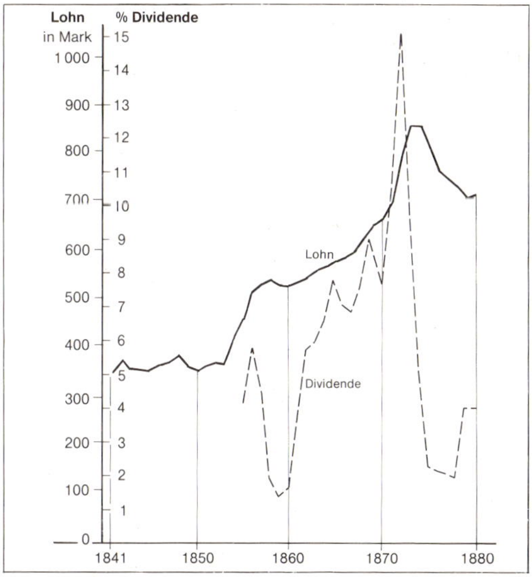

Durchschnittliche Dividenden und Jahreslöhne in der deutschen Hüttenindustrie (1840—1880)

Reinhard Spree, Die Wachstumszyklen der deutschen Wirtschaft 1840—1880. (Duncker & Humblot) Berlin 1977. Tab. A 187 u. 191

Hinsichtlich der Löhne lassen sich bis zum Ende des 19. Jahrhunderts nur schwer Verallgemeinerungen treffen. Nicht nur von Region zu Region und von Branche zu Branche, sondern auch innerhalb des einzelnen Beriebs variierten sie in einer außerordentlichen Breite. Bei Krupp verdienten 1844 die am höchsten qualifizierten Arbeiter das Vierfache eines Hilfsarbeiterlohns.

Die Verbesserung der Einkommensverhältnisse von den 1850er Jahren an erwies sich im Durchschnitt als dauerhaft. Selbst die Gründerkrise von 1874 stürzte die Mehrheit der Arbeiter nicht mehr zurück in die bedrückenden Verhältnisse der Frühindustrialisierung.

So hart und entbehrungsreich ein Arbeiterleben auch war, so bildete sich doch auch ein Selbstbewußtsein vieler Arbeiter heraus, das sich aus der Erfahrung eigener Tüchtigkeit und einem kleinbürgerlichen Einkommensniveau nährte.

Für die meisten Arbeiter, auch für die besser verdienenden, war die Unsicherheit ihrer Zukunft bedrückend. Die Schutzfunktionen der Guts-, Dorf- und Zunftverbände waren mit deren Auflösung fortgefallen; die Unterstützungsmöglichkeiten der Großfamilie wurden geschwächt, wenn ihre einzelnen Mitglieder

Walzwerkarbeiter 1899 (Duisburg-Meiderich, Hütte Phoenix) – ein Bild in der Tradition der Aufnahmen von kleinen und handwerklichen Betrieben. Ordnung der Personen nach Rang und Alter; demonstratives Vorzeigen des Werkzeugs (Zangen, mit denen das Walzgut in die Walzen geführt wurde).

fortzogen in die entfernten Industriegebiete. Die Arbeiter konnten sich für den Fall der Krankheit oder ihres Todes bei Kassen versichern, die Firmen, Gemeinden oder Kirchen oder sie selbst gegründet hatten. Dieser Schutz endete bei langer oder dauernder Krankheit, bei Entlassung und Umzug. Arbeitsunfähig gewordenen Menschen (selbst nach Arbeitsunfällen), Witwen und Waisen stand kein Anspruch auf Hilfe zu, so daß der soziale Abstieg in die völlige Armut drohte.

Es ist erstaunlich, welche Leistungen Familien damals vollbrachten und wie sie Aufgaben übernahmen, die heute von Krankenhäusern, Altersheimen und Pflegeheimen erfüllt werden. Die Unterstützung derer, die sich nicht mehr selbst helfen konnten und von keiner Familie mehr gestützt wurden, lag bei mildtätigen Einzelpersonen, Kirchen und Gemeinden und blieb bis zum Beginn des 20. Jahrhunderts überall unzulänglich. Nicht nur blieb die Hilfe im einzelnen Fall zu gering, sondern sie war auch fast unvermeidlich mit einer Demütigung des Empfängers verbunden: Armenschulen und Armenhäuser gliederten den Bedürftigen aus der Gesellschaft aus; der Entzug des Wahlrechts für alle Empfänger selbst kleiner Fürsorgeleistungen blieb bis nach 1900 üblich. Erst gegen Ende des Jahrhunderts griff das Deutsche Reich in die Sozialfürsorge ein und legte mit der Schaffung von Versicherungen für Unfallfolgen, Arbeitsunfähigkeit, Alter und Krankheit die Grundlagen für einen sozialen Schutz der Arbeiter, auch wenn dieser vor 1914 noch recht dürftig blieb. Will man sich ein angemessenes Urteil über die sozialen Zustände in der Frühindustrialisierung bilden, so darf man nicht nur von der Gegenwart ausgehen, sondern muß sich zum Vergleich auch die damalige Situation in den industriefernen agrarischen Gebieten vor Augen führen (→ M 4.9).

Frauen und Kinder in der Industrie

Agrarische Gesellschaften nutzten die Arbeitskraft der Frau und auch der Kinder intensiv, ließen aber auch vielfältige Rücksichten zu. Es war die Textilindustrie, die Frauen- und Kinderarbeit auch in der Fabrik im großen Maßstab erzwang und ermöglichte. Textilfabrikanten suchten ihre nationalen und internationalen Konkurrenten zu unterbieten, indem sie den Arbeitern extrem niedrige Löhne zahlten. Einfachheit und scheinbar geringe körperliche Anstrengung bei der Maschinenarbeit wurden zur Begründung herangezogen, wenn es galt, zehnjährige und jüngere Kinder zur Arbeit zu zwingen.

In Preußen richteten viele Fabrikanten, um nicht mit den Gesetzen in Konflikt zu geraten, Fabrikschulen ein, in denen die Kinder nach acht- oder zehnstündiger Arbeit ihre Schulpflicht erfüllen sollten. Von den 1830er Jahren an wurde die Kinderarbeit gegen den erbitterten Widerstand der Industrie durch den Staat eingeschränkt (→ M 4.5 u. 4.6). (Die deutlich sinkende Militärtauglichkeit der Rekruten aus Industriegebieten hatte einen wichtigen Anstoß gegeben.) Aber erst mit dem bedingungslosen Verbot beruflicher Arbeit vor Vollendung des 14. Lebensjahres 1892 endete die Kinderarbeit in der Fabrik; in Landwirtschaft und Heimarbeit sollte sie noch lange fortdauern. (Ein Vergleich dieser Zustände mit Verhältnissen in der Dritten Welt dürfte Parallelen zeigen.)

Die Frauenarbeit in der Industrie ist im 19. Jahrhundert kaum als Beitrag zur Emanzipation, sondern als Beweis für die Unmenschlichkeit der frühen Industrialisierung zu bewerten. Frauen erhielten fast nur die unqualifizierten und gering bezahlten Arbeitsplätze in den Textil- und anderen „Leicht"-industrien. Der Lohn reichte z. T. gerade aus, den Lebensunterhalt eines alleinstehenden Mädchens zu bestreiten. Immerhin verhinderte die preußische Gesetzgebung den Einsatz von Frauen und Kindern in Bergwerken, der zu den besonders dunklen Kapiteln der britischen und französischen Frühindustrialisierung gehörte. In der Eisen- und Stahlindustrie und im Maschinenbau spielte Frauenarbeit so gut wie keine Rolle; dafür verrichtete ein Riesenheer von häuslichen Arbeitskräften (Dienstmädchen) die Arbeit in den Haushalten der Ober- und Mittelschichten. Um 1900 boten Elektro- und feinmechanische Industrie zahlreiche neue Arbeitsplätze für Frauen ohne berufliche Ausbildung, vor allem aber eröffnete die Entwicklung von Handel und Verwaltung das Feld der einfachen Büroarbeiten für die Frau. Soweit Ehe, Kindererziehung und Berufsarbeit für Frauen zusammenkamen, was für Millionen von ihnen zutraf, war ihre Belastung größer als die der Männer.

Wohnen und Gesundheit

Eine weitere dunkle Seite der sozialen Frage war die Wohnungsnot. In den neuen Ballungszentren war der Wohnungsbau ganz dem freien Markt und damit den Gewinnerwartungen des Kapitals überlassen. Zuerst wurde der vorindustrielle Hausbestand überbelegt. Dann entstanden in unmittelbarer Nähe der Fabriken, die Lärm, Rauch, Abgase und Abfall unbekümmert ausstießen, Massenquartiere auf engstem Raum. Es gab zunächst keine abgeschlossenen Wohnungen für die einzelnen Familien, und zwischen den Familienangehörigen wohnten noch „Untermieter", d. h. Fremde, die man um eines kleinen finanziellen Nutzens willen aufnahm. Vor allem in Berlin entstanden dank der Bodenspekulation Wohndichten, die in keiner anderen europäischen Stadt erreicht wurden. Ein öffentlicher Nahverkehr oder billige Fahrräder, die den Menschen mehr Beweglichkeit bei der Suche nach Wohnung und Arbeit ermöglichten, gab es erst von den 1890er Jahren an. In dieser Zeit entstanden auch die ersten abgeschlossenen Sozialwohnungen für Arbeiter – Wohnungen mit Gas und fließendem Wasser.
Arbeits- und Wohnbedingungen hatten ihre negativen Folgen für die Gesundheit: Mangelkrankheiten wie Tuberkulose und Rachitis und eine verstärkte Anfälligkeit für Ansteckungskrankheiten waren Massenerscheinungen; die Gefahr von Seuchen wie Pocken und Cholera wurde erst um 1900 gebannt. Auch die Säuglingssterblichkeit zeigt deutlich die Folgen der Industrialisierung und Verstädterung. Sie stieg von 1820 bis etwa 1880 um 20–30% an und lag in den Städten deutlich höher als auf dem Land. In Berlin starb um 1880 ein Drittel der Neugeborenen im ersten Lebensjahr. 1914 lag der Wert für Deutschland bei 15%, wobei inzwischen die Verhältnisse in den Städten günstiger waren als die auf dem Land.

Arbeiter und bürgerliche Gesellschaft

Ein großer Teil des ▷ Bürgertums stand den ▷ Arbeitern und ihren Problemen fremd und verständnislos gegenüber. Die auffällige Armut vieler Arbeiter wurde gern als Folge von Untüchtigkeit und Faulheit gesehen. Für die meisten bürgerlichen Betrachter schienen die Arbeiter andere, bedenkliche Moral- und Wertvorstellungen zu haben, Sie neigten, wie es diesen Betrachtern schien, zu Alkoholismus, Gewalttätigkeiten und oberflächlichen Vergnügungen. Moral- und Wertvorstellungen hoben sich von denen des Bürgertums ab. Die Familienstrukturen schienen bei den Arbeitern in Auflösung begriffen.
Es war (und ist gelegentlich noch heute) schwer zu unterscheiden, was an dem Bild des Arbeiterlebens im 19. Jahrhundert verzerrte bürgerliche Perspektive und was Wirklichkeit war. Teilweise bestimmte direktes materielles Elend Werte und Verhalten, teilweise bildeten sich spezifische Formen einer Arbeiterkultur heraus, und teilweise setzten sich verdeckt und offen die bürgerlichen Lebensformen auch im Proletariat durch. Hinter der „Sozialen Frage" stand die viel umfassendere Ungewißheit der bürgerlichen Gesellschaft, ob sie die Arbeiterschaft in ihre Ordnung würde integrieren können. Es war allen Beteiligten deutlich, daß dies vor allem davon abhing, ob das materielle Elend der Anfangsphase der Industrialisierung überwunden werden konnte. Tatsächlich verringerte sich die Massenarmut langsam. Die relativ gute ▷ Konjunktur der 1860er Jahre bewirkte eine erkennbare Verbesserung der Lage der Arbeiter.

„Die Häuser der Armen sind nicht die Paläste der Reichen".
Stich von Gustave Doré aus seiner Serie von Ansichten Londons (1872)

Die Gründerjahre 1871–73 brachten wenig dauerhafte Fortschritte. Erst in den 1890er Jahren begann wieder ein deutliches Anwachsen der Realeinkommen.

4.3 Bürgerliche Antworten auf die soziale Frage

Die gesellschaftlichen Probleme der Frühindustrialisierung waren in den 1830er Jahren so deutlich geworden, daß sie unter dem Begriff „Soziale Frage" in den Parlamenten und Ständeversammlungen der deutschen Staaten und der preußischen Provinzen debattiert wurden. Mochte aber das Elend offensichtlich sein, so gingen die Interpretationen seiner Ursachen und die Vorschläge zu seiner Behebung weit auseinander. Am einfachsten mochte es für Unternehmer sein, die Verhältnisse zu verstehen. Sie sahen gewiß das Elend und wünschten seine Überwindung, aber sie zweifelten nicht daran, daß die Verteilung von Reichtum und Armut gerecht war – nach Tüchtigkeit und Fleiß zugewiesen. Jedem, so glaubten sie, stünde die gleiche Chance offen, und eines Tages würden alle dank des allgemeinen Fortschritts und des eigenen Fleißes besser und menschenwürdig leben können. Dieses ▷ liberale Verständnis der Probleme wurde allerdings nicht einmal von allen Vertretern des Bürgertums geteilt.
Viele Unternehmer versuchten „ihren" Arbeitern oder den Armen ihrer Stadt mit Spenden und öffentlichen Einrichtungen zu helfen, doch war das angesichts der allgemeine Armut selten mehr als ein Almosen. Einige große Unternehmen begannen um 1870, große Mittel aufzuwenden, um für die Arbeiter und Angestellten ihrer Fabriken Wohnungen, medizinische und Erholungseinrichtungen, Versorgungskassen und billige Einkaufsmöglichkeiten zu schaffen. Sie förderten damit bewußt die Verläßlichkeit ihres Personals und minderten die Streikbereitschaft. Sie stärkten die Identifikation mit dem Unternehmen, mehrten ein durchaus kleinbürgerliches Selbstbewußtsein der Arbeiter und machten sie empfindlich für die Nachteile, die die Entlassung aus der Firma bedeutete (→ M 4.12).

Die christlichen Kirchen brauchten viel Zeit, um die soziale Frage als Problem zu begreifen, wenn auch einzelne Geistliche früh und engagiert zu helfen versuchten. Oft war es nur die Sorge, daß Millionen Menschen sich ganz von ihnen abwenden würden, die die Kirchen zögern ließ, vorbehaltlos die Partei des Staates und der Besitzenden zu ergreifen. Die Sozialpolitik der katholischen Kirche in Deutschland geht vor allem auf Wilhelm von Ketteler (1811 – 1877, ab 1850 Bischof von Mainz) zurück, der ein ebenso bedeutender Kirchenpolitiker wie Seelsorger war. Der Priester Adolf Kolping gründete 1846 in Elberfeld, einem Zentrum der frühen Industrialisierung, den Katholischen Gesellenverein. Der Name „Gesellenverein" verrät zwar, daß man noch stark im Denken der vorindustriellen Zeit befangen war, aber man begriff auch die Notwendigkeit, die Interessen der Arbeiter in Massenorganisationen zu vertreten (→ M 4.10).

Auch die evangelischen Kirchen entfalteten viele Aktivitäten, die allerdings stärker auf Hilfe für einzelne Menschen abzielten. Johann Hinrich Wichern (1808 – 1881) begründete die „Innere Mission", ein Begriff, der die Vorstellung der Heidenmission in Afrika und Asien auf die deutsche Gesellschaft zurückwandte. Die enge Verbindung der Protestanten zum preußischen Staat war aber auch der Grund dafür, daß der Protestantismus große Organisationen der Arbeiterschaft nicht förderte und auch christliche Gewerkschaften nicht unterstützte, so daß diese in der Praxis rein katholische Einrichtungen wurden.

Schon Immanuel Kant (1724 – 1804), der als Philosoph und akademischer Lehrer auch das politische Denken Preußens beeinflußt hat, forderte vom Staat, daß er die Schutzfunktionen gegenüber dem Bürger übernehmen müsse, welche die alten sozialen Ordnungen nicht mehr aufrechterhalten konnten. Die praktische Politik ist dieser Forderung aber lange nicht gefolgt. Die deutschen Staaten fühlten sich zwischen 1815 und 1871 zu arm, um soziale Pflichten zu erfüllen, und beriefen sich gern auf die Theorie des Liberalismus, nach der staatliche Eingriffe in Gesellschaft und Wirtschaft nur den Fortschritt störten. Auch die Parlamente, die vom Bürgertum dominiert waren, gingen nur sehr zögernd an soziale Probleme heran. Bestimmungen zum Schutz der Gesundheit der Arbeiter in den Fabriken, zur Erhöhung der Unfallsicherheit und zur Einschränkung von Kinder- und Frauenarbeit ließen sich nur gegen den zähen Widerstand der Industrie erreichen. Waren erst einmal Gesetze geschaffen, so mußten sie von staatlichen Aufsichtsbeamten durch regelmäßige und genaue Kontrollen in den Betrieben durchgesetzt werden. So unzulänglich es dabei oft zuging, so kann man doch sagen, daß die Wirksamkeit einer starken staatlichen Verwaltung in Deutschland günstig für die Arbeiter war.

Eine spürbare Verbesserung der sozialen Absicherung begann nach 1900, als die Sozialversicherungen eine breitere Wirkung entfalteten und als wachsende Steuereinnahmen die Gemeinden zu einer vorausschauenden Sozialpolitik befähigten. Besonders Industriegroßstädte betrieben eine gezielte Wohnungsbaupolitik, verbesserten die Volks- und Mittelschulen und verstärkten die Gesundheitsfürsorge.

Ob sich die soziale Frage auf diese Weise lösen ließ und die Arbeiter in die bürgerliche Gesellschaft integriert werden konnten, blieb vor 1914 (und weit darüber hinaus) umstritten. Den Unternehmern erschienen die sozialpolitischen Aufwendungen als schädlich für die Arbeitsmoral und vor allem als zu kostspielig, für die Arbeiter hingegen waren und blieben sie immer noch unzureichend.

4.4 Sozialistische Interpretationen der Industrialisierung und der gesellschaftlichen Entwicklung

Der Optimismus des ▷ Liberalismus, daß der Fortschritt (in Gestalt der Industrialisierung) zwangsläufig auch zu einer humaneren Welt führen würde, wurde schon früh in Frage gestellt. Zusammen mit dem modernen ▷ Kapitalismus entstand auch die Interpretation, daß das Privateigentum an Produktionsmitteln Ausbeutung sei und eine physische und geistige Verelendung der Arbeiter zur Folge habe. Schon in der Französischen Revolution von 1789 hatten kleine Gruppen (Babeuf, Marat) die Abschaffung des Privateigentums an Produktionsmitteln gefordert und damit an ein Prinzip gerührt, das selbst für die radikalen Jakobiner um Robespierre unantastbar war.

Blieben diese Stimmen auch zunächst wirkungslos, so hatten sie doch ein Echo im 19. Jahrhundert. Nach 1815 entstand eine wachsende frühsozialistische Literatur, und es wurden Klubs gegründet, in denen die Abschaffung des Privateigentums an Produktionsmitteln und ihre Selbstverwaltung durch die Arbeiter erörtert und propagiert wurde.
Auch einige bürgerliche Wissenschaftler, die Wirtschaft und Gesellschaft empirisch, d.h. von den beobachtbaren Tatsachen aus, untersuchten, kam zu weniger optimistischen Ergebnissen als die liberalen Politiker und Unternehmer. Ihre Untersuchungen gingen in die ▷ sozialistischen Gesellschaftstheorien ihrer Zeit ein und gaben diesen ein erhebliches Maß an wissenschaftlicher Absicherung. Daß einer der Begründer der Soziologie, der konservative Professor Lorenz von Stein, schon in den 1840er Jahren die Existenz eines Klassengegensatzes zwischen Bürgertum und Arbeiterschaft für gegeben ansah und daß der Historiker Gervinus 1853 mit seinen Aussagen über einen revolutionären „vierten Stand" einen Hochverratsprozeß gegen sich auslöste, zeigt deutlich, daß die Vorstellungen von ▷ Klassen und Klassenkampf mehr waren als nur Behauptungen politischer Sektierer.
Das Problem der frühsozialistischen Theoretiker und Politiker lag in dem Weg, auf dem man zur Abschaffung des Eigentums an Produktionsmitteln kommen sollte. Die meisten von ihnen dachten dabei an ▷ Revolutionen, in denen in der Hauptstadt die politisierten Massen unter klarblickenden Anführern die politische Macht eroberten. Dabei stellte sich die Frage, wie man bei den Menschen das revolutionäre Bewußtsein wecken könnte. Hoffnungen auf die Spontaneität und Durchsetzungskraft der Massen wurden bei den Revolutionen von 1830 und 1848 enttäuscht. Auch Propaganda und erzieherisches Wirken versprachen nur eine begrenzte Wirkung (→ M 4.14).
Aus der Vielfalt sozialistischer Strömungen ragt das Werk von Karl Marx (1818–1883) und Friedrich Engels (1820–1895) heraus. Keine andere politische Kraft hat die Welt im 20. Jahrhundert tiefer verändert als ihre Theorie und politische Arbeit. Marx und Engels betrachteten nicht das private Eigentum schlechthin und seinen Genuß als das grundlegende Problem, sondern sahen im Privateigentum an Produktionsmitteln und in seiner Verwertung das Grundproblem des Kapitalismus. Nicht ein unmoralischer Hang zum Luxus auf Kosten anderer, sondern der Zwang zur Verwertung, d.h. zur Vermehrung des Kapitals, sei die Ursache der Verelendung der Arbeiterschaft. Der Kapitalist müsse möglichst viele Menschen von sich abhängig machen, um sich einen Teil des Wertes, den diese produzieren, anzueignen. Dieser Zwang führe dazu, daß in der kapitalistischen Produktion die ganze Vielfalt des Menschen auf die wenigen Fähigkeiten reduziert werde, die sich in der Fabrik verwerten ließen. Dort werden – nach Marx – dem Menschen nicht nur seine geleistete Arbeit genommen, sondern auch seine Beziehung zum Arbeitsprozeß und zu den anderen Arbeitern und schließlich seine eigene Menschlichkeit. Die Arbeit werde Ware, und mit der Gesellschaft verkehrten die Arbeiter (wie übrigens auch die Kapitalisten selbst) nur noch über den Austausch von Geld und Ware. Diese „Entfremdung" bedeutete in den Augen von Marx und Engels eine Verelendung, die weit über die Auswirkungen von Hunger, langen Arbeitszeiten und erbärmlichen Wohnungen hinausging.
Für Marx und Engels konnte nur die Aufhebung des Privateigentums an Produktionsmitteln die Entfremdung überwinden und den Arbeiter (und den Kapitalisten) wieder zum Menschen machen. Bei der Analyse des modernen industriellen Arbeitsprozesses glaubten sie einen Mechanismus gefunden zu haben, der zwangsläufig die Arbeiter selbst zum Träger einer erfolgreichen sozialistischen Revolution machen mußte (→ M 4.16). Die innere Logik ihrer Gedanken, vor allem aber ihr offensichtlicher Wert bei der Erklärung von gesellschaftlicher Ungleichheit, Elend und politischen Machtverhältnissen sicherten ihnen eine gewaltige Wirkung im 19. und 20. Jahrhundert. Der Einfluß von Marx und Engels auf die europäische und besonders auf die deutsche Arbeiterbewegung war von den 1870er Jahren an sehr groß. Er konkurrierte dabei mit den Einflüssen anderer Theorien, wie z.B. der von Lassalle oder dem der praktischen Alltagsarbeit der Arbeiterorganisationen, die auf konkrete Erfolge bei Lohn, Arbeitszeit und Arbeitsbedingungen abzielten.

4.5 Die Entwicklung der Arbeiterbewegung in Deutschland

Die Grunderfahrung der Arbeiter war ihre Machtlosigkeit. Gegenüber dem „Fabrikherrn“ konnten sie bestenfalls die Arbeit verweigern, brachten sich dabei aber selbst an den Rand ihrer Existenz. Der Staat tat nichts, um die Ungleichheit der Mittel zu verringern. Im Gegenteil sah die Obrigkeit in Arbeitermassen, die nicht gehorsam ihre Arbeit verrichteten, eine Gefährdung ihrer Ordnung, gegen die sie auch das Militär einsetzte. Die bürgerliche Gesellschaft begriff den Arbeiter als Nicht-Bürger, als Nicht-Tüchtigen und Nicht-Gesellschaftsfähigen. Unter diesen Umständen war es für die Arbeiter selbst nicht leicht, ihre gesellschaftliche Rolle zu begreifen und ein von den bürgerlichen Werten unabhängiges Selbstbewußtsein zu gewinnen. Daß dies im 19. Jahrhundert z. T. gelang, lag nicht allein an der Erfahrung eines gemeinsamen Schicksals, sondern vielmehr daran, daß man gemeinsam handeln und seine Situation zu beeinflussen lernte.

Handwerker- und Gesellenvereine

Früh begriffen Handwerker und Arbeiter, daß sie nur organisiert eine Chance hatten, ihre Lebensverhältnisse zu beeinflussen. In Deutschland begannen ihre Bemühungen um feste Organisationen in den 1830er Jahren. Sie gingen in zwei Richtungen. Die eine waren Verbindungen mit dem Zweck, mit Unternehmern zu verhandeln und die konkreten Lebensbedingungen – Lohn, Arbeitszeit, Arbeitsbedingungen und soziale Sicherung – zu verbessern. Aus ihnen gingen die ▷ Gewerkschaften hervor. Die andere Richtung der Organisation war im engeren Sinne politischer Natur und zielte auf Einfluß gegenüber Regierung und Gesetzgebung. Sie führte längerfristig zur Gründung von ▷ Parteien.

Die ältesten Ansätze zum gemeinsamen Handeln von Handwerkern und Arbeitern lagen noch in den Organisationen der Gesellen in der vorindustriellen Zeit. Gesellenvereinigungen, gemeinsame Bräuche und Häuser boten Ansätze zu gemeinsamem Handeln, gelegentlich auch zu gemeinsamen Protesten gegen Meister und Obrigkeit. Der Brauch der Gesellen, nach der Lehrzeit mehrere Jahre in Deutschland und bis ins Ausland zu wandern und an wechselnden Arbeitsplätzen Berufserfahrung zu sammeln, dauerte bis Ende des 19. Jahrhunderts an. Dieses Wandern förderte zugleich den Austausch und die Ausbreitung von Gedanken und politischen Meinungen. Die Herbergen der wandernden Gesellen, die es in allen größeren Orten in den deutschsprachigen Ländern gab, und ihre Vereine im Ausland – Paris war in diesem Zusammenhang von besonderer Bedeutung – waren wichtige Stützpunkte der Kommunikation. Hier konnten sich früheste, noch lockere und wenig dauerhafte Formen politischer Vereine bilden (→ M 4.14). So gründeten wandernde deutsche Handwerksgesellen 1837 in Paris den „Bund der Gerechten“, der sich später „Bund der Kommunisten“ nannte, auf den Marx Einfluß gewann und der einen kleinen Einfluß auch auf die deutsche Revolution von 1848 hatte.

Eines der Probleme, die die frühen Organisationen zu bewältigen hatten, war die Schwierigkeit vieler Handwerker, die Bedeutung der Fabrikarbeit richtig einzuschätzen (→ M 4.15). Sie organisierten sich oft nach ihren traditionellen handwerklichen Berufen und schlossen damit Fabrikarbeiter aus. Die deutsche Revolution von 1848/49 – in ihrem Charakter ganz überwiegend vom Bürgertum bestimmt – brachte auch eine Blüte von Handwerker- und Arbeitervereinen mit sich; die „Deutsche Arbeiter-Verbrüderung“ wurde die erste überregionale und überberufliche Organisation der Arbeiterschaft.

Neue Stützpunkte der Arbeiterbewegung entstanden mit jeder neuen Fabrik. Wo Hunderte von Arbeitern am gleichen Platz unter den gleichen harten Bedingungen zusammenkamen, war es fast unvermeidlich, daß sich ein Gruppenbewußtsein herausbildete. Wenn es nicht die Fabrikanten taten, gründeten Arbeiter selbst Kranken- und Hinterbliebenenversicherungen und schufen so zugleich dauerhafte organisatorische Strukturen. Die langen Arbeitszeiten und die sehr hohe Beweglichkeit der Arbeiter, die ständig auf der Suche nach besseren Verdienstmöglichkeiten waren, stellten ungünstige Voraussetzungen für eine langfristige politische Arbeit dar. Die Korrespondenz früher Arbeiterführer in den 1860er und 1870er Jahren war voll von Klagen darüber, daß sich ein fester Kern einer zuverlässigen Organisation nur sehr langsam herausbildete. Trotzdem müssen wir in diesen schwachen Ansätzen die Anfänge der Gewerkschaften sehen, d.h. von Arbeiterorganisationen, die eine Vertretung ihrer Interessen gegenüber dem Kapital betrieben. Tabakarbeiter und Buchdrucker gründeten auf dieser Basis 1848/49 die ersten überörtlichen Gewerkschaftsverbände: diese wurden nach dem Scheitern der Revolution verboten, ihre Mitglieder häufig vom Staat verfolgt. Das von 1845 bis 1865 geltende Organisationsverbot (▷ Koalitionsverbot) für Arbeiter bot dabei der Polizei die nötige rechtliche Handhabe. Allerdings blieben viele Kranken- und Sterbekassen der Arbeiter erhalten und wirkten als Organisationskerne weiter.

Seit den 1840er Jahren bemühte sich auch ein Teil des liberalen Bürgertums um die Arbeiterschaft. Man gründete Bildungsvereine, die die Allgemeinbildung und Berufsqualifikation der Arbeiter heben sollten. Die 1861 gegründete Deutsche Fortschrittspartei, in der viele Teilnehmer der Revolution von 1848 wirkten, förderte die Bildungsvereine nicht zuletzt mit dem Gedanken, hier eine breitere Wählerbasis zu entwickeln. Diese liberalen Handwerker- und Arbeitervereine waren Vereine *für*, nicht *der* Arbeiter; an ihrer Spitze standen durchweg bürgerliche Honoratioren. Der innere Konflikt war für den Moment vorprogrammiert, an dem Arbeiter selbst die Führung übernehmen und Ziele formulieren wollten, die sich gegen die Interessen des Bürgertums richteten.

Konsumgenossenschaften zum billigen Einkauf von Lebensmitteln und anderen Produkten waren in England wichtige Ansatzpunkte der Selbstorganisation der Arbeiter gewesen, was sich an dem Namen „trade unions" für die Gewerkschaften noch ablesen läßt. Ähnliche Ansätze, häufig von linksliberaler Seite gefördert, wurden in Deutschland erst nach Auslaufen des Sozialistengesetzes 1890 breiter wirksam. Dann wurden auch die Allgemeinen Ortskrankenkassen zu einem Stützpunkt sozialdemokratischer Organisationsmacht.

Die ungünstigen Voraussetzungen der Arbeiter für eine dauerhafte politische Arbeit führten dazu, daß Bürger – häufig Intellektuelle, die bewußt auf eine bürgerliche Karriere verzichteten – in den frühen Arbeitsorganisationen bis etwa 1870 eine große Rolle spielten. Zu ihnen gehörten Moses Heß, Karl Marx, Friedrich Engels, Ferdinand Lassalle und Wilhelm Liebknecht, um nur die bekanntesten Namen zu nennen. Diese Intellektuellen waren es vor allem, die in den 1840er Jahren kleine Gruppen von Arbeitern mit den Gedanken des ▷ Sozialismus vertraut machten und die Grundlage dafür legten, daß die Arbeiterbewegung sich in Deutschland stärker als in anderen Ländern mit dem Sozialismus verband.

Die ersten Arbeiterparteien in Deutschland und die Entstehung der SPD

Die erste Vereinigung in Deutschland, die sich nicht als Gewerkschaft, sondern als Partei der Arbeiter verstand, war der Allgemeine Deutsche Arbeiterverein (ADAV), den Ferdinand Lassalle 1863 gründete. Lassalle folgte einer Theorie der Volkswirtschaft, nach der der Lohn durch wirtschaftliche Gesetzmäßigkeiten bestimmt sei, die der dauerhaften Beeinflussung durch ▷ Streik und Verhandlung entzogen seien („ehernes Lohngesetz"). Gewerkschaften erschienen Lassalle daher wenig sinnvoll. Er strebte an, daß die Arbeiter Produktionsgenossenschaften gründen sollten, die sie vom privaten Unternehmer unabhängig machen würden und mit ihrer Ausdehnung das Privateigentum an Produktionsmitteln ganz verdrängen müßten. So sollte gewaltlos eine sozialistische Gesellschaft entstehen. Lassalle glaubte, den Staat dazu bewegen zu können, das Gründungskapital für diese Genossenschaften bereitzustellen. Er hatte dabei offenbar die Rolle des preußischen Staates in der Take-off-Phase der Industrialisierung vor Augen und glaubte, daß dieser 1863 wie einst 1806 bereitwillig die Rolle des Revolutionärs von oben übernehmen würde. Der ADAV wollte auf Regierungen und Parlamente einwirken, um eine friedliche Entwicklung der Gesellschaft zu fördern. Die Mitgliederzahl des ADAV blieb allerdings enttäuschend gering (4600 beim Tode Lassalles 1864, 16500 im Jahre 1875).

1869 wurde in Eisenach eine zweite Arbeiterpartei gegründet, die Sozialdemokratische Arbeiterpartei. Ihre beiden herausragenden Köpfe, Wilhelm Liebknecht (1826–1900) und August Bebel (1840–1913), waren aus linksliberalen Arbeiterbildungsvereinen hervorgegangen; sie wurden stark von Marx und

Engels beeinflußt, ohne daß sie sich deren Theorie vorbehaltlos und vollständig anschlossen. Bebel wurde als erster Vertreter der Arbeiterschaft (und wohl auch als erster Arbeiter) in den Reichstag gewählt (1867 in den des Norddeutschen Bundes) und gehörte ihm über 40 Jahre an.

Beide Arbeiterparteien existierten zunächst nebeneinander; beide zählten sie wenige Mitglieder und stützten sich in erster Linie auf das nördliche Rheinland (mit Bergischem Land), Sachsen und Berlin. Es lag nahe, daß sie sich zusammenschlossen, um ihre Kräfte nicht schon innerhalb der Arbeiterbewegung zu schwächen und um die Chancen des Wahlrechts zum Reichstag besser zu nutzen. 1875 gründeten Vertreter beider Parteien in Gotha, einer Kleinstadt in Thüringen, die Sozialistische Arbeiterpartei Deutschlands (SAD), die nach ihrem Verbot in der Zeit der Sozialistengesetze 1890 als Sozialdemokratische Partei Deutschlands (SPD) wiedergegründet wurde. Die Mitgliederzahl betrug 1875 knapp 25000 und stieg zunächst nur langsam an.

Die vereinigten sozialistischen Gewerkschaften, die nach Berufen und nicht nach Industriebranchen in 27 Zentralverbänden organisiert waren, zählten 1877 etwa 50000 Mitglieder, was etwa 2% der deutschen Arbeiterschaft entsprach. Trotz dieser geringen Zahlen erschienen sie der bürgerlichen Gesellschaft als eine so große Gefahr, daß die Reichsregierung ihretwegen und gegen rechtsstaatliche und liberale Grundsätze 1878 im Reichstag das Sozialistengesetz[1] durchsetzen konnte. Das Gesetz verbot die Sozialistische Arbeiterpartei und alle anderen sozialistischen Organisationen; es verbot den Vertrieb bestimmter Bücher und Zeitungen und war Grundlage einer breiten Verfolgung aller aktiven Vertreter der Arbeiterbewegung.

Die sozialistischen Organisationen gingen in den anschließenden zwölf Jahren staatlicher Verfolgung aber nicht unter; im Gegenteil, sie begannen 1890 stärker als zuvor mit ihrer offenen politischen Arbeit. In der Reichstagswahl 1890 erhielt die SPD mit knapp 20% die meisten Stimmen von allen Parteien (wegen des Wahlrechts und der Einteilung der Wahlkreise aber nur 9% der Reichstagssitze).

---

[1] Das Sozialistengesetz galt zunächst nur für 2 1/2 Jahre und wurde dreimal verlängert (deswegen der Plural „Sozialistengesetze"). Das Gesetz erlosch 1890, weil sich im Reichstag keine Mehrheit für eine weitere Verlängerung fand.

Überlegungen zur weiteren Arbeit

Kapitel 4 konzentriert sich auf die sozialgeschichtliche Dimension der Industrialisierung und behandelt zusammen mit den Anfängen der Arbeiterbewegung auch politische Aspekte. Methodisch dominiert die synchrone Betrachtung: Auch wenn in Darstellung und Materialien mehr als ein halbes Jahrhundert von den Anfängen der deutschen Arbeiterbewegung bis etwa 1890 berücksichtigt wird, muß die zeitliche Entwicklung vernachlässigt werden, damit die komplizierten Querverbindungen zwischen Wirtschaft, Gesellschaft und Politik bearbeitet werden können. (Nicht zufällig ist das 4. Kapitel das umfangreichste dieses Bandes.)
Folgende Gesichtspunkte müssen in unserer weiteren Arbeit behandelt werden:
- die Entwicklung von Bürgertum und Arbeiterschaft in ihrer gegenseitigen Abhängigkeit,
- die konkreten Lebensverhältnisse und ihre Einwirkungen auf Selbstverständnis und Werte der Menschen,
- das bürgerliche Bewußtsein von der neuen gesellschaftlichen Wirklichkeit,
- das sich entwickelnde Klassenbewußtsein der Arbeiter und ihr politisches Verhalten.

Die Gegenüberstellung der gesellschaftlichen Wirklichkeit und des Bewußtseins davon bei Bürgertum und Arbeiterschaft verlangt eine perspektivisch-ideologiekritische Betrachtungsweise. Am Ende der Materialien findet sich eine Gruppe von Quellen, die eine Fallstudie ermöglichen, nämlich die Behandlung des Bergarbeiterstreiks an der Ruhr 1889. Hier lassen sich konkret und beispielhaft die Konflikte zwischen Kapital und Arbeit im damaligen Deutschland betrachten und die Frage nach den Machtverhältnissen stellen, die dann im 5. Kapitel im Mittelpunkt stehen wird.

Materialien zu Kapitel 4

Die Lebensverhältnisse der Handwerker und Fabrikarbeiter

M 4.1 1846 – Moses Heß über Wohnungselend in (Wuppertal-) Elberfeld

Moses Heß (1812–1875) war Journalist und ein bedeutender Theoretiker des Kommunismus. Der 1. Mai war im Bergischen Land der Tag, an dem Mietverträge begannen und endeten.

Welch ein Lärmen und Rennen heute in allen Straßen der Stadt, welches Drängen der Möbel und der Karren aller Art. Es ist heute allgemeiner Wohnungswechsel – und wiederum ist es nicht die Klasse der Besitzenden, sondern fast nur die ärmere Klasse, welche aus ihren bisherigen Spelunken in andere zieht; man erkennt das leicht an dem schlechten Hausgerät aller Art, das oft nicht einmal mehr so viel wert zu sein scheint, daß es von einem Haus zum anderern geschleppt wird. Wer die Armut Elberfelds in ihrer ganzen Ausdehnung kennenlernen will, gehe an diesem Tage in die vom Proletariate vorzugsweise bewohnten Straßen.
Heut kommt alles zum Vorschein, was die finstern, schmutzigen Wohnungen in ihrem Innern bargen, heute führt der Arme sein ganzes Hab und Gut auf einem elenden Karren davon, um sein jämmerliches Dasein, sein Elend ohne Ende, in einer anderen Wohnung wie bisher fortzusetzen. [...] Und dazwischen die trostlosen, verkümmerten Gesichter der Frauen, auf denen das Unglück seine unverkennbaren Spuren eingezeichnet hat, und die Männer im Branntwein sich betäubend, singend und tobend! [...] Auf dem Rathaus hatten sich, wie erzählt wird, Ende April 1000 Personen gemeldet, welche die am 1. Mai fällige Miete nicht bezahlen konnten, und

später sollen sich beinahe ebensoviele gemeldet haben, welche eine neue Wohnung nicht hatten finden können, also obdachlos waren.

Zit. nach: Hermann Herberts: Alles ist Kirche und Handel. (Ph. C. W. Schmidt) Neustadt/Aisch 1980. S. 108

M 4.2 1849 und 1989 – ein Vergleich des Lebensmittelkonsums

	Mengen in kg pro Woche 5köpf. Arbeiter-familie 1849	4köpf. Arbeit-nehmer-familie 1989
Fleisch und Fleischwaren	1,640	7,700
Fisch	*	0,970
Milch	3,600	7,050
Milchprodukte	*	1,580
Butter u. a. Fette	1,000**	1,980
Kartoffeln	14,000	5,580
Brot u. Mehlprodukte	13,000	5,700
Zucker u. Süßwaren	0,220	2,570

* = sehr wenig, ** = annähernder Wert

Es gab zahlreiche Berechnungen des Lebensmittelverbrauchs mit etwas abweichenden Werten, die sich bis zu den 1890er Jahren wenig änderten. Überall machten die Kosten für die Nahrung etwa zwei Drittel des Einkommens aus (1989 nur 20–25 % des Haushaltsnettoeinkommens, d.h. nach Abzug von Steuern und Sozialabgaben).

Der Warenwert in Arbeitszeit (Minuten):

	1849	1989
1kg Butter	490	36
1 kg Schweinefleisch	280	46
1 kg Schwarz-/Mischbrot	42	13
1 kg Mehl	100	5
1 kg Kartoffeln	30	4 ½
1 kg Kaffee	545	74

Die Werte für 1989 sind berechnet nach dem Statist. Jahrbuch S. 483, 504 u. 549 (Bruttostundenverdienste Gruppe 2 — männl. Industriearbeiter, Bundesdurchschnitt, vermindert um Steuern u. Sozialabgaben lt. S. 483 — Haushaltstyp 2 — ca. DM 14,60).

Historisches Zentrum Wuppertal: Katalog des Museums für Frühindustrialisierung. (Stadt Wuppertal) Wuppertal o.J. Nr. 22.2 f. u.a. Statistisches Jahrbuch 1990 für die Bundesrepublik Deutschland. (Stat. Bundesamt) Wiesbaden 1990, S. 483 ff.

M 4.3 1865 – Regierungsamtliche Darstellung zu Arbeitereinkommen und Ehe

Durch Berechnung von Nahrung, Wohnung, Kleidung [...] kann man den Unterhalt einer Arbeiterfamilie von 5 Personen nicht unter 200 – 250 Talern jährlich [...] veranschlagen. Dennoch sieht man Arbeiterfamilien, bei denen nur das Familienhaupt und zwar 15 Sgr. pro Tag, d. h. bei 300 Arbeitstagen 150 Taler jährlich erwirbt, in auskömmlicher und zufriedener Weise leben. In den meisten Fällen müssen freilich die Ehefrau und die heranwachsenden Kinder bei dem Erwerbe assistieren.

Von den hauptsächlichsten Ursachen der Verarmung, dem Mangel an Arbeit, dem frühen Heiraten, Trunk und Vergnügungssucht, Mangel an Wirtschaftskenntnissen[1] bei den Frauen usw. kann die erstere in gewöhnlichen Zeitverhältnissen als in hiesigem Lande nicht vorhanden angenommen werden. [...] Das allzu frühe Heiraten wird sich solange nicht verhindern lassen, als die Verhältnisse der Fabrikation es erfordern, dem jungen Fabrikarbeiter in seinen besten Jahren denselben oder nahezu denselben Lohn zu gewähren wie den älteren Arbeitern. Bei Fleiß, Anstelligkeit und Ordnung hat der Fabrikarbeiter in seinem 18. bis 20. Jahre das ausreichende Verdienst zur Ernährung einer Familie. [...] Nur zu oft wird ein solches Bündnis[2] ohne Ersparnisse und auf Seiten der Frau ohne wirtschaftliche Kenntnisse eingegangen. Durch beide Mängel kommt unsägliches Unglück über die jungen Familien.

Otto von Mülmann: Statistik des Regierungsbezirks Düsseldorf. (Baedeker) Iserlohn 1867. S. 696 f.

[1] Kenntnisse der Haushaltsführung
[2] Ehe

M 4.4 1854 – Fabrikordnung der Textilfabrik Brügelmann, Ratingen

1. Die Arbeitszeit der Arbeiter, welche auch ihre Arbeiten sein mögen, wird vom Fabrikherrn nach den Umständen und Jahreszeiten bestimmt.
2. Jeder Arbeiter ist verpflichtet, länger als gewöhnlich und auch sonntags zu arbeiten, wenn die Umstände es verlangen.
3. Der Tagelohn gilt für zwölf Arbeitsstunden.
4. Alle Arbeiter müssen auf den Glockenschlag an ihre Arbeit gehen; sie verfallen durch Zuspätkommen in eine Geldstrafe von 6 pf. – 10 Sgr. je nach ihrem Lohn und den Ursachen. [...]
9. Geistige Getränke dürfen nicht in die Fabrik gebracht werden. Jeder, der damit angetroffen wird, verfällt in eine Geldstrafe von 10 Sgr. – 1 Thlr., und dieselben werden ihm abgenommen.

10. Jeder Betrunkene verfällt in eine Geldstrafe von 10 Sgr. bis 1 Thlr. und wird für zwei Tage fortgeschickt. [...]

12. Wer aus der Fabrik-Arbeit austreten will, muß zwei Monate vorher am Zahltag direct auf dem Comptoir Anzeige davon machen: doch werden an einem Zahltage nicht mehr als drei Kündigungen angenommen. Ebenfalls wird vom Fabrikherrn mit zwei Monaten aufgekündigt.

13. Wer ohne vorgeschriebene gehörige Aufkündigung abgeht, verliert seinen noch stehenden Lohn und kann gerichtlich verfolgt werden.

14. Arbeiter, welche gegen ihre Vorgesetzten widersetzlich oder ungehorsam sind, können ohne Aufkündigung augenblicklich entlassen werden. [...]

18. Die Arbeiter müssen sich der Untersuchung am Körper unterwerfen, wenn es der Fabrikherr für gut erachtet, dieselben vornehmen zu lassen. Wer eines Diebstahls oder einer Veruntreuung, so unbedeutend sie auch sein mögen, überwiesen wird, wird dem Gericht zur Bestrafung überliefert. [...]

21. Dagegen *darf und soll* sich jeder Arbeiter, der glaubt, Ursache zur Unzufriedenheit zu haben, direct an den Fabrikherrn wenden, welcher immer bereit sein wird, begründete Beschwerden zu berücksichtigen und die Veranlassung dazu zu beseitigen.

Zit. nach: Franz-Josef Gemmert: Die Entwicklung der ältesten kontinentalen Spinnerei. (Jänecke) Leipzig 1927. S. 154

M 4.5 1837 – Gesetzesvorschlag des 5. Rheinischen Provinziallandtags an den preußischen König – Kinderarbeit betreffend

[...] Die Stände-Versammlung, in welcher das Interesse der Industrie vollständig vertreten war, hat daher erkannt, daß es notwendig sei, die ohne Zweifel schon stattgehabten Bestrebungen der Regierung dadurch zu unterstützen, daß von des Königs Majestät die Erlassung eines Gesetzes erbeten wurde:

1. daß kein Kind vor dem vollendeten neunten Jahre zur Arbeit in den Fabriken bestimmt werden solle;
2. daß die Kinder vor ihrem Eintritt in eine Fabrik einen dreijährigen Schulbesuch nachweisen sollen, insofern nicht örtliche Verhältnisse, welche von der Ortsobrigkeit untersucht und festgestellt werden sollen, eine Abweichung hiervon nötig machen;
3. daß die Kinder höchstens 10 Stunden zur Arbeit in den Fabriken angehalten und
4. ihnen zwischen diesen 10 Arbeitsstunden zwei Freistunden, von welchen die eine um die Mittagszeit mit Bewegung in freier Luft, gegeben werden sollen.

Zit. nach: Wolfgang Köllmann: Die industrielle Revolution. (Klett) Stuttgart [5]1972. S. 33

M 4.6 1854 – Eingabe der Fa. Leyen (Krefeld) an die beiden Kammern des preußischen Landtags in der Frage der Kinderarbeit

Nachdem ein Gesetz von 1839 die Arbeitszeit von Kindern auf 10 Stunden verkürzt hatte, wurde sie 1854 sogar auf 6 Stunden pro Tag herabgesetzt.

Die edle Absicht, aus welcher dieses Gesetz hervorgegangen, ist unverkennbar.
Den Kindern, welche durch den Stand, in welchem sie geboren sind, sich in der Nothwendigkeit befinden, schon früh ihre Arbeitskraft dazu zu verwenden, um zu ihrem eigenen und zu dem Bestehen ihrer Familien einen Beitrag zu erringen, sollen die Jugendjahre erheitert, es soll durch Vermehrung ihrer Musse- und Unterrichts-Stunden ihr körperliches und geistiges Wohl gefördert werden.
Ein herrlicher Zweck, wenn er überhaupt zu erreichen stände, wenn nicht vielmehr durch die Ausführung jenes Gesetzes gerade das Gegentheil gefördert, das Bestehen der Arbeiter-Familien auf Äusserste gefährdet würde.
Wir haben zuvörderst darzuthun, dass die Absicht, das geistige und körperliche Wohl, den Jugend-Genuss der Kinder zu fördern, welche das fragliche Gesetz durch die Verminderung der Arbeits-Zeit von zehn auf sechs Stunden täglich zu erreichen glaubt (und dieser Hauptpunkt ist es vorzüglich, den wir anzugreifen uns erlauben) in der Ausführung durchaus verfehlt werden muss. Denn was wird zunächst die Folge jener Beschränkung sein? Wir können die Kinder nur nach Verhältniss ihrer Leistungen lohnen, da die ohnehin fast erdrückende Concurrenz mit Lyon und der Schweiz, die wir auf allen ausländischen und überseeischen Märkten zu bestehen haben, eine Steigerung unserer Produktionskosten geradezu unmöglich macht. Der Verdienst der Kin-

der bei zehn, ja selbst bei neun Arbeitstunden ist ein auskömmlicher, in den meisten Fällen ein bedeutender nicht zu entbehrender Beitrag zu den Erhaltungskosten der Familien. Vermindert sich dieser um zwei Fünftheile, dann lohnts und reichts nicht mehr, und es muss daher auf andere Erwerbswege Bedacht genommen werden. So werden denn die armen Kinder aus unsern weiten, luftigen, geruchlosen, im Winter mässig geheizten, im Sommer durch stete Luftbewegung gekühlten Säälen vertrieben, um in die dumpfen, ärmlichen Werkstätten der Sammet-, Seide- und Baumwolle-Weber zu wandern, wo das Gesetz sie nicht erreicht. Bei uns arbeiten die Kinder allerdings noch neun$^{1}/_{2}$ à zehn Stunden täglich, sie geniessen dabei in einer eigens von uns zu diesem Zwecke in unserm eignen Lokale errichteten Schule, ganz unentgeldlich, da wir auch alles Schreibmaterial und die nöthigen Lehrbücher auf unsere Kosten anschaffen, täglich einen zweistündigen Unterricht, haben überdies bei dem Prediger wöchtentlich drei Religionsstunden, für Frühstück, Mittagessen, Vesperbrod und die nöthigen Erholungen zwischen der Arbeit sind täglich zwei volle Stunden bestimmt [. . .] und endlich wird im Sommer um sieben Abends und im Winter um acht die Fabrik geschlossen, so, dass die Abendstunden ganz frei bleiben. Und was vor allem die grösste Berücksichtigung verdient, das ist die Art der Arbeit, welche bei uns den Kindern obliegt. Sie haben lediglich die Maschinen zu überwachen, beim Winden den etwa hier und da sich haltenden Faden zu lösen, an den Reinigungsmaschinen die Knöpfe und Unsauberkeit des Fadens, wo diese durch die Maschine angezeigt werden, wegzunehmen, und bei beiden Operationen die Seide-Strähne und Bobinen[1] zu wechseln. Dabei gehen sie ganz bequem hin und her, so dass wirklich ein einfachere, leichtere und für die Entwicklung des Körpers wohlthätigere Arbeit kaum zu finden sein dürfte.

Zit. nach: Walter Steitz (Hrsg.): Quellen zur deutschen Wirtschafts- und Sozialgeschichte im 19.Jahrhundert bis zur Reichsgründung. (Wissensch. Buchgesellschaft) Darmstadt 1980. S. 313 f.

[1] Seidenfäden und Spulen

M 4.7 1874 – Ärztliches Gutachten über die Gesundheit von Arbeiterinnen in der Bielefelder Textilindustrie

Das Gutachten war für den Regierungspräsidenten bestimmt.

Die häufigsten Krankheitserscheinungen bei den Arbeiterinnen beider Etablissements, namentlich der Ravensberger Spinnerei, sind die Katarrhe der Augen, der Nase, des Kehlkopfes und des Schlundes, namentlich aber der Lungen. Dieselben sind hartnäckig, den Heilmitteln widerstrebend, wiederkehrend, befallen besonders intensiv die neu eingetretenen Arbeiterinnen, werden nach stattgehabter Gewöhnung an den schädlichen Reiz seltener oder kehren nur bei TemperaturSchwankungen wieder.

Der Grund ist theils in dem Staub zu suchen, der die Luft der Sääle erfüllt; nach Anbringen der Ventilations-Vorkehrungen in der Ravensberger Spinnerei, ist es um vieles besser geworden [. . .].

Daß die anhaltende Einwirkung des Staubes auf die Lungen das Contingent der später der Lungen-Tuberculose (im weiteren Sinne) Anheimfallenden vermehrt, ist nicht unwahrscheinlich, entzieht sich jedoch bei dem häufigen Wechsel der Arbeiterinnen der ärztlichen Beobachtung.

Ein sehr häufiger Gegenstand der ärztlichen Beobachtung und Behandlung ist ferner eine gewisse *Adynamie*[1], die sich durch Muskelschwäche, schnelle Ermüdung, Erschwerung des Ganges und des Gebrauchs der Hände, allgemeine Gliederschmerzen, vorzugsweise in der Muskulatur der Oberarme und Oberschenkel kund giebt.

Ich suche den Grund dieser Krankheits-Erscheinungen, die vornämlich bei den jungen Arbeiterinnen im Alter von 12 – 16 Jahren beobachtet werden, hauptpsächlich darin, daß die jugendlichen Kräfte den Anforderungen der Arbeit nicht entsprechen. Nicht bloß bei schlecht genährten schwächlichen, sondern auch bei relativ gut genährten Individuen treten diese Erscheinungen auf, sodaß [...] das Mehr der Arbeitsleistung über das Maaß der normalen Leistungsfähigkeit überhaupt angeklagt werden muß. [...]

Bei den weiblichen Arbeiterinnen beider Etablissements, namentlich der Ravensberger Spinnerei, ist die Häufigkeit von Geschwüren an den Unterschenkeln auffallend. Diese sind gewöhnlich hartnäckig, der Heilung widerstrebend und eine längere u. öftere Arbeitsunterbrechung bedingend.

Zit. nach: Johannes Altenberend: Quellen zur sozialen Frage in der Bielefelder Textil- und Wäscheindustrie. (75-Jahresbericht des Historischen Vereins für die Grafschaft Ravensberg) Bielefeld 1985. S. 178 ff.

[1] Kraftlosigkeit

[2] Ulcus cruris – „offenes Bein"; vgl. M 1.8

M 4.8 1852 — Schulen in der Zeit der Frühindustrialisierung in (Wuppertal-)Elberfeld

	Lehrer	Schüler	Ausgaben in Talern[5]	Zuschuß in Talern[5] Staat	Stadt
1 Gymnasium	13	103	8661[6]	1000	1700
1 Real- und Gewerbeschule[1]	11	173	9965	750	1200
1 höhere Töchterschule[2]	7	84	2961	—	—
17 Elementarschulen[3]	46	6633	8116	—	8002
4 Privat-Unterrichtanstalten[4]	19	330	—	—	—
Sonntags- und Abendschulen	—	—	755	—	650

Karl Coutelle: Elberfeld 1852. (Born) Wuppertal 1963. S. 180f.

[4] vor allem Mädchenschulen
[5] Kaufkraft 1 Taler ca. 100 DM 1993
[6] das Schuldgeld pro Schüler betrug 60 Taler

[4] vor allem Mädchenschulen
[5] Kaufkraft 1 Taler ca. 100 DM 1993
[6] das Schuldgeld pro Schüler betrug 60 Taler

Bürgerliche Reaktionen auf die sozialen Folgen der Industrialisierung

M 4.9 1847 – Die Erwiderung des deutschen Wirtschaftswissenschaftlers Hildebrand auf Friedrich Engels' These, daß die Industrie die Verelendung der Arbeiter bewirke

Noch mehr muß man sich aber von der Unhaltbarkeit jenes Vorurteils überzeugen, wenn man solche deutsche Gegenden in Vergleichung zieht, die in ihrer industriellen Verfassung noch ganz auf die Standpunkte des vorigen Jahrhunderts stehen und wie historische Denkmäler der Vorzeit uns die ökonomischen Zustände der Vergangenheit zur lebendigen Anschauung bringen. Zu diesen Gegenden gehört z. B. die kurhessische Provinz Oberhessen. Sie besitzt nichts von alledem, was gewöhnlich zu den Ursachen des Pauperismus und des Proletariats gerechnet wird. Sie kennt keine Fabriken und Fabrikarbeiter, keine Spinn-, Dampf- und andere Maschinen, keine Gewerbefreiheit und unbeschränkte Konkurrenz der einzelnen, sondern in alter patriarchalischer Form herrscht hier neben dem Ackerbau noch der alte Handwerksbetrieb, welcher Gesellen und Lehrlinge zu Familienmitgliedern der Meister macht [. . .].
In dem ungefähr 11 Quadratmeilen umfassenden Kreise Marburg mit 2 Städten, 88 Landgemeinden und 38561 Einwohnern (nach der Zählung von 1843) gab es in den Jahren von 1842 bis 1845 nur 4 Gewerbe, in welchen die Zahl der Gesellen die der steuerpflichtigen Meister überstiegen [. . .].
Bedenkt man nun, daß ein Handwerker in der Regel erst mit zwei Gesellen und einem Lehrling imstande ist, etwas zu erübrigen und einigen, wenn auch noch geringen, Wohlstand zu begründen, und daß ein Meister, der ohne alle Gehilfen arbeitet, eigentlich nur eine besondere Art von Taglöhner ist, so erscheint schon in den begünstigsten Gewerben die bei weitem größere Zahl der steuerpflichtigen Meister als Proletarier.

(Hildebrand vergleicht dann Löhne in England und Hessen für die Jahre 1844—46:)

Gewerbe	Wochenlohn in England Rtlr./Sgr.[1] Rtlr./Sgr.[1]	Wochenlohn in Kassel und Hanau Rtlr./Sgr.[1] Rtlr./Sgr.[1]
Schuhmacher	6/20 bis 10/—	2/— bis 2/20
Schneider	10/— bis 14/—	2/— bis 3/15
Schreiner	6/20 bis 13/10	2/15 bis 3/20
Maurer	6/— bis 10/—	2/ 6 bis 3/—

Offizielle Berichte in England geben den Wochenlohn zum Teil noch höher an.

Bruno Hildebrand: Die Nationalökonomie der Gegenwart und Zukunft. (Gustav Fischer) Jena 1922. S. 140ff. und 168.

[1] Reichstaler zu 24 Silbergroschen

M 4.10 1849 – Zielsetzungen Adolf Kolpings für den Katholischen Gesellenverein

Was dem jungen Handwerker zunächst fehlt, ist ein kräftiger moralischer Halt im Leben, eine freundlich zurechtweisende Hand, eine, wenn auch von weitem, um ihn wandelnde liebende Sorge, die sein Vertrauen verdient.

Jeder fühlt sich aber recht eigentlich behaglich unter seinesgleichen. Den genannten moralischen Halt müßte man ihm eben bei und mit seinen Genossen geben können. [...] Weiter fehlt ihm meist die Gelegenheit, sich außer der Werkstätte und dem Wirtshause irgendwo behaglich niederzusetzen und wenigstens eine Weile sich mit ernsten ihn bildenden Dingen zu befassen. Das Bedürfnis dazu liegt in der Natur des Menschen und wird nur dann verdrängt, wenn unbefriedigt er sich ohne Aufhören dem schalen Genuß der Sinne hingeben muß. Es fehlt ihm ferner die Gelegenheit, sich für seinen Beruf, für seine Zukunft gewissermaßen auszubilden, abgesehen von der technischen Fertigkeit, welche ihm die Werkstätte des Meisters mitgeben soll. Noch mehr fehlt ihm: eine passende, Geist und Gemüt wahrhaft aufrichtende und stärkende Unterhaltung und Erheiterung, wie er sie weder zu Hause, noch im Wirtshause, noch an öffentlichen Vergnügungsorten erhält. Auch muß die Religion wieder wachgerufen und aufgefrischt werden in seinem Herzen. [...]

Man richte nur in allen Städten, wenn nicht in allen größeren Gemeinden, einen freundlichen, geräumigen Saal ein, sorge am Sonn- und Feiertage, wie am Montagabend für Beleuchtung und im Winter für behagliche Wärme dazu und öffne dann dies Lokal allen jungen Arbeitern, denen es mit ihrem Leben und ihrem Stande nur immer ernst ist. Da die jungen Leute, die der Einladung folgen, Gemeinsames mit ziemlich gleichen Kräften wollen, bilden sie dadurch einen Verein, für dessen Bestehen und Gedeihen ein Vorstand von achtbaren Bürgern, die dem guten Zwecke zu dienen entschlossen sind, zu sorgen hätte, und an dessen Spitze ein Geistlicher stehen soll. [...] Da dürfte es nicht an guten Büchern, Schriften und Zeitungen fehlen, nicht bloß, die das religiöse Interesse vertreten, sondern die auch, was ja nicht zu übersehen wäre, dem bürgerlichen Leben gelten, die gewerbliche Gegenstände behandeln und so viel möglich, jedem Handwerker von Nutzen sein können [...]. Tüchtige Bürger sollen sie werden, zu tüchtigen Bürgern muß man sie erziehen. Ein tüchtiger Bürger muß ein tüchtiger Christ und ein tüchtiger Geschäftsmann sein, nun, dann muß man der betreffenden Jugend wenigstens insoweit zur Hand gehen, daß sie beides werden können.

Zit. nach: Ernst Schraepler (Hrsg.): Quellen zur Geschichte der sozialen Frage. (Musterschmidt) Göttingen 1955. Bd. 1. S. 93 ff.

M 4.11 1889 – Der saarländische Großindustrielle C. F. von Stumm-Halberg an seine Arbeiter

Stumm (1836 – 1901) war lange Jahre Reichstagsabgeordneter und ein erbitterter Feind der Gewerkschaften und der SPD; seiner Macht und seinem autoritären Denken verdankte er seinen Ruf als „König Stumm".

[...] Ich denke, wir alle werden, wie bisher, so auch für die Zukunft zeigen, daß im „Königreich Stumm", wie unsere Gegner spöttisch unser Gemeinwesen nennen, nur ein Wille regiert, und das ist der Wille Seiner Majestät des Königs von Preußen. [...]

Überall, wohin wir sehen, wird die Autorität aufrechterhalten, nötigenfalls durch Strafen gegenüber denjenigen, die sich der notwendigen Autorität nicht fügen. Von der Armee will ich hier gar nicht sprechen. Es wird vielfach behauptet, eine Analogie zwischen den Betrieben und der Armee bestehe nicht. Ich behaupte das Gegenteil [...]. In beiden Fällen ist, wenn Erfolge erzielt werden sollen, die Disziplin eine ganz unvermeidliche Voraussetzung. [...] Wenn ein Fabrikunternehmen gedeihen soll, so muß es militärisch, nicht parlamentarisch organisiert sein. [...] Wie der Soldatenstand alle Angehörigen des Heeres vom Feldmarschall bis zum jüngsten Rekruten umfaßt, und alle gemeinsam gegen den Feind ziehen, wenn ihr König sie ruft, so stehen die Angehörigen des Neunkircher Werkes wie ein Mann zusammen, wenn es gilt, die Konkurrenz sowohl wie die finsteren Mächte des Umsturzes zu bekämpfen. Bleiben wir siegreich, so ist dies zu unser aller Nutzen; unterliegen wir, so haben wir alle den Schaden davon, und Ihr sicherlich weit mehr noch als ich. Zum Siege ist aber bei uns wie in der Armee die strenge Aufrechterhaltung der Disziplin unerläßlich, welche hier wie dort mit treuer Kameradschaft nicht bloß verträglich ist, sondern geradezu deren Unterlage bildet. [...]

Das Aufhören der Autorität der Arbeitgeber [...] erscheint mir um so gefährlicher, als sie sich auf die Dauer nicht auf diejenigen Stände beschränken wird, um die es sich hier zunächst handelt. Hat der Arbeiter einmal die Autorität des Arbeitgebers über den Haufen geworfen, unterwirft er sich ihr nicht mehr, lacht er ihn einfach aus, wenn er ihn strafen will, [...] dann wird die Autorität auf anderen Gebieten, in Staat und Kirche sehr bald folgen. [...] Geschieht das aber, wird die Autorität auf der ganzen Linie, in allen Erwerbszweigen zerstört, [...] dann wird da, wo die Autorität am nötigsten ist, in der Armee, es auch nicht lange dauern, bis sie angefressen ist. [...]
Ich für meine Person würde keinen Augenblick länger an Eurer Spitze aushalten, wenn ich an die Stelle meines persönlichen Verhältnisses zu jedem von Euch das Paktieren mit einer Arbeiterorganisation unter fremder Führung setzen müßte. [...] Ein solches Verhältnis wie zu einer fremden Macht würden mir schon mein sittliches Pflichtgefühl und meine christliche Überzeugung verbieten. [...] Sollte dies jemals anders und ich in der Tat verhindert werden, den Arbeiter auch in seinem Verhalten außer dem Betriebe zu überwachen und zu rektifizieren, so würde ich keinen Tag länger mehr an der Spitze der Geschäfte bleiben, weil ich dann nicht mehr imstande sein werde, die sittlichen Pflichten zu erfüllen, welche mir mein Gewissen vor Gott und meinen Mitmenschen vorschreibt. Ein Arbeitgeber, dem es gleichgültig ist, wie seine Arbeiter sich außerhalb des Betriebes aufführen, verletzt meines Erachtens seine wichtigsten Pflichten. [...]
Was das Heiratsverbot anlangt, so habe ich [...] konstatiert, daß in meiner Arbeitsordnung von einem Verbot des Heiratens ebensowenig die Rede sei, wie von einem Verbot von Prozessen und Klagen. Es ist lediglich vorgeschrieben: der Arbeiter soll mir vorher seine Absicht anzeigen, damit ich in der Lage bin, wenn ich es für zweckmäßig halte, unnötige Klagen abzuwenden, resp. törichte Heiraten zu verhindern.

Zit. nach: Ernst Schraepler (M 4.10). Bd. 2, S. 91 ff.

M 4.12 1882 – Selbstdarstellung der Sozialleistungen der Schwerindustrie an der Ruhr

Der Text erschien in „Stahl und Eisen", der technisch-wirtschaftlichen Hauszeitschrift der Stahlindustrie.

Wer die gewerbreichen Gegenden in Rheinland-Westfalen bereist, entdeckt allenthalben schmucke Gruppen von Arbeiterwohnungen, häufig auch große Gebäude, deren Zweck als Wohlthätigkeitsanstalt für Arbeiter bezeichnet wird. Mancher stolze, in reicherem Stile aufgeführte Schachtthurm ragt wie ein Ritterburg aus Wald und Busch oder in lachendem Gefilde hervor, umgeben von musterhaften Ansiedelungen trefflicher Arbeiterwohnungen, die Sorge der Werksleitungen um das Wohl ihrer Arbeiter bekundend.
Fragt man die Leute, wo sie ihre sonstigen Lebensbedürfnisse hernehmen, so nennen sie gewöhnlich eine Consumanstalt als Bezugsquelle, indem sie gleichzeitig Güte und Billigkeit der Waren rühmen. Der Fremde wird vor dem Einfahren in den Berg.-Märk. Bahnhof zu Essen staunend sich nach dem Schöpfer der großartigen Arbeiterviertel erkundigen, die in seltener Ordnung und Sauberkeit prangen. Der ganze rheinisch-westfälische Kohlen- und Eisenbezirk erhält geradezu ein entschiedenes Gepräge durch die massenhaften Anhäufungen von Arbeitercolonieen, und wollen wir als Beispiel die Leistungen eines einzigen, allerdings des bedeutendsten Werkes hervorheben.
Die Firma Friedrich Krupp besitzt in der Nähe von Essen 3 250 gute und gesunde Familienwohnungen, in welchen ungefähr 16 000 Seelen leben. Die einzelnen Colonieen sind von breiten Straßen durchzogen, für deren Beleuchtung durch Gaslaternen hinreichend gesorgt ist. Die Wasserleitung der Gußstahlfabrik liefert von der Ruhr her in genügender Menge gesundes Wasser. Der jährliche Miethzins für die Familienwohnungen von 2 bis 4 Räumen, Keller- und Bodengelaß eingeschlossen, beträgt zwischen 66 und 180 Mark. [...]
Die Consumanstalten beschäftigen 270 Personen und besitzen 27 Verkaufsstellen. Der jährliche Umschlag beträgt annähernd $2^1/_2$ Millionen Mark. Alle Verkäufe geschehen gegen Baarzahlung. Gewinn soll bestimmungsmäßig nicht erzielt werden, und sind thatsächlich bis jetzt Zuschüsse erforderlich gewesen. Es muß be-

merkt werden, daß die Consumanstalt keine Genossenschaft der Arbeiter, sondern ein für die letzteren bestimmtes gemeinnütziges Unternehmen der Firma ist, welches für deren Rechnung geführt wird.
Ganz besondere Sorgfalt ist dem Schulwesen gewidmet. Der Gemeinde Altendorf sind Schulgebäude mit 20 Schulzimmern unentgeltlich zur Verfügung gestellt. Für die Colonieen Cronenberg und Schederhof besteht eine eigene Privat-Volksschule, an welcher außer dem Rector 8 Klassenlehrer, 4 Klassenlehrerinnen und 3 Hilfslehrerinnen wirken.

Zit. nach: Horst Mönnich: Aufbruch ins Revier – Aufbruch nach Europa (Hoesch 1871–1971). (Bruckmann) München 1971. S. 184 f.

M 4.13 1914[1] – Die Lösung der sozialen Frage in einem Lesebuch für Volksschüler

Unser Kaiser und die arme Witwe.

Unsere siegreichen Soldaten waren aus Frankreich heimgekehrt. Sie nahmen ihre Arbeit wieder auf, die sie beim Beginn des Krieges hatten verlassen müssen. Aber da war einer darunter in der Stadt Essen, dem die Arbeit bald recht sauer wurde. Und als er einen Arzt befragte, sagt der: „Lieber Mann, der Krieg hat Ihre Gesundheit angegriffen. Suchen Sie sich eine leichtere Beschäftigung." Der Mann befolgte den Rat des Arztes und verdiente so viel, wie zur Ernährung seiner Familie nötig war. Aber als das Jahr 1889 ins Land kam, da war seine Kraft dahin, und er legte sich hin und starb. Seine Witwe mit ihren drei Kindern wußte nun nicht, wovon sie weiter leben sollten. Da ging sie in die Wohnung wohlhabender Leute und half ihnen bei der Arbeit. Aber das, was sie damit verdiente, reichte nicht aus zum Unterhalt der Familie. Die Wangen ihrer Lieben wurden täglich blasser, und bald war die Not auf das höchste gestiegen. Da dachte sie in ihrem Herzen: Wenn du dem Kaiser in Berlin dein Elend offenbarst, so wird er dir helfen. Und sie setzte sich hin und schrieb einen Brief an Kaiser Wilhelm. Darin schilderte sie ihm ihre traurige Lage und bat ihn, ihr doch aus dem allergrößten Jammer zu helfen. Als sie den Brief abgeschickt hatte, da zogen wieder Mut und Fröhlichkeit bei ihr ein. Und ihre Hoffnung auf das milde Herz unserers Kaisers sollte nicht zuschanden werden. Gar bald trat ein Mann in Uniform in ihre Wohnung und legte ihr gegen Quittung bare hundertundzwanzig Mark auf den Tisch. Und als der Mann die Quittung von den draufgefallenen Freudentränen der Witwe getrocknet hatte, ging er still hinaus. Aber der Mann hatte auch einen Brief mitgebracht. Als die Witwe den öffnete, da flossen die Tränen abermals. Und wiederum waren es Tränen des Dankes. Denn in dem Briefe stand, daß ihr der Kaiser außer dem Gnadengeschenk eine monatliche Unterstützung von 27 Mark gewähre.
Die drei Kinder der Witwe sind jetzt erwachsen und können selbst für sich sorgen. Die Mutter aber unterschreibt noch jeden Monat eine Quittung über richtig empfangene 27 Mark.

Lesebuch für die katholischen Volksschulen der Rheinprovinz. Zweiter Teil: Mittelstufe. (Crüwell) Dortmund 1914. S. 287

[1] wahrscheinlich schon vor 1900 geschrieben

Die Entstehung des Klassenbewußtseins und der Organisationen der Arbeiter

M 4.14 1833 – Flugschrift des Deutschen Volksvereins in Paris

Emigranten aus Deutschland, wo nach 1815 alle demokratischen Bestrebungen massiv verfolgt wurden, gaben in Paris eine Folge von Schriften zur politischen Information und Aktivierung deutscher Handwerker und Arbeiter heraus.

„Wenn Ihr bei schwerer Arbeit arm und elend seid zum Nutzen schwelgender Müßiggänger", heißt es in unserer letzten Epistel[1], „so kommt dies daher, daß die Müßiggänger das Geheimnis gefunden haben, Euch für sich arbeiten zu lassen, ohne daß Ihr es merkt, und was mehr ist, Euch glauben zu lassen, daß sie Euch eine Gunst und eine Wohltat erzeigen, indem sie Euch gestatten, für ihre Wollüste Euren Schweiß zu vergießen."
Worin besteht aber dies Geheimnis? Die Antwort auf diese Frage sollt Ihr heute vernehmen. Es war vor alters eine Zeit, in welcher es weder Arme gab noch Reiche noch Müßiggänger. Jeder lebte da glücklich und zufrieden von seiner Hände Arbeit, und nur denen, welchen der Hagelschlag die Ernten verwüstet oder Raubtiere

die Herden vernichtet oder welche durch Krankheiten oder sonst unverschuldete Unglücksfälle um das ihrige gekommen waren, teilte man gastfreundlich und brüderlich mit.
Damals gab es weder Fron- noch Zehntherren noch unbarmherzige Fabrikbesitzer und Handwerksmeister; damals kamen keine Steuer und Akzisbeamte[2], keine Gerichtsschergen[3] und Mautdiener[4], um dem armen, unglücklichen Hausvater sein letztes Scherflein abzupressen. [...] Damals waren Arbeitsamkeit und Wohlstand allgemein, und die Bande wahrer Gleichheit und Brüderlichkeit umzogen alle Menschen. Doch dieser schöne Zustand dauerte nicht lange. Denn auch damals gab es Leute, welche durch größere Geschicklichkeit und List sich mehr zu erwerben wußten als ihre Mitbrüder. Diese nun, vertrauend auf ihre angesammelten Schätze, verfielen in Müßiggang, der Müßiggang führte sie zum Laster und zur Armut, und so kam es gar bald, daß sie sich in Banden zusammentaten, um durch Raub zu erbeuten, was die Besseren sich durch schwere Arbeit erwarben.
Diese Räuberbanden nun zogen im Lande umher, eroberten die schönsten Güter, unterwarfen sich deren Besitzer und zwangen sie, als Leibeigene oder Fronknechte da fortzuarbeiten, wo sie früher als freie und rechtmäßige Eigentümer gewaltet hatten.
Doch auch dieser Zustand genügte den neuen Raubherren noch nicht. Voller Furcht, die Beraubten, an Zahl weit stärker als sie selbst, möchten sich ihrerseits verbinden und das aufgezwängte Joch abschütteln, verständigten sie sich mit verschmitzten Betrügern, welche die Religion verkehrten und verkündeten: „es sei göttlicher Wille, daß es Herren gebe und Untertanen“, da doch Christus mit klaren Worten sagt: *„Ihr sollt keinen Herrn unter Euch dulden.“* Und diese Betrüger nannten sie *Priester.*

Zit. nach: Wolfgang Schieder: Die Anfänge der deutschen Arbeiterbewegung. (Klett) Stuttgart 1963. S. 337

[1] Brief
[2] Steuerbeamte
[3] Gerichtsdiener (Polizisten)
[4] Zollbeamte

M 4.15 1838 – Die Schwierigkeiten eines jungen Handwerksgesellen, seine Rolle als Arbeiter zu begreifen

In der Pollakischen[1] Fabrik, die nun meine Werkstatt war, traf ich zu meiner Freude einen Landsmann. War mir aber doch neu und bisher nit unterlaufen, daß ich nit beim Meister logieren[2] sollte. Wäre aber wohl ein schwieriges Stück, wenn die vielen Gesellen der Pollakischen Fabrik ein gemeinsames Losament[3] finden sollten, zumal nit wenig verheiratet waren und Kinder hatten. Ist überhaupt in einer Fabrik, wie der hiesigen, anders als in einem meisterischen Hause und kein Zusammenhalt nit unter den Gesellen. Läuft jeder seinen Weg und dreht sich nit viel nach dem anderen. Eine zunftmäßige Aufführung ist überall unter den Kollegen nit zu finden und kein Umgang, wie unter ordentlichen Gesellen. Zudem gefällt mir das Arbeiten nit, dieweil jeder den langen Tag die gleiche Arbeit verrichten muß und dabei das Ganze aus den Augen verliert. Muß wohl in einer Fabrik solcherweis geschehen, kann mich aber nit darein schicken und mein immer, ich triebe mein Gewerb nur halb. [...]

Zit. nach: Günter Schönbrunn (Hrsg.): Das bürgerliche Zeitalter (Bayr. Schulbuchverlag) München 1980, S. 761

[1] Fabrik des Herrn Pollak in Prag
[2] wohnen
[3] Wohnung

M 4.16 1848 – Karl Marx und Friedrich Engels: Das kommunistische Manifest (Auszüge)

Dieses Grunddokument fand zunächst nur wenig Verbreitung; die zweite deutsche Auflage erschien erst 1872; dann begann seine rasche Verbreitung.

Die Geschichte aller bisherigen Gesellschaft ist die Geschichte von Klassenkämpfen.
Freier und Sklave, Patrizier und Plebejer, Baron und Leibeigner, Zunftbürger und Gesell, kurz, Unterdrücker und Unterdrückte standen in stetem Gegensatz zueinander, führten einen ununterbrochenen, bald versteckten, bald offenen Kampf, einen Kampf, der jedesmal mit einer revolutionären Umgestaltung der ganzen Gesellschaft endete oder mit dem gemeinsamen Untergang der kämpfenden Klassen.

In den früheren Epochen der Geschichte finden wir fast überall eine vollständige Gliederung der Gesellschaft in verschiedene Stände, eine mannigfaltige Abstufung der gesellschaftlichen Stellungen. [...]

Unsere Epoche, die Epoche der Bourgeoisie zeichnet sich jedoch dadurch aus, daß sie die Klassengegensätze vereinfacht hat. Die ganze Gesellschaft spaltet sich mehr und mehr in zwei große feindliche Lage, in zwei große, einander direkt gegenüberstehende Klassen: Bourgeoisie und Proletariat. [...]

Wir sehen also, wie die moderne Bourgeoisie selbst das Produkt eines langen Entwicklungsganges, einer Reihe von Umwälzungen in der Produktions- und Verkehrsweise[1] ist. Jede dieser Entwicklungsstufen der Bourgeoisie war begleitet von einem entsprechenden politischen Fortschritt. Unterdrückter Stand unter der Herrschaft der Feudalherren, bewaffnete und sich selbst verwaltende Assoziation[2] in der Kommune, hier unabhängige städtische Republik, dort dritter steuerpflichtiger Stand der Monarchie, dann zur Zeit der Manufaktur Gegengewicht gegen den Adel in der ständischen oder in der absoluten Monarchie und Hauptgrundlage der großen Monarchien überhaupt, erkämpfte sie sich endlich seit der Herstellung der großen Industrie und des Weltmarktes im modernen Repräsentativstaat[3] die ausschließliche politische Herrschaft. Die moderne Staatsgewalt ist nur ein Ausschuß, der die gemeinschaftlichen Geschäfte der ganzen Bourgeoisklasse verwaltet.

Die Bourgeoisie hat in der Geschichte eine höchst revolutionäre Rolle gespielt.

Die Bourgeoisie, wo sie zur Herrschaft gekommen, hat alle feudalen, patriarchalischen, idyllischen Verhältnisse zerstört. Sie hat die buntscheckigen Feudalbande, die den Menschen an seinen natürlichen Vorgesetzten knüpften, unbarmherzig zerrissen und kein anderes Band zwischen Mensch und Mensch übriggelassen als das nackte Interesse[4], als die gefühllose „bare Zahlung". [...]

Die Bourgeoisie kann nicht existieren, ohne die Produktionsinstrumente, also die Produktionsverhältnisse[5], also sämtliche gesellschaftlichen Verhältnisse fortwährend zu revolutionieren. Unveränderte Beibehaltung der alten Produktionsweise war dagegen die erste Existenzbedingung aller früheren industriellen Klassen. Die fortwährende Umwälzung der Produktion, die ununterbrochene Erschütterung aller gesellschaftlichen Zustände, die ewige Unsicherheit und Bewegung zeichnet die Bourgeoisepoche vor allen früheren aus. [...]

Die Bourgeoisie hebt mehr und mehr die Zersplitterung der Produktionsmittel, des Besitzes und der Bevölkerung auf. Sie hat die Bevölkerung agglomeriert[6], die Produktionsmittel zentralisiert und das Eigentum in wenigen Händen konzentriert. Die notwendige Folge hiervon war die politische Zentralisation. Unabhängige, fast nur verbündete Provinzen mit verschiedenen Interessen, Gesetzen, Regierungen und Zöllen wurden zusammengedrängt in *eine* Nation, *eine* Regierung, *ein* Gesetz, *ein* nationales Klasseninteresse, *eine* Douanenlinie[7].

Die Bourgeoisie hat in ihrer kaum hundertjährigen Klassenherrschaft massenhaftere und kolossalere Produktionskräfte geschaffen als alle vergangenen Generationen zusammen. Unterjochung der Naturkräfte, Maschinerie, Anwendung der Chemie auf Industrie und Ackerbau, Dampfschiffahrt, Eisenbahnen, elektrische Telegrafen, Urbarmachung ganzer Weltteile, Schiffbarmachung der Flüsse, ganze aus dem Boden hervorgestampfte Bevölkerungen. [...]

Die bürgerlichen Produktions- und Verkehrsverhältnisse, die bürgerlichen Eigentumsverhältnisse, die moderne bürgerliche Gesellschaft, die so gewaltige Produktions- und Verkehrsmittel hervorgezaubert hat, gleicht dem Hexenmeister, der die unterirdischen Gewalten nicht mehr zu beherrschen vermag, die er heraufbeschwor. Seit Dezennien[8] ist die Geschichte der Industrie und des Handels nur noch die Geschichte der Empörung der modernen Produktivkräfte gegen die modernen Produktionsverhältnisse[9], gegen die Eigentumsverhältnisse, welche die Lebensbedingungen der Bourgeoisie und ihrer Herrschaft sind. Es genügt, die Handelskrisen zu nennen, welche in ihrer periodischen Wiederkehr immer drohender die Existenz der ganzen bürgerlichen Gesellschaft in Frage stellen. In den Handelskrisen wird ein großer Teil nicht nur der erzeugten Produkte, sondern sogar der bereits geschaffenen Produktivkräfte regelmäßig vernichtet.[10] In den Krisen bricht eine gesellschaftliche Epidemie aus, welche allen früheren Epochen als ein Widersinn erschienen wäre – die Epidemie der Überproduktion. Die Gesellschaft findet sich plötzlich in einen Zustand momentaner Barbarei zurückversetzt; eine Hungersnot, ein allgemeiner Verwüstungskrieg scheinen ihr alle Lebensmittel abgeschnitten zu

haben; die Industrie, der Handel scheinen vernichtet, und warum? [...]
Die Waffen, womit die Bourgeoisie den Feudalismus zu Boden geschlagen hat, richten sich jetzt gegen die Bourgeoisie selbst.
Aber die Bourgeoisie hat nicht nur die Waffen geschmiedet, die ihr den Tod bringen; sie hat auch die Männer gezeugt, die diese Waffen führen werden – die modernen Arbeiter, die *Proletarier.*
In demselben Maße, worin sich die Bourgeoisie, d. h. das Kapital, entwickelt, in demselben Maße entwickelt sich das Proletariat, die Klasse der modernen Arbeiter, die nur so lange leben, als sie Arbeit finden, und die nur so lange Arbeit finden, als ihre Arbeit das Kapital vermehrt. Diese Arbeiter, die sich stückweis[11] verkaufen müssen, sind eine Ware wie jeder andere Handelsartikel und daher gleichmäßig allen Wechselfällen der Konkurrenz, allen Schwankungen des Marktes ausgesetzt.
Die Arbeit der Proletarier hat durch die Ausdehnung der Maschinerie und die Teilung der Arbeit allen selbständigen Charakter und damit allen Reiz für den Arbeiter verloren. Er wird ein bloßes Zubehör der Maschine, vor dem nur der einfachste, eintönigste, am leichtesten erlernbare Handgriff verlangt wird. Die Kosten, die der Arbeiter verursacht, beschränken sich daher fast nur auf die Lebensmittel, die er zu seinem Unterhalt und zur Fortpflanzung seiner Rasse bedarf. Der Preis einer Ware, also auch der Arbeit, ist aber gleich ihren Produktionskosten. In demselben Maße, in dem die Widerwärtigkeit der Arbeit wächst, nimmt daher der Lohn ab. Noch mehr, in demselben Maße, wie Maschinerie und Teilung der Arbeit zunehmen, in demselben Maße nimmt auch die Masse der Arbeit zu, sei es durch Vermehrung der Arbeitsstunden, sei es durch Vermehrung der in einer gegebenen Zeit geforderten Arbeiten, beschleunigten Lauf der Maschinen usw. [...]
Aber mit der Entwicklung der Industrie vermehrt sich nur das Proletariat; es wird in größeren Massen zusammengedrängt, seine Kraft wächst, und es fühlt sie mehr. Die Interessen, die Lebenslagen innerhalb des Proletariats gleichen sich immer mehr aus, indem die Maschinerie mehr und mehr die Unterschiede der Arbeit verwischt und den Lohn fast überall auf ein gleich niedriges Niveau herabdrückt[12]. Die wachsende Konkurrenz der Bourgeois unter sich und die daraus hervorgehenden Handelskrisen machen den Lohn der Arbeiter immer schwankender; die immer rascher sich entwickelnde, unaufhörliche Verbesserung der Maschinerie macht ihre ganze Lebensstellung immer unsicherer; immer mehr nehmen die Kollisionen zwischen dem einzelnen Arbeiter und dem einzelnen Bourgeois den Charakter von Kollisionen zweier Klassen an. Die Arbeiter beginnen damit, Koalitionen[13] gegen den Bourgeois zu bilden; sie treten zusammen zur Behauptung ihres Arbeitslohnes. [...]
Von allen Klassen, welche heutzutage der Bourgeoisie gegenüberstehen, ist nur das Proletariat eine wirklich revolutionäre Klasse. Die übrigen Klassen verkommen und gehen unter mit der Industrie, das Proletariat ist ihr eigenstes Produkt. [...]

Karl Marx, Friedrich Engels: Werke (MEW). (Dietz) Berlin 1956 ff. Bd. 4. S. 462 ff.

1 Verkehrsweise – Rechtsverhältnisse
2 Vereinigung gleichberechtigter Personen
3 parlamentarische Demokratie und konstitutionelle Monarchie
4 Interesse – Zins, Gewinn
5 Eigentumsverhältnisse
6 zusammengeballt
7 Zollgrenze
8 Jahrzehnte
9 Eigentumsverhältnisse
10 Folge der Konjunkturkrisen
11 stundenweise
12 Angleichung aller Löhne auf niedrigem Niveau
13 Vereinigungen, Gewerkschaften

M 4.17 1848 – Rundschreiben der Fabrikarbeiterversammlung zu Köln

An die Herren Inhaber von Fabriken!
Die Zeit der Heuchelei ist vorbei. Wenn es galt, die Konkurrenz mit auswärtigen Fabrikanten zu bestehen, dann haben nicht Sie Opfer gebracht, sondern unser Lohn wurde gedrückt; – wenn es galt die Fabrikate anderer heimischer Produzenten von ihren Märkten zu verdrängen, mußten wir für denselben Lohn länger und mehr arbeiten, – wenn es galt, eine künstliche Teuerung der Waren zu bewirken, dann brachten Sie Ihre Fabriken zum Stillstande, unbekümmert, ob Hunderte dadurch zugrunde gingen.

Bedarf [es] der Zeugen? Ihr eigener großer Reichtum und unser aller tiefes Elend sprechen lauter als alle Worte. Sie sind reich geworden durch unsere Arbeit, durch unseren Schweiß und die Zerrüttung unseres Körpers; – an Ihnen ist es also, zunächst für die Verwirklichung unserer Forderungen Sorge zu tragen. Wir verlangen:

1. Alle Fabrikarbeiter, welche vom 8. April an entlassen wurden, sollen sofort wieder in Arbeit genommen werden, vorausgesetzt, daß nicht ein gesetzlich begründetes Verbrechen oder Vergehen gegen sie kann geltend gemacht werden.
2. Die Arbeitsstunden sollen mit dem Schlage sechs Uhr morgens beginnen und mit dem Schlage sechs Uhr abends aufhören, mit der ausdrücklichen Bedingung, daß dem Arbeiter morgens eine halbe Stunde zum Frühstück, mittags eine halbe Stunde zum Essen und nachmittags eine halbe Stunde zum Kaffee gelassen werde.
3. Jede Mehrarbeit soll nach Maßgabe des Tageslohns bezahlt werden.
4. Das Zuspätkommen der Arbeiter soll entweder durch Nacharbeit oder durch Abhalten des Tageslohnes für die versäumte Zeit im Verhältnis[1] zum gleichen Tageslohn bestraft werden – diese Strafgelder werden dem Fabrikarbeiter-Verein zur Verfügung gestellt.
5. Die Weiber und Kinder erkrankter Arbeiter werden drei Monate hindurch mit der Hälfte des von letzterem bezogenen Tageslohnes unterstützt.
6. Der Lohn eines erwachsenen Arbeiters soll nicht weniger als zwanzig Silbergroschen täglich betragen und
7. Es soll, von den Behörden veranlaßt, ein Schiedsgericht aus einer gleichen Zahl von Arbeitern und Fabrikherren gebildet werden, damit aller und jeder Willkür von beiden Parteien vorgebeugt werde, und vorkommende Mißhelligkeiten können geschlichtet werden.

Wir erwarten, daß Sie diese Forderungen genehmigen werden, in Ihrem eigenen Interesse. Zwischen der Not unseres Elends und einer raschen Tat der Verzweiflung bleibt uns keine Wahl. Die Verantwortlichkeit kommt über Sie.

Zit. nach: Josef Hansen, Heinz Boberach: Rheinische Briefe und Akten zur Geschichte der politischen Bewegung 1830 – 1880. Band 2,2 (Hanstein) Köln u. Bonn 1976. S. 79

[1] nur proprotional der versäumten Zeit, vgl. M 4.8

M 4.18 1850 – Das preußische Vereinsrecht

§ 4. Die Ortspolizeibehörde ist befugt, in jede Versammlung, in welcher öffentliche Angelegenheiten erörtert [...] werden sollen, einen oder zwei Polizeibeamte oder eine oder zwei andere Personen als Abgeordnete[1] zu senden. Die Abgeordneten dürfen, wenn sie Polizeibeamte sind, nur in ihrer Dienstkleidung oder unter ausdrücklicher Kundgebung ihrer dienstlichen Eigenschaft erscheinen. Sind sie nicht Polizeibeamte, so müssen sie durch besondere Abzeichen erkennbar sein.

Den Abgeordneten[1] muß ein angemessener Platz eingeräumt, ihnen auch auf Erfordern durch den Vorsitzenden Auskunft über die Person der Redner gegeben werden. [...]

§ 8. Für Vereine, welche bezwecken, politische Gegenstände in Versammlungen zu erörtern, gelten außer vorstehenden Bestimmungen nachstehende Beschränkungen:

a) Sie dürfen keine Frauenspersonen, Schüler und Lehrlinge als Mitglieder aufnehmen;

b) sie dürfen nicht mit anderen Vereinen gleicher Art zu gemeinsamen Zwecken in Verbindung treten, insbesondere nicht durch Komite's, Ausschüsse, Central-Organe oder ähnliche Einrichtungen oder durch gegenseitigen Schriftwechsel. Werden diese Beschränkungen überschritten, so ist die Ortspolizeibehörde berechtigt, vorbehaltlich des gegen die Betheiligten gesetzlich einzuleitenden Strafverfahrens, den Verein bis zur ergehenden richterlichen Entscheidung (§ 16) zu schließen.

Frauenspersonen, Schüler und Lehrlinge dürfen den Versammlungen und Sitzungen solcher politischer Vereine nicht beiwohnen.

Gesetz-Sammlung für die Koeniglichen Preußischen Staaten. Berlin 1850. S. 277

[1] Abgeordneter – hier: Polizeibeamter oder anderer Behördenvertreter!

M 4.19 1855 – Polizei und Militär beim Färberstreik in Elberfeld und Barmen. Bericht des Polizeidirektors an den Regierungspräsidenten in Düsseldorf

[...] Wir haben hier in Barmen gegen 1 500 Türkischroth Färber; sollten dieselben nun, wie es wahrscheinlich ist, am Montag sämmtlich nicht arbeiten wollen, oder gar einige Arbeitende zu verhindern suchen, so würde allerdings ein Masseneinschreiten um so nothwendiger erscheinen, als die ersten Angriffe bekanntlich die wichtigsten u. entscheidendsten sind. Für diesen möglichen Fall bitte ich um hochgeneigten telegraphischen Bescheid ob ich eventuell auf militärische Hilfe von Düsseldorf rechnen kann, welche ich selbstredend nur im äußersten Nothfall bei Euer Hochwohlgeboren erbitten würde. Augenblicklich zeigt sich der große Übelstand des Mangels einer Garnison, der zwar der Polizei weniger kraftlähmend ist, weil wir gern unser Möglichstes thun, der aber grade der Masse gegenüber diese zu Dingen verleiten könnte, welche bei dem bloßen Vorhandensein auch nur einer Kompagnie Militärs sicher von selbst unterbleiben würden.

Zit. nach: Wolfgang Köllmann: Wuppertaler Färbergeselleninnung und Färbergesellenstreiks 1848 – 1857. (Steiner) Wiesbaden 1962, S. 54.

M 4.20 1875 – Programm der Sozialistischen Arbeiterpartei Deutschlands (Gothaer Programm, Auszüge)

I. Die Arbeit ist die Quelle alles Reichtums und aller Kultur, und da allgemein nutzbringende Arbeit nur durch die Gesellschaft möglich ist, so gehört der Gesellschaft, das heißt allen ihren Gliedern, das gesamte Arbeitsprodukt, bei allgemeiner Arbeitspflicht, nach gleichem Recht, jedem nach seinen vernunftgemäßen Bedürfnissen.

In der heutigen Gesellschaft sind die Arbeitsmittel Monopol der Kapitalistenklasse; die hierdurch bedingte Abhängigkeit der Arbeiterklasse ist die Ursache des Elends und der Knechtschaft in allen Formen. [...]

Die Sozialistische Arbeiterpartei Deutschlands, obgleich zunächst im nationalen Rahmen wirkend, ist sich des internationalen Charakters der Arbeiterbewegung bewußt und entschlossen, alle Pflichten, welche derselbe den Arbeitern auferlegt, zu erfüllen, um die Verbrüderung aller Menschen zur Wahrheit zu machen.

Die Sozialistische Arbeiterpartei Deutschlands fordert, um die Lösung der sozialen Frage anzubahnen, die Errichtung von sozialistischen Produktivgenossenschaften mit Staatshilfe unter der demokratischen Kontrolle des arbeitenden Volkes. Die Produktivgenossenschaften sind für Industrie und Ackerbau in solchem Umfange ins Leben zu rufen, daß aus ihnen die sozialistische Organisation der Gesamtarbeit entsteht.

Die Sozialistische Arbeiterpartei fordert als Grundlagen des Staates:

1. Allgemeines, gleiches, direktes Wahl- und Stimmrecht, mit geheimer und obligatorischer Stimmabgabe aller Staatsangehörigen vom zwanzigsten Lebensjahre an für alle Wahlen und Abstimmungen in Staat und Gemeinde. Der Wahl- und Abstimmungstag muß ein Feiertag sein.
2. Direkte Gesetzgebung durch das Volk. Entscheidung über Krieg und Frieden durch das Volk.
3. Allgemeine Wehrhaftigkeit. Volkswehr anstelle der stehenden Heere.
5. Rechtsprechung durch das Volk. Unentgeltliche Rechtspflege.
6. Allgemeine und gleiche Volkserziehung durch den Staat. Allgemeine Schulpflicht. Unentgeltlicher Unterricht in allen Bildungsanstalten. Erklärung der Religion zur Privatsache.

Zit. nach: Klaus Peter Schulz: Proletarier, Klassenkämpfer, Staatsbürger. (Kindler) München 1963. S. 229 ff.

M 4.21 1887 – Populäre Zukunftsvisionen: „Ein Rückblick aus dem Jahr 2000 auf das Jahr 1887". Ein sozialistischer Bestseller

Das Buch des Amerikaners Edward Bellamy aus dem Jahre 1887 war eines der erfolgreichsten Bücher der Arbeiterbewegung binnen drei Jahren waren in den USA 300 000 Exemplare verkauft, in Großbritannien die 21. Auflage erreicht! Bellamy „erfand" für seine Zukunftswelt Fernsehen, HiFi-Stereophonie und Scheckkarte. Er ließ einen Menschen des Jahres 2000 — den Historiker Dr. Leete — die Verwandlung der kapitalistischen Gesellschaft der USA in eine sozialistische gegenüber einem Zeitgenossen des Jahres 1887 beschreiben.

„Am Anfange des letzten Jahrhunderts *(d. h. kurz nach 1900)* war der Entwicklungsprozeß durch die schließliche Konsolidierung[1] des gesamten Kapitals der Nation vollendet. Industrie und Handel des Landes, nicht mehr durch eine Gruppe unverantwortlicher aus Privatpersonen bestehender Korporationen[2] und Aufsichtsräte nach eigener Laune und für eigenen Nutzen geleitet, waren einem einzigen Aufsichtsrat, welcher das Volk repräsentierte, anvertraut, um im Interesse und zum Nutzen Aller geregelt zu werden. Das heißt, die Nation organisierte sich zu dem einen großen Geschäftsverbande, in welchem alle anderen Verbände aufgingen; sie wurde der einzige Kapitalist, an Stelle aller anderen Kapitalisten, der einzige Unternehmer, der letzte Monopolist, der alle früheren und kleineren Monopole verschlang, ein Monopolist, an dessen Gewinn und Ersparnis alle Bürger Teil hatten. Die Epoche der Ringe hatte mit ‚dem großen Ring'[3] geendigt. Mit einem Worte, das Volk der Vereinigten Staaten beschloß, die Leitung seines Geschäfts selbst in die Hand zu nehmen. [. . .] Die nationale Organisation der Arbeiter unter einer Leitung war die vollständige Lösung dessen, was zu Ihrer Zeit und unter Ihren Eltern mit Recht als die unlösbare Arbeiterfrage angesehen wurde. Als die Nation der einzige Unternehmer ward, da wurden alle Bürger infolge ihres Bürgerrechts Arbeiter, die den Bedürfnissen der Industrie gemäß verteilt wurden."

„Das heißt", bemerkte ich, „Sie haben einfach das Prinzip der allgemeinen Wehrpflicht, wie es zu meiner Zeit verstanden wurde, auf die Arbeiterfrage angewandt."

„Ja", sagte Doktor Leete, „das war etwas, was sich von selbst ergab, als die Nation der einzige Kapitalist geworden war. Das Volk war bereits an die Vorstellung gewöhnt, daß die Wehrpflicht jedes nicht physisch unfähigen Bürgers, welche die Verteidigung der Nation sicherte, eine gleiche und absolute sei. Daß es in gleicher Weise die Pflicht jedes Bürgers sei, für den Unterhalt der Nation seinen Teil gewerblicher oder geistiger Arbeit beizusteuern, war gleich augenscheinlich, obwohl erst, als der Staat der Arbeitgeber wurde, die Bürger diese Dienstpflicht mit einem Scheine der Allgemeinheit oder Gleichheit erfüllen konnten.

Da des einzelnen Zufriedenheit während seiner Dienstzeit dadurch bedingt ist, daß er eine Beschäftigung hat, die nach seiner Neigung ist, so achten Eltern und Lehrer schon von den ersten Jahren an auf Anzeichen einer besonderen Anlage der Kinder. Ein wichtiger Teil unserer Erziehung ist das eingehende Studium unseres nationalen[4] Industriesystems und seiner Geschichte, sowie die Kenntnis der Anfangsgründe aller großen Gewerbe. Während die industrielle Ausbildung nicht die allgemeine geistige Kultur, welche in unsern Schulen angestrebt wird, beeinträchtigen darf, wird sie doch hinreichend betrieben, um unserer Jugend neben der theoretischen Kenntnis der nationalen[4] Industrien eine gewisse Vertrautheit mit den Werkzeugen und deren Anwendung zu verschaffen. Unsere Schüler besuchen häufig unsere Werkstätten, und man macht oft längere Ausflüge mit ihnen, damit sie gewisse industrielle Unternehmungen kennen lernen." [. . .]

(Der Gast in der Zukunft, der aus dem Boston des Jahres 1887 kommt, interessiert sich für die Situation der Frau:)

„Werden an die Frauen ebenso wie an die Männer Kreditkarten[5] ausgegeben?"

„Gewiß."

„Der Kredit der Frauen lautet wohl auf geringere Summen, da sie infolge ihrer Familienpflichten ihre Arbeit häufig unterbrechen müssen?"

„Geringere!" rief Dr. Leete aus. „O nein! Der Unterhalt aller unserer Leute ist der gleiche. Es giebt von dieser Regel keine Ausnahme; aber wenn, mit Rücksicht auf die Unterbrechungen, von denen Sie reden, ein Unterschied gemacht werden sollte, so würde es der sein, daß der Kredit der Frauen größer und nicht kleiner gemacht werden würde. Können Sie sich einen Dienst denken, der einen größeren Anspruch auf die Dankbarkeit der Nation gäbe, als das Gebären und Ernähren der Kinder der Nation? Nach unserer Ansicht macht sich niemand so verdient um die Welt als gute Eltern. [. . .]

Zu Ihrer Zeit machte die Thatsache, daß die Frauen in ihrem Unterhalt von den Männern abhängig waren, die Frauen in Wirklichkeit zu dem hauptsächlich gewinnenden Teile. Diese Thatsache scheint, soweit wir nach den zeitgenössischen Berichten urteilen können, unter den niederen Klassen mit ziemlicher Offenheit anerkannt worden zu sein, während sie in den feineren Gesellschaftskreisen durch ein System gekünstelter Formen bemäntelt wurde, welches die gerade entgegengesetzte Meinung erwecken sollte, nämlich daß der Mann der hauptsächlich gewinnende Teil sei. Um diesen konventionellen Schein aufrecht zu erhalten, war es notwendig, daß stets der Mann die Rolle des Freiers spielte. Nichts wäre daher für unschicklicher gehalten worden, als wenn eine Frau ihre Zuneigung zu einem Manne verraten hätte, bevor er den Wunsch ausgedrückt hatte, sie zu heiraten. Ja, wir haben wirklich in unseren Bibliotheken von

Schriftstellern Ihrer Tage Bücher, die zu keinem anderen Zwecke geschrieben worden waren, als um die Frage zu erörtern, ob unter irgend welchen denkbaren Umständen eine Frau, ohne ihrem Geschlechte Unehre zu machen, unaufgefordert ihre Liebe offenbaren dürfe. Alles dies erscheint uns äußerst absurd, und doch wissen wir, daß unter den damals gegebenen Umständen dieses Problem eine ernsthafte Seite haben mochte."

Zit. nach: Edward Bellamy: Ein Rückblick aus dem Jahr 2000 auf das Jahr 1887. (Reclam) Leipzig o. J. (1919). S. 43ff. und 212ff.

1 Zusammenschluß
2 Gesellschaften
3 ▷ Kartelle und Syndikate
4 staatlichen
5 in Bellamys Utopie gibt es kein Bargeld, aber auf „Kreditkarten" gespeicherte Kaufkraft

Eine Fallstudie – der Bergarbeiterstreik an der Ruhr von 1889

Der Bergarbeiterstreik von 1889 war ein folgenreiches Ereignis: Erstmals wurden Arbeiterführer – dazu noch ein Streik-Komitee – vom Kaiser empfangen; es entstand in dieser gewerkschaftlich unterorganisierten Branche eine sozialistische Gewerkschaft, und der Staat begann, sich Gedanken über eine Regelung und Institutionalisierung der Arbeitskonflikte in der Industrie zu machen.

M 4.22 Die Ereignisse des Jahres 1889

13. 1. – Delegiertenversammlung der Knappenvereine: Forderungen zu Krankenversicherung, Lohn, Arbeitszeit

10. 3./8. 4. – neue Versammlungen: Forderung nach 15% mehr Lohn

ab 25. 4. – Streiks von Pferdejungen und Schleppern in Bochum und Essen

ab 3. 5. – Beteiligung auch der Hauer (vollqualifizierte Bergleute)

ab 4.5. — Zusammenstöße von Bergleuten mit Zechenbeamten und Polizei.

7.5. – Während der Regierungspräsident in Düsseldorf, von Berlepsch, besonnen reagiert und kein Militär einsetzt, kommt es in Bochum (Reg.-Bez. Arnsberg) zum Eingreifen des Militärs; es gibt Tote und Verletzte.

10. 5. – Schaffung eines zentralen Streikausschusses in Dortmund; Gedanke, eine Delegation an den Kaiser zu senden

14. 5. – Audienz des Kaisers für die Delegation der Bergleute; 87000 von 104000 Bergleuten im Streik

18. 5. — Die Vertreter der Unternehmer gewähren 8-Stunden-Schicht und Lohnerhöhung, lehnen aber Arbeiterausschüsse ab.

21. 5. – Ein Teil der Zechen verweigert die Zugeständnisse; der Streik flammt wieder auf.

27. 5. – Zusammenbruch des Streiks, das Streikkomitee verhaftet

18. 8. – Gründung des Deutschen Bergarbeiterverbandes

1890 — Regierungspräsident v. Berlepsch wird preußischer Handelsminister und leitet eine vorausschauende Sozialpolitik ein. Kaiser Wilhelm II. erkennt mit den Februarerlassen den Anspruch der Arbeiter auf gesetzliche Gleichberechtigung mit den Unternehmern an.

1890 – Gründung des „Bundes freier Gewerkschaften" als Dachorganisation der sozialistisch orientierten Gewerkschaften

1894 – Gründung des Gewerkvereins christlicher Bergarbeiter

1905 – „Arbeiterausschüsse" auf den Zechen möglich.

M 4.23 10. 3. 1889 – Forderungen der Bergleute

Dem erfreulichen Aufschwung der Kohlenindustrie ist ein langjähriger Kampf zur Erzielung höherer Kohlenpreise vorausgegangen. An diesem Kampf sind wir Bergleute mit beteiligt gewesen durch den über ein Jahrzehnt dauernden schlechten Geschäftsgang. Durch Entbehrungen haben wir unsere Opfer auf den Altar der Industrie gelegt. Vielen Bergleuten mit zahlreicher Familie war es lange Zeit nicht möglich, die Bedürfnisse des Unterhalts der Familie aus dem verdienten Lohn bestreiten zu können. [...]
Da nun die Kohlenpreise eine nennenswerte Steigerung erfahren haben, so erachten wir es auch an der Zeit, daß unsere Löhne dem Verhältnis entsprechend aufgebessert werden. Als zurzeit die Kohlenpreise sanken, mußten wir uns den Abzug an unseren Löhnen gefallen lassen. Da nun die Kohlenpreise erheblich gestiegen sind, so glauben wir ein Anrecht auf Aufbesserung unserer Löhne zu haben. [...]
Da wir als einzigen Kapitalbesitz unsere Arbeitskraft haben und wir denselben gern auf einen

guten Zinsfuß bringen möchten, so geben wir unsern Arbeitgebern in kurzer Zusammenfassung unser Streben um Aufbesserung unserer wirtschaftlichen Lage hiermit kund in der Erwartung, daß unseren Wünschen allseitig Rechnung getragen werde. Unsere Bestrebungen bezeichnen wir mit folgendem:

1. Aufbesserung der Löhne durch einen 15prozentigen Zusatz für alle Bergarbeiter.
2. Abschaffung der Überproduktion durch zu lange Arbeitszeit:
   a) der Überarbeit von $^1/_4$ bis $^1/_2$ oder $^1/_1$ Schichten und somit
   b) Einführung der zurzeit üblich gewesenen achtstündigen Schicht, einschließlich Ein- und Ausfahrt.

Des weiteren glauben wir darauf hinweisen zu dürfen, daß in sanitärer und anderer Hinsicht die Bergleute ein Interesse haben. [...]

Zit. nach: Günter Schönbrunn (Hrsg.): Das bürgerliche Zeitalter 1815–1914. (Bayer. Schulbuchverlag) München 1980. S. 772.

M 4.24 10. 5. 1889 – Bericht des Regierungspräsidenten v. Berlepsch (Düsseldorf)

Es ist bis heute nicht festzustellen gewesen, wer den Streik zuersten angezettelt und begonnen hat. Daß hierbei sozialdemokratische Führer die Hand im Spiel gehabt haben, ist zwar wahrscheinlich, indes mit Sicherheit nicht nachzuweisen. Die Arbeitseinstellung tritt, wie ich gestern auf Zeche Bonifacius zu beobachten Gelegenheit hatte, an den meisten Schächten spontan ein. Die Belegschaft erscheint vollzählig, kleidet sich in der sog. Kaue um und trifft Anstalten einzufahren. Dann erklärt der eine oder andere nicht arbeiten zu wollen; einzelne schließen sich ihm an und plötzlich weigert die ganze Belegschaft die Einfahrt. Auf die Frage der Direktoren, Betriebsführer etc., warum sie denn streiken wollten, geben die Arbeiter zumeist entweder gar keine Antwort oder begnügen sich mit der allgemeinen Redewendung, daß sie mehr haben wollten. Ruhig, wie sie gekommen, pflegt die ausständige Belegschaft sich darauf auch wieder zu entfernen. Daß zwischen den Streikenden gewisse Beziehungen aufrecht erhalten werden, ist zwar zu vermuten, eine allgemeine Organisation besteht aber ebensowenig wie ein von der Gesamtheit bevollmächtigtes Strikecomité. Dagegen scheinen für einzelne Distrikte, z. B. die Stadt Essen, und für eine Reihe von Zechen, besondere Comités gewählt zu sein. Wenigstens sind mehrfach Veröffentlichungen durch Anschlag und Zuschriften an die Zechenverwaltungen erfolgt, welche mit dem Ausdruck „Das Comité“ unterzeichnet waren. Die Mitglieder dieses angeblichen Comités haben nicht festgestellt werden können.

Zit. nach: Gerhard Adelmann: Quellensammlung zur Geschichte der sozialen Betriebsverfassung – Ruhrindustrie –. (Hanstein) Bonn 1960. Bd. 1, S. 210.

Der Streik
(Gemälde von Robert Köhler, 1886)

M 4.25 Mai 1889 — Bericht des Pfarrers Weber an das Ministerium über die Lage der Bergleute

Exzellenz
Hochgebietender Herr Staatsminister.

Euer Exzellenz gestatte ich mir [. . .], die Eindrücke ehrerbietigst zu unterbreiten, welche mir in unmittelbarem Verkehr mit den streikenden Bergleuten und sonst im Kohlenrevier geworden sind. Ich gehe zuerst auf die unzweifelhaft vorliegenden Schäden, dann auf die Stimmungen der Leute und endlich auf die mutmaßlich aus der jetzigen Bewegung erwachsenden moralischen Folgen ein.

1. Für das Gesundheitsschädliche des jetzigen Bergbaus zeugt die Tatsache, daß – nach einer Mitteilung des von Jugend auf in jener Gegend gewesenen Pastors Schütte in Barop – unter 800 Bergleuten kein einziger 50 Jahre alter, aktiver Bergmann sich befindet, dagegen unzählige Berginvaliden in den 30er Jahren. Dieselbe Beobachtung einer steigenden Verschlechterung des Gesundheitszustandes infolge der Überschichten hat Pastor Niemeyer in Eichlinghofen, ebenfalls von Jugend auf in jener Gegend gewesen, gemacht. Daß die Überschichten nur einer habgierigen Konkurrenz der einzelnen Zechen untereinander ihre Entstehung verdanken und daß hierbei die Aktiengesellschaften, namentlich die belgische, hervorragend schuldbeteiligt ist, ist Ew. Exzellenz ja besser als mir bekannt. Ein zweiter tatsächlicher Übelstand ist die
2. geringschätzige und mißachtende Behandlung der Bergleute durch manche junge Steiger und das vornehme Sich-Zurückhalten der Zechendirektoren von jeder Berührung mit den Arbeitern, wodurch die soziale Kluft schon jetzt in schreckenerregender Weise aufgeklafft ist. In den Evangelischen Arbeitervereinen, die den sozialen Frieden in jeder Weise anstreben, sieht man die Herren fast nie.
3. Ein dritter Übelstand ist der Mangel einer geordneten friedlichen Vertretung der Belegschaften gegenüber den Zechenverwaltungen. Die Leute waren aufs tiefste erbittert, daß man ihnen den Ausschuß von 3 Mann für jede Zeche nicht habe bewilligen wollen und sehen darin den Hintergedanken, daß man bei der Verständigung über die Überschichten sie wieder als Einzelne lassen und weil sie als Einzelne nicht Widerstand leisten könnten, das ganze Unwesen so weiter bestehen lassen wolle. [. . .]

Zum Schluß bitte Ew. Exzellenz ich untertänigst, die Verhängung des großen Belagerungszustandes, wenn irgend möglich, nicht eintreten zu lassen.

Ew. Exzellenz ehrerbietigst ergebener
(gez.) Lic. Weber
Pfarrer und Ehrenmitglied des Verbandsvorstandes des Arbeitervereins. [. . .]

Zit. nach: Gerhard Adelmann (M 4.24). S. 215

M 4.26 15.5.1889 — Absprache der Delegierten der Bergleute mit dem Reichstagsabgeordneten und Bergbauunternehmer Dr. Hammacher in Berlin

Unmittelbar nach der Audienz beim Kaiser (der recht ungnädig aufgetreten war, aber auch nicht die starre Haltung der Unternehmer gestützt hatte) kam es zu dieser Absprache, zu der Hammacher von der Unternehmerschaft nicht autorisiert worden war.

§ 1. Die Verwaltungen der Steinkohlengruben im Oberbergamtsbezirk Dortmund sollen sich verpflichten, ihre Bergleute künftighin über die normale achtstündige Schicht hinaus nicht arbeiten zu lassen.

§ 2. Überschichten könnten ausnahmsweise dann stattfinden, wenn zur Sicherheit des Bergbaues oder zur Sicherung von Bergleuten dringliche und unaufschiebbare Arbeit geboten ist.

§ 3. Soll in Fällen außerordentlicher Geschäftshäufung in Überschichten gearbeitet werden, so kann dies nur auf Grund einer vorgängigen Verständigung geschehen zwischen der Grubenverwaltung einerseits und einem Ausschuß von Vertrauensmännern der betr. Belegschaft andererseits.

§ 4. Dieser Ausschuß wird alljährlich von der Belegschaft in freier Wahl selbständig gewählt und zwar von denjenigen Bergleuten der Belegschaft, welche das 25. Lebensjahr vollendet haben.

§ 6. Der Verein für die bergbaulichen Interessen im Oberbergamtsbezirk Dortmund möge dafür eintreten, daß nach Erfüllung der vorstehenden

Wünsche die Löhne der Bergarbeiter unter Rücksichtnahme auf die stattgehabte Steigerung der Kohlenpreise in angemessener Weise erhöht werden [. . .].

§ 9. Den Bergleuten soll wegen der gegenwärtigen Arbeitseinstellungen nach Wiederaufnahme der Arbeit keinerlei Nachteil seitens der Grubenverwaltungen zugefügt werden [. . .].

Der Reichstagsabgeordnete Dr. Hammacher erkennt in diesen Vorschlägen das Ergebnis einer eingehenden, allseitig von dem ernsten Streben nach sofortiger Beseitigung des Ausstandes getragenen Verhandlung, bei welcher die anwesenden Deputierten der Bergarbeiter offen und rückhaltlos für die Wiederherstellung des dauernden Friedens mit den Arbeitgebern eintraten und auf weitergehende Forderungen verzichten. Dr. Hammacher hält die vorstehend formulierten Wünsche für eine geeignete Grundlage zur Verständigung und verspricht, dieselben ungesäumt den heute eintreffenden Bergwerksvertretern vorzulegen [. . .].

Zit. nach: Günter Schönbrunn (Hrsg.): (M 4.23). S. 773

M 4.27 1889 — Kritik der Unternehmerseite am Verhalten der Regierung im Streik

Es ist [von der Regierung] verschiedentlich und zwar von Anbeginn der Bewegung an, wie sich nachträglich wohl zweifellos klargestellt hat, insofern unrichtig verfahren worden, als bei Verhandlungen mit streikenden Bergleuten oder mit Vertretern solcher der Umstand außer acht gelassen wurde, daß dieselben zu einem bestimmten Arbeitgeber in einem bestimmten durch Vertrag geordneten Arbeitsverhältnis standen und somit zunächst und ausschließlich auf den Weg der Verständigung mit ihrem Arbeitgeber, d.i. der betreffenden Zechenverwaltung, hätten verwiesen werden müssen. Statt dessen wurden die sämtlichen sich aus den Belegschaften der einzelnen Zechen zusammensetzenden Bergarbeiter als eine in sich geschlossene einheitliche Partei betrachtet, mit welcher als einem Ganzen verschiedentlich in Verhandlung getreten wurde. Dies untergrub das Bewußtsein, daß jeder Arbeiter die Bedingungen seines Arbeitsvertrages zunächst mit seinem Arbeitgeber zu regeln habe und bewirkte eine künstliche Scheidung der Arbeiter von ihrem Arbeigeber. Dies ist eine bedauerliche Folge und zwar um so mehr, als angesichts der Einwirkungen der sozialpolitischen Gesetzgebung alles vermieden werden müßte, was geeignet sein kann, das persönliche, das individuelle Verhältnis zwischen Arbeiter und Arbeitgeber zu lokkern. Solche Lockerung findet in Verfolg der gedachten Gesetzgebung ohnehin statt. Unterstützung in Krankheit, Alter und Invalidität oder bei Unfällen dankte der Arbeiter bisher entweder ganz oder zu einem großen Teile seinem Arbeitgeber, dessen Leistungen, wenn auch vielfach durch statutarische[1] Bestimmungen geregelt und festgestellt, im großen und ganzen doch den Charakter der Freiwilligkeit an sich trugen.

Jahresbericht der Handelskammer Essen 1889, zit. nach Gerhard Adelmann (M 4.24). S. 230

[1] durch Vertrag geregelt

M 4.28 nach 1918 — Kommentar zu den Ereignissen durch Regierungspräsident von Berlepsch

1. Die ganz große Arbeiterschaft des Ruhrkohlenreviers, obgleich sie noch nicht organisiert war, fand einen festen Zusammenhang in der Erkenntnis einer gemeinsamen Lage und dem Bestreben, sie zu verbessern, in einem starken Solidaritätsgefühl und in dem Verlangen, daß mit den Arbeitern seitens der Arbeitgeber über die Arbeitsbedingungen verhandelt werde.
2. Von einem patriarchalischen Verhältnis war keine Rede mehr; im Gegenteil war es offensichtlich, daß auf seiten der Arbeiter ein starkes Mißtrauen gegen die Arbeitgeber, auf seiten dieser eine unbedingte Abneigung vorhanden war, ihr Selbstbestimmungsrecht durch Verhandlung mit den Arbeitern über die Arbeitsbedingungen abzuschwächen. Die Fühlung zwischen beiden war verschwindend gering, wenn nicht ganz verschwunden. Auch die Bergbehörden hatten sie verloren.
3. Der Mangel einer Organisation machte sich empfindlich geltend. Wie schon erwähnt, fehlte es bei den Verhandlungen über Beilegung der Streitigkeiten über die Arbeitsbedingungen auf seiten der Arbeiter an sachkundigen Personen, die legitimiert durch das Vertrauen der ganzen Belegschaft, in der Lage waren, Vereinbarungen abzuschließen, für die auf deren Zustimmung zu rechnen war.

Zit. nach: Hans von Berlepsch: Sozialpolitische Erfahrungen. (Volksverein) Mönchengladbach 1925. S. 23

Aufgaben zu Kapitel 4

❶ Geben Sie eine kurze Darstellung der Bevölkerungsentwicklung und der Veränderung der Sozialstruktur in der ersten Phase der Industrialisierung! (s. Darstellung S. 66—70)

❷ Beschreiben Sie die Lebensbedingungen der Handwerker und Arbeiter und ihrer Familien und erklären Sie, wieso für diesen Teil der Bevölkerung kaum Chancen zum sozialen Aufstieg vorhanden waren! Beachten Sie hier besonders die Informationen zur Kinderarbeit! (s. Darstellung S. 69—73 u. M 4.1, 4.2 u. 4.4—4.9)

❸ Stellen Sie — im Vergleich mit dem traditionellen Handwerksgesellen — die wichtigsten Merkmale des Industriearbeiters dar, und erklären Sie diese aus den Erfahrungen mit industrieller Arbeit, Fabrikordnung und Unternehmermacht! (s. Darstellung S. 71 u. M 1.3, 1.4, 4.3, 4.4, 4.7 und 4.15)

❹ Untersuchen Sie die Lage der Frau in der frühen Industrialisierung, indem Sie nicht nur ihre Einordnung in die Fabrikarbeit und ihre vielfältigen Lasten, sondern auch die Verantwortung berücksichtigen, die ihr von bürgerlicher Seite für ihre Lage zugewiesen wird! (s. Darstellung S. 72 f. u. M 1.9, 4.1, 4.7 u. 4.8) — Sie können diese Aufgabe in Kapitel 8 wieder aufgreifen.

❺ Untersuchen Sie die bürgerlichen Interpretationen der sozialen Frage, und überprüfen Sie die bürgerlichen Erklärungen anhand Ihrer Informationen über die wirtschaftlichen Gegebenheiten des Kapitalismus! (M 4.5, 4.10 u. 4.11)

❻ Untersuchen Sie die bürgerlichen Lösungsvorschläge zur sozialen Frage; analysieren Sie deren vorgebliche Uneigennützigkeit und die Verhüllung der tatsächlichen Interessenlage und beurteilen Sie ihre Zwecke! (M 4.5, 4.11 u. 4.12) Erläutern Sie kritisch den Zweck des Lesebuchtextes M 4.13!

❼ Erarbeiten Sie aus der Darstellung S. 76 und dem Textauszug M 4.16, wie Marx und Engels das Industriezeitalter interpretierten, wie sie die Rollen und die Entwicklung des Kapitals und der Arbeiterklasse verstanden und eine Überwindung des Elends der Arbeiter für realisierbar hielten!

❽ Vergleichen Sie den Erklärungswert und die Überzeugungskraft der Theorie von Marx und Engels sowohl mit denen der bürgerlichen Autoren (s. Aufgabe 6) als auch mit dem in M 4.14!

❾ Untersuchen Sie, wie Arbeiter in frühen Konflikten ihre Interessen formulierten, begründeten und verteidigten. Berücksichtigen Sie dabei auch die schwierigen Rahmenbedingungen, unter denen sie das taten! (M 4.17 und 4.19)

Es gibt auch aus Ihrer Umgebung Darstellungen der Anfänge und frühen Konflikte der Arbeiterbewegung, die Sie heranziehen können, um sich ein konkreteres Bild zu machen, was es im 19. Jahrhundert bedeutete, Arbeiter zu sein.

❿ Auf ihrem Vereinigungsparteitag in Gotha verständigten sich ADAV und SDAP 1875 auf ein Programm. Untersuchen Sie, welche Erfahrungen, Traditionen und theoretischen Einflüsse sich darin äußerten! (s. Darstellung S. 75—79 u. M 4.20)

⓫ Edward Bellamys Utopie einer besseren Welt war bei den Arbeitern ein Bestseller, wurde aber von sozialistischen Theoretikern wenig geschätzt. Diese Meinungsverschiedenheit verrät viel von den unterschiedlichen Denkweisen innerhalb der Arbeiterbewegung. (M 4.21)

⓬ Untersuchen Sie am Fall des Bergarbeiterstreiks von 1889 die Konfliktgegenstände, die Mittel und Formen des Konflikts und die Erfolgschancen beider Seiten (M 4.22—4.25) Stellen Sie die Rolle des Staates dar und interpretieren Sie den Kompromiß zwischen Dr. Hammacher und den Delegierten der Bergleute (M 4.26) als Ansatz zu einem geregelten Konfliktaustrag. Beurteilen Sie — von der Tatsache des Scheiterns der Regelung und dem Urteil von Berlepschs (M 4.28) aus — die Haltung der Unternehmerschaft (M 4.27) und die Machtverhältnisse im damaligen Deutschland! Als Hintergrund können Sie die Bestimmungen des Preußischen Bergrechts von 1860 (M 3.12) und zur Interessenlage des Kapitals M 3.11 heranziehen. Der ungebrochene „Herr-im-Haus"-Standpunkt der Bergunternehmer noch 1905 läßt sich an M 8.15 ablesen!

5 Das politische System Deutschlands und die wirtschaftlich-gesellschaftliche Krise nach 1871

1812/15	„Befreiungskriege" – Krieg Europas gegen die Vorherrschaft des napoleonischen Frankreichs – in Deutschland starke Forderung nach nationaler Einheit und politischer Mitbestimmung der Bürger
1815	Wiener Kongreß – Neuordnung der Grenzen Europas und – außerhalb Großbritanniens – Wiederherstellung der alten Monarchien (Restaurationszeit)
1830	Revolution in Frankreich – mit deutlichen Auswirkungen in ganz Europa – insgesamt gescheitert, zunehmende soziale und politische Spannungen (Vormärz)
1848/49	ausgehend von Frankreich eine Welle von Revolutionen in Europa – erstes gesamtdeutsches Parlament (in der Paulskirche in Frankfurt); bürgerlich-demokratische Einigung Deutschlands scheitert
1862	Verfassungskonflikt über Heeresform in Preußen; Bismarck Ministerpräsident; Bruch der Verfassung zur Heeresvergrößerung
1871	nach drei Kriegen (Einigungskriegen) Gründung des Deutschen Reichs in Versailles; die deutschen Bundesfürsten geben eine Reichsverfassung
1873	Wirtschaftskrise nach dem beispiellosen Aufschwung der „Gründerjahre"
1876	Gründung des Centralverbands deutscher Industrieller
1877	Bündnis Schwerindustrie-Landwirtschaft in der Schutzzollfrage
1878	Bruch Bismarcks mit den Nationalliberalen im Reichstag; Sozialistengesetz verbietet alle sozialistischen (sozialdemokratischen) Organisationen (bis 1890)
1883	Beginn der staatlichen Sozialgesetzgebung (Kranken-, Unfall- und Invalidenversicherung)
1890	Bismarcks Entlassung

Die Industrialisierung begann in den meisten Ländern Europas zu einem Zeitpunkt, an dem die Macht der ▷ Monarchien noch ungebrochen war, ja es war oft der absolutistische Staat, dessen ▷ Merkantilismus Manufaktur und Fabrik förderte. Es stellte sich aber bald die Frage, ob die Folgen der Industrialisierung mit den politischen Mitteln der vorrevolutionären Monarchie zu bewältigen sein würden. Zwar hatte der Absolutismus in vielen Ländern Europas eine Verwaltung geschaffen, deren Beamte zahlreich und gut qualifiziert waren. Die Menge der zu treffenden Entscheidungen und deren wirtschaftliche Folgen nahmen aber schon um 1800 derart zu, daß eine Behörde sie nicht mehr bewältigen konnte. Vor allem aber deckten sich die Interessen der Industriellen (Gewinn, rasche Kapitalbildung, Expansion der Märkte) nicht mit denen des Staates (Erhaltung alter sozialer und politischer Strukturen). Der Interessenkonflikt beinhaltete die Frage nach der politischen Macht im Staate: Vor allem das besitzende ▷ Bürgertum forderte die Beteiligung an der Gesetzgebung und Einfluß auf die Regierungspraxis.

5.1 Demokratie und Einheit: Das politische Dilemma des deutschen Bürgertums

Restauration und Revolution (1815 – 1848)

Als der preußische König 1806 mit seiner Armee gegen das Frankreich Napoleons verlor, waren seine Untertanen Zuschauer. Als aber 1812 – nach Napoleons Niederlage in Rußland – auch in Mitteleuropa der Kampf gegen die französische Vorherrschaft begann, ergriffen viele Preußen selbst die Initiative, brachten große finanzielle Opfer für ihren Staat und kämpften in Freiwilligenverbänden gegen den Feind. Aus Untertanen waren Bürger geworden. Die aber wollten die Verantwortung, die sie einmal übernommen hatten, nicht gleich beim Friedensschluß 1815 wieder aufgeben; sie wollten eine verfassungsmäßig verbriefte Mitwirkung an der Politik. Sie hatten dabei häufiger die konstitutionelle Monarchie Großbritanniens als die Französische ▷ Revolution vor Augen.
Eine zweite Forderung, die 1815 aus dem deutschen Bürgertum kam, war die nach ▷ nationalstaatlicher Einheit. Gegenüber dem starken französischen Nationalismus bildete sich ein ähnliches Bewußtsein auch in Deutschland heraus. Sein Ziel war ein Nationalstaat nach dem Vorbild Frankreichs und Großbritanniens, in dem die vielen Staaten deutscher Sprache und Kultur aufgehen sollten. Damit strebte ein Teil des Bürgertums – an seiner Spitze vor allem die Jugend und besonders die Studenten – nach einer neuen politischen Identität, die von Herrscherhäusern unabhängig sein würde. Es suchte zugleich größere politische und wirtschaftliche Einheiten, wie sie in der Logik des beginnenden Zeitalters industrieller Massenproduktion lagen.
Nach 1815 brachen der König von Preußen und der Kaiser von Österreich (im Bunde mit dem russischen Zaren) ihre Verfassungsversprechen. Das Zeitalter der Restauration (= Wiederherstellung der vorrevolutionären Ordnung) begann. Vor allem Österreich unter seinem Staatskanzler Metternich bekämpfte auch in den kleineren deutschen Staaten alle Versuche einzelner Monarchen, das Bürgertum an der politischen Macht zu beteiligen. Nur die Gründung des Deutschen Zollvereins 1834 erfüllte politische Wünsche des Bürgertums. Es erwartete, daß die wirtschaftliche Dynamik unweigerlich einen politischen Einigungsprozeß nach sich ziehen würde. Da aber die innenpolitischen Verhältnisse weiterhin starr blieben, wuchsen die politischen Spannungen weiter. Sie entluden sich 1848/49 in einer Revolution. Geradezu im Handstreich eroberte das Bürgertum im März 1848 die Zentren der Macht in Deutschland einschließlich Berlins und Wiens. Ein frei gewähltes Parlament in der Paulskirche in Frankfurt am Main ging daran, ▷ Demokratie und nationale Einigung zu verwirklichen. Es gelang den bürgerlichen Politikern aber nicht, sich eine Machtbasis zu sichern, und die Fürsten gewannen 1849 mit dem Militär ihre Macht zurück.

Zwischen gescheiterter Revolution und nationaler Einigung (1849 – 1871)

Obwohl die Revolution auch in Preußen weitgehend gescheitert war, ging aus ihr eine Verfassung hervor, die dem Bürgertum einen begrenzten politischen Einfluß verlieh: Durch die vom König oktroyierte (= den Bürgern aufgezwungene) Verfassung von 1850 wurde für die gesamte Monarchie ein Landtag geschaffen. Dessen erste Kammer, das Herrenhaus, bestand aus vom König ernannten und erblichen Vertretern, während die zweite Kammer, das Abgeordnetenhaus, nach dem ▷ Dreiklassenwahlrecht gewählt wurde. Da in Preußen ab 1850 die Gesetzgebung und damit auch der Staatshaushalt vom Landtag abhängig waren, hatte das Bürgertum ein Stück realer Macht erlangt. Es gewann politisches Selbstbewußtsein, wie es August Borsig jr. (s. S. 68), einer der bedeutendsten Unternehmer in Preußen, 1862 kühn formulierte: „Die Lokomotive ist der feurige Vorläufer der Freiheit und Einheit in allen Ländern, sie bringt am leichtesten Bildung, Arbeit und Gesittung zu allen Nationen, sie rückt die Völker näher aneinander, vermittelt den Austausch der weltlichen und geistigen Güter; sie saust über Vorurteile, Zopfwesen[1], Kleinstaaterei, Paß-Schererei[2] schon jetzt in Deutsch-

[1] Der Zopf (der Staatsbeamten) war ein Symbol des alten Preußen vor 1806.
[2] Streit um Pässe

land lustig hinweg – möge sie denn die Deutschen zu einer einigen Nation, ihre Industrie zur Großmacht gestalten. [. . .] Ihr Pfeifen sei Signal zu einer friedlichen Umwälzung des Staates, ja – sagen wir es deutlicher – zu einer friedlichen Revolution aller socialen und politischen Verhältnisse."[3]

Die großen wirtschaftlichen Möglichkeiten der ersten Industrialisierungsphase und die wachsenden Freiräume, die der Staat seinen Bürgern auf wirtschaftlichem Gebiet gewährte, mochten solchen Optimismus unterstützen. Wie die Chancen und Grenzen der bürgerlichen Mitwirkung in der politischen Wirklichkeit aussahen, zeigte sich ab 1862 in einem Verfassungskonflikt zwischen Herrscher und Abgeordnetenhaus. Eine Reform des preußischen Heeres und deren Finanzierung fanden keine Mehrheit im Abgeordnetenhaus; König Wilhelm I. dachte schon an Abdankung, als er in Otto von Bismarck einen Politiker fand, der ab 1862 unter Bruch der Verfassung zu regieren bereit war. Die Reform wurde verwirklicht und die nötigen Mittel ohne parlamentarische Zustimmung ausgegeben. Das Bürgertum mußte seine politische Ohnmacht erleben; schlimmer noch war, daß das Abgeordnetenhaus nach den beiden erfolgreichen Kriegen von 1864 und 1866 Bismarcks Verfassungsbruch nachträglich legalisieren mußte (Indemnitätsgesetz). Die Gründung des Deutschen Reichs 1871 – noch während des siegreichen Krieges mit Frankreich vollzogen — gab den Kampf der ▷ Liberalen um die Verfassung den Makel des nationalen Versagens. Die Monarchie von Gottes Gnaden dagegen war — wie es schien — vor der Geschichte gerechtfertigt.

Reichsgründung und Verfassung

Die Gründung des Deutschen Reichs war die Erfüllung eines tiefen Wunsches der Mehrheit der Deutschen. Schon in ihrer Form aber bürdete sie dem neuen Nationalstaat die schwersten Lasten auf. Der Gründungsort war das Schloß von Versailles, einer der symbolträchtigen historischen Orte Frankreichs; damit und mit der Annexion Elsaß-Lothringens waren die Grundlagen für eine tiefe und dauerhafte deutsch-französische Feindschaft geschaffen, die kommende Krisen zuspitzte. Zugleich war kein Vertreter des deutschen Volkes anwesend: nicht die demokratische Bewegung von unten, sondern Politik und Armee der preußischen Monarchie hatten die Einigung verwirklicht. Die nationale und die demokratische Tradition der deutschen Gesellschaft waren in ein Spannungsverhältnis zueinander getreten, das die künftige deutsche Geschichte noch schwer belasten sollte.

Die Reichsverfassung war praktisch identisch mit der des Norddeutschen Bundes, einer kurzzeitigen politischen Einheit Deutschlands nördlich des Mains unter preußischer Führung (1867 – 1871). Nach der Verfassung war das Reich ein Fürstenbund; die politischen Rechte der Bürger waren „von oben" verliehen. Bismarck, der erste Reichskanzler, sprach meist von den „verbündeten Regierungen" (d.h. den Monarchen der Bundesstaaten und ihren Regierungen sowie der drei Hansestädte), wenn er die Interessen und Pläne des Reiches meinte. Immer wieder betonte er, daß eine Veränderung, ja sogar die Aufhebung der Reichsverfassung allein durch einen Beschluß seiner Fürsten (und der drei Hansestädte) zu vollziehen wäre. (Es herrscht noch heute kein Einverständnis darüber, inwieweit Bismarck dies auch praktisch für durchführbar hielt und ernsthaft wollte.) Für ein fortgeschrittenes Industrieland, dessen Gesellschaft dabei war, sich aus den alten, agrarisch bestimmten Strukturen zu lösen, war dies eine Belastung.

Die Verfassung war in vielem modern: Im Gegensatz zur preußischen Verfassung, gemäß der Staats-, Provinzial- und Gemeindeparlamente bis Oktober 1918 nach dem Dreiklassenwahlrecht zusammengesetzt waren, galt im Reich das allgemeine, gleiche und freie Wahlrecht aller männlichen erwachsenen Bürger. Selbst Großbritannien war 1871 noch nicht so konsequent. Auch das Gesetzgebungs- und Haushaltsrecht des Reichstages stellte einen demokratischen Fortschritt dar, der mit der Zeit auch der Arbeiterbewegung zugutekam.

Den fortschrittlichen Zügen der Verfassung standen die Machtmittel der Monarchie gegenüber. Der Kanzler verfügte über eine außerordentliche Machtfülle; er wurde vom Kaiser ernannt und entlassen und konnte auch nicht von der Reichstagsmehrheit gestürzt wer-

[3] Text nach Peter Brandt u. a. (Hrsg.): Preußen – Zur Sozialgeschichte eines Staates. (Rowohlt) Reinbek 1981. Bd. 3, S. 228

den. An der Spitze der Ministerien standen bis 1918 keine Minister, sondern nur weisungsgebundene Staatssekretäre. Da der Reichskanzler zugleich fast immer preußischer Ministerpräsident war (und seine Staatssekretäre häufig preußische Minister), durchdrangen sich die Geschäfte des Reichs und die seines mächtigsten Bundesstaates auf eine schwer zu durchschauende und nicht mehr kontrollierbare Weise. Es muß aber gerade als Beweis für die Stärke der demokratischen Elemente in der Reichsverfassung angesehen werden, daß Bismarck trotz seiner starken Position als Kanzler immer wieder mit dem Staatsstreich drohte, wenn er seine Ziele durch den Widerstand des Reichstags gefährdet sah. Zugleich wurde so dem deutschen Volk ständig vor Augen geführt, welche Grenzen seiner politischen Mitwirkung gesetzt waren.

In den 43 Jahren von der Gründung des Deutschen Reichs bis zum Ersten Weltkrieg bildete sich eine politische Praxis heraus, die man – mit Einschränkungen – als fruchtbar bezeichnen kann und die die Bindung der Regierung an den Willen des Volkes in kleinen Schritten vorantrieb. Daß dies vor allem in den Jahren der Kanzlerschaft Bismarcks (1871 – 1890) schwierig war und nur langsam vorankam, lag nicht nur an der Persönlichkeit und dem ungeheuren Prestige Bismarcks, sondern auch an der Schwäche der ▷ Parteien, die das Bürgertum repräsentierten. Parteien waren 1871 ohnehin noch junge politische Gebilde, die in der Verfassung nicht erwähnt wurden. Ihre Anfänge lagen in der Revolution von 1848; vor allem die liberalen Parteien waren kaum mehr als Vereinigungen sehr unabhängiger Abgeordneter. Parteien waren im 19. Jahrhundert (mit Ausnahme der SPD) keine Massenorganisationen; sie hatten wenig finanzielle Mittel und keine Apparate. Die Fraktionsdisziplin im Reichstag war begrenzt, und besonders die Liberalen neigten zu Spaltungen. Das katholische Bürgertum ließ sich kaum von den meist protestantischen Liberalen integrieren, sondern bevorzugte mit dem Zentrum eine eigene, konfessionell ausgerichtete Partei. Nationale und regionale Minderheiten wählten ihre eigenen kleinen Parteien, und am linken und rechten Rand des politischen Spektrums wirkten einerseits die SPD und andererseits zwei konservative Parteien. Unter diesen Umständen lag die politische Initiative unvermeidlich beim Reichskanzler, der die gesamte Reichs- und preußische Politik im Reichskanzleramt entwickelte und sich dafür im Reichstag seine Mehrheiten wie Werkzeuge aussuchte. Er stieß dabei aber auch immer wieder auf schwere, gelegentlich unüberwindbare Widerstände, die ihn zwangen, Ziele aufzugeben und neue Wege zu suchen.

Entwicklung der liberalen Parteien zwischen katholischem Lager und Konservativen

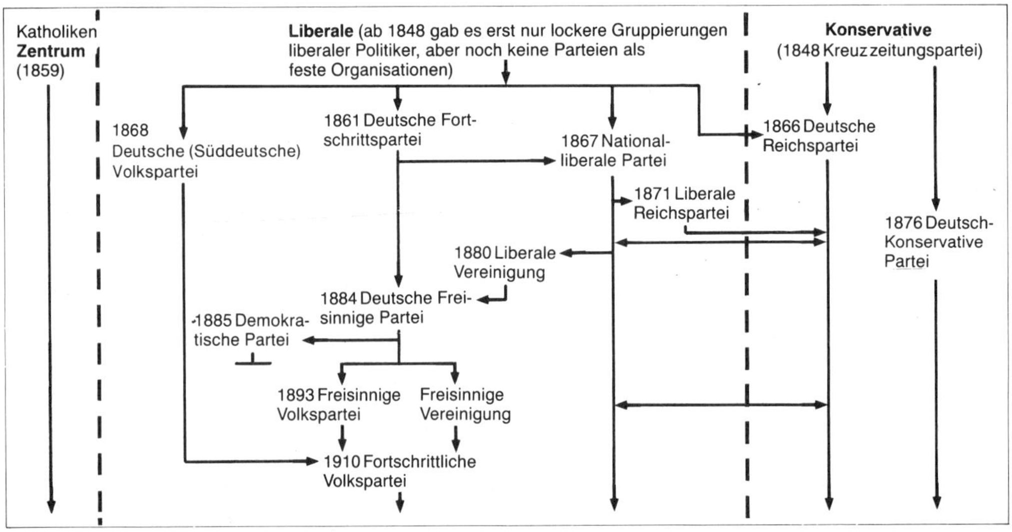

5.2 Gründerjahre – Gründerkrise

Der Boom von 1871/73

Mit der Gründung des Deutschen Reichs war eine neue Großmacht entstanden, die die alten Kräfteverhältnisse in Europa grundlegend veränderte und den Kontinent nicht mehr zur Ruhe kommen lassen sollte. Der neue Staat wurde in Europa nur noch von Rußland an Fläche und Einwohnerzahl übertroffen; an wirtschaftlicher Macht war ihm nur noch Großbritannien für einige Jahre überlegen; militärisch war ihm kein einzelner Staat mehr gewachsen.

Es war zuerst die wirtschaftliche Dynamik Deutschlands, die die Deutschen begeisterte und ihre Nachbarn beunruhigte. Das nationale Begeisterungsgefühl traf 1871 mit einem wirtschaftlichen Optimismus zusammen, der mit der Hochkonjunktur der 1860er Jahre begonnen hatte. Die riesige Kriegsentschädigung, die Frankreich aufbringen mußte (5 Mrd. Franc, nach heutigem Wert ein Betrag zwischen 50 und 100 Mrd. DM) und in erstaunlich kurzer Zeit zahlen konnte, löste einen ▷ Investitionsschub aus, der z. T. stark spekulative Züge hatte. Nachdem der Rückzug des preußischen Staates aus der Wirtschaft vor 1870 weitgehend abgeschlossen war und ein neues Aktiengesetz 1870 die Gründung von ▷ Aktiengesellschaften von staatlicher Aufsicht befreit hatte, kam es zu zahlreichen kühnen Firmengründungen und zum Teil zu abenteuerlichen Aktienspekulationen an der ▷ Börse. Zwei stürmische „Gründerjahre", in denen neben dem Bürgertum auch alter Adel und kleine Leute den schnellen Reichtum suchten, endeten in einer ▷ Wirtschaftskrise, dem „Gründerkrach", wie es die Zeitgenossen nannten.

Die große Nachfrage nach Materialien und Maschinen für neue Fabriken, Hochöfen und Bergwerke und der steigende Konsum der Bevölkerung in den Jahren 1871 bis 1873 reichten nicht aus, die rasch wachsenden Produktionskapazitäten auszulasten. Zur gleichen Zeit erwies sich, wie eng inzwischen die internationalen Verflechtungen der Wirtschaft geworden waren. Ein Konjunktureinbruch, der außer den europäischen Ländern auch die USA erfaßte, und eine Bankenkrise in Österreich-Ungarn im Sommer 1873 verstärkten die kritische Entwicklung auf dem deutschen Markt. Alle Industrieländer suchten ihre Probleme durch gesteigerte Exporte zu lösen, was zu einem Verfall der Preise, der Gewinne und zuletzt auch der Absatzmöglichkeiten führte. Zahlreiche Unternehmen gingen in Konkurs, viele langfristige Projekte wie das Abteufen von Bergwerken und die Anlage von Hüttenwerken wurden eingestellt und für viele Jahre aufgeschoben. In den neuen Industriegebieten wuchs die Arbeitslosigkeit dramatisch, und Löhne und Lebensstandard erlitten einen Rückschlag.

Der „Gründerkrach" wurde von vielen Zeitgenossen als eine Krise des ▷ Liberalismus verstanden; Sozialisten sahen den Zusammenbruch des ▷ Kapitalismus unmittelbar bevorstehen. Die liberale Ordnung des Marktes, in der Angebot und Nachfrage nicht zuverlässig kalkulierbar waren und der Umfang der Investitionen sich aus den Gewinnerwartungen und Beurteilungen tausender von Einzelpersonen ergab, schien unvermeidlich ins Chaos zu führen. Täuschung und Betrug waren offenbar in der Natur der kapitalistischen Gesellschaft angelegt. Die „Große Depression" (Depression = wirtschaftliche Krise), die 1873/74 begann, war zugleich eine Zeit hoher sozialer Unruhe.

Es ist in der heutigen Geschichtswissenschaft umstritten, inwieweit es gerechtfertigt ist, wie die damaligen Zeitgenossen den Begriff „Depression" auf die zwei Jahrzehnte von 1873 bis 1894 anzuwenden. Tatsächlich brachten nur die Jahre 1874–77 und 1886 Rückgänge der Produktionsmengen. (Bei der Kohle, der wichtigsten Energiequelle der Zeit, ging die Förderung nur 1877 kurz zurück.) Daß man damals dennoch von einer Dauerkrise sprach, lag nicht zuletzt auch an der Schwierigkeit, neue Tendenzen richtig zu verstehen. Man orientierte sich an den extrem hohen Wachstumsraten und Gewinnen der frühen Industrialisierungsphase und sah nicht, daß diese nicht unbegrenzt andauern konnten. Neu war auch, daß Konjunkturrückgänge, die vor 1873 selten länger als ein Jahr gedauert hatten, mit der Ausdehnung der Industrie an Stärke und Dauer zunehmen konnten. Das Sinken der Preise von Industriegütern und der Gewinne, das mehr noch als der Rückgang der Produktionsmengen die damaligen Unternehmer beunruhigte, war u. a. auch Anzeichen für langfristige Rationalisierungswirkungen der Industrialisierung.

Schutzzollforderungen von Eisenindustrie und Landwirtschaft

Eine der schwerwiegendsten Folgen der Wirtschaftskrise von 1873/74 war das Abrükken der Schwerindustrie und der Landwirtschaft von einer liberalen Außenhandelspolitik (Freihandel). Noch 1873 hatte der Reichstag beschlossen, bis 1877 alle Zölle auf Eisenimporte aufzuheben und damit einen von allen staatlichen Eingriffen freien Markt zu schaffen. Dem stellte sich ab 1875 die Eisenindustrie mit der Forderung nach ▷ Schutzzöllen entgegen. (Der Begriff verbirgt, daß hier nur die Produzenten geschützt, den Verbrauchern aber höhere Preise zugemutet werden.) Die Unternehmer der Eisenbranche wiesen auf den schnellen Niedergang der Preise ab 1874 hin und machten das Ausland dafür verantwortlich; sie verschwiegen, daß die Preisentwicklung ohne die Gründerjahre durchaus gleichmäßig verlief.

Entgegen den Grundsätzen des Liberalismus verlangte also eine Industrie den Eingriff des Staates in den Markt (▷ Intervention), damit dieser ein konkurrierendes Produkt künstlich verteuerte und inländische Produzenten schützte, wo sie nach Marktgesetzen entweder ihre Anlagen modernisieren oder in Konkurs gehen mußten. Es ist interessant, daß die erste Organisation der industriellen Unternehmer auf nationaler Ebene in Deutschland, der Centralverband deutscher Industrieller, 1876 zur Durchsetzung einer antiliberalen Wirtschaftspolitik gegründet wurde (→ M 5.2).

Zur gleichen Zeit, als Teile der Industrie nach dem „Interventionsstaat“ verlangten, wandten sich auch die ältesten Befürworter vom Freihandel ab, die Großagrarier. Hatte jahrzehntelang die zollfreie Einfuhr des Getreides in Großbritannien ihnen den günstigen Absatz ihrer Produkte gesichert, verschlechterten neue Entwicklungen ihre Lage. Zu Beginn der 1870er Jahre wurden wachsende Mengen billigen Getreides aus den USA auf dem britischen Markt angeboten; zugleich nahm der Druck preisgünstigen russischen Getreides auf den deutschen Markt zu. Da es sich hier nicht um eine vorübergehende konjunkturelle Erscheinung handelte, sondern um eine Strukturänderung des internationalen Getreidemarktes, sahen die ostelbischen Großagrarier eine massive Gefährdung ihrer wirtschaftlichen Existenz auf sich zukommen. Statt mit wirtschaftlichen Mitteln zu antworten (neue Investitionen, Rationalisierung, Produktveredelung), riefen sie nach dem staatlichen Eingriff in das Marktgeschehen — nach Schutzzöllen.

Auf den ersten Blick erscheinen die Forderungen von Industrie und Großlandwirtschaft

Roheisenpreise 1820 – 1913 in Deutschland

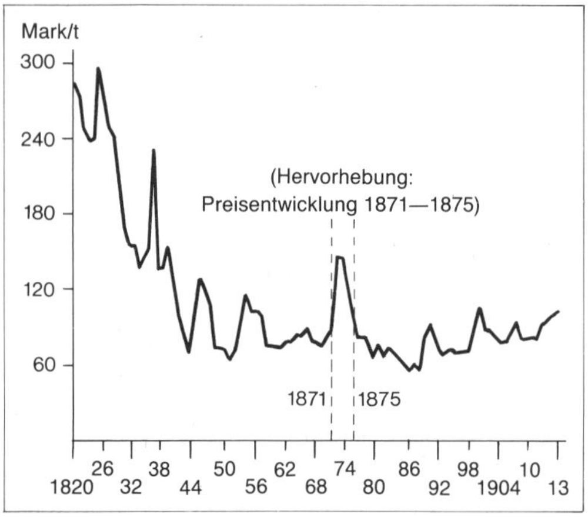

Nach: Reinhard Spree: Wachstumstrends und Konjunkturzyklen in der deutschen Wirtschaft 1820 – 1913. (Vandenhoeck) Göttingen 1978. S. 80

Der Weizenpreis in Mittelwerten (Durchschnittswerte für je 10 Jahre in Gramm Silber je 100 kg)

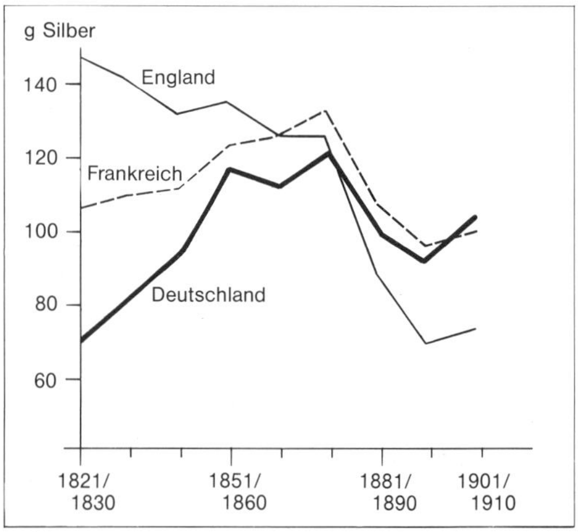

Wilhelm Abel: Agrarkrisen und Agrarkonjunktur. (Parey) Hamburg/ Berlin [3]1978, S. 272

identisch; tatsächlich aber drückten sich in ihnen entgegengesetzte ▷ Interessen aus. Getreidezölle mußten zwangsläufig die Lebensmittelpreise für die breite Masse der Bevölkerung erhöhen – dies um so empfindlicher, als die Kosten für die Ernährung noch weit über die Hälfte des Einkommens betrugen; das mußte unausweichlich zu höheren Lohnforderungen der Arbeiter führen. Ein Bündnis von „Stahl und Roggen" war insofern nicht rasch zu erwarten. Es mußte ein weiteres politisches Interesse hinzukommen.

Die Gemeinsamkeit bestimmter Interessen von Industrie und Großlandwirtschaft zeichnete sich deutlich in den Ängsten ab, die beide hinsichtlich der sozialen Folgen der Industrialisierung hatten. Die sozialen Spannungen, die in den Städten lokalisiert waren und in deren Kern man eine organisierte sozialistische Bewegung sah, bedrohten offenbar die bestehenden Besitz- und Herrschaftsverhältnisse. Die Entscheidung über die Zukunft wollten Großagrarier und Industrielle nicht allein einer freien gesellschaftlichen Auseinandersetzung nach liberalen Prinzipien überlassen; so riefen viele Stimmen nicht nur nach der wirtschaftlichen, sondern auch nach der gesellschaftspolitischen „Intervention" des Staates (→ M 5.1, 5.3).

5.3 Das Bündnis von Industrie, Landwirtschaft und Reichskanzler 1878 und seine Folgen

Der Konflikt zwischen Bismarck und den Liberalen

Die überragende Stellung des Reichskanzlers in der Reichsverfassung bedeutete für die Schutzzollanhänger, daß sie Unterstützung in erster Linie bei Bismarck und nicht beim Reichstag suchen mußten. Dabei hatten sie nur Aussicht auf Erfolg, wenn sie mit ihren Forderungen zugleich zu Bismarcks Zielen beitrugen. Diesem ging es vor allem anderen um die Absicherung der Handlungsfähigkeit des Reiches nach innen und nach außen. Diese Handlungsfähigkeit sah Bismarck nicht zuletzt durch den Reichtstag in Frage gestellt, und dabei besonders durch die Partei der Nationalliberalen, auf die er sich seit 1871 am intensivsten gestützt hatte.

Der Sachverstand der nationalliberalen Juristen und Unternehmer hatte die komplizierte Arbeit der Angleichung der rechtlichen und wirtschaftlichen Besonderheiten der alten Teilstaaten des Reiches sehr gefördert. Ihre politischen Ziele und Wertvorstellungen aber hatte Bismarck nie respektiert. Für ihn waren Parteien nur Interessenvertretungen, die nie den Staat als die handelnde Instanz über den partikularen Interessen regieren könnten. Letztlich besaßen sie aber auch für Bismarck zu wenig Macht, als daß er ihnen grundlegende politische Handlungsmöglichkeiten hätte einräumen müssen. Daß die Nationalliberalen unmittelbar nach der Reichsgründung ernsthaft versuchten, vor allem auf dem Wege über das Haushaltsrecht des Reichstages Politik zu machen und sogar Einfluß auf die Militärpolitik zu nehmen, war für Bismarck und die alten preußischen Eliten schwer zu ertragen. Nur Kronprinz Friedrich Wilhelm, der 1888 für drei Monate Kaiser wurde (Friedrich III.) orientierte sich an britischen Vorbildern und wäre zu einer ernsthaften Zusammenarbeit mit den Liberalen bereit gewesen.

Der Widerstand der Liberalen gegen die Pläne, den Etat des Heeres möglichst weitgehend der Verfügungsgewalt des Reichstags zu entziehen, war für Bismarck eine Herausforderung, die 1878 zum Bruch mit den Nationalliberalen führte. Bismarck sah in den liberalen Zielen, die über die engeren wirtschaftlichen Interessen des Bürgertums hinausgingen, den ungerechtfertigten politischen Ehrgeiz von Professoren und anderen Menschen ohne wirtschaftliche Macht und Verantwortung. Er wollte sie aus der Politik – und besonders aus dem Reichstag – vertrieben sehen. Ein Bündnis der „produktiven Volksklassen", zu denen nach Bismarck Landwirte und Industrielle zählten, nicht aber die Arbeiterschaft, sollte nach und nach an die Stelle der bürgerlichen Parteien treten und den Gegenpart zu den „staatsverneinenden Kräften des Umsturzes" übernehmen (→ M. 5.5).

Als sich im Jahre 1877 die Interessenverbände der Industrie und der Landwirtschaft auf eine gegenseitige Unterstützung ihrer Zollforderungen einigten, sah auch Bismarck sich seinen Zielen ein großes Stück nähergekommen. Es war eine Provokation der liberalen Parteien und des Reichstags, daß die Fachbeamten aus den Ministerien des Reichs und Preußens mit den Fachleuten der großen ▷ Interessenverbände zusammenarbeiteten, um die notwendigen Gesetzentwürfe zu erstellen. Bismarck konnte sich aus seinem Konflikt mit den Nationalliberalen in mehrfacher Hinsicht Erfolg erhoffen:

- Zölle, gleich welcher Art, standen nach der Verfassung dem Reich zu, das ansonsten zu seiner Finanzierung auf Beitragszahlungen der Bundesstaaten angewiesen war; hier deuteten sich Mehreinnahmen und gleichzeitig mehr Unabhängigkeit von den nichtpreußischen Staaten an.
- Indirekte Steuern auf den Massenkonsum (Bismarck war es, der die steuerliche Ergiebigkeit der Tabaksteuer entdeckte) sollten die Besteuerung von Einkommen und Vermögen ersetzen bzw. überflüssig machen. Die Investitionsbereitschaft gerade des Kapitals sollte so gehoben und nebenbei die finanzielle Kraft des Reiches gestärkt werden.
- Eine Absicherung der ostelbischen Großgrundbesitzer, der wichtigsten Getreideproduzenten, war aus gesellschaftlichen Gründen wünschenswert.
- Eine Spaltung zwischen Industrie und Nationalliberaler Partei sollte dazu führen, daß wichtige Entscheidungsprozesse aus dem Reichtstag herausverlagert wurden.

Die Zuspitzung des Konflikts zwischen Schutzzöllnern und Freihändlern im Reichstag begann 1877/78 und wurde 1878 von einem zusätzlichen dramatischen Thema überlagert: Zwei Attentate auf Kaiser Wilhelm I. im Frühjahr ermöglichten es Bismarck, Sondergesetze gegen die Sozialdemokratie zu fordern. Die Nationalliberalen ließen den ersten Gesetzentwurf für ein Sozialistengesetz im Reichstag aus rechtsstaatlichen Erwägungen scheitern, obwohl ein Teil der den Liberalen eng verbundenen Unternehmer schon früher als der Staat rechtswidrige Maßnahmen gegen sozialdemokratische Arbeiter ergriffen hatte.

Staat und Interessenverbände

Im Oktober 1878 wurde das Sozialistengesetz im Reichstag angenommen. Aus konservativen, nationalliberalen und Zentrumsabgeordneten bildete sich eine „Volkswirtschaftliche Vereinigung des Reichstages“ zur Unterstützung von Bismarcks Politik. Der Reichstag schien zu einem Organ der wirtschaftlichen Interessenvertreter herabzusinken. Als – weitgehend mit den Stimmen dieser Vereinigung – im Juli 1879 die Schutzzölle angenommen wurden, erlebte Bismarck auch noch den Triumph, daß die Nationalliberale Partei zerbrach. Die Zersplitterung des liberalen Lagers in vier Fraktionen, von denen keine 1881 mehr als 15% der Abgeordneten stellte, schien auch das Ende der politischen Ansprüche des Bürgertums zu sein. 1881 berief Bismarck einen „Preußischen Volkswirtschaftsrat“ ein – eine Art von Vertretung wirtschaftlicher Interessen ohne Wahl und verfassungsmäßige Basis –, mit dem er alle wirtschafts- und sozialpolitischen Gesetzesvorhaben vorbereiten wollte. – Deutlich zeichnete sich die Tendenz ab, den Reichstag politisch auszuhöhlen und durch ein Bündnis zwischen der Staatsgewalt und den großen industriellen und agrarischen Interessengruppen zu ersetzen. Die Volkswirtschaftliche Vereinigung des Reichstages wie der Preußische Volkswirtschaftsrat erwiesen sich aber nicht als dauerhafte Einrichtungen. Der politische Wille auch der bürgerlichen Parteien zeigte sich lebenskräftig, und Bismarck und seine Nachfolger mußten sich Mehrheiten im Reichstag mit Kompromissen erkämpfen.

Trotz des Kulturkampfes zwischen dem preußischen Staat und der katholischen Kirche (s. S. 107) kam es zu einer Zusammenarbeit Bismarcks mit dem Zentrum, das sich seinerseits eine günstigere Machtposition versprach, wenn es die Regierung unterstützte. Trotz vieler Spannungen fanden sich auch die beiden konservativen Parteien zur Mitarbeit bereit, so daß sich hier eine von ihren Interessen her widersprüchlich Koalition fand, die trotzdem noch unter Bismarcks Nachfolgern erstaunlich lange die Basis der Regierungen im Reichstag abgab. Daß das Zentrum bei seiner Politik seine zahlreichen Wähler aus der Arbeiterschaft berücksichtigten mußte, machte es zu einem schwierigen Partner für die Reichskanzler, die sich je nach Lage auch anderer als der konservativ-katholischen Mehrheiten bedienten. Die Bindung der Regierung an die Gesetzgebungsarbeit des Reichstags und darüber hinaus die gesellschaftliche Entwicklung verlangten auf Dauer die Abstützung der Reichskanzler im Reichstag. Daß ihnen hier eine langfristige Basis fehlte, war allen Kanzlern vor 1914 bewußt; keiner von ihnen fand aber eine mutige und zukunftweisende Lösung des Problems. Immer ließ man kleine Schritte zur Demokratisierung nur unter starkem Zwang zu, und die Gedanken an einen Staatsstreich und einen Schlag gegen die Sozialdemokratie sogar mit militärischen Mitteln wurden nie völlig aufgegeben. Die Identität der Industrialisierung mit dem Durchbruch der parlamentarischen Demokratie – geradezu ein Glaubenssatz des britischen und amerikanischen Liberalismus – wurde in Deutschland schon früh in Frage gestellt. Die Beurteilung der deutschen politischen Geschichte ist dabei noch heute umstritten: Aus der Perspektive des 20. Jahrhunderts und vor dem Hintergrund des Scheiterns der Weimarer Republik und der Verbrechen des nationalsozialistischen Deutschlands sehen wohl die meisten Historiker in einigen Entwicklungen des deutschen Kaiserreichs Anfänge späterer Katastrophen. Das Bündnis zwischen Schwerindustrie und Landwirtschaft – sozial gesehen das der neuen mit den alten Eliten der Gesellschaft – gilt heute überwiegend als eines der unheilträchtigsten Ereignisse der neueren deutschen Geschichte. Nicht allein die Solidarität der Besitzenden in der ▷ Schutzzollfrage auf Kosten der armen Mehrheit (gelegentlich als Solidarprotektionismus bezeichnet), auch der offene Kampf gegen die Arbeiterbewegung mit den vereinigten Mitteln von Wirtschaft und Staat (oft als Klassenkampf von oben gekennzeichnet) schufen eine innere Spaltung in Deutschland, die die notwendige demokratische Entwicklung behinderte. Es läßt sich nicht leugnen, daß große Teile des deutschen Bürgertums sich von den immer komplizierteren Verhältnissen einer modernen Industriegesellschaft überfordert und verunsichert fühlten. Diese Gruppen waren bereit, sich mit der Schwäche des Reichstags abzufinden und die Machtpositionen von Regierung, Bürokratie und Interessenverbänden für — im nationalen Sinne — notwendig zu halten (→ M 5.6, 5.9). Wie bedeutend die Veränderungen der gesellschaftlichen und politischen Wirklichkeit im Gefolge der Gründerkrise waren, läßt sich auch daran ermessen, daß man hinsichtlich der Ereignisse von 1878 von einer zweiten Reichsgründung gesprochen hat, d.h. einer Neuverteilung der Macht zugunsten von Regierung und Verbänden, die die ursprüngliche Verfassung von 1871 überlagert und die besten Chancen, die in ihr lagen, begraben habe.

Minderheiten und Sündenböcke

Daß der Glanz der nationalen Einigung von 1870/71 nur so kurze Zeit vorhielt und die gesellschaftlichen Folgen der Industrialisierung eine so große Angst verbreiteten, daß viele Deutsche autoritären Lösungen den Vorzug vor demokratischen gaben, zeigte sich noch auf einem anderen Felde: In den 1870er Jahren entstanden verhängnisvolle innere und äußere Feindbilder der Deutschen, die lange bis ins 20. Jahrhundert hinein wirkten. Dieser Vorgang ist schon von Zeitgenossen mit den ungelösten inneren Spannungen Deutschlands in Verbindung gebracht worden.

Der Konflikt des Reiches mit der katholischen Kirche (Kulturkampf) ab 1871 mit seinem Höhepunkt um 1874 war mehr als nur ein unvermeidlicher Streit um die Rolle der Kirche in einem modernen Staat. Er bot zugleich der protestantischen Bevölkerungsmehrheit die Möglichkeit, sich gegen einen vermeintlichen Feind, das römische (ausländische!) Papsttum, zusammenzuschließen. Der Antisemitismus gegen die kleine jüdische Minderheit ist sogar ausdrücklich mit einer solchen Zielsetzung entfacht worden. Heinrich Treitschke, einer der einflußreichsten Historiker, Publizisten und Universitätslehrer des Kaiserreiches, hat den Nutzen solcher Feindbilder für die Heranbildung des erwünschten deutschen Nationalismus mit aller Offenheit ausgesprochen (→ M 5.7). In den preußischen Ostprovinzen kämpfte deutscher Nationalismus gegen die nationale Identität von vier Millionen Polen; im Westen empfand die Mehrheit der 1,6 Mill. Elsässer und Lothringer die deutsche Politik als Herausforderung der demokratischen Werte, deretwegen sie sich seit der Revolution von 1789 Frankreich verbunden fühlten.

Obwohl das Deutsche Reich vor 1914 ein Rechtsstaat war, kam es immer wieder zu behördlichen Willkürakten, zu rigoroser Handhabung von Schul- und Vereinsrecht gegen den Willen von Bevölkerungsgruppen und zu Verletzungen des Presse- und sogar des Eigentumsrechts. Auch die Verleumdung der Sozialdemokraten als „vaterlandslose Gesellen“

– der Vorwurf des Verrats und der Gefährdung der Nation lag darin – zeigt, wie schwer es großen Teilen der deutschen Gesellschaft vor 1914 fiel, ihre inneren Konflikte nach liberalen und demokratischen Regeln auszutragen. Wiederholt ergriffen der Staat und mächtige soziale Gruppen die Chance, die Spannungen einer modernen Industriegesellschaft in emotionale Angriffe auf Sündenböcke umzuformen.
Gegen diese gefährlichen Tendenzen gab es auch im deutschen Kaiserreich Widerstand und gegenläufige Entwicklungen. Vor allem sicherte sich der Reichstag auf Dauer eine zentrale politische Funktion; die Parteien verkümmerten nicht zu reinen Interessenvertretungen, und das liberale Bürgertum beharrte ebenso wie das Zentrum auf der Sicherung des Rechtsstaats. Die wachsende Macht der Arbeiterbewegung und die Stärke der SPD im Reichstag (seit 1898 – mit einer Unterbrechung – stärkste Fraktion) wirkten sich zugunsten einer Demokratisierung der Verhältnisse aus. Selbst gegen den Antisemitismus rührte sich Widerstand, angeführt von dem hochangesehenen Historiker Theodor Mommsen. Dieser Protest erreichte aber nicht entfernt die Intensität der Dreyfus-Affäre (1896–1906) in Frankreich. Dort hatten bürgerlich-republikanische und sozialistische Kräfte ein von Antisemitismus inspiriertes Fehlurteil eines Kriegsgerichts zum Gegenstand eines langjährigen politischen Konflikts gemacht, an dessen Ende die Macht der Rechten, des Militärs und der damals antirepublikanisch eingestellten katholischen Kirche deutlich beschnitten wurde.

Staatliche Sozialpolitik

Antiliberale Schutzzollpolitik, enge Zusammenarbeit zwischen Staat und Verbänden und die Diskriminierung von Minderheiten und der Arbeiterbewegung waren aber nicht die einzigen Mittel, mit denen der Staat in den wirtschaftlichen und gesellschaftlichen Entwicklungsprozeß eingriff. Produktiver und zukunftweisender waren hier die Anfänge einer modernen Sozialpolitik. Die Ansätze dazu lagen schon in der Ära Bismarck, der hier eine notwendige Ergänzung seiner im ganzen industriefreundlichen Politik anstrebte. Bismarck hatte hinsichtlich des sozialen Gewissens der großen Mehrheit der Kapitalisten keine Illusionen. Man kann ihm nicht absprechen, daß er aus einem adlig-patriarchalischen Bewußtsein sozialer Verantwortung heraus handelte, als er gegen starke Widerstände aus der Industrie seine Sozialpolitik vertrat. Sie begann 1883/84 mit den Gesetzen zur Kranken- und zur Unfallversicherung der Arbeiter; 1889 wurde eine Invaliden- und Altersversicherung geschaffen, die am Ende allen Arbeitern eine gesicherte Rente im Alter oder auch schon bei vorzeitiger Arbeitsunfähigkeit sicherte.
Mit einem Grundbestand an sozialer Absicherung sollten die Arbeiter mit der Wirtschafts- und Gesellschaftsordnung des Kapitalismus ausgesöhnt und ihre Neigung zu Streik oder gar Revolution verringert werden. Vor allem aber sollten sie dem Einfluß der SPD und der Gewerkschaften entzogen werden. Trotz dieser Hintergedanken der Regierung kann man nicht bestreiten, daß die Sozialgesetze des Kaiserreichs den ersten Schritt eines Industriestaates zu einer ernsthaften und langfristigen Regelung gesellschaftlicher Konflikte darstellten. Dem Erfolg der Sozialdemokratie hat diese Politik nicht geschadet.

Die Sozialversicherung im deutschen Kaiserreich

Versicherungsart	Beiträge	Leistungen
Krankenversicherung 1883 für gewerbliche Arbeiter und (freiwillig ab 1892) Angehörige	2—3% des Lohns; ²/₃ vom Versicherten, ¹/₃ vom Arbeitgeber	ärztliche Behandlung und Medizin, Krankenhauskosten; nach zweitägiger Wartezeit Krankengeld (50% des Durchschnittlohns, max. 2 Mark/Tag)
Unfallversicherung 1884 für gewerbliche Arbeiter	als Haftpflicht vom Arbeitgeber zu zahlen	Heilungskosten; bei Erwerbsunfähigkeit ²/₃ des Einkommens, ¹/₅ für Witwen
Invaliden- und Altersversicherung 1889 für gewerbliche und Landarbeiter (ab 1911 auch für Familienangehörige)	1% (ab 1900 1,5—3%) des Lohns, je zur Hälfte von Arbeitnehmer und -geber	Invalidenrente bei Erwerbsunfähigkeit (1911): 1,1 Mill. Renten von durchschnittlich 187 Mark/Jahr[!]); Altersrente ab 70. Lebensjahr und 30 (ab 1900: 24) Beitragsjahren

Nach Rainer Bölling, Johann Henseler (Hrsg.): Das deutsche Kaiserreich 1871—1918. (Ploetz) Freiburg 1986. S. 47 f.

Überlegungen zur weiteren Arbeit

Kapitel 5 widmet sich vor allem der politischen Dimension der ersten Industrialisierungsphase in Deutschland. Sein Hauptgegenstand ist die politische Verarbeitung der gesellschaftlichen Krise, die mit dem „Gründerkrach" von 1873 aufbrach und die Spannungen des Industrialisierungsprozesses zuspitzte. Würden Industrialisierung und gesellschaftlicher Aufstieg des Bürgertums zum Sieg des politischen Liberalismus und zur Herrschaft des Parlaments führen, wie es in Großbritannien geschah, oder würde es eine Industrialisierung ohne Demokratisierung geben? – Der Prozeßcharakter, der politischen Konflikten eigen ist, legt hier wieder eine diachrone (d. h. am zeitlichen Ablauf orientierte) Betrachtungsweise nahe. Insofern wir aber stark an der Frage interessiert sind, ob sich im neugegründeten Deutschen Reich demokratische Werte und Verhaltensmuster entwickelten, bringen wir unsere Perspektive hinein, die von der Entwicklung nach 1918 und von unserer Gegenwart geprägt ist. Dieser perspektivisch-ideologiekritische Aspekt verlangt, daß wir sowohl die eigenen Positionen als auch die der Zeitgenossen des 19. Jahrhunderts bewußtmachen und erörtern.

Materialien zu Kapitel 5

Bürgerliche Ängste

M 5.1 1832 – David Hansemanns Denkschrift an König Friedrich Wilhelm III. von Preußen

David Hansemann (1790–1864) war ein bedeutender rheinischer Bankier und einflußreicher liberaler Politiker, 1848 sogar Minister; er bezieht sich hier auf den Ausbruch der Revolution in Paris, Brüssel und anderen Orten im Jahre 1830.

Welches sind die Gefahren, die den Staat bedrohen? Welches die Mittel, sie abzuwenden? Welches ist der sicherste Weg zu Preußens fernerem Wachstum in Macht und Prosperität[1]?

§ 1. Die erste Gefahr ist Aufstand der geringeren Volksklasse. Unverkennbar ist diese fast allgemein von einem Geiste der Aufregung gegen gesetzliche Ordnung ergriffen, der seinen Ursprung teils in dem Hange zu einer besseren, nicht mit dem Verdienste in Verhältnis stehenden Lebensweise, teils in dem Umstande haben mag, daß durch die Fortschritte der Industrie die Teilung der Arbeit zunimmt und eben hierdurch die Industrie immer mehr Ausdehnung erhält, beides Verhältnisse, durch welche die Zahl derjenigen Menschen vermehrt wird, deren Broterwerb nur auf den Verdienst des Tages angewiesen ist. Ein fernerer Grund zu jenem schlimmen Geiste liegt in den hohen, die meisten Lebensbedürfnisse so sehr verteuernden Steuern.
Endlich wird jener gefährliche Geist der geringeren Volksklassen genährt durch eine zwar der Menschlichkeit zur Ehre gereichende, aber in ihren Folgen höchst verderbliche Anwendung der Philanthropie[2] auf Staatswirtschaft. Man will durchaus, daß es keine Notleidende gebe. Da wird denn ein Institut[3] nach dem andern errichtet, um die Armen zu speisen, zu kleiden, die jüngeren von ihnen zu erziehen, die alten zu verpflegen, den armen Kindbetterinnen[4] zu helfen usw., und fast alle Armen, welchen auf diese Weise Unterstützung angedeiht, gelangen durch dieselbe während kürzerer oder längerer Zeit, oder gar lebenslang, in weit bessere Lage als die Personen, welche notdürftig mit kleinem eigenem Verdienste oder demjenigen ihrer Angehörigen durch unglückliche Lebensverhältnisse sich durchwinden.[5] Hierin liegt die direkteste, wirksamste Aufforderung zur Verschwendung und zur Faulheit, beides die Laster, welche am schnellsten die für die öffentliche Sicherheit gefährlichen Subjekte der niedern Volksklasse ausbilden.
Zeigen nicht die Unruhen, welche in so manchen Städten Deutschlands vorfielen[6], aufs deutlichste das Dasein der Gefahr bei irgend einer Ver-

anlassung? Ist denn irgend eine Regierung imstande zu verbürgen, daß nicht einmal eine solche Veranlassung eintrete? Nein, wahrlich die Gefahr besteht; sie ist um so schrecklicher, da Pöbelherrschaft die schauderhafteste aller Gewalten ist.

Ich habe bereits an mehreren Stellen dieser Abhandlung nachgewiesen, daß gerade dadurch, daß die eigentliche Kraft der Nation nicht vollständig emanzipiert[7] war, die Verlegenheiten der Regierungen entstanden sind; ich setze daher jenen Warnungen nur ein paar Beispiele entgegen.

Gerade der Mittelstand, weil dazu die angesehenen Kaufleute und Fabrikanten gehören, bietet dem Throne mehr Elemente der Stabilität und Ordnung dar, als der eigentliche Stand der Grundbesitzer. Der letztere läuft bei Krieg, bürgerlichen Unruhen und bei dem Wechsel der Regierung weit weniger Gefahr, als der Kaufmann und Fabrikant. Das Gewerbe der letzteren erleidet alsdann in den meisten Fällen eine sehr empfindliche und häufig lang anhaltende Störung, während diejenigen, deren Erwerb nur auf dem Grundbesitz beruht, mit Wahrscheinlichkeit darauf zählen können, daß sie durch eine Veränderung der Regierung keinen Nachteil erleiden.

Zit. nach: Josef Hansen (Hrsg.): Rheinische Briefe und Akten zur Geschichte der politischen Bewegung 1830 – 1880. (Baedecker) Essen 1919, Bd. 1. S. 12f.

---

1 Wohlstand
2 Menschenfreundlichkeit
3 (Wohlfahrts-)Einrichtung
4 Frauen nach der Geburt eines Kindes
5 arme Personen, die keine Sozialfürsorge beanspruchen
6 Unruhen im Gefolge der französischen Revolution von 1830
7 im Besitz voller politischer Mitspracherechte

M 5.2 1877 – Forderungen des Centralverbands deutscher Industrieller an das Reich

Bei folgendem Text handelt es sich um eine Eingabe des Verbandes an Kaiser Wilhelm I., um seine Unterstützung gegen die am Freihandel orientierte Mehrheit der Reichsregierung zu gewinnen (→ M 5.6).

Seit fünf Jahren herrscht in unserem deutschen Vaterlande eine gewerbliche Krisis, wie sie heftiger und verheerender seit Menschengedenken nicht aufgetreten ist. Von der Börse ausgehend, hat sie einen Industriezweig nach dem anderen ergriffen, und was etwa bis jetzt noch verschont geblieben ist, wird unausbleiblich in ihren vernichtenden Strudel hineingezogen werden. In den Kreisen der Industriellen und bei allen denen, welche dem praktischen Erwerbsleben nahestehen, waltet die Überzeugung ob, daß die durch die Beschlüsse des Reichstags veranlaßte Handelspolitik diese beklagenswerte wirtschaftliche Krankheit zwar nicht hervorgerufen, daß sie aber wesentlich dazu beigetragen hat, dieselbe zu verschärfen und zu verlängern.

Fast unausgesetzt ist der vaterländische Gewerbsfleiß in den letzten zwölf Jahren durch das Zusammentreffen widriger Umstände das Opfer zollpolitischer Experimente geworden, welche notwendigerweise die Stabilität der Verhältnisse erschüttern und den heimischen Markt dem ungewissen Erfolg einer völlig uneingeschränkten auswärtigen Konkurrenz preisgeben mußten. Die Industrie weiß den Vorzug einer internationalen Verkehrsfreiheit, welche die Kräfte der Völker anspornt und den Austausch der überschießenden Produkte ermöglicht, zu schätzen; allein ein einseitiges Vorgehen eines einzelnen Staates auf diesem Wege wird diesen Erfolg niemals zustande bringen. Abstrakte und radikale Theorien, die den Verhältnissen des Lebens nicht Rechnung tragen, haben noch niemals den Völkern Glück und Segen gebracht, und es heißt eben abstrakten und radikalen Grundsätzen huldigen, wenn ein Land freiwillig und ohne Not seine Grenzen der auswärtigen Konkurrenz öffnet, während alle Nachbarstaaten sich durch hohe Zölle fast hermetisch gegen uns abschließen. Es ist gegenwärtig eine allgemein bekannte Tatsache, daß diese Wirtschaftspolitik dazu beigetragen hat, den Franzosen nicht allein die Zahlung der Kriegskontribution zu erleichtern, sondern dieselben auch in Stand gesetzt hat, mit Hilfe ihres gewaltigen Exportes dem deutschen Volke einen großen Teil dieser Summe wieder abzunehmen. Auf diese Weise haben wir durch die Einseitigkeit unserer wirtschaftlichen Maximen die großen Erfolge unserer ruhmreichen Armee wieder wettgemacht, und wir hören nicht auf, dem Nationalfeinde die Mittel zuzuführen, mit denen er neue Kriege gegen uns ausrüsten kann. [. . .] Die Konsumtionsfähigkeit des deutschen Volkes ist augenblicklich so geschwächt, daß auch andere Gewerbsbranchen, insbesondere die Spinnereien und Webereien aus

Mangel an Absatz bereits gezwungen worden sind, einen Teil ihrer Arbeiter zu entlassen, und daß sie, wenn nicht bald eine Besserung sich zeigt, nach der Versicherung ehrenhafter und hervorragender Industrieller genötigt sein werden, ihren Betrieb immer mehr und mehr einzuschränken. Die Arbeitslosigkeit nimmt somit von Tag zu Tag größere Dimensionen an, und im Gefolge derselben mehrt sich trotz der Wachsamkeit der Behörden die öffentliche Unsicherheit und die Zahl der Verbrechen.[1]

Zit. nach: Gerhard A. Ritter (Hrsg.): Historisches Lesebuch 2. (Fischer) Frankfurt 1967. S. 203 f.

[1] Alfred Krupp verstieg sich in einem Schreiben an den Kaiser sogar zu der Behauptung, ohne Schutzzoll würde ein Werk nach dem anderen eingehen und „zerstörten Ritterburgen gleichen" und seinem Sohne nichts anderes übrigbleiben als „die Kraft, nach Amerika auszuwandern."

M 5.3 1878 – Reaktion einer liberalen Zeitung auf das Attentat auf Wilhelm I.

In den Schriften wie in den öffentlichen Reden, die aus jenen Schichten der Nation hervorgehen, klingt es so grell und unheimlich, so leidenschaftlich und frevelhaft, wie einst in Frankreich in den Jahren 1789 und 1790, dem Geburts- und Entwicklungsjahre einer der fürchterlichsten Revolutionen, welche die Menschheit jemals gesehen, und wir können sicher sein, daß dem 1790 das 1793 mit seinen scheußlichen Ausgeburten des politischen Wahnsinns und des Partei-Fanatismus unausbleiblich folgen wird, wenn unsere Regierung – sei es mit Zustimmung der Volksvertretung, sei es ohne dieselbe – nicht bald die schützenden Dämme aufwirft, welche die Hochfluth niedriger Leidenschaften, die gegen Religion und Königthum, gegen Sitte und Eigenthum in unseren Tagen anstürmen, unschädlich in ihr Bett einengen.

Wie aus giftgefüllten Abgründen ergießt sich aus der social-demokratischen Presse und den Vereinsversammlungen der socialdemokratischen Partei die Verachtung alles dessen in breite Massen der Volkes, was jedem Angehörigen der Nation als unerschütterliche Grundsäule des Staates gelten und heilig sein müßte; sie ist es, die den Kaisermördern die verfluchte Waffe in die Hand drückt. [...]

Ein drittes aber gibt es noch im deutschen Reiche, dessen Fortbestand oder Beseitigung auf Grund der in den letzten Jahren und Tagen gemachten Erfahrungen von den Lenkern unseres Staates in die ernsteste Erwägung gezogen werden muß, das ist die nach unserer Überzeugung unselige Frühgeburt des allgemeinen direkten Wahlrechts, wie es gegenwärtig besteht, die, um in Deutschland zeitgemäß zu erscheinen, wohl noch der reifenden Kraft eines vollen Jahrhunderts bedürfen möchte.

Düsseldorfer Zeitung – Ausgabe 3. 6. 1878

M 5.4 1881/85 – August Bebel in Briefen an Friedrich Engels über die Wirtschaftslage in Deutschland

Engels lebte zu dieser Zeit im Exil in London.

11. Februar 1881:

Mir ist es unbegreiflich, wie man bei unseren Zuständen anders als mit Hoffnung in die Zukunft blicken kann. [...] Ich war kürzlich wieder acht Tage auf der Geschäftsreise, und zwar in Schlesien und der Lausitz, und das Bild, das ich da wieder von unseren ökonomischen Verhältnissen bekommen habe, spottet nahezu jeder Beschreibung. Ein fast vollständiges Darniederliegen aller Geschäfte, Hungerlöhne für die Arbeiter, Massenbankerotte in der Unternehmerklasse, vollständige Verzweiflung in dem Handwerkerstand. Die Mehrzahl der Unternehmer hält sich nur noch mit Mühe über Wasser, Schwindel und Betrug, der abscheulichsten Art, in allen Ecken und keine Aussicht auf Hebung. Was ich Euch schon in London sagte und Ihr mir nicht recht glauben wolltet, wird bei mir täglich festere Überzeugung, nämlich daß an einen erheblichen und halbwegs andauernden Aufschwung der Geschäfte gar nicht mehr zu denken ist; daß die Krise chronisch ist und sich fortschleppt, bis irgendein Ereignis den Anstoß zum allgemeinen Kladderadatsch gibt.

14. November 1882:

Bekommt der [Export] ein Loch, dann bekommen wir einen Krach, ärger als jener von 1874; denn wir haben uns von dem noch nicht erholt. Unsere Eisenindustrie kommt bereits wieder bedenklich ins Schwanken, tatsächlich sind die Notierungen, wie sie der Börsenzettel bringt, Schwindel und wird zu viel niedrigeren Preisen verkauft. [...] In der Textilindustrie sieht's nur wenig besser aus, auch hier ist der Export die Hauptsache, bekommt auch dieser einen Rückschlag, so sind die beiden Hauptindustrien lahmgelegt, und die Lähmung greift weiter. Kurz, die amerikanische [Wirtschafts]krise hat weit mehr Wahrscheinlichkeit als ein europäischer Krieg, die Sturmglocke für die europäische Revolution zu werden.

7. Dezember 1885:

In der Tat ist kaum zu glauben, wie trostlos unsere ökonomischen Zustände sind; Klagen, die entsetzlichsten Klagen, wohin man hört. Und zwar nicht bloß bei den Arbeitern, da ist's selbstverständlich, auch nicht bei den kleinen Mittelleuten, die massenhaft vor dem Bankerott stehen, sondern selbst bei den Großen und Größten. Nach Neujahr gibt's massenhaft Bankerotte, weil die letzte Hoffnung, das Weihnachtsgeschäft, fehlschlug. [...] Ich lege mich jeden Abend mit dem Gedanken schlafen, daß das letzte Stündlein der bürgerlichen Gesellschaft in Bälde schlägt.

Zit. nach: Werner Blumenberg (Hrsg.): August Bebels Briefwechsel mit Friedrich Engels. (Mouton) Den Haag, London, Paris 1965. S. 103, 140, 249.

Politische Konzeptionen

M 5.5 1878 — Bismarck über den politischen Liberalismus in einem Brief an den preußischen Finanzminister Hobrecht

Die Politik ist langlebig und beansprucht Pläne auf Menschenalter hinaus. Ich werde, solange ich imstande bin, als Minister oder im Parlament an den Staatsgeschäften teilzunehmen, nicht ablassen, in jeder Session und so oft ich Gelegenheit dazu finde, die politischen und wirtschaftlichen Maßregeln anregen und befürworten, die ich für die richtigen halte, und dabei an den schließlichen Sieg der gesunden Vernunft über Fraktionstaktik und Rhetorik glauben. Die Gelehrten ohne Gewerbe, ohne Besitz, ohne Handel, ohne Industrie, die vom Gehalt, Honoraren und Coupons[1] leben, werden sich im Laufe der Jahre den wirtschaftlichen Forderungen des produzierenden Volkes unterwerfen oder ihre parlamentarischen Plätze räumen müssen. Dieser Kampf kann länger dauern, als wir beide leben, aber ich wenigstens bin entschlossen, ihn auch dann nicht aufzugeben, wenn sich die *augenblickliche* Erfolglosigkeit mit Sicherheit voraussehen läßt.

Zit. nach: Michael Stürmer (Hrsg.): Bismarck und die preußisch-deutsche Politik 1871 – 1890. (dtv) München 1970. S. 121 f.

[1] Zur Aktie gehöriger Schein zur Einlösung der Erträge; hier Symbol für Gewinn ohne unternehmerische Arbeit

M 5.6 1878 — Forderung des Centralverbands deutscher Industrieller nach einem volkswirtschaftlichen Senat als zusätzlichem gesetzgebendem Organ

Aus einer Rede des Geschäftsführers des Centralverbandes auf dem 8. Deutschen Handelstag in Düsseldorf 1878. Nach einer Kritik der Behandlung des Tabaksteuergesetzes durch Regierung und Reichstag behauptet der Redner:

[...] daß nicht allein für die parlamentarischen Körperschaften, sondern in demselben Grade auch für die Reichsregierung eine Behörde[1] von Bedeutung ist, welche die Gesetze vorzubereiten und zu prüfen mehr geeignet sein würde als irgendeine andere Behörde im Staate, da sie mit ihren Mitgliedern im wirtschaftlichen Leben wurzelt und die Tatsachen und Verhältnisse desselben sich in derselben verkörpert.

(Der Redner räumt ein, daß die Schaffung eines volkswirtschaftlichen Senats die Rechte der bestehenden verfassungsmäßigen Organe beschneiden müßte.)

Eine solche Körperschaft soll bestehen aus Vertretern des Handels, der Industrie und der Gewerbe, des Ackerbaues, des Verkehrswesens, aus höheren Beamten und solchen Personen, die durch das Vertrauen des Kaisers dem Institut einverleibt werden.[2] M. H.[3], wir, die wir bestrebt sind, eine solche Organisation ins Leben zu rufen, handeln durchdrungen von der Überzeugung der Solidarität der Interessen. Die Gegensätze, welche ja so häufig in Bezug auf die Interessen der verschiedenen Wirtschaftsgruppen hervortreten, halten wir als hervorgehend aus Mißverständnissen oder Vorurteil. [...] Diese Gegensätze, oft künstlich genährt zwischen Handel und Industrie, zwischen Industrie und Landwirtschaft, zwischen Produzenten und Konsumenten, sie sind unnatürlich, denn sind wir nicht alle Kinder desselben Bodens, Teile desselben Körpers, welcher in der Gesamtheit krankt, wenn eines seiner Glieder dem Siechtum verfällt?[4]

Nun, m. H., von diesem Standpunkte aus glauben wir, daß eines der wichtigsten Mittel, diese Gegensätze zu beseitigen, sein würde das Zusammenwirken dieser verschiedenen Wirtschaftsgruppen in dem volkswirtschaftlichen Senat und die Überzeugung von der Verantwortlichkeit nicht für den einen eigenen Wirtschaftskreis [...], sondern das Gefühl der Verantwortlichkeit für das gesamte wirtschaftliche Gedeihen der Nation.[5]

H.A. Bueck: Errichtung eines volkswirtschaftlichen Senats. Düsseldorf 1878. S. 9 ff.

[1] Der Redner setzt hier eine Standesvertretung mit einer Behörde des Staates gleich!

[2] Außer den von Handelskammern gewählten sollten auch von der Regierung ernannte Vertreter dem Senat angehören, was eine enge Verzahnung von Wirtschaft und Staat bedeutet hätte.

[3] M. H. = „Meine Herren" als Redefloskel

[4] Anlehnung an eine altrömische Fabel, in der der Staat mit einem Körper verglichen wird, um bestehende Privilegien zu verteidigen.

[5] Über den Einzelinteressen zu stehen, war in der deutschen politischen Tradition eine charakteristische Kennzeichnung des Staatlichen.

M 5.7 ca. 1890 – Heinrich Claß aus der Erinnerung von 1932 – Antisemitismus gegen Liberalismus

Heinrich Claß (1868–1953) war einer der einflußreichsten antisemitischen Agitatoren des Kaiserreichs und Mitgründer des Alldeutschen Verbandes.

Ein Schatten fiel für beide Eltern auf mein Berliner Erlebnis: meine Ablehnung des Judentums. Man muß bedenken, daß drei Worte über dem Denken und Trachten von Häusern wie dem unserigen standen – drei Fremdworte: Patriotismus, Toleranz, Humanität. Das waren die politischen und menschlichen Ideale jener beiden Geschlechterfolgen, die ganz unter liberalen Einflüssen standen und auf die Gleichberechtigung aller Staatsangehörigen schwuren. Wir Jungen waren fortgeschritten: wir waren national schlechthin; wir wollten von Toleranz nichts wissen, wenn sie Volks- und Staatsfeinde schonte; die Humanität im Sinne jener liberalen Auffassung verwarfen wir, weil das eigene Volk dabei zu kurz kommen mußte. Das trug ich den Eltern vor, und meinem gütigen Vater sagte ich: Er habe mich zu Treitschke geschickt und nun habe ich von dem großen Manne gelernt, was dieser sich erst unter schweren Kämpfen habe erarbeiten müssen. Da sei nichts zu machen, er müsse sich damit abfinden, daß ich auf Treitschkes Erkenntnisse schwöre. Meine Mutter meinte, die Großeltern würden entsetzt sein, solche Meinungen von mir zu hören; da behauptete ich ziemlich keß, sie seien stets so jung geblieben, daß sie mich verstehen würden. Ich vermied weitere Gespräche über den umstrittenen Gegenstand und freute mich des Aufenthaltes in der Heimat. [...]

Für uns war der Jude ein seinem Wesen nach demjenigen unseres Volkes schlechthin unvergleichbares Geschöpf, dessen wesentliche Eigenschaften sich zum Schaden unserer Volkes auswirken mußten. Was seit der sogenannten „Emanzipation" sich im gesamten öffentlichen Leben Deutschlands – dies Wort in seinem weitesten Sinne genommen – an Wirkungen des jüdischen Geistes breitgemacht hatte, war, wenn man die Augen nicht gewaltsam schließen wollte, unabsehbar. Vor allem fiel es auf dem Gebiete des öffentlichen Lebens im engeren Sinne auf, bei der Presse, im parteipolitischen Betriebe und der städtischen Selbstverwaltung. Überall sah ich die Beweise dafür, daß die so oft für wünschenswert erklärte Vermählung deutschen und jüdischen Wesens in sich unmöglich sei und daß dort, wo man das jüdische Wesen gewähren läßt, die Zersetzung und Verfälschung des deutschen geradezu widerstandslos eintrat.

Heinrich Claß: Wider den Strom. (Koehler) Leipzig 1932. S. 17 f. und 88.

Handhabung politischer Macht

M 5.8 1881 – Bismarcks Umgang mit der öffentlichen Meinung – Instruktion seines Sohnes Herbert von Bismarck an die ihm nahestehende Presse

Verehrtester Herr Geheimer Rath, mein Vater hat den Wunsch, daß die uns befreundete Presse schärfer ins Zeug gehe, als es bisher der Fall gewesen, daß sie dasselbe Mittel verwende, dessen sich unsere Gegner bedienen: immer wieder auf diejenigen Punkte zurückzukommen, welche dem Wähler am verständlichsten sind, und auf welche für die Wahlen am meisten ankommt; es müssen dabei die Themata, welche wir auf unser Wahlpanier schreiben, alle 2 Tage variiert u. kürzer oder länger mit Polemik gegen

die Feinde besprochen werden, und wenn es 30–40 mal geschieht, so ist das für den dickfelligsten Leser noch kaum genug; je öfter, desto besser. [...]
Bitte sagen Sie an Rössler und an die Redaction der „Nordd.“, „Post“, „D[eutsches] T[a]g[e][blatts]“, daß bis zu den Wahlen alle häuslichen Zwiste ruhen müßten, und daß sie sich ganz darauf concentriren, alle Tage scharfe Angriffe in allmählig steigender Scala gegen Fortschritt[1] u. Freihandel zu bringen. Zuerst wünscht mein Vater mehrere Artikel in den genannten Blättern über Kornzölle – Grundsteuer, welche mit anderen Worten stets das nämliche sagen. Auch die Prov. Corr. möchte solchen Artikel bringen mit dem Thema: 1. das Geschrei über Vertheuerung des Getreides durch die Zölle ist unbegründet, wie schon so oft nachgewiesen (auf Beweise gar nicht mehr einlassen, nur immer dieselben Behauptungen wiederholen). 2. Wär es den Schreiern patriotischer Ernst mit ihren falschen Behauptungen u. glaubten sie es wirklich, so müßten sie mit allen Kräften darauf hinwirken, daß die inländische Besteuerung unseres Getreidebaues durch die Grundsteuer aufhöre, damit die deutschen Landwirthe billiger producieren können: nicht der kleine Zoll an der Grenze übt einen Einfluß auf die viel größeren Schwankungen des Weltmarktpreises, wohl aber würden die inländischen Consumenten dem inländischen Producenten weniger zu zahlen brauchen, wenn diese nicht der Doppelbesteuerung ihres Ertrages aus Grund u. Boden [...] unterworfen wären. 3. absichtliche Verdunkelung dieses Tatbestandes durch Freihandel u. Fortschritt u. bisherige Geduld des Landwirths. [...]

Zit. nach: Michael Stürmer (M. 5.5). S. 174 f.

[1] Gemeint ist die linksliberale Deutsche Fortschrittspartei.

M 5.9 um 1900 – die politische Arbeit einer Interessenvertretung am Beispiel des Bundes der Landwirte

Neben den folgenden Maßnahmen spielte die Einflußnahme des 1893 gegründeten Bundes auf Regierung und Verwaltungsapparat eine große Rolle.

Das Geheimnis des Erfolges dieser berufsständischen Organisation beruht im letzten Grunde auf ihrer mustergültigen politischen Disziplin. Hierdurch wird der Bund der Landwirte befähigt und bevollmächtigt, als ein Dolmetscher der Gefühle und Empfindungen, das Interesse der Landwirtschaft und diese selbst in der Öffentlichkeit, in der Presse und endlich bei den Wahlen zu vertreten.
Für die werbende Kraft des Bundes und seine aufklärende Tätigkeit sorgt in wirksamer Weise die Bundespresse, die von der Abteilung Presse geleitet wird. Der Bund selbst unterhält die streitbare „Korrespondenz des Bundes der Landwirte“, die als ständiger Wachtposten das Heer der politischen Zeitungen überwacht und mit unermüdlichem Eifer dem Angriff der Gegner den Gegenhieb folgen läßt. [...]
Die Wahlabteilung hat die Verbindung zu halten zwischen der Bundesleitung und den Bundesorganisationen draußen im Lande behufs gemeinsamer und einheitlicher Vorbereitungen für die Parlamentswahlen. Die Vertretung des deutschen Volkes in den Parlamenten, insbesondere im Reichstage, soll eine Zusammensetzung erhalten, die eine Lösung der parlamentarischen Aufgaben im Sinne der nationalen Überzeugungen und wirtschaftspolitischen Bestrebungen des Bundes der Landwirte sichert, oder, wie die Satzungen besagen, der Landwirtschaft eine ihrer Bedeutung entsprechende Vertretung in den parlamentarischen Körperschaften zu verschaffen geeignet ist. Das ist nur durchführbar, wenn der Bund vollkommen einheitlich und geschlossen vorgeht. Der Bund der Landwirte ist grundsätzlich nicht parteipolitisch und kann daher den Kandidaten jeder staatserhaltenden Partei unterstützen, sofern er mit den Grundsätzen des Bundes übereinstimmt und eine Gewähr dafür bietet, daß er im parlamentarischen Leben die Verfolgung des ausgiebigen Schutzes der nationalen produktiven Arbeit, namentlich der Landwirtschaft, stets als oberstes und unverrückbares Ziel der politischen Maßnahmen gelten lassen wird. Behufs Prüfung der Abgeordneten über ihre Stellungnahme zu den wirtschaftspolitischen Fragen gibt die Wahlabteilung den Mitgliedern Auskunft, wie die einzelnen Abgeordneten bei den verschiedenen wirtschaftspolitischen Vorlagen gestimmt haben. [...]
Um den parlamentarischen Vertretern und Freunden des Bundes der Landwirte die Ausübung ihrer parlamentarischen Tätigkeit zu erleichtern, wurde innerhalb der Bundesverwaltung ein besonderes Parlamentarisches Bureau eingerichtet. Seine Aufgabe ist es, für die dem Bunde befreundeten Abgeordneten das ein-

schlägige Material, das für die jeweiligen parlamentarischen Verhandlungen in Betracht kommt und von Wichtigkeit ist, herauszusuchen, zu sichten und vorzubereiten. Der Leiter des Bureaus, ein politisch und journalistisch geschulter und erfahrener Beamter, hält sich während der parlamentarischen Tagungen in den Parlamenten, vorzugsweise im Reichstage, auf, um die Wünsche der betreffenden Abgeordneten entgegenzunehmen und Informationen zu geben.

Zit. nach: Gerhard A. Ritter (Hrsg.): Historisches Lesebuch 2. (Fischer) Frankfurt 1967. S. 162 ff.

Eine Stimme des liberalen Bürgertums

M 5.10 1886 – Werner von Siemens, der Vertreter einer „neuen" Industrie, zu Schutzzoll, Welthandel und gesellschaftlichem Fortschritt

Ein wirksames Schutzzollsystem, welches der Industrie den Consum des eigenen Landes sichert, läßt sich überhaupt nur dann consequent durchführen, wenn dieses Land, wie z. B. die Vereinigten Staaten von Nordamerika, alle Klimate umfaßt und alle Rohproducte, deren seine Industrie bedarf, selbst erzeugt. Ein solches Land kann sich gegen jeden Import absperren, vermindert dadurch aber gleichzeitig seine eigene Exportfähigkeit. Es muß als ein Glück für Europa betrachtet werden, daß Amerika durch sein prohibitives[1] Schutzzollsystem die gefahrdrohende, schnelle Entwicklung seiner Industrie gehemmt und seine Exportfähigkeit verringert hat. Das durch hohe Schutzzollbarrieren zerrissene Europa gewinnt dadurch Zeit, die Gefahr seiner Lage zu erkennen, die ihm den Wettbewerb mit einem zollfreien Amerika auf dem Weltmarkte unmöglich machen wird, wenn es ihm nicht rechtzeitig als mercantil organisierter[2] Welttheil gegenübertritt. Der Kampf der alten mit der neuen Welt auf allen Gebieten des Lebens wird allem Anscheine nach die große, alles beherrschende Frage des kommenden Jahrhunderts sein, und wenn Europa seine dominirende Stellung in der Welt behaupten oder doch wenigstens Amerika ebenbürtig bleiben will, so wird es sich bei Zeiten auf diesen Kampf vorbereiten müssen. Es kann dies nur durch möglichste Wegräumung aller innereuropäischen Zollschranken geschehen, die das Absatzgebiet einschränken, die Fabrikation vertheuern und die Concurrenzfähigkeit auf dem Weltmarkte verringern. Ferner muß das Gefühl der Solidarität Europas den anderen Welttheilen gegenüber entwickelt und es müssen dadurch die innereuropäischen Macht- und Interessenfragen auf größere Ziele hingelenkt werden. [. . .]

Der Vortrag „Ueber das naturwissenschaftliche Zeitalter", den ich in der Eröffnungssitzung der Gesellschaft der Naturforscher und Aerzte im Herbst des Jahres 1886 zu Berlin hielt, behandelte das Thema der Veränderung der socialen Zustände durch die schnell wachsende Herrschaft des Menschen über die Naturkräfte. Ich setzte auseinander, daß die auf naturwissenschaftlicher Grundlage ruhende Technik dem Menschen die bisherige schwere körperliche Arbeit, die ihm zur Erhaltung seines Lebens von der Natur auferlegt sei, mehr und mehr abnähme, daß die Lebensbedürfnisse und Genußmittel durch immer geringere körperliche Arbeitsleistung herzustellen seien, also billiger und damit allen Menschen zugänglicher würden, daß ferner durch die Kraftvertheilung und das nothwendige Herabgehen des Zinsfußes das Uebergewicht der großen Fabriken über die Einzelarbeit mehr und mehr aufgehoben würde und mithin die praktischen Ziele der Socialdemokratie ohne gewaltsamen Umsturz des Bestehenden allein durch die ungestörte Entwicklung des naturwissenschaftlichen Zeitalters erreicht werden würden. Auch suchte ich in meinem Vortrag den Nachweis zu führen, daß das Studium der Naturwissenschaften in seiner weiteren Ausbildung und Verallgemeinerung die Menschheit nicht verrohen und idealen Bestrebungen abwendig machen würde, sondern sie im Gegentheil zu demüthiger Bewunderung der die ganze Schöpfung durchdringenden und unfaßbaren Weisheit führen, sie also veredeln und bessern müsse. Es erschien mir nützlich, für diese meine Ueberzeugung gerade an jener Stelle öffentlich einzutreten, da der unerschütterliche Glaube an die segensreichen Folgen der ungestörten Entwicklung des naturwissenschaftlichen Zeitalters allein im Stande ist, die alle menschliche Kultur bedrohenden fanatischen Angriffe von rechts und links erfolgreich zu bekämpfen.

Werner von Siemens: Lebenserinnerungen. (Julius Springer) Berlin 1896. S. 196, 274 und 284

[1] wie ein Einfuhrverbot wirkend
[2] als wirtschaftliche Einheit organisiert

Aufgaben zu Kapitel 5

❶ Die Texte M 5.1 und M 5.3 enthalten zwei Reaktionen des Bürgertums auf die Revolutionsgefahr, die fast ein halbes Jahrhundert auseinanderliegen, aber in ihren Ängsten und in ihren Erwartungen an den Staat vergleichbar sind. Berücksichtigen Sie bei Ihrer Interpretation auch die Darstellung S. 107 f.

❷ Untersuchen Sie die Forderungen der Industrie nach staatlichen Eingriffen in die Wirtschaft und achten Sie dabei auch auf die nicht-ökonomischen Argumente! (M 5.2)

❸ Erläutern Sie die wirtschaftlichen wie die politischen Ursachen der Ängste großer Teile des Bürgertums! (Darstellung S. 103 u. M 5.2 u. 5.4) – (Die Erwartungen der Sozialisten in M 5.4 waren – mit umgekehrten Wertungen – den Bürgern nicht unbekannt.)

❹ Wenn wir heute die Ängste großer Teile des Bürgertums unverständlich finden und ihre politische Haltung negativ beurteilen, dann gehen wir von anderen Wertvorstellungen aus. Stellen Sie die Vorstellungen von Politik, die den Texten M 5.1 – 5.3 und 5.6 zugrundeliegen, Ihren eigenen gegenüber, und erklären Sie, welche unterschiedlichen Bewertungen sich daraus ergeben!

❺ Die Verschärfung von Feindbildern in der deutschen Gesellschaft (Katholiken, Juden, nationale Minderheiten) erscheint nicht zufällig. Verbinden Sie die Aussagen der Darstellung S. 107 f. und von M 5.7 mit den Spannungen in der Gesellschaft nach 1871!

❻ Stellen Sie die Ziele von Bismarcks Innenpolitik dar, beschreiben Sie seine politische Methode und finden Sie ein Urteil über seinen Erfolg. (→ M 5.5 und 5.8) Berücksichtigen Sie dabei auch die Ergebnisse der Reichstagswahlen 1878 – 1890 (→ M 8.18)!

❼ Untersuchen Sie sowohl die Konzeptionen für einen „volkswirtschaftlichen Senat“ als auch die Praxis der Verbandsarbeit des Bundes der Landwirte, um die Ziele und Methoden der Kräfte zu erhellen, die gegen eine weitere Demokratisierung der Verhältnisse waren. (M 5.6, 5.8 u. 5.9)

❽ Überlicken Sie die Ergebnisse Ihrer Arbeit an den Kapiteln 3 und 5, dann können Sie beurteilen, warum das Deutsche Reich eine für jene Zeit intensive Sozialpolitik betrieb. (s. Darstellung S. 108)

❾ Interpretieren Sie die Politik von Reichsregierung, Schwerindustrie und Landwirtschaft aus der Perspektive Werner von Siemens', der zugleich ein bedeutender Forscher, ein erfolgreicher Unternehmer und ein liberaler Demokrat war! (M 5.10)

❿ Sammeln Sie zusammenfassend für die Zeit bis Bismarcks Entlassung 1890 Belege für Erfolge und Niederlagen des politischen ▷ Liberalismus in Deutschland!

6 Die zweite Phase der Industrialisierung

1855	erster Einsatz der Bessemerbirne in der Stahlproduktion – rascher Anstieg der Mengen und Qualitäten des Stahls und weitere Verbilligung
1866	Entdeckung des elektrodynamischen Prinzips (Siemens) ermöglicht innerhalb weniger Jahre die Produktion von Elektrizität in großen Mengen; die Produktionsmaschinen werden von der Dampfmaschine unabhängig
1867	Erfindung des Stahlbetons, des Dynamits und der Schreibmaschine
1877	der Viertaktmotor erfunden (1886 im Automobil verwendet)
1890	Bismarck als deutscher Reichskanzler entlassen
1890er Jahre	– erste Flugzeuge, Dampfturbinen, Kraftwerke, Dieselmotor, Luftverflüssigung, Funkverkehr, Stickstoff-Kunstdünger u. v. m.
1893	Rheinisch-Westfälisches Kohlensyndikat gegründet, das die deutsche Energieversorgung praktisch monopolartig beherrscht
1898	Mit dem 1. Flottengesetz beginnt eine auf eine Weltmachtrolle ausgerichtete Politik des Deutschen Reichs.

Das Jahr 1890 ist von den Zeitgenossen in Deutschland als ein tiefer Einschnitt verstanden worden. Die damalige öffentliche Meinung und die ältere deutsche Geschichtsschreibung blickten dabei aber ganz einseitig auf Bismarcks Entlassung als Reichskanzler und auf die Nichterneuerung des Rückversicherungsvertrages mit Rußland. Beide Ereignisse verunsicherten Teile des deutschen Bürgertums. Verglichen mit Bismarck erschien sein Nachfolger Caprivi vielen als unerfahren und schwach, seine Politik gegenüber Rußland als fahrlässig. Tatsächlich hat Bismarck selbst das Mißtrauen der Öffentlichkeit in diese Richtung gelenkt, obwohl er sich durchaus bewußt war, wie weit seine eigene Politik gegenüber Rußland (Getreidezölle, Aussperrung Rußlands vom Berliner Kapitalmarkt) die Entscheidungen von 1890 vorherbestimmt hatte. Man kann heute – im Gegensatz zu den damaligen Zeitgenossen – viele positive Ansätze in Caprivis Politik des „Neuen Kurses" erkennen (Senkung der Getreidezölle, ein neuer Handelsvertrag mit Rußland, innenpolitisch kleine Korrekturen an Wahl- und Vereinsrecht und der inneren Verwaltung). Die Tatsache, daß diese Maßnahmen in die Richtung einer vorsichtigen Modernisierung Deutschlands zielten, reichte aber schon aus, Caprivi die Feindschaft der alten preußischen Eliten einzutragen und 1894 seine Entlassung aus dem Amte zu bewirken. Mag 1890 – nicht zuletzt wegen der Erfolglosigkeit Caprivis – auch kein politisches Epochenjahr gewesen sein, so hat es einen Wandel der Stimmungen eingeleitet, der in den folgenden Jahren negative Auswirkungen zeigte.

6.1 Die wirtschaftliche Entwicklung und die Technik

Schon für die Zeitgenossen begann mit den 1890er Jahren (endgültig wohl mit dem Jahre 1894) eine Phase der Hochkonjunktur, die nur zwei kurze Einbrüche (1902/03 und 1907/08) erlebte und in der Rezession von 1913/14 nicht notwendig hätte beendet sein müssen. Innerhalb von einem Vierteljahrhundert

(1890 – 1914) verdoppelte sich das ▷ Sozialprodukt, und es wuchs nicht nur der ▷ Kapitalbestand, sondern auch der Konsum der breiten Bevölkerungsmehrheit. Hinter dieser Entwicklung stand indes mehr als nur eine Fortsetzung älterer Tendenzen des Industriezeitalters. Seit den 1870er Jahren vollzog sich – wegen des allgemeinen Krisenbewußtseins zunächst nicht deutlich bemerkt – eine Modernisierung von Produktion und Handel, die uns erlaubt, von einer zweiten Phase der Industrialisierung zu sprechen, der Hochindustrialisierung. In dieser industriellen Entwicklung übernahm Deutschland zeitweise eine führende Rolle, die ihm angesichts des unterschiedlichen Entwicklungstempos der führenden Industrieländer eine neue, mächtigere weltpolitische Rolle zu sichern schien.

Die Hochindustrialisierung ist gekennzeichnet von neuen Produkten und damit neuen Leitbranchen der Wirtschaft. Die Größe der Produktionsanlagen, die Maschinisierung und der Energieeinsatz erreichten neue Größenordnungen. Geschwindigkeit und Verwissenschaftlichung des technischen Fortschritts wuchsen rasch, und mit allen zusammen stieg der Kapitaleinsatz.

In der frühen Industrialisierung hatte man noch auf einen großen Vorrat an früheren Erfindungen zurückgreifen können; zu ihrer Weiterentwicklung hatten bescheidene wissenschaftliche Fähigkeiten ausgereicht. Geniale Praktiker hatten ganze Techniken revolutionieren können. George Stephenson (1781 – 1848) z. B. beeinflußte von der Dampfmaschine über die Lokomotive bis zum Brückenbau alle wichtigen Elemente des neuen Verkehrssystems Eisenbahn und war dabei zugleich ein sehr erfolgreicher Unternehmer. Dank der niedrigen technologischen und wirtschaftlichen Schwelle war es aber Konkurrenten möglich, in kurzer Zeit gleichwertige Produkte auf den Markt zu bringen. Stammten Fahrzeuge und Schienen der ersten Eisenbahnen in Deutschland noch aus England, so gab es 20 Jahre später in fast allen deutschen Staaten leistungsfähige Lokomotivfabriken. Gewinnbringende Vorherrschaft eines Anbieters im Markt war meist nur von kurzer Dauer, harte Preiskämpfe waren die Regel.

Die Rüstung als Indikator des technischen Fortschritts: Die Entwicklung der Maschinenleistung der gesamten britischen Kriegsflotte in PS. (Die obere Kurve berücksichtigt die im Bau befindlichen Schiffe mit.)

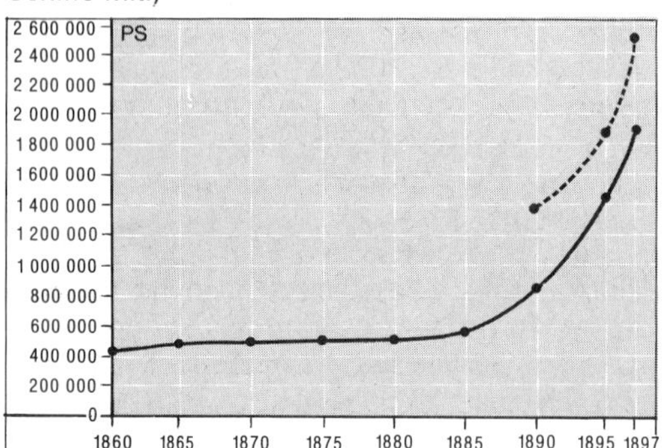

Konrad Matschoß: Die Geschichte der Dampfmaschine. Berlin 1908. Bd. I, S. 138

Die zweite Phase der Industrialisierung stellte sich in den verschiedenen Ländern unterschiedlich dar. Während Großbritannien ihr relativ wenig Impulse verdankte, brachte sie Deutschland und den USA den Durchbruch zu führenden Positionen in der Weltwirtschaft. Man hat das damit erklärt, daß die „Verspätung“ eines Landes wie Deutschland bei der frühen Industrialisierung Vorteile bedeutete: weniger alte Industrien absorbierten Kapital und unternehmerische und wissenschaftlich-technische Begabungen, und keine veralteten Arbeits- und Ausbildungsmethoden behinderten Neuerungen. Es machten sich in der zweiten Phase der Industrialisierung in Deutschland die Maßnahmen bezahlt, die der Staat Jahrzehnte früher in Gang gesetzt hatte. Die frühe Förderung der Naturwissenschaften in den Universitäten und die Gründung und der Ausbau technischer Hochschulen sicherten der Wirtschaft des Kaiserreichs eine im Vergleich zu Großbritannien und Frankreich große Zahl wissenschaftlich qualifizierter Ingenieure, Chemiker und Physiker, die technische Probleme theoretisch und systematisch lösten und ständig neue vermarktbare Erfindungen machten. Unternehmen, die ihr Kapital auch in ihre Forschung investierten, gewannen damit Konkurrenzvorteile, die andere Anbieter nicht so rasch aufholen konnten wie in der ersten Phase der Industrialisierung.

Die technische Modernisierung kam auch den bestehenden Industrien zugute. Die Kohlenproduktion pro Mann ließ sich in 25 Jahren auf fast das Dreifache steigern, weil man mit wissenschaftlichen Verfahren den Abbau in mehreren hundert Metern Tiefe erschloß und schon vor 1914 den Kohleabbau mit Schlägel und Eisen durch Preßlufthammer und Schrämmaschine erleichterte und ▷ rationalisierte. Wissenschaftliche Verfahren der Metallurgie machten die Massenproduktion, Verbilligung, Verbesserung und Spezialisierung des wichtigsten Baustoffs der Industrialisierung, des Eisens, möglich. Bis in die 1870er Jahre wurde in Deutschland der hohe Kohlenstoffanteil des Roheisens arbeits- und zeitaufwendig durch Schmieden und Rühren (Puddel-Verfahren) auf das nötige Maß gesenkt. Das Bessemer-Verfahren – 1855 erfunden –, bei dem Luft durch das Roheisen geblasen wurde, erforderte hohe Investitionen, verwandelte aber mehrere Tonnen Eisen in wenigen Minuten in Stahl. Das sicherte zunächst der britischen Stahlindustrie auf Jahre hinaus große Kostenvorteile, bis es gelang, durch das Thomas-Verfahren 1877 auch die deutschen Erze billiger in Stahl zu verwandeln. Durch Legieren des Stahls mit anderen Metallen ließ sich dann eine breite Palette von hochspezialisierten Materialien herstellen, die vom Werkzeugmaschinenbau bis zur Rüstung zahlreiche andere Technologien grundlegend veränderte.

Entscheidend für die neue Phase der Industrialisierung wurden neue Leitbranchen mit neuen Produkten. Chemie (zunächst vor allem mit Textilfarbstoffen), Nachrichtentechnik (kabelgebundene Telegrafie, Telefon), Starkstromtechnik (Elektromotor, Straßenbahn, Beleuchtung), Feinmechanik (Nähmaschine, Schreibmaschine) und Motorenbau veränderten Wirtschaft und Gesellschaft in immer schnellerem Tempo (→ M 6.2).

Zu den Leitbranchen gehörten zum Teil auch neue Führungsregionen: Zwar wuchsen Ruhrgebiet und Oberschlesien weiter als führende Wirtschaftsgebiete Deutschlands, doch verhinderte gerade die Macht der Schwerindustrie die Ansiedlung von Zukunftsindustrien. Die Chemie konzentrierte sich auf das Gebiet zwischen Köln und dem Wuppertal, auf Frankfurt (Hoechst) und Ludwigshafen (BASF); Berlin, Sachsen und – in geringerem Maße – Baden und Württemberg zogen Elektroindustrie, Maschinenbau und Fahrzeugbau an. Berlin wurde die größte und – von der Produktionspalette her – modernste Industriestadt Europas.

Ein deutliches Zeichen für die neue Dynamik der deutschen Wirtschaft und Gesellschaft gaben die Auswandererzahlen: Während sie in der Take-off-Phase ihre Spitzen gehabt hatten, sanken sie jetzt steil ab, obwohl die USA immer noch einen attraktiven und offenen Arbeitsmarkt bildeten.

Die wissenschaftlichen Grundlagen für die neuen Technologien waren 1850, wenn überhaupt, dann erst in Ansätzen vorhanden; dann hatte eine stürmische wissenschaftliche Entwicklung die Dinge vorangetrieben. Eine kurze Zeit lang bestimmten große Erfinderpersönlichkeiten den Fortschritt. (Werner von Siemens noch konnte Nachrichtentechnik, Meßtechnik und die Entwicklung des Elektromotors gleichermaßen vorantreiben.) Aber innerhalb weniger Jahre erzwang die Kompliziertheit der Probleme die Verlagerung der Forschung und Entwicklung in rasch wachsende Forschungslabors mit immer stärker spezialisierten Wissenschaftlern und Technikern. Wo – wie im Falle von Siemens – die technische Entwicklung zu lange in der Hand eines einzelnen blieb, konnten wichtige Neuentwicklungen verpaßt werden und Unternehmen in schwere Krisen geraten.

Die wissenschaftlich-technische Chemie entstand im zweiten Drittel des 19. Jahrhunderts vor allem an deutschen Universitäten; als bedeutendste Einzelpersönlichkeit gilt hier Justus Liebig (1803 – 1873). Einer seiner Schüler – der Brite Perkin – synthetisierte 1856 den ersten künstlichen Textilfarbstoff „aus Steinkohlenteer". (So genau wußte man zuerst gar nicht, aus welchen Verbindungen und nach welchen Reaktionen das geschah.) Zehn Jahre später existierte bereits eine ganze chemische Industrie. (Dank ihrer engen Verbindung mit der Textilindustrie war das Wuppertal eines ihrer ersten Zentren.)

Man kann die rapide Entwicklung der Chemie an der Lebensgeschichte eines Mannes ablesen: Carl Duisberg (1861 – 1935) studierte Chemie und trat mit 22 Jahren (und mit dem Doktortitel) in das Forschungslabor der Firma Bayer in Elberfeld ein. Einige Jahre arbeitete er erfolgreich als Forscher, wurde dann aber Forschungsmanager: Er plante und baute das erste moderne Großlabor und legte die Grundlagen der systematischen Industrieforschung.

Vorstellungen des Jahres 1910 vom Luftkrieg im Jahre 2000
(eine Flotte gasgefüllter Luftschiffe startet in Richtung Nordsee)

Er konzipierte die Grundlagen der Massenproduktion in ▷ rationalisierten Großanlagen (Leverkusen), forderte den Zusammenschluß vieler Produzenten zu immer größeren Unternehmen und organisierte 1925 die Vereinigung der größten deutschen Chemiefirmen zur I.G.-Farbenindustrie-AG, dem bis 1945 größten Industrieunternehmen Europas. In dieser Zeitspanne entstanden die meisten Bereiche der chemischen Industrie – von der Pharmazie über den Pflanzenschutz bis zur Kunststoffchemie – und entwickelten sich vom theoretischen Forschungsgegenstand bis zur Großproduktion (→ M 6.10).
Die Nachrichtentechnik entwickelte sich von den ersten elektrischen Telegrafen in den 1830er Jahren über das Telefon (erste Telefonnetze in den 1880er Jahren) bis zum Beginn der Funkübertragung 1901: Jeder politisch und ökonomisch wichtige Punkt der Erde war praktisch sekundenschnell erreichbar geworden.
Von der Entdeckung des elektrodynamischen Prinzips durch Siemens 1866 und der Erfindung einer ersten elektrischen Beleuchtung 1879 bis zur Elektrifizierung ganzer Städte, Länder und Industrien vergingen gerade 25 Jahre. Die Erfindung und Vervollkommnung von Verbrennungsmotoren, die erst mit Leuchtgas, dann mit Benzin betrieben wurden, schuf ein neues Verkehrsmittel – das Kraftfahrzeug – und ermöglichte zugleich den Luftverkehr, dessen Entwicklung sich hinsichtlich seines Tempos mit unserer Gegenwart vergleichen kann: Von den ersten Gleitflugversuchen Lilienthals 1891 bis zum motorisierten Kampfflugzeug vergingen nur 20 Jahre.
Um aber wirklich zu verstehen, was sich in der Produktion im ausgehenden 19. Jahrhundert zu verändern begann, muß man die komplizierten Querverbindungen sehen, die sich zwischen all den alten und neuen Industriezweigen herausbildeten: So war die revolutionäre Entwicklung der Chemie nicht möglich ohne die Veränderung zahlreicher anderer Technologien wie der Herstellung hochspezialisierter Stähle für Druck- und Temperaturbelastungen, der Massenproduktion von präzisen Rohren, der Verfügbarkeit von Elektro-

motoren, elektrischen Meß- und Regelgeräten, Glastechnik, Feinmechanik usw. Jede Erfindung und jede wirtschaftliche Umsetzung einer Neuerung zog ein Netzwerk von Folgen nach sich, das sich letztlich weder technologisch noch wirtschaftlich voraussehen und abgrenzen ließ. Was zunächst den Beteiligten (und zuweilen auch noch heutigen Betrachtern) als ein einziger Triumphzug des Entdekkens und Modernisierens erschien, war in Wirklichkeit ein unentwirrbares Gemisch aus Chancen und Gefahren, Optimismus und Verunsicherung. Die gesellschaftliche Dimension des Fortschritts sollte sich als nicht weniger beunruhigend erweisen.

6.2 Größe und Macht der Unternehmen

Das Wachstum und seine Risiken

Neue Technologien und Kostensenkung waren nur durch Standardisierung (Vereinheitlichung) und Produktion in immer größeren Mengen möglich. Dementsprechend wuchsen die Anlagen. Die Produktionsleistung in der Eisen- und Stahlindustrie pro Arbeiter vergrößerte sich von 1870 bis 1910 auf etwa das 2,5-fache. Die Produktion pro Hüttenwerk stieg von 1870 bis 1900 auf das Dreifache und verdoppelte sich dann in einem Jahrzehnt noch einmal.

Die Textilindustrie im Wuppertal fügte sich noch in die historisch gewachsene Struktur der Stadt ein, ordnete sich dem alten Straßennetz unter und ließ die Schwerpunkte von Plätzen, Rathaus und Kirchen weiterhin hervortreten – so häßlich das Stadtensemble hinterher auch sein mochte. Im nördlichen Teil des Ruhrgebiets (Emscherzone), wo nach 1870 immer größere Zechen entstanden und moderne Hüttenwerke von ganz neuen Dimensionen angelegt wurden, bestimmte die Industrie das Bild der Städte. Riesige Flächen für Werke, Eisenbahnanlagen, Abraum- und Schlackenhalden und Werkssiedlungen prägten die Landschaft. Städtische Zentren konnten sich nur mühsam entwickeln.

Das Kartenbild von Oberhausen (s. S. 122) macht sinnfällig, welche neuen Dimensionen Unternehmen und Kapitalmacht in der zweiten Phase der Industrialisierung annahmen. Eine immer kleinere Zahl immer größerer Gesellschaften bestimmte die Wirtschaft, und wie ihre Fabriken die Landschaft des Ruhrgebiets (und anderswo) beherrschten, so wirkte ihre Macht auf die Märkte. Die Prinzipien des Wirtschaftsliberalismus – freie Konkurrenz und Chancengleichheit aller am Markt beteiligten Personen und Unternehmen – schienen außer Kraft gesetzt. Hohe Gewinne der großen Unternehmen und das Scheitern zahlreicher mittlerer und kleiner Firmen, die in Konkurs gingen oder von den großen übernommen wurden, führten schon im 19. Jahrhundert zu der Frage, ob der Wirtschaftsliberalismus sich nicht am Ende selbst aufheben würde. Gern sah man hinter dieser Entwicklung die Macht- und Profitgier von einzelnen Unternehmern und verurteilte sie. Tatsächlich war der Sachverhalt zu kompliziert, um sich auf diesen einfachen Nenner bringen zu lassen.

Kartelle und Syndikate

Die neuen Technologien brachten den Unternehmen, die sie zuerst einsetzten, Kostenvorteile gegenüber ihren Konkurrenten und lösten damit ganze Modernisierungswellen aus. Diese überforderten häufig die Finanzierungsmöglichkeiten von älteren Familienfirmen und Kapitalgesellschaften, die sich nur auf regionale Banken stützen konnten. Nicht zufällig sind die wichtigsten Großbanken des Industrielandes Deutschland in den Jahren nach der Reichsgründung entstanden. Der Einsatz riesiger Kapitalien bedeutete in einem uneingeschränkten internationalen Konkurrenzkampf nicht nur für den einzelnen Kapitalgeber, sondern für die ganze Volkswirtschaft Risiken in einer ganz neuen Dimension. Es war kein Wunder, daß man diese Risiken zu begrenzen versuchte, indem man neue Markt- und Finanzierungsstrategien suchte. Die Lösungen gingen in drei Richtungen. Zunächst förderte man eine betriebliche ▷ Konzentration, indem man entweder „horizontal" Betriebe mit gleicher Produktion verschmolz und so die Zahl der Anbieter verringerte oder indem man „vertikal" Produktionsstufen integrierte. (Allein bei den Energie- und Transportkosten konnte ein Hüttenwerk, das sein Eisen zu Stahl und diesen gleich auf eigenen Walzstraßen zu Halbzeug weiterverarbeitete, erhebliche Kosten sparen.) Die Firma Krupp ist

Die Stadt als Produkt der Schwerindustrie — die 1862 gegründete Stadt Oberhausen (Zustand 1925)

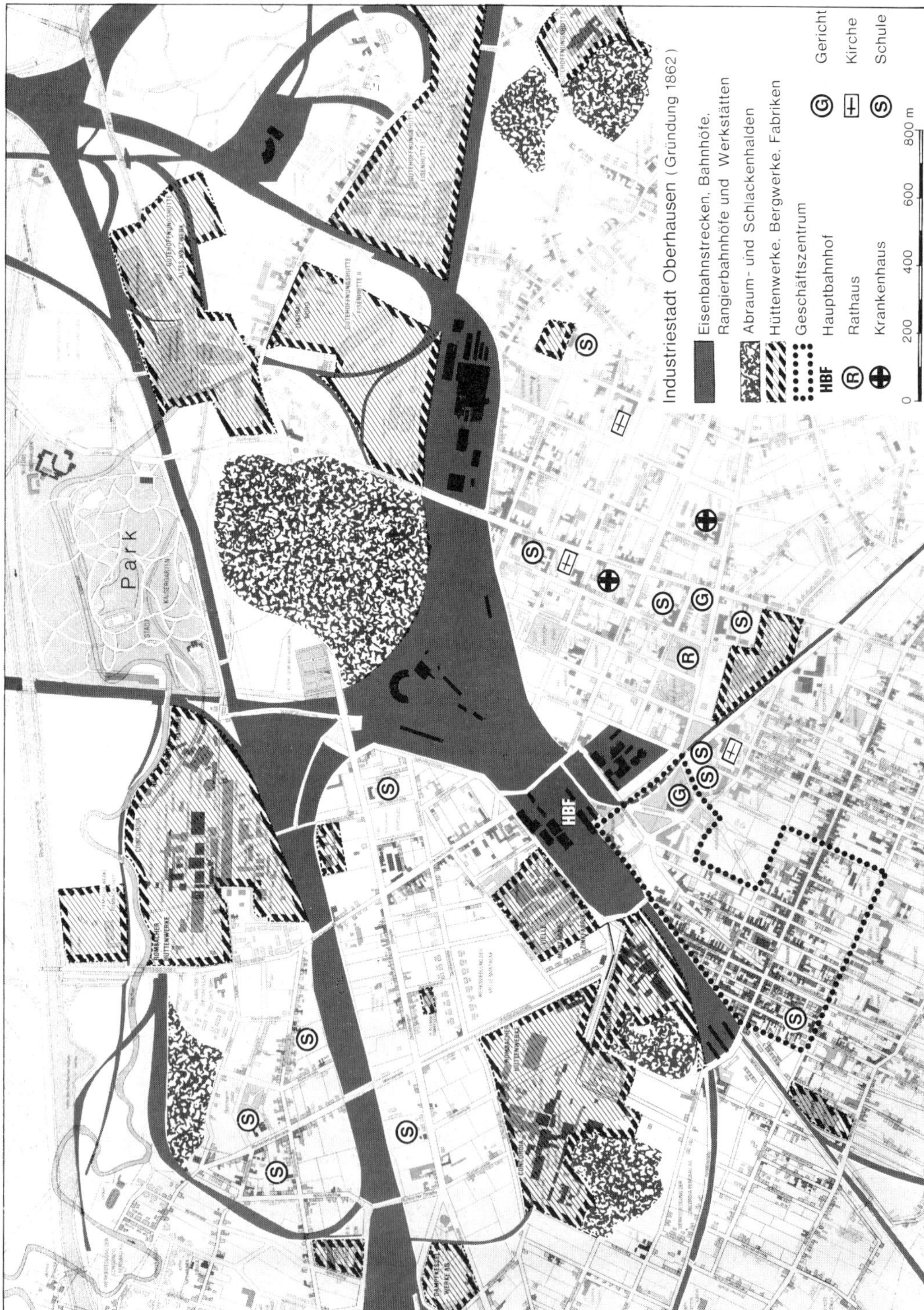

nach: Geschichtlicher Atlas der Rheinlande. (Rheinland-Verlag) Köln 1985. Karten IV.1 und IV.5.

eines von zahlreichen Beispielen, wie ein Großunternehmen horizontal und vertikal expandierte und von der Rohstoffgewinnung (Kohle, Erz) bis hin zur Fahrzeug-, Maschinen- und Waffenproduktion alle Stufen des Produktionsprozesses beherrschte (→ M 6.6).
Wo einzelne Unternehmen keine marktbeherrschende Position erreichen konnten, trafen die Konkurrenten häufig Absprachen über Mengen und Preise ihrer Produkte (▷ Kartell) oder verkauften nur durch ein gemeinsames Verkaufsbüro (Syndikat). Was in den 1870er Jahren als relativ lose Absprachen begonnen hatte, entwickelte sich in den 1890er Jahren zu immer festeren Organisationen mit eigenen Verwaltungsapparaten. Sie sicherten ihren Mitgliedern für längere Zeit ein günstiges Preisniveau auf Kosten der Verbraucher und der industriellen Abnehmer (→ M 6.8 – 6.9). Vorteile hatten dabei wahrscheinlich auch die Arbeiter. Vergleicht man etwa den britischen Bergbau mit vorwiegend mittelgroßen und vielen kleinen Betrieben mit dem deutschen, der schon vor 1914 von hochmodernen Großbetrieben bestimmt war, dann sprechen Arbeitsbedingungen, Sicherheit, Hygiene und Bezahlung für die deutschen Verhältnisse.
Keine der europäischen Volkswirtschaften war vor 1914 so stark von Kartellen bestimmt wie die deutsche. Insofern hier die Regeln des freien Wettbewerbs nicht galten und die Macht bei den Anbietern lag, spricht man hier auch von einer Vermachtung der Märkte. Nur in den USA vollzog sich Vergleichbares, doch anders als dort gab es in Deutschland wenig Ansätze zu einer Kontrolle der Kartelle durch die Öffentlichkeit (Presse) und den Gesetzgeber. Die meisten der wichtigen Rohstoffe (Erz, Kali), der Hauptenergieträger (Steinkohle und Braunkohle), die meisten Stahlprodukte (Bleche, Rohre, Schienen) und zahlreiche Verbrauchsgüter waren so 1914 durch Kartelle geordnet. – Dieses eindrucksvolle Bild industrieller Macht darf aber nicht vergessen lassen, daß Kartelle immer wieder von aggressiven Unternehmen angegriffen und zur Auflösung getrieben wurden und die Existenz – zumindest die Selbständigkeit – selbst großer Unternehmen wiederholt zerstört wurde. Fast alle großen deutschen Unternehmen vor 1914 haben scharfe Existenzkrisen durchgemacht, und außer Krupp ist keines dabei von der öffentlichen Hand gerettet worden. Entscheidend war in allen Fällen die Kreditbasis, und so verwundert es nicht, daß die Rolle der Banken in der zweiten Phase der Industrialisierung stärker wurde.

Bankkapital und Produktionskapital

Eine enge Bindung an eine der großen Banken sicherte den produzierenden Unternehmen Kredite in Expansionsphasen und Krisen, Unterstützung bei der Ausgabe neuer ▷ Aktien und Einfluß auf andere Unternehmen (Zulieferer, mögliche Abnehmer, Konkurrenten). So waren die Elektrounternehmen von Werner von Siemens und seinen Brüdern eng mit der 1871 gegründeten Deutschen Bank verbunden, zu deren Gründern und lange Zeit führenden Köpfen ihr Vetter Georg von Siemens gehörte. Gemeinsam engagierten sich die Elektrounternehmen und die Bank bei ihren Geschäften – etwa bei der ▷ Investition in der Röhrenherstellung nach dem Mannesmann-Verfahren. Bei der Umrüstung der Industrie von Dampfmaschinen auf Elektroantriebe unterstützte die Bank bei ihren Kunden die Interessen des Hauses Siemens.
Auch die zunehmende Abhängigkeit der deutschen Wirtschaft vom Außenhandel stärkte die Rolle der Banken, vor allem derjenigen, die durch Auslandsfilialen und Tochtergesellschaften Orts- und Marktkenntnisse und politische Beziehungen als Hilfen für die Produktionsfirmen bieten konnten.
Insgesamt verflochten sich Produktions- und Bankkapital enger als in der voraufgehenden Epoche. Je mehr Bankenvertreter in die Aufsichtsräte von Produktionsunternehmen eintraten, desto mehr nahmen sie in ihre eigenen die Vertreter ihrer größten Kreditkunden auf (→ M 6.12). Dabei trennten sich die Rollen der Kapitaleigentümer und der Unternehmer. Immer weniger Eigentümer leiteten in der Großindustrie noch ihre eigenen Unternehmen; vor allem die Gründerfamilien traten meist in der zweiten oder dritten Generation in den Hintergrund und überließen die Führung der Geschäfte Personen, die sich nicht durch Kapitaleinfluß, sondern durch unternehmerische Qualitäten auszeichneten.
Die Kapitalkraft und der Einfluß der führenden Banken und der großen Produktionsunternehmen beeindruckten schon die Zeitgenossen. Sie sahen hier eine Macht heranwachsen, die

Wirtschaft und Politik immer stärker den Interessen des großen Kapitals unterwerfen würde. Für marxistische Kritiker begann hier der Übergang zur monopolistischen Endphase des ▷ Kapitalismus, in der die Konkurrenz aufhören und die Unterdrückung der Arbeiter den Grad erreichen würde, der die Revolution auslösen müßte. Damals und später übersah man dabei leicht, daß das Kapital keine Einheit bildete. Sogar innerhalb gutorganisierter Kartelle brachen regelmäßig Konflikte zwischen den beteiligten Unternehmen aus. Vor allem aber die jungen Unternehmen der neuen Leitbranchen der Wirtschaft hatten andere Interessen als die Gesellschaften der alten Montanindustrie (Kohle, Eisen, Stahl). Mit technisch-wissenschaftlich anspruchsvollen Produkten strebten sie in rasch expandierende Märkte; dabei waren Kartelle eher Hindernisse als Vorteile. Während die älteren Industrien ▷ Schutzzöllen große Bedeutung beimaßen, waren die jüngeren dank ihrer starken Stellung auf dem Weltmarkt freihändlerisch eingestellt (→ M 5.10). Die Interessenvielfalt der Kapitalseite zeigte sich nicht zuletzt auch darin, daß die Zahl der sie vertretenden Verbände in den 1880er Jahren wuchs. Neben dem Centralverband deutscher Industrieller stand seit 1893 der Bund der Industriellen und ab 1909 der Hansabund; Hunderte von Interessenverbänden repräsentierten die Forderungen der vielen Zweige einer modernen Volkswirtschaft.

Die Zahl der in Deutschland bestehenden Verbände in der Zeit von 1836 – 1900

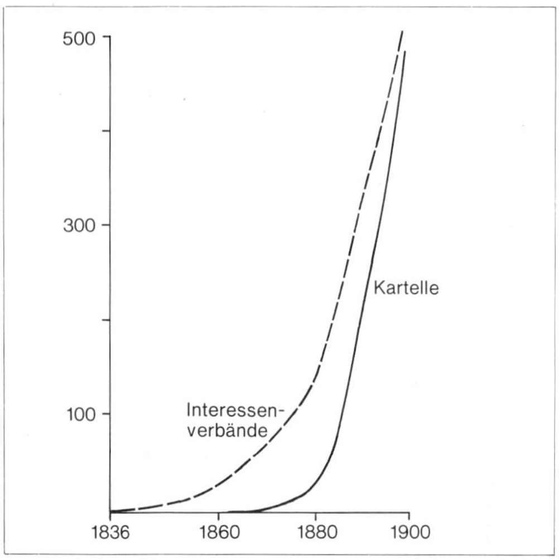

F. W. Henning: Die Industrialisierung in Deutschland 1800 – 1914. (Schöningh) Paderborn 1973, S. 216

Die Rolle der organisierten ▷ Interessen im kaiserlichen Deutschland wird heute noch mehr als früher negativ bewertet. Ihre Aufwertung durch Bismarck zu Instrumenten staatlicher Politik hat ihnen viel Einfluß auf die Gesetzgebung besonders auf den Gebieten der Wirtschafts-, Außenhandels- und Sozialpolitik gebracht. Dabei wirkte die Zusammenarbeit zwischen Verbänden und Ministerialbürokratie als Konkurrenz zum Reichstag. Auch angesichts der Rolle des Reichs und der Bundesstaaten als Abnehmer für Industrieprodukte entwickelten sich immer kompliziertere und „modernere" Strategien der Beeinflussung, die sowohl die breite Öffentlichkeit erreichten (Kolonial- und Flottenvereine), als auch auf die Beamtenschaft und sehr kleine Führungsgruppen, wie das Kaiserhaus, Minister und Parlamentarier, zielten und in den Formen bis zur Bestechung reichten (→ M 6.11).

Nicht zuletzt gegenüber dem Ausland bewährte sich die Zusammenarbeit von Industrie und Staat. Export wurde nicht nur durch Preis und Qualität von Waren gesichert, sondern auch durch Kreditbedingungen und diplomatischen Einfluß.

Die engen Beziehungen zwischen Staat und Industrie wurden nicht zuletzt daran sichtbar, daß in einer Reihe großindustrieller Aufsichtsräte auch ehemalige Beamte und Offiziere und Politiker saßen, die dank ihrer persönlichen Kontakte und Behördenkenntnis von Nutzen für die Unternehmen waren (→ M 6.12). Die Durchdringung von Industrie und Staatsapparat während des Ersten Weltkriegs schließlich ging weiter als in den übrigen kriegführenden Ländern. Diese Entwicklung wurde von Lenin mit dem Begriff des „staatsmonopolistischen Kapitalismus" bezeichnet — ein System, in dem Staat und Wirtschaft zu einer Einheit geworden sind. Aber auch nichtmarxistische Autoren haben die Verflechtung zwischen Wirtschaft und Staat in Deutschland, die nicht nur die liberalen Prinzipien des klassischen Kapitalismus verletzte (Schutzzoll, Kartelle), sondern auch den gesellschaftlichen ▷ Liberalismus gefährdete, kritisiert (organisierter Kapitalismus). Sie sehen darin die Grundlage der überwiegend republik-

feindlichen Haltung der Industrie nach 1918 und der engen Kooperation mit dem Nationalsozialismus (→ M 8.23).
Es ist nicht leicht, in der Debatte um die deutsche Entwicklung vor 1914 einen mehrheitsfähigen Standpunkt zu finden. Bei einem Urteil sollte man außer den kritischen Stimmen auch positive Aspekte im Sinne der Demokratisierung berücksichtigen. Schon die dauernde massive Kritik besonders der Schwerindustrie an Gesetzgebung und Regierungspraxis in Sozial- und Steuerfragen läßt erkennen, daß die Kapitalseite das politische System nicht einseitig zu seinen Gunsten lenken konnte, so groß sein Einfluß in vielen Fragen auch sein mochte.
Die Konkurrenz zwischen den vielfältigen Interessen in der Wirtschaft, die Unberechenbarkeit von Markt und Konjunktur, unvorhersehbare technische Entwicklungen und die politische Meinungsvielfalt schlossen so etwas wie eine zentrale längerfristige Planung und Steuerung einer Industriegesellschaft aus. – Die Grenzen der Macht des Kapitals zeigten sich auch in einem so zentralen Ereignis wie der Julikrise 1914, an deren Ende das Deutsche Reich Rußland und Frankreich den Krieg erklärte, ohne daß die Vertreter der Wirtschaft darauf Einfluß nehmen konnten.

6.3 Eine Bilanz der Hochindustrialisierung

Am Vorabend des Ersten Weltkriegs war das Deutsche Reich ein moderner Industriestaat geworden, der mit seinen sozialen und politischen Möglichkeiten und Risiken unserer heutigen Gegenwart näherstand als dem frühen 19. Jahrhundert. Von den drei Hauptsektoren der Volkswirtschaft verlor die Landwirtschaft ständig an Gewicht. Obwohl die Zahl der in der Landwirtschaft Beschäftigten bis 1914 ständig stieg, umfaßte sie nur noch ein gutes Drittel aller Arbeitskräfte; der Wert der von ihnen erzeugten Güter machte nicht einmal ein Viertel des Sozialprodukts aus. Während der tertiäre Sektor (Dienstleistungen und Handel) relativ stabil auf einem ziemlich hohen Niveau verharrte, wuchs die industrielle Produktion kräftig weiter. Eine positive Folge für die Arbeiter war die relativ niedrige Arbeitslosigkeit in der Hochindustrialisierung. Das Sozialprodukt pro Kopf der Bevölkerung, das von 1780 bis 1850 inflationsbereinigt, d.h. zu konstantem Geldwert um ganze 10% gestiegen war, wuchs in den 25 Jahren bis 1875 um über 60%, von 1875 bis 1900 um knapp 40% und in den 14 Jahren bis 1914 noch einmal um 23% (d.h. im langjährigen Durchschnitt um 1,18% bzw. 1,16% und schließlich um 1,25% pro Jahr). Das führte nicht nur zu einem starken Wachstum des Kapitalbestandes der deutschen Wirtschaft (in den Händen der privaten Eigentümer), sondern auch zu einer spürbaren Verbesserung der Lebensumstände der breiten Massen.
Die Hochindustrialisierung hatte in den anderen Industrieländern ähnliche Folgen wie in

Arbeitslosigkeit in Deutschland 1887 – 1913

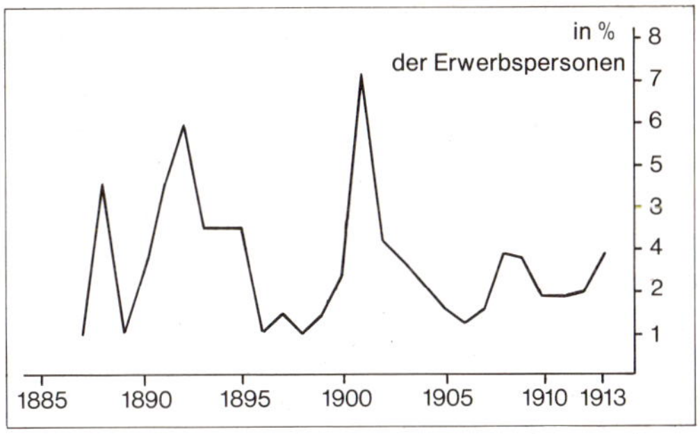

Hermann Aubin, Wolfgang Zorn: Handbuch der deutschen Wirtschafts- und Sozialgeschichte. (Klett-Cotta) Stuttgart 1976. Bd. 2, S. 264

Entwicklung des Kapitalstocks insgesamt und pro Kopf der Bevölkerung in Deutschland von 1780 bis 1914

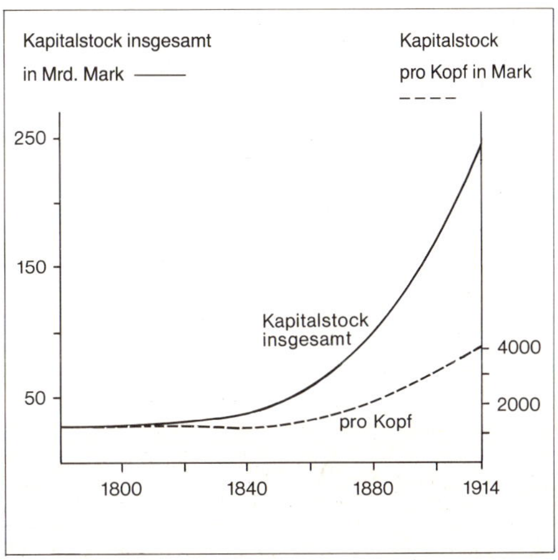

F. W. Henning: a. a. O., S. 225

Nettokapitalbildung in Deutschland und Großbritannien 1860—1913
(pro Jahr in % des Kapitalstocks)

	Großbritannien	Deutschland
1860/69	11,5	10,6
1870/79	10,9	13,2
1880/89	8,1	14,5
1890/99	6,0	15,9
1905/14	8,0	
1901/13		15,9

(Die Werte sind inflationsbereinigt, die deutschen Werte sind gegenüber den britischen jeweils um ein Jahr verschoben.)

David S. Landes: Der entfesselte Prometheus. (dtv) München 1983. S. 308

Deutschland, doch waren Tempo und Ausmaß der Wandlungen verschieden. Sehr aufschlußreich ist hier ein Vergleich der Nettokapitalbildung (= Vermehrung des Kapitalbestandes) zwischen Deutschland und Großbritannien. Der Anteil dieser Kapitalbildung am Nettosozialprodukt (▷ Sozialprodukt) ist von hoher Aussagekraft für die Wirtschaftskraft eines Landes. Zur Beurteilung der britischen Werte muß man berücksichtigen, daß sie ohne die Kolonien — vor allem Indien — noch wesentlich niedriger wären!
Diese Entwicklung mußte längerfristig erhebliche Folgen für das internationale System haben. Wenn man davon ausgeht, daß der außenpolitische Einfluß eines Staates viel mit seinem Anteil an den internationalen Handels- und Geldströmen zu tun hat und daß die Wirtschaftskraft die militärische Macht weitgehend bestimmt, dann war zu erwarten, daß die Verschiebung der wirtschaftlichen Proportionen das Gleichgewicht in Europa bedrohen mußte (→ M 6.14—6.17). Während Großbritannien und Frankreich nicht bereit waren, eine Einbuße an internationalem Einfluß hinzunehmen, strebte Deutschland seit 1890 offen eine Stärkung seiner Position an.
Die Hochindustrialisierung veränderte indes nicht nur die Verhältnisse zwischen den Industrieländern, von denen die USA schon vor 1900 die stärkste Rolle übernommen hatten, ohne daß es die breite Öffentlichkeit und viele Politiker in Europa richtig verstanden hatten. Noch folgenreicher war auf lange Sicht die Unterwerfung der übrigen Welt unter die Herrschaft der Industrieländer und damit unter den Prozeß der Industrialisierung. Dieser Vorgang – unter dem Begriff des Imperialismus zusammengefaßt – legte die Grundlagen für viele Probleme der „Dritten Welt“ und für den Nord-Süd-Gegensatz in unserer Gegenwart.

Überlegungen zur weiteren Arbeit

Mit Kapitel 6 beginnt der (kürzere) zweite Teil des Arbeitsbuches, der die Phase der Hochindustrialisierung zum Gegenstand hat (1880er Jahre bis 1914). Wir kehren dabei zunächst zur wirtschaftsgeschichtlichen Dimension der Geschichte zurück. Obwohl es sich hier um sehr dynamische technologische und wirtschaftliche Entwicklungen handelte, muß bei unserer Arbeit ein synchrones Verfahren dominieren: Welche Querverbindungen entstanden zwischen den verschiedenen Strängen der wissenschaftlich-technologischen Entwicklung, zwischen Technik und Wirtschaft und zwischen Unternehmenswachstum und Konzentrationsprozessen im Markt, so daß am Ende eine ganz andere Wirtschaftsstruktur entstanden war als die, die die Theoretiker des ▷ Liberalismus im 18. und frühen 19. Jahrhundert erwartet hatten. Die gleichfalls synchron angelegte Schlußbetrachtung der deutschen Gesellschaft am Vorabend des Ersten Weltkriegs in Kapitel 8 wird den hier geknüpften Faden aufnehmen.

Materialien zu Kapitel 6

Wachstum der Industrie und Konzentrationsprozeß

M 6.1 Anteil der Sektoren an der deutschen Volkswirtschaft (in %)

	Beschäftigte				Nettosozialprodukt[1]		
Periode	I	II	III	Periode	I	II	III
1780	65	19	16	—	—	—	—
1825	59	22	19	—	—	—	—
1849/58	55	25	20	1850/59	45	22	33
1861/71	51	28	21	1860/69	44	25	31
1878/79	49	29	22	1870/79	37	32	31
1880/89	47	31	22	1880/89	36	33	31
1890/99	41	35	24	1890/99	31	38	31
1900/04	38	37	25	1900/04	29	40	31
1905/09	36	38	26	1905/09	26	42	32
1910/13	35	38	27	1910/13	23	45	32

I = Primärer Sektor (Land- u. Forstwirtschaft, Fischerei)
II = Sekundärer Sektor (Industrie u. Handwerk einschl. Bergbau)
III = Tertiärer Sektor (Handel, Verkehr, Dienstleistungen, öffentlicher Dienst)

[1] Nettosozialprodukt = gesamte Wertschöpfung einer Volkswirtschaft (Produktion und Dienstleistungen) vermindert um den Wertverlust der vorhandenen Investitionen

Walther Hoffmann: Das Wachstum der deutschen Wirtschaft. (Springer) Berlin u. a. 1965, S. 528

M 6.2 vor 1914 – Der Bankier Carl Fürstenberg erinnert sich 1931 an die Wandlungen im Bankgeschäft

Auch auf dem Gebiet der Industrie und der Finanzgeschäfte sind Moden häufig ausschlaggebend gewesen. Als ich in das Geschäftsleben eintrat, konnten große Vermögen und hohes Ansehen nur durch Vermittlung von Staatskrediten erworben werden. Etwas später lag der Schwerpunkt alles geschäftlichen Strebens in den großen Eisenbahntransaktionen. Als Rathenau und in seinem Gefolge ich selbst sich in großem Stil der Elektrizität zuwandten, wurden wir als merkwürdige Schwärmer angesehen, wie denn auch die finanzielle Beschäftigung mit Eisen,

Stahl und Kohle damals noch als Unternehmergeschäft im wilden Sinne des Wortes galt, kaum ganz würdig eines soliden Bankiers. Ich war berufen, an einer Wandlung dieser Anschauungen mitzuwirken.
Im Laufe meines Lebens sind gerade die schwerindustriellen Geschäfte zu den klassischen Transaktionen geworden. Dann habe ich es noch erlebt, wie zum mindesten im Auslande und besonders in Amerika eine neue Schule auch diese Richtung überwand, wie nicht nur die Fabrikation von Automobilen, Chemikalien oder Zündhölzern, sondern auch die Herstellung von Artikeln wie Grammophonen, Radioapparaten oder kinematographischen Filmen gewaltige Unternehmungen ins Leben rief, deren Organisation und Abwicklung in den Mittelpunkt des geschäftlichen Interesses zu treten schienen. So wie der Bankdirektor der alten Schule dem einen oder anderen derartigen Unternehmen heute noch in Deutschland mit Zweifeln gegenüberstehen mag, so urteilte man damals ganz allgemein über die Anfänge der elektrischen Industrie. Rathenau galt noch viele Jahre lang den meisten Berliner Bankiers als ein ausgemachter Phantast.

Zit. nach: Gerhard A. Ritter, Jürgen Kocka (Hrsg.): Deutsche Sozialgeschichte 1870 – 1914. (Beck) München ³1982. S. 115

M 6.3 Prozentuale Anteile der Gruppen der Erwerbstätigen nach ihrer Stellung im Beruf 1882–1907
(nach Wirtschaftssektoren)

Sektor	Jahr	Selbständige	Angestellte	Arbeiter
Landwirtschaft	1882 1907	27,8 25,3	0,8 1,0	71,4 73,7
Industrie und Handwerk	1882 1907	34,4 17,6	1,6 6,1	64,0 76,3
Handel und Verkehr	1882 1907	44,7 29,1	9,0 14,6	46,3 56,3

M 6.4 Wachstum der Betriebsgrößen 1882—1907 als Zeichen des Konzentrationsprozesses
(%-Anteil der Erwerbstätigen nach Betriebsgrößen)

Jahr	Beschäftigte je Betrieb			
	1 – 10	11 – 200	201 – 1000	über 1000
1882[1]	64,2	24,8	9,1	1,9
1907	38,2	40,2	16,7	4,9

Gerd Hohorst u. a.: Sozialgeschichtliches Arbeitsbuch. (Beck) München 1975. S. 69 (M 6.3) und S. 75 (M 6.4)

[1] Die statistischen Werte der Gewerbezählung von 1875 sind wegen Ungenauigkeit ausgelassen, und zwischen 1907 und 1914 fand keine Zählung statt.

M 6.5 Konzentration im Bergbau 1850—1913
Zahl der Steinkohlenbergwerke und Belegschaft in Essen

Jahr	betriebene Zechen	Belegschaft insgesamt	Belegschaft je Werk[1]
1850	34	4318	127
1860	65	8281	127
1870	43	13264	308
1890	36	16109	447
1900	31	23411	755
1910	29	37401	1290
1913	27	56840	2105

Gerhard Adelmann (Hrsg.): Quellensammlung zur Geschichte der sozialen Betriebsverfassung — Ruhrindustrie —. (Hanstein) Bonn 1960. Bd. 1, S. 145

[1] Selbst diese Werte geben kein zureichendes Bild des Konzentrationsprozesses, da sie noch die Daten kleinerer Zechen im Ruhrtal enthalten. Auf der Zechenanlage Deutscher Kaiser in Hamborn mit 6 Förderschächten z. B. arbeiteten 1913 knapp 14 000 Arbeitskräfte, im benachbarten Hüttenwerk knapp 11 000.

M 6.6 Unternehmenswachstum und Konzentrationsprozeß am Beispiel der Firma Krupp

Jede Stufe des Diagramms bedeutet einen deutlichen Wachstumsschritt durch
- erhebliche Erweiterung bestehender Werke (neue Produkte und Technologien)
- Neuanlage ganzer Werke
- X Aufkäufe anderer Unternehmen

(Die Darstellung ist nicht proportional dem Wachstum von Umsatz oder Kapital.)

Krupp-Festschrift 1912, (Krupp) Essen 1912. Wilfried Feldenkirchen: Die deutsche Eisen- und Stahlindustrie. (Steiner) Wiesbaden 1982. Tab. 104

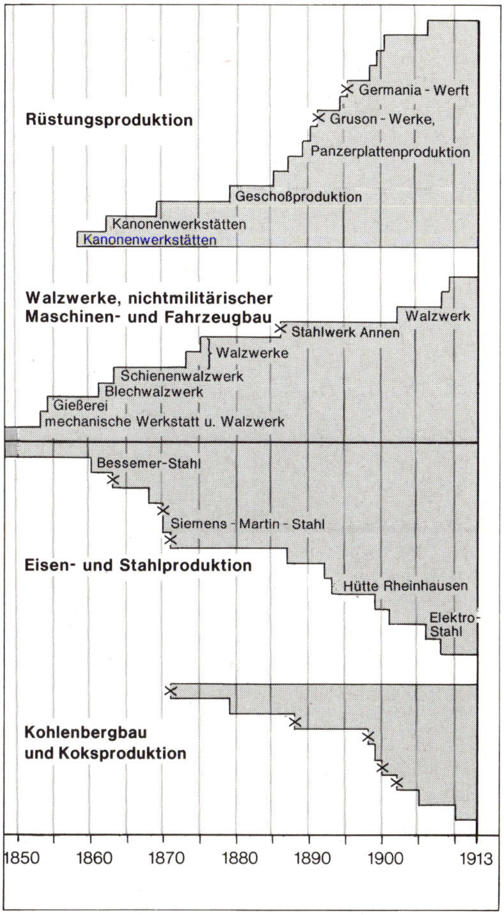

M 6.7 Unternehmenswachstum

Der Maßstab ist die Zahl der beschäftigten Arbeitskräfte, der Krupp-Konzern steht als Beispiel für eine „alte" Industrie, die Siemens-Firmen sind Beispiel für eine neue Führungsbranche.

Krupp-Festschrift 1912 (M 6.6). Wilfried Feldenkirchen (M 6.6). Jürgen Kocka: Unternehmensverwaltung und Angestelltenschaft am Beispiel Siemens. (Klett) Stuttgart 1969. Tab. 1

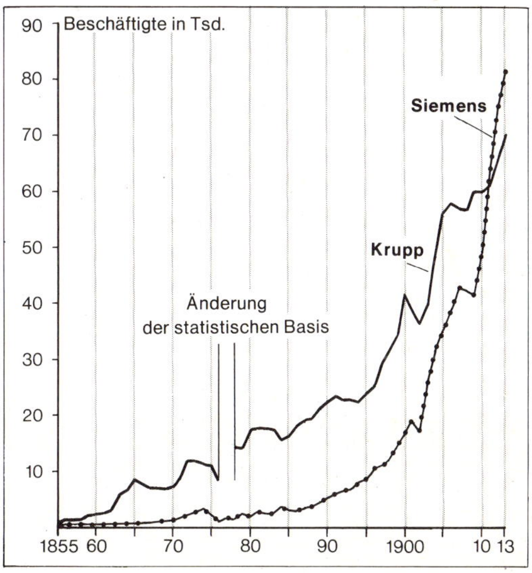

Kartelle und Syndikate

M 6.8 Jahresleistungen, Preise und Gewinne im Ruhrkohlebergbau

1893: Gründung des Rheinisch-Westfälischen Kohlensyndikats

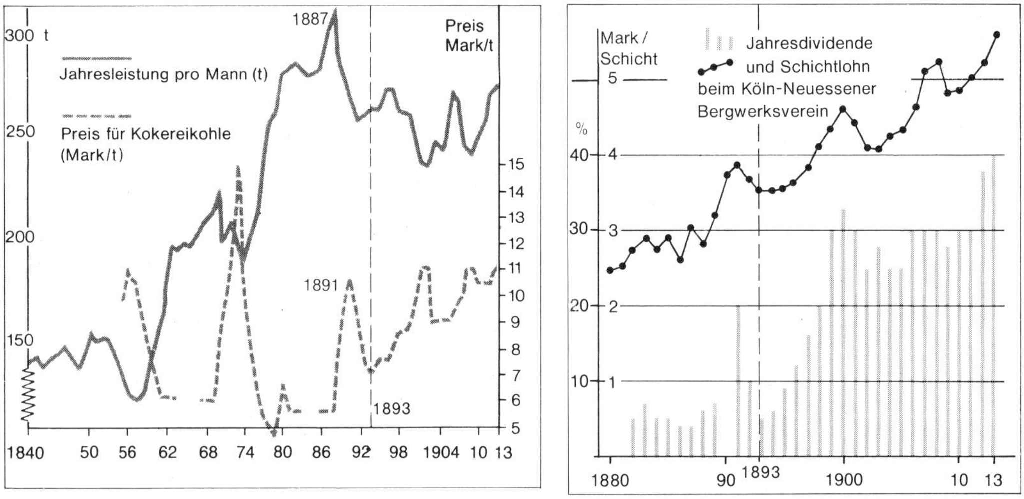

Dieter Wilhelm: Das rheinisch-westfälische Kohlensyndikat. (Diss.) Erlangen 1966. S. 306 und 324. Reinhard Spree: Wachstumstrends und Konjunkturzyklen in der deutschen Wirtschaft 1820 – 1913. (Vandenhoeck) Göttingen 1978. S. 104. Wolfram Fischer: Das Herz des Reviers. (Bracht) Essen 1965. S. 63 f.

M 6.9 1897 – Syndikatsbildung auf dem Eisen- und Stahlmarkt

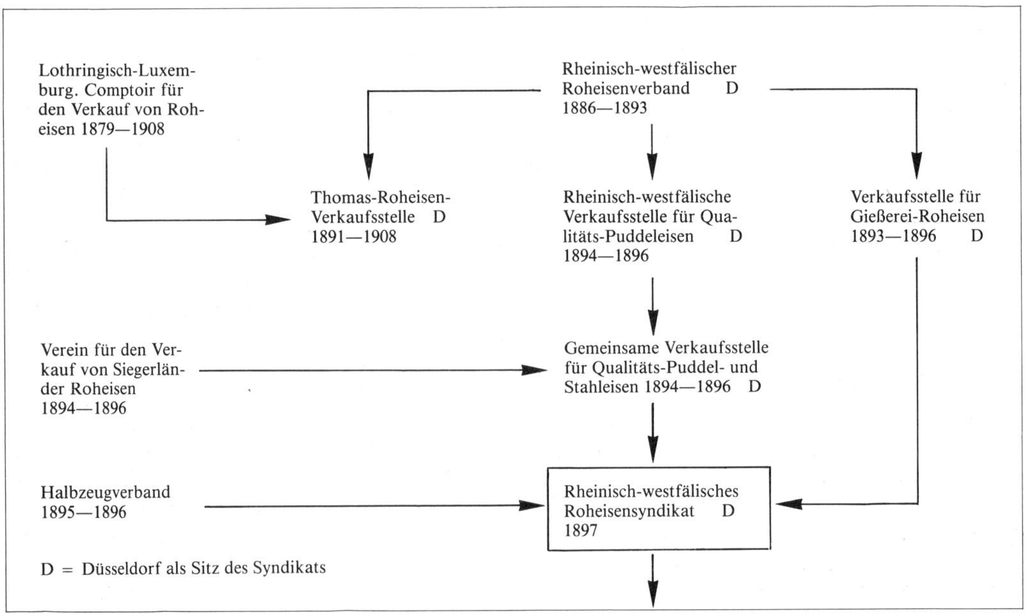

Nach: Walter Steitz (Hrsg.): Quellen zur deutschen Wirtschafts- und Sozialgeschichte von der Reichsgründung bis zum Ersten Weltkrieg. (Wissensch. Buchgesellschaft) Darmstadt 1985. S. 532

M 6.10 1904 — Carl Duisberg[1] in einer internen Untersuchung über die Vorteile der Konzentration in der Chemie

Der Zweck einer jeden Kapitals- und Betriebsvereinigung mehrerer industrieller Unternehmungen zu einer großen Körperschaft unter gemeinsamer Leitung sollte immer die weitgehendste Verminderung der Kosten für Produktion, Verwaltung und Verkauf, unter Beseitigung eines ruinösen Konkurrenzkampfes, behufs Erzielung eines möglichst hohen Gewinnes sein, um damit nicht nur bei möglichst guter Bezahlung der Beamten und Arbeiter und entsprechender Fürsorge für sie und ihre Angehörigen nach allen Richtungen hin eine günstige Verzinsung der angelegten Kapitalien zu erzielen, sondern um vor allem durch die nur in einem großen Organismus mögliche Durchführung der weitgehendsten Arbeitsteilung, unter Wahrung der für jede Verbilligung von industriellen Leistungen notwendigen Zentralisation, eine im Interesse der heimischen Verhältnisse liegende Beeinflussung des Weltmarktes auf dem betreffenden Gebiet herbeizuführen.

Es ist naheliegend, daß ein Zusammenschluß vieler großer und kleiner Industriegesellschaften zu einer einzigen Betriebsvereinigung sich meist dann am leichtesten vollzieht, wenn die Geschäftslage in den in Betracht kommenden Industriezweigen ungünstig und der Nutzen auf ein Minimum gesunken ist. Ob es aber richtig und zweckmäßig ist, die Gründung derartiger großer Organisationen unter dem Zwang der Not vorzunehmen, wird bezweifelt. Unausbleiblich muß in diesem Falle die Folge der Vereinigung eine Erhöhung der Verkaufspreise sein. Aber gerade dieser Umstand hat solchen Körperschaften immer den Zorn des Publikums und der gesetzgebenden Machthaber zugezogen, so segensreich sich auch vielfach die Syndikatsbildungen (Kohlensyndikat) und Kartelle, trotz der Erhöhung der Preise, erwiesen haben. [...]

Meiner Ansicht nach aber sollten Industriezweige, die ihrer Natur und Art nach die Vorteile des Zusammenschlusses sich besonders zu eigen machen können, nicht in schlechten, sondern in guten Tagen zu großen Verbänden sich vereinigen, weil sie dann ohne Erhöhung der Verkaufspreise für ihre Erzeugnisse, ja, wenn möglich sogar unter Herabsetzung derselben, durch ihren Zusammenschluß die bisher erzielten guten Erträgnisse für viele Jahre im voraus sich sichern können.

Lassen nun die Verhältnisse in der Farbenindustrie Deutschlands schon heute eine Vereinigung als dauernd vorteilhaft erscheinen? Ich glaube, diese Frage mit „Ja" beantworten zu müssen. Keine Industrie der Welt ist so umfassend in technischer und kaufmännischer Hinsicht, vereinigt wissenschaftliche, technische und kaufmännische Kräfte in einem solchen Maße wie die deutsche Farbenindustrie. Sie hat wissenschaftlich gut ausgebildete Chemiker, Ingenieure, Mediziner und Apotheker nötig, die in möglichst zweckmäßig eingerichteten Laboratorien und Werkstätten bemüht sein müssen, neue chemische Verbindungen mit neuen koloristischen, pharmakologischen oder technischen Eigenschaften ausfindig zu machen, neue Verfahren zur Darstellung bekannter Körper zu finden, neue Maschinen und Apparate zu konstruieren, um Fortschritt an Fortschritt zu reihen.

Carl Duisberg: Abhandlungen, Vorträge und Reden 1882–1921. (Verlag Chemie) Berlin, Leipzig 1923. S. 343 f.

---

[1] s. S. 119 f.

M 6.11 1890 — Der preußische Kriegsminister Verdy an Kaiser Wilhelm II. über die Firma Krupp

Was die in national-ökonomischem Interesse wünschenswerte Förderung der Kruppschen Fabrik betrifft, so hat das Kriegsministerium dem Bestreben, die Fabrik zu heben und auf der Höhe ihrer Leistungsfähigkeit zu erhalten, im weitesten Sinne Rechnung getragen. Es sind der Fabrik in früheren Jahren in finanzieller Beziehung Erleichterungen gewährt worden, wie sie keiner anderen Privatfabrik zuteil geworden sind; dieselbe hat in Zeiten der Entwicklung und der Krisis vom Kriegsministerium wiederholt Vorschüsse im Betrage von vielen Millionen, zum Teil sogar in Form von unverzinslichen Darlehn, erhalten. In späteren Jahren und bis auf den heutigen Tag hat das Kriegsministerium davon Abstand genommen, eine leistungsfähige Konkurrenz für die Lieferung von Feldgeschützen und schweren Stahlkanonen heranzuziehen oder heranzubilden, wie es bei der heutigen Entwicklung unserer Stahlindustrie wohl unschwer zu erreichen gewesen wäre; es geschah nicht, obwohl das rein finanzielle Interesse der Militärverwaltung eine derartige Maßregel wohl hätte

ratsam erscheinen lassen. Die Preise, welche die Militärverwaltung bis jetzt der Kruppschen Fabrik zahlen muß, sind sehr hohe, weil eben das Monopol, welches das Kriegsministerium derselben gewährte und welches den Weltruf der Fabrik in der Geschützfabrikation begründet hat, sie in die Lage versetzt, sehr hohe Preise zu stellen und fast unverändert aufrechtzuerhalten.
Die Kruppsche Fabrik hat in dieser Beziehung dem Kriegsministerium gegenüber den Standpunkt des Geschäftsmannes in ausgiebigster Weise gewahrt, und die Heeresverwaltung steht zu ihr bezüglich der Preise in einem vollkommenen Abhängigkeitsverhältnis.

Willi Boelcke (Hrsg.): Krupp und die Hohenzollern in Dokumenten. (Athenaion) Frankfurt/M. 1970. S. 123f.

M 6.12 1914 – Der Aufsichtsrat der Rheinischen Metallwaaren- und Maschinenfabrik Düsseldorf

„Rheinmetall" war vor 1914 der zweitgrößte deutsche Rüstungsproduzent.

1. Geheimer Baurat[1] Dr. Ing. Heinrich Ehrhardt in Düsseldorf (Vorsitzender)
2. Kommerzienrat Max Trinkaus, Konsul in Düsseldorf (stellvertretender Vorsitzender);
3. Bankier L. Zuckermandel in Berlin;
4. Kommerzienrat Nic. von Dreyse in Potsdam;
5. Geh. Regierungsrat Professor Dr. Herm. Paasche in Charlottenburg;
6. Bankier Dr. jur. Max Oechelhaeuser in Berlin;
7. Generalleutnant z.D.[2] von Reichenau, Exzellenz, in Düsseldorf-Oberkassel;
8. Oberpräsident a.D.[3] Wirklicher Geheimer Rat F. W. v. Loebell, Exzellenz, in Brandenburg (infolge Allerhöchster Ernennung zum Staatsminister auf seinen Antrag im Mai 1914 ausgeschieden);
9. Dr. Karl Sulzbach in Frankfurt a/Main.

In der Zusammensetzung des Vorstandes sind im Laufe der Zeit noch folgende Veränderungen eingetreten:
Am 16. November 1893 Eintritt des Herrn Oberstleutnant a. D. Max Bendel, Düsseldorf.
Am 30. Juni 1897 Austritt des Herrn Oberstleutnant Bendel, um die Generalvertretung der Gesellschaft in Berlin zu übernehmen.

Rheinische Metallwaaren- und Maschinenfabrik Düsseldorf-Derendorf 1889—1914 — Festschrift. Düsseldorf 1914. S. 16 f.

[1] Staatlicher Ehrentitel für erfolgreiche Unternehmer
[2] z.D.: zur Disposition, für den Mobilmachungsfall weiterhin verfügbar [disponibel]
[3] a.D.: außer Dienst

M 6.13 1912 – Zukunftsvisionen eines deutschen Großindustriellen

Hugo Stinnes (1870—1924), einer der dynamischsten und skrupellosesten Großunternehmer seiner Zeit, im Gespräch mit Heinrich Claß, dem antisemitischen Alldeutschen (vgl. M. 5.7)

[...] „Und sehen Sie, was das heißt, wenn ich langsam aber sicher mir die Aktienmehrheit von dem oder jenem Unternehmen erwerbe, wenn ich nach und nach die Kohlenversorgung Italiens immer mehr an mich bringe, wenn ich in Schweden und Spanien wegen der notwendigen Erze unauffällig Fuß fasse, ja mich in der Normandie festsetze – lassen Sie noch 3 – 4 Jahre ruhiger Entwicklung, und Deutschland ist der unbestrittene wirtschaftliche Herr in Europa. Die Franzosen sind hinter uns zurückgeblieben; sie sind ein Volk der Kleinrentner. Und die Engländer sind zu wenig arbeitslustig und ohne den Mut zu neuen Unternehmungen. Sonst gibt es in Europa niemanden, der uns den Rang streitig machen könnte. Also 3 oder 4 Jahre Frieden, und ich, ich sichere die deutsche Vorherrschaft in Europa im Stillen."
Ich [Claß] warf ein, ob er wirklich glaube, daß ein Volk wie die Engländer sich auf diese Art um seine Weltstellung bringen lasse. Er müsse doch, wie ich, nach dem ganzen Wesen des englischen Volkes davon überzeugt sein, daß eine deutsche Beteiligung an englischen Unternehmungen im Ernstfalle nicht hindern werde, daß England sich gegen uns stelle. Ich sei vielmehr ganz durchdrungen davon, daß, je größer der deutsche Anteil an englischen Unternehmungen werde, umsomehr der britische Haß gegen uns wachse und mit ihm der Entschluß, in gewaltsamer Auseinandersetzung mit uns die deutsche Wirtschaftsmacht zu brechen, aber auch unser machtpolitisches Übergewicht auf dem Festlande zu beseitigen. Stinnes tat nun so, als ob dies überlebte Anschauungen seien, da jetzt die Welt von den wirtschaftlichen Interessen, von den großen Unternehmern und den Banken regiert würde.

Heinrich Claß: Wider den Strom. (Koehler) Leipzig 1932. S. 217

M 6.14

Vergleichsdaten zu den wichtigsten Industrieländern für 1910/1913
In Klammern die Werte für 1870/1871

	Mutterland		Kolonien		Produktion		Anteil	Export	Import
	Einw. Mill.	Fläche Mill. km²	Einw. Mill.	Fläche Mill. km²	Kohle Mill. t	Stahl Mill. t	Welt-industrie-prod.	Mrd. US-$	Mrd. US-$
Deutschland	67,8 (41,1)	0,541	12,4	2,7	235 (33)	13,1 (1,5)	16 (13)	2,4	2,6
Großbritannien	40,8[1] (26,1)	0,315	349,0	29,6	292 (118)	7,6 (3,7)	14 (32)	2,6	3,2
Frankreich	39,8 (36,1)	0,536	42,8	5,9	41 (13)	2,8 (1,3)	6 (10)	1,3	1,6
Rußland	165,1 (84,5)	22,1[2]	.[2]	.[2]	36 (1)	4,9 (0,0)	1 (0)	0,7	0,8
USA	99,1 (25,0)	9,421	8,7	0,3	434 (21)	26,5	36 (23)	2,4	1,8

1 ohne Irland
2 Ca. drei Viertel der Fläche Rußlands (Mittel- und Ostasien) mit 10% der Bevölkerung können als koloniale Gebiete verstanden werden.

M 6.15

Weltenergieproduktion (künstliche Energie)
in Mill. t Steinkohleneinheiten[1]

	Gesamt-produktion	Anteil der Kohle	durch-schnittl. jährl. Steigerung
1860	135	99,5%	—
1880	328	99,6%	4,55%
1900	761	95,0%	4,30%
1910	1 174	92,9%	4,42%
1920	1 412	87,9%	1,87%
1940	1 985	73,7%	1,72%
1960	4 184	49,8%	3,80%
1980	8 769	30,4%	3,77%

Carlo Cipolla: Wirtschaftsgeschichte und Weltbevölkerung. (dtv) München 1972, S. 45 und Fischer-Weltalmanach 1984. (Fischer) Frankfurt 1983, Sp. 910.

1 Alle Energiearten sind dabei umgerechnet auf den Energieinhalt von Steinkohle.

M 6.16

1913 — Außenhandel der Großmächte — Export und (Import) in % des Außenhandels des jeweiligen Landes

Handelsrichtung / Land	Europa	USA/ Kanada	übrige Kontinente	Anteil der Kolonien[1]
Großbritannien	35 (44)	10 (24)	55 (32)	20 (10)
USA	60 (48)	17 (8)	23 (44)	—
Deutschland	75 (54)	8 (17)	17 (29)	unter 2[2]
Frankreich	70 (53)	7 (11)	23 (36)	10[1]

Zit. nach Gerd Hardach: Der Erste Weltkrieg. (dtv) München 1973, S. 13 u.a. Quellen

1 Zahlenreihe anderer Herkunft als übrige Statistik
2 Export und Import zusammen

M 6.17

1913 — Kapitalexport der großen Wirtschaftsmächte in Mill. US-$[1]

Zielgebiet des Kapitalexports / Kapital-exportierendes Land	Europa[3]	Latein-amerika	Australien Ozeanien	Asien	Afrika	Nord-amerika[2]	Summe der Exporte
Großbritannien	1050	3700	2200	3550[5]	2450	7050	20,0 Mrd.
USA[2]	700	1650	—	250	—	900	3,5 Mrd.
Deutschland	2550	900	—	700	500	1150	5,8 Mrd.
Frankreich	4700[3]	1600	100	1250	900	500	9,1 Mrd.
übrige Länder[4]	3000	1050	—	1350	200	1500	7,1 Mrd.
Summe der Kapitalimporte	12 Mrd.	8,9 Mrd.	2,3 Mrd.	7,1 Mrd.	4,1 Mrd.	11,1 Mrd	

nach: Carlo Cipolla: Europäische Wirtschaftsgeschichte, Bd. 4. (Gustav Fischer) Stuttgart 1985. S. 470

1 Diese Werte sind ungenau, da die Statistiken unzulänglich sind und eher zu wenig als zuviel Kapitalexport ausweisen.
2 Die USA hatten 1913 3,5 Mrd. US-$ exportiert, aber 6,8 Mrd. importiert.
3 Weitaus größtes Kapitalimportland in Europa war Rußland, das besonders große französische Kredite aufgenommen hatte.
4 Besonders die Niederlande und Belgien mit ihren riesigen Kolonialreichen.
5 besonders Indien

Aufgaben zu Kapitel 6

❶ Beschreiben Sie die Tendenz und das Ausmap der Veränderungen der Wirtschaftsstruktur von den 1880er Jahren bis 1913, indem Sie die verschiedenen Wirtschaftssektoren nach den in ihr beschäftigten Arbeitskräften und nach ihrem Anteil an der Wertschöpfung vergleichen. (s. Darstellung S. 117—119 u. M6.1)

❷ Beschreiben Sie am Beispiel der Elektroindustrie den Aufstieg einer neuen Industrie zu einer Leitbranche der Wirtschaft! (s. Darstellung S. 119, M6.2 u. M6.7)

❸ Beschreiben Sie die Veränderungen der Sozialstruktur und der Sozialgeographie Deutschlands 1897—1914 (s. Darstellung S. 119 u. 125 u. M6.3)

❹ Stellen Sie am Beispiel der Ruhrindustrie Richtung und Ausmaß des Unternehmenswachstums dar, und begründen Sie diesen Aspekt des Konzentrationsprozesses aus den neuen technischen und wirtschaftlichen Gegebenheiten. (s. Darstellung S. 121 f. u. M6.3—6.6)
Bei den Aufgaben 1 bis 3 liegt es in vielen Schulen nahe, zur Ergänzung und Konkretisierung des Bildes auf Veröffentlichungen zur lokalen und regionalen Geschichte zurückzugreifen.

❺ Untersuchen Sie die Formen der überbetrieblichen Konzentration am Beispiel von Roheisen und Kohle, und analysieren Sie die Folgen dieses Prozesses für den Markt, aber auch für die Arbeiter (Förderleistung der Bergleute). (M 6.5 u. 6.8)

❻ Untersuchen Sie die Rechtfertigung der Konzentration, die Carl Duisberg gab, und zeigen Sie, welche Probleme er dabei ausließ! (s. Darstellung S. 123 f. u. M6.10)

❼ Erörtern Sie das Problem der wirtschaftlichen und politischen Macht, das mit der Konzentration verbunden ist: Inwiefern ist der Marktmechanismus, das grundlegende Ordnungsinstrument des Liberalismus, gestört? (M1.11 u. M6.10) Interpretieren sie die Zusammensetzung des Aufsichtsrats des Rüstungsunternehmens Rheinmetall als Beleg für die Verflechtung von wirtschaftlicher und politischer Macht, und entscheiden Sie, ob wir hier einen Beleg für den „organisierten Kapitalismus" vor uns haben! (s. Darstellung S. 123—125 u. M6.11). Schieben Sie ein abschließendes Urteil über diese Fragen aber noch bis zum Ende von Kapitel 8 auf!

❽ Der Historiker U. Wehler hat sechs zentrale Merkmale der Industrialisierung hervorgehoben:
— Marktwirtschaft
— Expansion als Prinzip
— Ungleichmäßigkeit der Entwicklung (Konjunkturen und Krisen)
— technische, kaufmännische und organisatorische Innovationen (Neuerungen) als Antrieb
— Führungsbranchen und -regionen heben sich von zurückfallenden Branchen und Regionen ab
— Eingriffe des Staates zumindest in die wirtschaftlichen Rahmenbedingungen.
Benutzen Sie diesen begrifflichen Rahmen, um eine zusammenfassende Darstellung der deutschen Industrialisierung in Take-off-Phase und Hochindustrialisierung zu geben.

❾ Die Energie für die Anfänge der Industrie stammte zu 95% aus wieder erneuerbaren Quellen (Mensch, Tier, Wind, Wasser, Holz); um 1910 wurden 95% der Energie den nicht erneuerbaren Reserven der Erde (vor allem Kohle) entnommen. Statt 15 Mill t Kohle (1800) waren dafür 1,1 Mrd. t (1900) nötig. Auch heute leben wir energiemäßig weiter aus der Substanz. Erwägen Sie die Probleme, die sich daraus für eine weitere Expansion des industriellen Systems ergeben! (M6.15)

❿ Eine Folge der Hochindustrialisierung war die Verschiebung der wirtschaftlichen Gewichte zwischen den Großmächten. Bereiten Sie das Thema des folgenden Kapitels vor, indem Sie die Veränderung der wirtschaftlichen Potentiale seit 1870 verfolgen und hypothetisch in die Zukunft (ca. 1920) weiterverlängern! (M 6.14 bis 6.17 u. Darstellung S. 126)
Erörtern Sie, welche Konsequenzen und Handlungszwänge sich aus der Perspektive der einzelnen Großmächte aufdrängten.

7 Das Zeitalter des Imperialismus

1415	Beginn der portugiesischen Erkundung der afrikanischen Küsten und ihrer punktuellen Ausbeutung
1492	Landung der ersten Spanier in Mittelamerika (Columbus); Beginn der Eroberung, Ausbeutung und Hispanisierung Mittel- und Südamerikas; Zerstörung der indianischen Hochkulturen Mexikos und Perus
1498	Landung von Portugiesen (mit arabischen Lotsen) in Indien
1600	Begründung der englischen East India Company; Beginn des britischen Handels und politischen Einflusses in Indien; 1764 erste Hoheitsrechte der Briten in Bengalen
1840	Mit dem von Großbritannien ausgelösten Opiumkrieg beginnt die gewaltsame Öffnung Chinas für europäischen Handel und politischen Einfluß.
1860er	Jahre – Beginn der europäischen Unterwerfung Afrikas (auch des Innern)
1884/85	Togo, Kamerun, Ostafrika (Tansania) und Südwestafrika (Namibia) werden deutsche Kolonien
1898	Deutscher Stützpunkt in China (Kiautschou); mit dem ersten Flottengesetz Beginn des Aufbaus einer offensiven deutschen Kriegsflotte
1905/06	erste Marokkokrise – Verschärfung der Rivalität zwischen den Großmächten
1914	Beginn des Ersten Weltkriegs

Seit dem 15. Jahrhundert ging von Europa eine Expansionsbewegung nach den übrigen Kontinenten aus, die weltgeschichtliche Bedeutung haben sollte. Was in Europa noch heute als Zeitalter der Entdeckungen bezeichnet wird, war der Anfang eines langfristigen Prozesses der Unterwerfung der Welt durch die Europäer. Die erste – längere – Phase nennt man Kolonialismus, die ca. 1880 einsetzende zweite Phase Imperialismus.

7.1 Der europäische Kolonialismus

Anfänge und Formen des Kolonialismus

Das erste Motiv für die europäische Expansion war die Suche nach Gold, dessen Knappheit als Münzmetall im Spätmittelalter die Ausdehnung des europäischen Handels behinderte. Auf der Suche nach den Goldvorkommen Afrikas erkundete Portugal den Seeweg entlang der afrikanischen Küsten und von dort nach Indien (1498 erreicht), während Spanien den Seeweg über den Atlantik erschloß (westindische Inseln 1492). Dabei bildeten sich früh Grundmuster der europäischen Herrschaft in Übersee heraus: Die Spanier vernichteten die alten Hochkulturen Mexikos und Perus und gründeten ein ausgedehntes Kolonialreich. Sie plünderten zunächst die Edelmetallbestände der Bevölkerung und beuteten dann die Bodenschätze aus.
Die Produktion von Zuckerrohr und (etwas später) Tabak und Baumwolle in Plantagen ermöglichte die Belieferung Europas mit hochwertigen Waren. Eine wachsende Auswanderung aus Spanien (vom 17. Jahrhundert ab auch von Engländern nach Nordamerika) ermöglichte eine europäische Teilbesiedlung als wirksamste Form der Beherrschung und der Europäisierung der eroberten Gebiete.
Einen anderen Typus kolonialer Herrschaft entwickelten die Portugiesen. Sie gründeten vor allem befestigte Handelsstützpunkte an

den Küsten Afrikas, Indiens und Ceylons und auf den indonesischen Inseln, von denen aus sie (regional sehr verschieden) Edelmetalle und hochwertige Waren (Gewürze, Zucker, Seide u. a. Luxusgüter) zu sehr einseitigen Handelsbedingungen erwarben und in Europa zu hohen Preisen verkauften. Ein besonderer Fall war der Sklavenhandel, bei dem Europäer Schwarzafrikaner kauften oder raubten und als Sklaven auf Plantagen in Amerika verkauften. (Sie arbeiteten dabei in Afrika häufig mit einheimischen Stämmen und mit Arabern zusammen). Man nimmt heute überwiegend an, daß zwischen 1450 und 1870 über 10 Mill. Sklaven von Europäern gefangen bzw. gekauft worden sind und eine etwa gleich große Zahl durch Araber in die arabischen Länder verschleppt wurde.
Ende des 16. Jahrhunderts bereits mußten die Portugiesen in Asien anderen Europäern weichen. In England, den Niederlanden und Frankreich wurden „Ostindische Gesellschaften" gegründet, die finanzkräftiger als Einzelkaufleute waren und mit erheblichen politischen und militärischen Machtmitteln auf die Staaten Südostasiens einwirkten. Die Niederländer legten so die Grundlagen ihres indonesischen Kolonialreichs, die Briten die ihres indischen.

Indien – ein Beispiel

An Indien, das wie keine andere Kolonie die Phantasie und die Wünsche der Europäer bis ins 20. Jahrhundert prägte, kann man sehen, wie sich auch aus isolierten kolonialen Stützpunkten immer intensivere Herrschaftsformen entwickelten, die die betroffenen Länder tiefgreifend veränderten. Als innere Kämpfe die indischen Reiche der Mogulherrscher und der Marathen schwächten, unterwarf die englische East India Company mit diplomatischen Mitteln, aber auch mit ihrer eigenen Armee immer größere Gebiete ihrer Herrschaft. Ihre Eingriffe in die wirtschaftlichen Verhältnisse hatten tiefgreifende Wandlungen der indischen Gesellschaften zur Folge. Als die East India Company die Steuerhoheit in Bengalen gewann, übernahm sie das einheimische System, bei dem die Steuern durch Steuerpächter eingezogen wurden – an sich kein ungewöhnlicher Vorgang. Aber um den Steuerpächtern ein Zwangsmittel gegen die steuerpflichtigen Bauern zu geben, verlieh die Gesellschaft ihnen ein Zugriffsrecht auf das Bauernland. Daraus entwickelte sich ein Obereigentum der Steuerpächter am Boden – nicht unähnlich der europäischen Grundherrschaft – und ein neues Sozialverhältnis: Die „Zamindars" verstanden sich als Großgrundbesitzer und beuteten die Bauern entsprechend aus. Dieses Verhältnis hat sich – trotz aller Bemühungen der indischen Regierungen seit 1947 – bis heute nicht vollständig beseitigen lassen und belastet das Land weiterhin.
Hier hatte zum ersten Mal europäische Herrschaft in die indische Sozialstruktur eingegriffen, und die Industrialisierung sollte noch radikalere Wirkungen haben. 1858 verlor die East India Company ihre Herrschaftsrechte in Indien an den britischen Staat, aber an den Zielen und der Konsequenz der britischen Indienpolitik änderte das wenig. Zahlreiche Eisenbahnlinien erschlossen das Land, orientierten sich aber vor allem an britischen Handelsbedürfnissen. Der massenhafte Import britischer Industriegüter – und dabei besonders von billigen Textilien – ruinierte Millionen indischer Handwerker; eine vermehrte Produktion industriell verwertbarer Agrarprodukte in ▷ Plantagenwirtschaft (Baumwolle u. a. Pflanzenfasern, Tee, Zucker u. a. Nahrungsmittel) vergrößerte den agrarischen Sektor. Indien wurde infolge der Industrialisierung in gewisser Weise „re-agrarisiert": der Anteil der nichtagrarischen Bevölkerung verringerte sich erheblich. Erst Ende des 19. Jahrhunderts entstanden eine Textil- und eine Eisenindustrie auf der Basis indischen ▷ Kapitals, deren Entwicklung aber nach indischer Meinung von den britischen Kapitalinteressen behindert wurde, so daß das Land durch Kolonialisierung und Industrialisierung in seiner Entwicklung nicht gefördert, sondern weit zurückgeworfen worden sei.
Während britische Stimmen noch heute betonen, daß Indien den Briten ein Jahrhundert inneren Friedens und das Heranwachsen einer nationalen staatlichen Einheit verdanke, dazu eine moderne Verwaltung und Infrastruktur (Verkehrssystem, Energieversorgung), halten nicht nur Inder dem die Vorteile entgegen, die die Briten aus Indien zogen: Indien finanzierte selbst die Armee, die das Land unter Kontrolle hielt und von den Briten auch

skrupellos in ihren Kolonialkriegen in Afrika eingesetzt wurde. Es zahlte die Gewinne für britische ▷ Investitionen, die Gehälter und Pensionen der britischen Beamten und Offiziere und überhöhte Preise für die Produkte der britischen Industrie, die von den britischen Reedereien und Handelsgesellschaften begünstigt wurden. Indische Historiker rechnen für die Jahre vor 1914 mit Leistungen von ca. 20 Mill. £ pro Jahr an Großbritannien – nach heutiger Kaufkraft ca. 8 Mrd. DM.

7.2 Der Imperialismus und die internationale Politik

Seit der Mitte des 19. Jahrhunderts kam eine neue Welle der Expansion in Bewegung. Rußland, das vom späten 16. Jahrhundert an ganz Nordasien (Sibirien) erobert hatte, drang seit den 1840er Jahren immer tiefer nach Mittelasien vor (Turkestan, Kasachstan usw.), suchte Einfluß in Persien und Afghanistan und machte dem Chinesischen Reich dessen Einflußbereiche streitig (1858 Abtrennung der Amur- und Küstenprovinz von China, 1860 Gründung von Wladiwostok – wörtlich: „Beherrsche den Osten"). Frankreich setzte sich ab 1830 in Algerien fest und unterwarf von dort aus das westliche Nordafrika, um dann durch die Sahara in das Nigergebiet vorzudringen. 1862 begann es mit der Eroberung Indochinas.

Diese neue Expansion unterschied sich vom älteren Kolonialismus dadurch, daß nicht mehr Außenposten Europas geschaffen wurden, sondern die außereuropäische Welt planmäßig und vollständig der politischen und wirtschaftlichen Vorherrschaft der großen Industrieländer unterworfen wurde. Man gab dieser Entwicklung den Namen „Imperialismus".

Nach 1880 nahm die europäische Expansion unter wachsender Anteilnahme der nationalistisch gestimmten Bevölkerung immer heftigere Formen an; sie verursachte erhebliche Kriegsrisiken. Bis zur Jahrhundertwende hatte sich die Weltkarte gegenüber 1870 gründlich verändert: Fast ganz Afrika und der größte Teil Asiens hatten die Flächenfarben europäischer Länder angenommen. Deutschland, Belgien und Italien, dazu die USA und als erste „nichtweiße" Macht Japan waren neu in den Kreis der imperialistischen Mächte eingetreten. Eine neue Dimension der Politik, die Weltpolitik, zeichnete sich ab, die ohne die Industrialisierung nicht möglich gewesen wäre.

Formen des Imperialismus

Eine genaue Definition des Imperialismus ist schwierig, da er in vielerlei Form auftrat und mehrere Ursachen hatte. Er war zunächst ein politisches Phänomen, nämlich die Ausdehnung des europäischen Staatensystems auf die ganze Welt. Aus europäischen Staaten wurden Reiche (lat. „imperium", engl. „empire"), deren Gebiete um den ganzen Globus verteilt waren und die sich deswegen ständig auch von außereuropäischen Auseinandersetzungen betroffen fühlten. Als Weltmächte besaßen 1900 Großbritannien, Frankreich, Rußland und die USA die Mittel, außerhalb Europas bzw. Nordamerikas ihre Interessen auch militärisch vertreten zu können. Deutschland erstrebte vom Ende des 19. Jahrhunderts an den gleichen Status als Weltmacht. Hauptinstrumente dieser Politik waren kostspielige Kriegsflotten, zu deren Bau und Finanzierung eine starke Industrie erforderlich war, und ein Netz von Flottenstützpunkten.

Der Imperialismus erwies sich über seine machtpolitische Dimension hinaus als eine wirtschaftliche Expansionsbewegung der Industrieländer. Auf der Suche nach Rohstoffen, Absatzmärkten und Investitionsmöglichkeiten unterwarfen sie immer neue Gebiete der industriell bestimmten Wirtschaft. Das konnte in unterschiedlichen Formen geschehen:

In den Kolonien herrschten die wirtschaftlichen Interessen der „Mutterländer" ganz unverhüllt. Import von Kapital, Eisenbahnbauten, Firmengründungen und massive Eingriffe in die landwirtschaftliche Produktion lenkten oder schufen die Produktionen, die die europäische Industrie benötigte. Teilweise bewegte man die Eingeborenen zu, für den ▷ Markt zu produzieren und sich auf die erwünschten Anbauprodukte umzustellen. Wo aber eine Plantagenwirtschaft oder der Bergbau dem europäischen Kapital größeren Gewinn versprach, eignete man sich das benötigte Land an und zwang die einheimische Bevölkerung, ihre Arbeitskraft in den Plantagen und Minen anzubieten (→ M 7.1 bis

7.12). Die Lebensweise der Menschen änderte sich dadurch innerhalb weniger Jahre radikaler als die der Europäer seit dem Beginn der Industrialisierung.

Eine andere Form imperialistischer Beherrschung bildete sich in China heraus. Großbritannien hatte dieses Land unter Bruch des Völkerrechts durch aufgezwungene Drogenimporte und ab 1840 mit militärischer Gewalt (Opiumkrieg) für den internationalen Handel geöffnet. Der von den Briten verursachte Abfluß großer Mengen Silber zerstörte das chinesische Währungssystem. Dies und der Massenimport billiger Industriegüter veränderten die chinesische Gesellschaft tiefgreifend. Zahlreiche Bauern verloren ihr Land an Geldverleiher; große Teile der städtischen Bevölkerung verarmten, Aufstände kosteten Millionen Menschenleben und machten den chinesischen Staat handlungsunfähig. Dennoch konnten die europäischen Mächte China nicht zu einer Kolonie herkömmlicher Art machen. Großbritannien, Frankreich, Rußland und Deutschland verschafften sich durch erzwungene Verträge (von den Chinesen als „ungleiche Verträge" bezeichnet) und militärische Präsenz Einflußzonen, in denen sie dank weitgehender Sonderrechte und der Kontrolle über Häfen und Eisenbahnen große wirtschaftliche Vorteile genossen. (Deutschland führte aus seinem kleinen chinesischen Stützpunkt Kiautschou mehr Waren aus als aus seinen beiden größten afrikanischen Kolonien mit fast 2 Mill. qkm Fläche zusammen.)

Schließlich gab es noch eine dritte Form imperialistischer Beherrschung, nämlich die über nichtindustrialisierte souveräne Staaten, besonders die kleinen Balkanstaaten, das zerfallende Großreich der Türkei (das bis 1918 noch bis zum Roten Meer und zum Persischen Golf reichte) und die Staaten Lateinamerikas.

Die alten Kolonien Spaniens und Portugals hatten in langen Kämpfen zu Beginn des 19. Jahrhunderts ihre Unabhängigkeit gewonnen. Es entstand dort allerdings kein ▷ Bürgertum mit wirtschaftlichem Ehrgeiz wie in Europa; das schwächte die Antriebe für einen Industrialisierungsprozeß. Zur wirtschaftlichen Schwäche gesellte sich eine politische Instabilität, die sich in zahllosen Putschen und „Revolutionen" äußerte. Der Mangel an Kapital machte Lateinamerika zu einem fast hilflosen Opfer der Industriemächte USA, Großbritannien und Deutschland. Eisenbahn, Bergbau, Außenhandel und Hochseeschifffahrt wurden weitgehend von ausländischem Kapital beherrscht.

Auf lange Sicht schädigte es diese Länder am meisten, daß das ausländische Kapital eine Industrialisierung auch dort weitgehend verhinderte, wo sie vom Entwicklungsstand der Gesellschaften her möglich gewesen wäre. Statt dessen dominieren bis heute Produktionen, die auf die Rohstoffbedürfnisse der Industrieländer zugeschnitten sind und den unkalkulierbaren Preisschwankungen des Weltmarkts unterliegen.

Die Beziehungen Lateinamerikas zu den USA erhielten noch eine besondere, in ihren Folgen bis heute spürbare Belastung durch zahlreiche politische und militärische Interventionen der USA in Ländern, die ihre Schulden nicht bezahlen konnten, in denen Bürgerkriege ausbrachen oder die die Interessen nordamerikanischer Investoren verletzten.

Die Verschärfung der Spannungen zwischen den europäischen Mächten

Noch Bismarck dachte als Außenpolitiker ganz in den Grenzen Europas. Koloniale Zielsetzungen hatte er kaum, und entsprechende Forderungen aus der deutschen Gesellschaft berücksichtigte er so wenig wie möglich. Daß er die französische Politik bei ihrem Engagement in Afrika unterstützte, belegt, daß er die Kolonien nicht als wichtigen Bestandteil des internationalen Systems ansah. Tatsächlich brachte die koloniale Expansion keine Entlastung der Beziehungen zwischen den Großmächten – im Gegenteil: Großbritannien geriet in jahrzehntelange Spannungen mit Rußland. Entlang einer Linie, die sich vom Bosporus quer durch Persien, Afghanistan und Tibet bis Nordostchina zog, reihte sich ein Konfliktgebiet an das andere und bedrohte immer wieder den Frieden zwischen den beiden Mächten. Vor allem in Afrika stieß die britische Expansion auf diejenige Frankreichs. 1898 standen sich beide Mächte bei Faschoda am oberen Nil gegenüber, und für einen Augenblick schien auch hier der Krieg unvermeidlich.

Zur gleichen Zeit verschlechterte sich das deutsch-russische Verhältnis. Das gute Ein-

Afrika und Asien im Zeitalter des Imperialismus (Stand 1914)

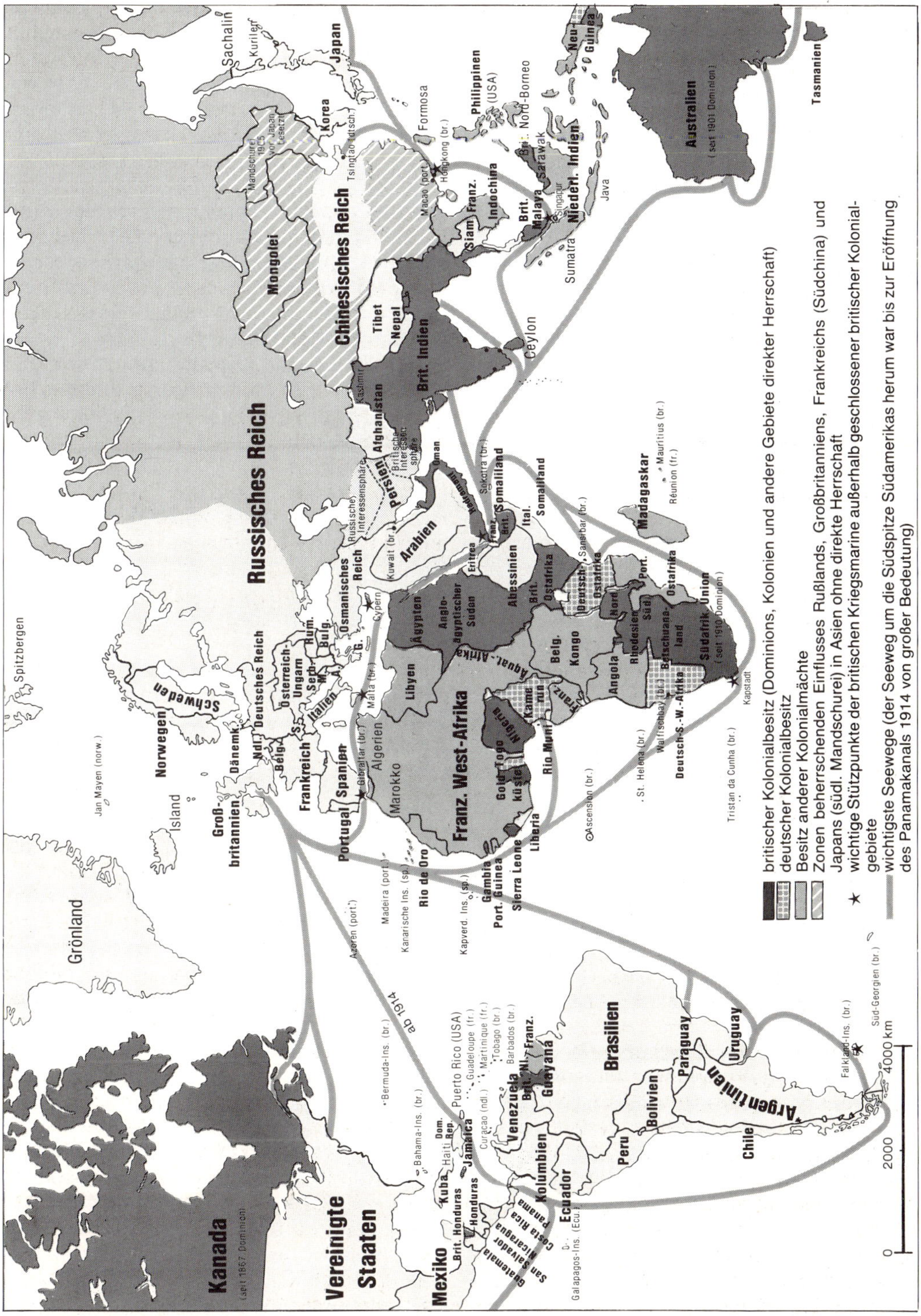

vernehmen, das seit dem frühen 19. Jahrhundert eine der wichtigsten Grundlagen preußischer und deutscher Außenpolitik gewesen war, schwand seit den letzten Amtsjahren Bismarcks. Dazu trug entscheidend die Rivalität zwischen Rußland und Österreich-Ungarn, dem wichtigsten Verbündeten Deutschlands, auf dem Balkan bei. Beide Mächte betrieben dort eine Expansion ihrer Einflußzonen in dem Maße, in dem die Macht des alten türkischen Reichs zerfiel. Dazu bedeutete Rußlands Anspruch, Befreier und Vormacht aller Slawen zu sein (Panslawismus), eine direkte Infragestellung des Vielvölkerstaates Österreich-Ungarn.

Der deutsch-russische Konflikt wurde von wachsenden wirtschaftlichen Interessengegensätzen verschärft: Die deutschen Getreidezölle behinderten die russischen Exporte, russische Zölle auf Industrieprodukte die deutsche Industrie (s. S. 104 f.). Nachdem ihm der Zugang zum deutschen Kapitalmarkt versperrt war, orientierte sich Rußland in kurzer Zeit auf den französischen Geldmarkt um. 1888 bis 1896 lieh es sich dort 4,5 Mrd. Franc (nach heutigem Wert weit über 50 Mrd. DM). Kapitalbeziehungen dieses Ausmaßes aber konnten nicht politisch neutral sein, sondern hatten ihren Preis: Frankreichs außenpolitische Isolation, Kernstück der deutschen Außenpolitik seit 1871, war beendet. Die Nichterneuerung des Rückversicherungsvertrages zwischen Deutschland und Rußland 1890, die man Bismarcks Nachfolger Caprivi immer wieder als Fehler zur Last gelegt hat, war längst angebahnt (s. S. 117).

Der deutsche Imperialismus

Kolonialer Ehrgeiz war bis 1884 kein starkes Element der deutschen Außenpolitik. Ohnehin besaß das Reich 1871 keine Kolonien. Zuerst hielten nur kleine Gruppen innerhalb der deutschen Gesellschaft – meist norddeutsche Kaufleute und politisierende Professoren – Kolonien für erstrebenswert. Vorbild solcher Wünsche war das britische Kolonialreich, vor allem die Herrschaft über Indien, die privaten Unternehmern riesige Gewinne brachte. Die Ansätze für deutsche Kolonien entstanden aus der Tätigkeit bremischer und hamburgischer Kaufleute, die in Afrika Verträge mit einheimischen Häuptlingen abschlossen und sich Handelsmonopole, zugleich aber auch halbstaatliche Befugnisse sicherten (→ M 7.1, 7.4 u. 7.5). Sie versuchten dann, das Deutsche Reich dafür zu gewinnen, als „Schutzmacht" die internationale Absicherung dieser Abmachungen zu übernehmen. Die Reichsregierung unter Bismarck weigerte sich lange, auf eine solche Politik einzugehen. Erst als die europäischen Mächte zu Beginn der 1880er Jahre in einen regelrechten Wettlauf um koloniale Erwerbungen eintraten, gab Bismarck dem Druck der Interessengruppen nach; Deutschland erwarb 1884/85 in Afrika Togo, Kamerun, Südwestafrika (heute Namibia) und Ostafrika (heute Tansania), sowie im Südpazifik Nord-Neuguinea (heute Papua-Neuguinea) und einige Inselgruppen. Die Pläne zu einem kolonialen Großreich Deutschlands in Mittelafrika scheiterten am Widerstand Bismarcks.

Nach Bismarcks Entlassung sahen die politische Führung Deutschlands und wachsende Teile der Öffentlichkeit immer weniger Grund zur Zurückhaltung in der imperialistischen Konkurrenz. In einem Klima des übersteigerten Nationalismus in ganz Europa verloren viele Deutsche das Gefühl dafür, daß eine weitere deutsche Machtvermehrung das ohnehin schwierige Machtgleichgewicht in Europa besonders stark belastete. Das Risiko eines Krieges wurde unterschätzt. Die Öffentlichkeit wurde für diese Politik durch eine breite Massenagitation gewonnen, die erstmals in der Geschichte die Mittel moderner „Public Relations"-Techniken einsetzte. Der Flottenverein und der Kolonialverein wurden von norddeutschen Kaufleuten, Vertretern der Schwerindustrie und einigen Adligen gegründet und mit erheblichen finanziellen Mitteln ausgestattet; sie überzogen (vor allem durch die Schulen) das ganze Land mit ihrer Agitation.

Die Argumentation der Flottenpolitiker zielte vor allem in wirtschaftspolitische Richtung: Ein wachsender Wohlstand der deutschen Bevölkerung sei nur möglich durch die Sicherung von Rohstoffvorkommen und Absatzmärkten in eigenen Kolonien; diese und der übrige deutsche Welthandel wiederum seien nur zu sichern durch eine Kriegsflotte, die mit ihren Stützpunkten rings um die Welt bereitstände und die wichtigsten Wege des deutschen Außenhandels sichere.

Tatsächlich hatte das Wachstum der deutschen Wirtschaft vor dem Ersten Weltkrieg wenig mit den Kolonien zu tun. Ohnehin hatte das Reich nach 1890 nur noch kleine Gebietsstücke in Afrika, auf der Shantung-Halbinsel in China (Kiautschou) und im Pazifik erlangt; der Plan, gemeinsam mit Großbritannien Portugal seine afrikanischen Kolonien fortzunehmen und untereinander zu teilen, wurde eine Zeitlang verfolgt, aber nicht verwirklicht, und ein zweites Indien gab es auf der Welt nicht zu erwerben.

Die Bedeutung aller Kolonien für die deutsche Wirtschaft blieb äußerst gering. Während Großbritannien aus einigen Kolonien große Gewinne zog und auch Frankreich Vorteile von ihnen hatte, übertrafen für Deutschland die Kosten für Verwaltung und Militär und ▷ Subventionen für Eisenbahnen und Schifffahrtslinien die Gewinne bei weitem. Die Aussicht, daß aus den Kolonien leistungsfähige Absatzmärkte werden könnten, teilte 1914 kaum noch ein Wirtschaftsfachmann; gerade ein halbes Prozent des deutschen Außenhandels wurde mit den eigenen Kolonien abgewickelt. Die nationalistische Hoffnung, daß der Strom der deutschen Auswanderer statt nach Amerika in die Kolonien geleitet werden könnte, blieb unerfüllt. Während zwischen 1881 und 1890 1,3 Millionen Deutsche in die USA auswanderten, gingen bis 1914 nur 24 000 in die eigenen Kolonien. Schließlich war auch die Stationierung einzelner deutscher Kriegsschiffe in den Kolonien bedeutungslos; sie änderte nichts daran, daß alle großen Handelswege von der britischen Flotte kontrolliert wurden.

Der deutsche wirtschaftliche Imperialismus war nicht in den eigenen Kolonien am erfolgreichsten, sondern in den lateinamerikanischen Ländern und im Osmanischen Reich, das damals noch den größten Teil des Vorderen Orients umfaßte. Voraussetzung für den Erfolg war nicht die deutsche Schlachtflotte, sondern die Verbindung der exportierenden Industrie mit dem Bankkapital und der Diplomatie. Auf dem Gebiet der besonders gewinnbringenden Rüstungsexporte waren die militärpolitischen Aktivitäten der deutschen Botschaften und der Kapitalexport in die kapitalschwachen Länder entscheidend. (Schon vor 1914 hingen internationale Verschuldung und Rüstung eng miteinander zusammen.)

Das Osmanische Reich als ein Schwerpunkt deutscher imperialistischer Politik berührte in seiner alten Ausdehnung die Grenzen und Interessen anderer Weltreiche, besonders aber die Rußlands und Großbritanniens (Balkan-

Die Deutschen Kolonien (Stand 1913/14)

	Fläche in 1000 km²	Einw. in 1 000 Eingeborene	Einw. in 1 000 Weiße	Eisenbahnen in km	Export in Mio. Mark	Import in Mio. Mark	Defizit Reichssubventionen in Mio. Mark[1]
in Afrika							
Togo	88	1 031	0,4	325	9,9	11,4	—
Kamerun	504	3 326	1,8	310	23,3	34,2	6,9
Deutsch-Südwestafrika	830	80	15	1 960	39,0	32,5	38,5
Deutsch-Ostafrika	1 020	7 645	5	1 250	31,4	50,3	40,9
in Asien und im Pazifischen Ozean							
Palau, Karolinen Marianen, Marshallinseln	13,2	15	0,5	—	6,9	3,4	
Samoa	25,5	35	0,5	—	5,1	4,9	0,16
Deutsch-Neuginea und Bismarckarchipel	230	719	0,9	—	5,1	5,9	1,7
Kiautschou (China)	0,56	192	4,4	435	79,6	6,1	10,3

Der Große Ploetz. (Ploetz) Freiburg [29]1980. S. 763.

[1] 1 Mark 1914 entspricht grob geschätzt in der Kaufkraft 20 DM heute; Angaben für das Haushaltsjahr 1913/14

frage, Ausgang des Schwarzen Meeres, Persien und Persischer Golf). Nicht nur der Waffenexport, auch der Bau der Bagdadbahn (Konstantinopel – Bagdad – Persischer Golf) schufen erhebliche internationale Spannungen. Das Öl von Mossul im heutigen Irak, 1914 vor allem als Treibstoff für moderne Kriegsschiffe wichtig, drohte zum Anlaß einer internationalen Krise zu werden. Dennoch konnten Deutschland und Großbritannien wenige Wochen vor Beginn des Ersten Weltkrieges einen Verhandlungskompromiß erzielen. Die Risiken des wirtschaftlichen Imperialismus ließen sich offenbar immer noch eher kontrollieren als die Gefahren, die von der außenpolitischen Rivalität ausgingen.

Bündnissysteme in Europa

1887 **1912**

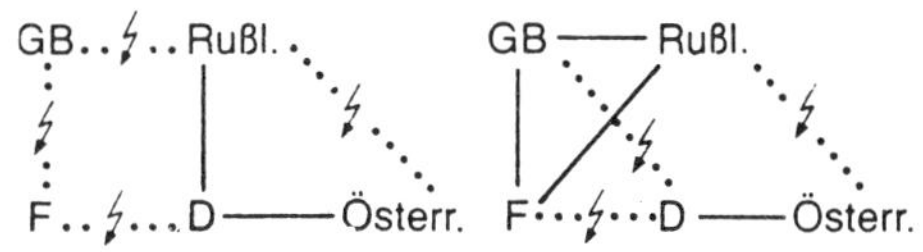

—— Bündnis oder bündnisähnliche Verpflichtung

..ϟ... erheblicher Interessenkonflikt

(Weniger bedeutende Beziehungen mit kleineren Mächten sind fortgelassen.)

Die deutsche Flottenpolitik ab 1898

Viele Politiker, Industrielle, Professoren und Publizisten neigten seit Ende des 19. Jahrhunderts zu der Meinung, daß sich im Gefolge der unterschiedlichen Entwicklung der wirtschaftlichen Kräfte auch die internationale Machtverteilung ändern müsse. Deutschland wollte als Weltmacht gleichberechtigt neben Großbritannien treten. Das Instrument, um diese Forderung anzumelden, war die Kriegsflotte. Seit 1898 baute Deutschland Schlachtschiffe, die nicht mehr (wie die ursprünglich angestrebte Kreuzerflotte) nur dem Schutz von Handelsschiffen dienen konnten, sondern im Kampf gegen eine konkurrierende Schlachtflotte Kriege entscheiden sollten. Großbritannien nahm die Herausforderung an, und es entwickelte sich ein Rüstungswettlauf, der ab 1905 mit dem Bau eines neuartigen Typs von Großkampfschiffen („Dreadnoughts") eine neue Dimension erreichte. Die deutsche Rüstung wurde 1908 auf ein Bautempo von vier Schlachtschiffen pro Jahr gesteigert, so daß das ursprünglich sehr einseitige Kräfteverhältnis zu einer knappen 3:2-Führung Großbritanniens schrumpfte. Diese Rüstungsdimension ließ sich nicht mehr mit den Handels- und schon gar nicht mit den Kolonialinteressen Deutschlands begründen, sondern mit einem Machtanspruch, dessen Motive über das Wirtschaftliche hinausgingen (→ M 7.13 u. 7.14).

Wie häufig bei Rüstungswettläufen ging es der Politik nicht primär darum, einen Krieg auszulösen und die Flotte zum Einsatz zu bringen, sondern darum, mit ihrer Existenz den Gegner zu zwingen, die eigenen Machtansprüche zu akzeptieren. Die Grundannahme der deutschen Politik um 1900 war dabei, daß Großbritannien angesichts des Anwachsens der wirtschaftlichen und militärischen Macht Deutschlands, der USA, Frankreichs und Rußlands zumindest relativ schwächer werden mußte und zugleich mit Frankreich in Afrika und mit Rußland in ganz Asien in zunehmend schärfere Konflikte verwickelt werden würde. Es werde daher früher oder später einen weltpolitischen Bündnispartner suchen müssen, und der könne nur Deutschland sein. Diese Zwangslage könne man – nicht zuletzt durch die Flottenrüstung – ausnützen und Großbritannien zwingen, Deutschland als gleichrangigen Partner in der Weltpolitik anzuerkennen. Tatsächlich aber entwickelte die Rüstung ihre eigene Dynamik und unterwarf sich die Politik in einer Weise, die sich nicht hatte planen lassen (→ M 7.14).

1904 einigte sich Großbritannien mit Frankreich auf eine Abgrenzung der beiderseitigen Interessengebiete, 1907 folgte eine ähnliche Verständigung mit Rußland. Zwar kam es nicht zu einem förmlichen Bündnisverhältnis der drei Mächte, aber doch zu Absprachen von hoher Verbindlichkeit, der Triple-Entente (frz.: triple – dreifach, entente – Einvernehmen). Das außenpolitische Kalkül Deutschlands war gescheitert, die Erpressung Großbritanniens war unmöglich geworden. Die deutsche Führung und die Öffentlichkeit aber interpretierten die Entente-Politik als eine unprovozierte Einkreisung des Reichs durch böswillige und neidische Rivalen und als eine Bestätigung jener Rüstungspolitik, mit der man seine außenpolitische Isolierung weitgehend selbst herbeigeführt hatte. Man setzte diese Rüstung fort, bis 1914 eine von vielen Balkankrisen ausreichte, den Ersten Weltkrieg auszulösen.

7.3 Innenpolitische Elemente des Imperialismus

Schwerindustrie und Rüstung

Sieht man die – gemessen an den ursprünglichen Absichten – geringen Erfolge des deutschen Imperialismus und den enormen Preis an Rüstungskosten und politischen Risiken, der dafür gezahlt werden mußte, so stellt sich die Frage, ob nicht noch andere Interessen hinter dieser Politik standen als die bisher genannten. – Hier muß man die Rolle der Industrie – besonders die der Schwerindustrie des Ruhrgebiets – sehen. Nicht so sehr die ▷ Investitionen in den Kolonien, als vielmehr die Expansion der Rüstung wirkten sich vorteilhaft auf die Geschäfte vieler Unternehmen der Schwerindustrie aus. Verglichen mit den Aufträgen der Kriegsmarine waren alle Lieferungen der Firma Krupp nach den Kolonien bedeutungslos. Krupp expandierte nach einer Krisenphase ab 1887 mit einer auch für damalige Verhältnisse enormen Geschwindigkeit (→ M 6.6). In 25 Jahren stieg die Zahl der Arbeiter von 20 000 auf 75 000, und die Firmenfestschrift von 1912 stellte die Rüstungsproduktion als Grundlage des Unternehmens und seines Erfolgs heraus. 1892 zwang Krupp unter Einsatz aller wirtschaftlichen Machtmittel die Inhaber der Grusonwerke, seines einzigen großen Konkurrenten bei schwerster Artillerie und Panzerplatten, das Unternehmen an ihn zu verkaufen. Im Gegensatz zu Großbritannien, wo fünf Großunternehmen um die Rüstungsaufträge konkurrierten, entstand in Deutschland gerade im Bereich der Kriegsflotte, der am raschesten wachsenden Teilstreitkraft, ein ▷ Monopol für die entscheidenden Komponenten (→ M 6.11). 1896 gliederte Krupp die Germaniawerft in Kiel seinen Unternehmungen an und baute sie zu einer leistungsfähigen Werft für Großkampfschiffe aus. Wissenschaftlich-technologische Vorsprünge der Firma Krupp, der Zwang zur Geheimhaltung in militärischen Dingen und eine immer engere Zusammenarbeit zwischen der Firma und dem Militär schalteten den Marktmechanismus weitgehend aus. Es entstand ein schwer durchschaubares und parlamentarisch unkontrollierbares Interessengeflecht zwischen Staat und Industrie, das für Krupp (und andere Unternehmer) zugleich überdurchschnittlich gewinnträchtig und expansiv war. Die engen Beziehungen zwischen dem „Hause“ Krupp und dem Kaiserhause sollten zugleich der Öffentlichkeit zeigen, daß es hier nicht so sehr um Geschäft und Gewinn, als vielmehr um Dienst am Vaterland ging (→ M 7.16 u. 8.10).
Die alten preußischen Eliten – Großagrarier, Beamte und Offiziere des Heeres – standen den Kolonial- und Flottenplänen zunächst eher zurückhaltend gegenüber. Das Heer fürchtete, daß es wegen des Ausbaus der Flotte finanziell zurückgestellt würde und an Schlagkraft und politischem Einfluß verlieren könnte. Es waren u. a. auch Konzessionen bei den Getreidezöllen, mit denen sich die Regierung die Unterstützung ihrer Flottenpläne durch die alte agrarische Führungsschicht Preußens erkaufte.

Die Massenwirksamkeit des Imperialismus

In allen imperialistischen Staaten spielte die Massenwirksamkeit von Kolonial- und Flottenpolitik eine zentrale innenpolitische Rolle. Ideologien von der kulturellen und rassischen Überlegenheit des Weißen waren populär; die Europäer rühmten sich ihrer Zivilisation und Wissenschaft, ihrer Staatskunst und des Christentums, um ihre Beutezüge zu rechtfertigen. Aber auch gegeneinander nahmen die Nationen besondere Qualitäten für sich in Anspruch, um eine besondere zivilisatorische und politische Rolle zu legitimieren (→ M 7.15).
Der innenpolitische Nutzen imperialistischer Politik und Ideologie schien für viele Zeitgenossen darin zu bestehen, daß sie die gesellschaftlichen Konflikte zu entschärfen halfen, indem sie ein für alle ▷ Klassen attraktives Ziel und eine Identifikation mit einer gemeinsamen Sache zu sichern schienen (→ M 7.18). Besonders für Teile des deutschen ▷ Bürgertums schien der Imperialismus eine neue Sammlungsbewegung zu sein, nachdem die nationale Einheit erreicht war. Von dem müh-

Selbstdarstellung der Firma Krupp (Gewerbe-, Industrie- und Kunstausstellung, Düsseldorf, 1902). Auf der Ausstellungshalle war der Gefechtsmast eines Kriegsschiffes montiert, auf dem Rhein schwamm das Kanonenboot „Panther", das in der 2. Marokkokrise weltberühmt wurde; die Waffen spielten auf der Ausstellung keine geringere Rolle als die Investitionsgüter.

Der Reiz der Kolonien. Die räumlichen Ziele deutscher Kolonialpolitik wurden auf der Ausstellung werbewirksam mit orientalischem Basar und afrikanischem Dorf mit „echten" Eingeborenen dargestellt.

samen Alltagsgeschäft im Reichstag um wirtschaftliche Detailprobleme und auch vom Kampf um mehr demokratische Rechte ging wenig breitenwirksame Motivation aus. Gustav Stresemann (1878–1929) formulierte 1908: „Wenn uns irgend etwas die Zugkraft ersetzen soll, die wir früher als Partei des nationalen Gewissens hatten, so ist es die Betätigung in allen jenen Fragen, welche jetzt im Zeitalter der Weltwirtschaft die denkenden Kreise des Volkes und namentlich die Kreise der Jugend und der nachfolgenden Generationen bewegen. In Fragen der Kolonien, der Flotte und einer scharfen auswärtigen Politik müssen wir unbedingt die Führung übernehmen. [...] Die Erhaltung der weltwirtschaftlichen Stellung des Deutschen Reiches ist eine von Zufallsstimmungen unabhängige dauernde Parole, die uns begeisterte Anhänger sichern wird, während wir auf dem Gebiet der wirtschaftlichen Fragen als Mittelpartei auch für die Zukunft mit den größten Schwierigkeiten rechnen müssen."[1] (→M 8.19)

Neue Chancen – und sei es auch nur der Glaube daran – sollten Kleinbürger und Arbeiter von sozialistischen Klassenkampfzielen fort und zu neuen nationalen Aufgaben hinführen – seien sie in den Kolonien, sei es in dem wirtschaftlichen Aufschwung, den die imperialistische Politik in Deutschland auslösen würde (→ M 7.15 u. 7.17). Wie breitenwirksam dieses Kalkül war, zeigte sicht darin, daß Teile der SPD von der Kolonialdebatte erfaßt wurden und sich für imperialistische Ziele aussprachen. Die Parteiführung und die Reichstagsfraktion machten sich diese Positionen aber nicht zu eigen.

Viele Beobachter sahen und sehen noch heute in dieser Entwicklung eine eigenartige Verkehrung der politischen Schwergewichte: Hatte jahrhundertelang der Außenpolitik der Vorrang (Primat) in der Politik zugestanden, so fiel er jetzt offenbar der Innenpolitik zu. Nur so schienen noch die sozialen Kräfte beherrschbar zu sein, die die industrielle Revolution freigesetzt hatte. (Diese innenpolitische Stoßrichtung des Imperialismus wird in der Geschichtswissenschaft und Publizistik häufig als „Sozialimperialismus" bezeichnet.)

[1] Zit. nach: Horst Gründer: Geschichte der deutschen Kolonien. (Schöningh-UTB) Paderborn 1985. S. 65 f.

Die Kompliziertheit der Faktoren, die den Imperialismus bestimmen, macht es auch heute noch schwer, eine abschließende Beschreibung und Beurteilung zu finden. Je nach Darstellung wird die Bedeutung der außen- und machtpolitischen, der weltwirtschaftlichen, der binnenwirtschaftlichen und der innen- und sozialpolitischen Komponenten unterschiedlich gewichtet. Über die vielfältigen wissenschaftlichen Kontroversen unter Historikern hinaus geht in der ganzen Welt ein massiver Konflikt um die Frage weiter, inwieweit die marxistisch-leninistische Interpretation des Imperialismus gültig ist.

Für die meisten Historiker ist der Imperialismus eine abgeschlossene Epoche, die allerdings erhebliche Probleme für unsere Gegenwart hinterlassen hat. Besonders für marxistische Historiker und Politiker galt und gilt es dagegen als ausgemacht, daß der Imperialismus noch nicht beendet sei, sondern als letztes Stadium des ▷ Kapitalismus, getragen von den westeuropäischen Ländern, den USA und Japan, noch andauere. Dieses Verständnis der Geschichte war bis in die jüngste Zeit eines der konfliktträchtigsten Elemente des Ost-West-Gegensatzes und verknüpfte ihn explosiv mit der Spannung zwischen Nord und Süd, zwischen Industrieländern und Dritter Welt. Die Armen dieser Welt – so lautete die These – würden weiter von den Imperialisten ausgebeutet und der Weltfriede gefährdet. Erst die Überwindung des Imperialismus durch den Sozialismus könne Frieden und Wohlstand für alle Völker sichern. Diese Sicht der Dinge gehört auch nach dem Zusammenbruch des sowjetischen Marxismus noch nicht notwenig der Vergangenheit an. Vor allem für die Dritte Welt hat sie ihren Erklärungswert und ihren politischen Nutzen noch nicht verloren. Historische Interpretation und politisches Urteilen und Handeln erweisen sich in dieser Frage als miteinander unlösbar verbunden (→ M 7.19–7.21).

Überlegungen zur weiteren Arbeit

Kapitel 7 ist vom Inhalt und von der Methode her deutlich schwieriger als die vorhergehenden. Zwar ließ sich im Darstellungsteil die koloniale Phase leicht nach ihrem zeitlichen Verlauf (also diachron) skizzieren; aber die Verflechtungen der wirtschaftlichen, sozialen und politischen Dimensionen des Imperialismus legen es nahe, überwiegend einer synchronen Betrachtungsweise zu folgen.
Auf einen Vergleich der nationalen Ausprägungen des Imperialismus wurde verzichtet, um Platz und Zeit für einen Perspektivenwechsel zu gewinnen: Was Imperialismus war, soll einmal aus der meist vernachlässigten Sicht eines Opfers – in unserem Falle der ehemaligen deutschen Kolonie Kamerun – untersucht werden. Methodisch ist das eine Fallstudie, d. h. ein Verfahren, bei dem sich die Verflechtung der verschiedenen Faktoren gut am konkreten Detail beobachten läßt. Diese Arbeit hat zugleich ihren Gegenwartsbezug, indem sie helfen soll, bestimmte Probleme heutiger afrikanischer Gesellschaften als Folgen des von Europa kommenden Imperialismus zu verstehen.
Die Quellen, die die Ziele und Strategien der europäischen Akteure zum Gegenstand haben, sind dem Fallmaterial bewußt nachgeordnet worden; ihnen wiederum folgen Auszüge aus theoretischen Texten zum Imperialismus. Auf diese Weise soll es ermöglicht werden, die europäischen Vorstellungen und Ziele kritisch zu betrachten, die teilweise verschwiegenen Interessen offenzulegen und ihre ideologische Verschleierung zu untersuchen. (Diese Methode wird als perspektivisch-ideologiekritische Untersuchung bezeichnet.)

Materialien zu Kapitel 7

Kamerun – eine deutsche Kolonie als Beispiel

M 7.1 Informationen zur Übersicht

Kamerun 1987: Republik in Afrika zwischen der Biafra-Bucht (Atlantik) und dem Tschad-See; 475 000 qkm, 9 Mill. Einwohner.
Kamerun Ende des 19. Jahrhunderts: Mündungsgebiet des Wuri und anderer Flüsse (engl.: the Cameroons) – feucht-heiße Küstenebene mit Urwäldern.

Zur Geschichte:

17. Jahrhundert – Beginn des europäischen Sklavenhandels.
19. Jahrhundert – zunehmender Handel britischer und niederländischer Kaufleute mit den Stämmen an der Kamerun-Mündung (Duala). Die Duala konzentrieren sich auf den Zwischenhandel und gewinnen ein Handelsmonopol gegenüber den Stämmen im Innern.

1839/41 verpflichten sich die Duala-Häuptlinge gegenüber Großbritannien zur Einstellung des Sklavenhandels.
1862 Errichtung eines Schiedsgerichts aus Briten und Afrikanern.
1864 Erste Niederlassung des Hamburger Kaufmanns und Reeders Woermann.
1878 Fa. Jantzen & Thormählen (Hamburg) läßt sich in Kamerun nieder.
1883 Initiativen der Hamburger Handelskammer zugunsten einer Präsenz des Deutschen Reichs in Kamerun.
1884 Proklamation einer deutschen Schutzherrschaft über die Duala-Siedlungen am Wurifluß; Militäreinsatz (Schiffsartillerie und Landungstruppen) zur Durchsetzung deutscher Ansprüche gegen den Stamm der Joss.
1890 Beginn des Aufbaus einer deutschen Verwaltung und dauernder militärischer Präsenz.

Die deutsche Kolonie Kamerun und das Verhältnis der kolonialen Grenzen zu den älteren ethnischen und kulturellen Grenzen

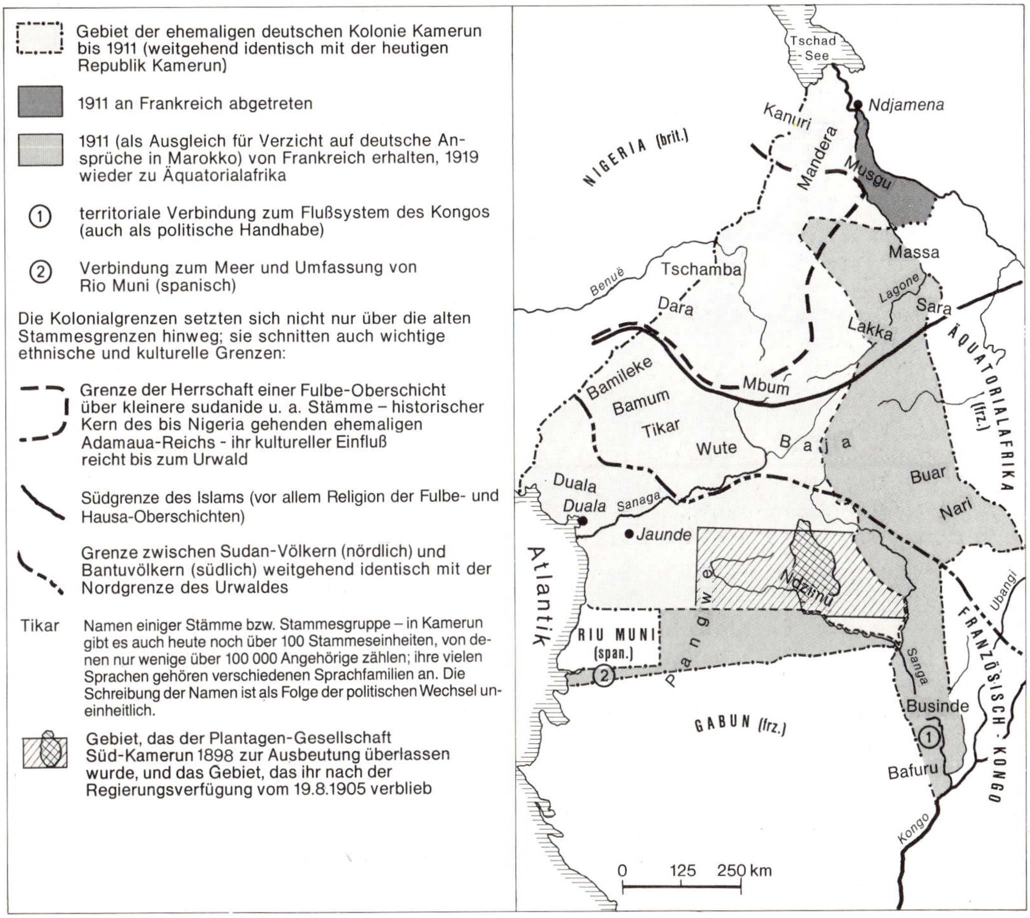

1893 Beginn der Eroberung des Emirats Adamaua (heute Nordost-Kamerun; Savannenlandschaft); Widerstand bis 1900.

1899 Gründung von Plantagengesellschaften zur Ausnutzung der landwirtschaftlichen Möglichkeiten Kameruns (Kakao und Kautschuk).

1906/11 Deutschland regelt mit Frankreich und Großbritannien die Kolonialgrenzen in Zentralafrika; Vergrößerung der Kolonie Kamerun.

1907 Beginn des Eisenbahnbaus.

1919 Aufteilung Kameruns zwischen Frankreich und Großbritannien.

1960 Gründung der Republik Kamerun.

1961 Zusammenschluß der ehemaligen französischen und britischen Teile Kameruns.

M 7.2 Die Sozialstruktur der Duala zu Beginn der Kolonialisierung

Die soziale und politische Organisation der Duala beruht auf Verwandtschaftsgruppen, die nach der Herkunft aus der väterlichen Linie bestimmt sind und in Dörfern zusammenwohnen. Die Duala kennen zwar die feste Institution der Häuptlinge, die über den Verwandtschaftsgruppen stehen, doch ist deren Macht beschränkt. Die tatsächliche Macht ist unter gleichberechtigten Verwandtschaftsgruppen verteilt. Im Mittelpunkt jeder dieser Gruppen steht eine polygame[1] Großfamilie mit einem männlichen Oberhaupt. (Der Begriff „Haus“ für diese Großfamilie ist in der Duala-Sprache gleichbedeutend mit „Herkunft“ und „Heimat“.) Zu der Großfamilie gehören neben dem Oberhaupt mit seinen Frauen und Kindern auch zahlreiche weitere Verwandte, z. B. Witwen des Vaters des Oberhaupts, unverheiratete Geschwister, aufgenommene Fremde und Sklaven. Die Großfamilie besteht wiederum aus einzelnen Haushalten, an deren Spitze Frauen stehen. Wirtschaftlich bildet eine Großfamilie eine sich selbst versorgende Einheit, die die meisten Waren, die sie benötigt, selbst erzeugt und nach Rang und Bedürfnis unter ihren Mitgliedern verteilt. (Sie versorgt auf diese Weise auch kranke und nicht mehr arbeitsfähige Mitglieder.)

Reichtum und gesellschaftliches Ansehen einer Großfamilie hängen von der Zahl der Angehörigen ab. Das Oberhaupt kann diese Zahl durch weitere Heiraten vermehren und damit zugleich politische Bündnisse und Einflußmöglichkeiten gewinnen. Ein weiteres Mittel, das Ansehen des „Hauses“ zu vermehren, ist der Erwerb von Sklaven durch Kauf, Schenkung und Raub. Die Sklaven behalten dabei eine gewisse Selbständigkeit und können z. B. als Kaufleute eigenes Vermögen und Ansehen innerhalb der Großfamilie erlangen. Ihre eigenen männlichen Nachkommen sind nicht mehr Sklaven, sondern Halbfreie, die sogar ganz frei werden können.

Neu formuliert nach Albert Wirz: Vom Sklavenhandel zum kolonialen Handel. (Atlantis) Zürich/Freiburg 1972. S. 38 f.

[1] Ehe eines Mannes mit mehreren Frauen

M 7.3 1884 — Bericht der Fa. Jantzen & Thormählen[1] an das Reichskolonialamt über Gebräuche bei den Dualastämmen

Was auf den ersten Blick wie eine völkerkundliche Information aussieht, enthält politisch bedeutsame Einzelheiten über die Beziehungen innerhalb der Völkergemeinschaft an den Mündungen des Wuri und des Sanaga. Unter den Duala-Stämmen galten einige (Bell, Preeso, Dido, Joss) als vornehmer, andere als unterlegen (Akwa). Die Überlegenen veranstalteten von Zeit zu Zeit den „egbo“, wilde Umzüge unter Führung eines als Dämon verkleideten Tänzers, vor dem sich alle als geringer angesehenen Personen und Sklaven verbergen mußten, wenn sie nicht – dem Bericht nach – umgebracht werden wollten.

Der Zweck dieses ganzen Egbo, der mit einem heiligen Nimbus[2] umgeben ist, und der außer bei Kriegen und ähnlichen Ereignissen nur bei Vollmond stattfindet, ist der, auf Frauen und Sklaven, die ja in großer Mehrzahl vorhanden sind, einen Druck zu üben, der sie abschrecken soll, sich über ihre Herren zu erheben. [...] Ein ganz ähnliches Verhältnis zwischen Sklaven und Nichtsklaven bestand unter den Aqualeuten, und da diese, ihrer geringen Herkunft wegen, sich im Egbo nicht sehen lassen durften, so führten sie eine ähnliche Einrichtung in ihrer Stadt Aquatown ein, welche sie Mungo nannten, und zwar für längere Zeit ebenfalls mit gutem Erfolg. Nur konnte es nicht ausbleiben, daß, da sich mit der Zeit auch die Sklaven direkt am Öl- und Elfenbeinhandel beteiligten, die ursprüngliche Heiligkeit des Egbo und Mungo stark erschüttert wurde und die Sklaven durch den Verkehr mit den Europäern immer mehr nach Unabhängigkeit und Freiheit strebten.

Auf der anderen Seite trachteten die Bewohner des Hinterlandes danach, direkt mit den Europäern in Handelsverbindungen zu treten, und so gerieten die Dualla zwischen zwei Feuer. Die Autorität der Häuptlinge begann zu wanken, und dies führte zu der von den Kamerun-Häuptlingen im eigenen Interesse nachgesuchten und auch stattgefundenen Abtretung ihrer Hoheitsrechte an das Deutsche Reich.

Zitiert nach Helmuth Stoecker (Hrsg.): Kamerun unter deutscher Herrschaft. Bd. 1. (Rütten & Loening) Berlin 1960. S. 89.

[1] Jantzen & Thormählen war eine der beiden deutschen Handelsfirmen, die den Kamerunhandel beherrschten. Die andere war die Firma C. Woermann (→ M 7.5).

[2] Glanz, Ansehen, Heiligenschein

M 7.4 1886 – Formen des Handels vor und zu Beginn der deutschen Kolonialherrschaft

Aus einem Bericht des ersten deutschen Gouverneurs an Reichskanzler von Bismarck:

Im Grunde genommen handelt es sich *(beim Handel der Europäer mit den Duala)* um eine Art Sklaverei, die schlimmer ist als die von alters her im Lande bestehende. [...] Das ganze Geschäft ist von Anfang an darauf angelegt, daß der Gläubiger *(d. h. die europäische Handelsfirma)* selbst im schlimmsten Falle immer noch dabei etwas gewinnen muß; dieser schlimmste

Fall – nämlich die schließliche Zahlungsunfähigkeit des *(afrikanischen)* Schuldners – wird sogar mit Sicherheit vorausberechnet, und die Seele des Geschäfts besteht lediglich darin, dessen Eintritt so lang als möglich hinauszuziehen und diese Zeit zu benutzen, um alle Verlegenheiten und Schwächen im vollsten Umfange zum eigenen Vorteile auszubeuten.[1] Deshalb wird auch nicht auf völlige Rückzahlung – die ja einer Befreiung gleichkäme – gedrungen, im Gegenteil dieselbe, wenn tunlich, hintertrieben und die drohende Miene des auf seinen Schein zählenden Gläubigers und Herrn immer nur dann herausgekehrt, wenn das Opfer den Versuch macht, an seinen Ketten zu rütteln.

Zit. nach: Helmuth Stoecker (M 7.3). S. 35 f.

---

[1] Die Duala-Händler hatten 1885 allein bei der Firma Jantzen & Thormählen über 500 000 Goldmark Schulden – nach heutigem Wert ca. 10 Mill. DM.

M 7.5 1884 – Vertrag zwischen den Duala-Häuptlingen und den Vertretern der Firmen Woermann und Jantzen & Thormählen vom 12. Juli 1884

Die Duala-Häuptlinge traten ihre Rechte an zwei Handelsfirmen ab! Diese gaben sie dann an das Deutsche Reich weiter. Als dessen Vertreter erklärte Gustav Nachtigal, ein berühmter Afrikaforscher, die Unterstellung des Gebietes unter die Oberhoheit des Deutschen Kaisers.

Wir, die unterzeichneten Könige und Häuptlinge des „Cameroons“ genannten Landes am Cameroon-Fluß zwischen dem Fluß Bimbia im Norden und dem Fluß Qua-Qua im Süden und bis 4°10′ nördl. Breite haben in einer Zusammenkunft, die heute in der deutschen Faktorei[1] an König Aquas Ufer stattfand, freiwillig Folgendes beschlossen:
Wir übertragen mit dem heutigen Tage unsere Souveränitätsrechte[2], die Gesetzgebung und Verwaltung dieses unseres Landes vollständig an Herrn Eduard Schmidt, der für die Fa. C. Woermann handelt, und an Herrn Johannes Voss, der für die Herren Jantzen & Thormählen handelt, beide in Hamburg und seit Jahren im Handel auf diesem Fluß tätig.[3]
Wir haben unsere Souveränitätsrechte, die Gesetzgebung und Verwaltung dieses unseres Landes den oben erwähnten Firmen unter den folgenden Vorbehalten übertragen:

1. unter Vorbehalt der Rechte Dritter[4],
2. unter Vorbehalt, daß alle Freundschafts- und Handelsverträge, die früher mit anderen ausländischen Regierungen geschlossen wurden, volle Gültigkeit behalten,
3. daß das Land, das im gegenwärtigen Augenblick von uns kultiviert ist, und die Stellen, auf denen unsere Städte stehen, das Eigentum ihrer gegenwärtigen Eigentümer und ihrer Nachfolger bleiben werden,
4. daß die Coumie[5] jährlich bezahlt werden wird, wie sie bisher den Königen und Häuptlingen bezahlt worden ist,
5. daß während der ersten Zeit der Aufrichtung einer Verwaltung hier unsere Landesgebräuche respektiert werden.

Cameroons, den 12. Juli 1884

(Die Ansprüche der Duala, daß ihr Zwischenhandel mit den Stämmen im Binnenland nicht angetastet würde, die Vielehe und der Umfang des „Kulturlandes“ wurden von der deutschen Seite nicht zweifelsfrei anerkannt; das wurde in den Konflikten der folgenden Jahre zum schweren Handicap für die Duala. → M 7.8 u. 7.10.)

Stenographische Berichte über die Verhandlungen des Reichstags. Berlin 1906. Band 222, S. 3418 f.

---

[1] Handelsstation, Niederlassung
[2] staatliche Hoheitsrechte, praktisch die staatliche Souveränität
[3] Die beiden Firmen gaben diese Rechte dann an das Deutsche Reich weiter.
[4] Vertraglich gesicherte Rechte dritter Personen oder Staaten bleiben erhalten.
[5] Handelssteuer der Duala-Kaufleute an ihre Herrscher

M 7.6 1908 — Militär und Kultur — Bericht eines deutschen Kolonialoffiziers über die Unterwerfung Nord-Kameruns

Inzwischen war auch der nordwestliche Teil der Kolonie im Jahre 1902 durch eine größere Expedition aufgesucht worden. Nach Züchtigung der Bandangs und Bafuts für die Niedermetzelung der Expedition Zintgraff wurde neben der schon bestehenden Station Fontemdorf und Ossidinge die Station Bamenda angelegt und im weiteren Zuge Banjo gegründet. [...]
So stehen wir denn heute vor der Tatsache, die Kolonie Kamerun militärisch besetzt und die

Populäre Bilder der Europäer vom Afrikaner

Vorbedingungen zur Eröffnung des Handels an allen Plätzen gelöst zu sehen. Allerdings kann man von einer Lösung der Aufgabe nur insofern sprechen, als es sich um ein Niederrennen der einheimischen Machtmittel im ersten Anlauf handelt. Haben sich die Eingeborenen erst einmal von der nicht vorhandenen Unfehlbarkeit des Europäers überzeugt, seine Schwächen erkannt und sich mit seinen Gewohnheiten vertraut gemacht, haben sie sich erst einmal dessen Kriegsmittel wie Feuerwaffen etc. zu eigen gemacht und haben sie erst einmal, durch ihren Schutzherrn selbst dazu veranlaßt, jeden Hader und Streit unter sich begraben und sich geeinigt und vereinigt, dann ist ziemlich sicher mit einer allgemeinen Erhebung der schwarzen gegen die weiße Bevölkerung des Schutzgebietes zu rechnen.

Hierfür gerüstet zu sein, dazu bedarf es vor allem der Anlage von Eisenbahnen und telegraphischen Verbindungen, um an den Orten möglichst bald vereint auftreten zu können, wo sich die ersten Aufstandsgelüste zeigen sollten. Heutzutage genügen die vorhandenen Machtmittel im Schutzgebiet Kamerun nur, um unter Ausnutzung der Uneinigkeiten der Eingeborenen untereinander einen Teil von ihnen im Zaume zu halten.

So kann und muß man die militärischen Machtmittel der Kolonie Kamerun, insbesondere die Offiziere und Soldaten, als den Hauptträger deutscher Kultur betrachten.

Stieber, in: Jahrbuch über die deutschen Kolonien. (Baedeker) Essen 1908. S. 38 f.

M 7.7 1907 – Der Kolonialpolitiker Bernhard Dernburg vor Berliner Kaufleuten über die Nützlichkeit der Afrikaner für die Deutschen

Dernburg war zunächst Bankdirektor, leitete ab 1906 die Kolonialabteilung des Auswärtigen Amtes und wurde im Mai 1907 der erste Staatssekretär des neuen Reichskolonialamtes.

Wichtig ist nunmehr auch, die Bevölkerung ins Auge zu fassen, und man kann dabei sagen, daß Deutschland hierbei nicht schlecht gefahren ist. Die westafrikanischen Kolonien, Togo und Kamerun, wenn sie auch zurzeit noch eine moralisch sehr minderwertige Bevölkerung tragen, haben doch dasjenige Menschenmaterial, welches in den Vereinigten Staaten zurzeit die

Baumwollproduktion allein besorgt. Und wenn auch die klimatischen Verhältnisse sehr verschieden sind und demnach die Arbeitsleistung der Eingeborenen in den tropischen und überaus feuchten westafrikanischen Kolonien nie sehr hoch wird gespannt werden können, so findet dies doch einen Ausgleich in den außerordentlich fruchtbaren Gebieten, die eben eine so intensive Arbeit nicht erfordern.

Bernhard Dernburg: Zielpunkte des Deutschen Kolonialwesens. (Mittler) Berlin 1907, S. 13

M 7.8 Fünf Dörfer für 88,55 Goldmark – Aus einem Kaufvertrag zwischen der Plantagengesellschaft Süd-Kamerun und Dorfhäuptlingen

Für – nach heutigem Wert – knapp 2000 DM erwarb die Gesellschaft ein Gebiet, von dem sie den Bewohnern nur das „für ihre Bedürfnisse nötige Terrain" zur Nutzung überließ – eine bewußt vage gehaltene Regelung (→ M 7.5).

Die Häuptlinge Mosono, Mambana und die obengenannten Dorfältesten aus dem Limbumstamme erklären hiermit, der Gesellschaft Süd-Kamerun alles bebaute oder unbebaute Land, welches ihnen gehört oder auf welches sie Ansprüche erheben, als Eigentum abzutreten und zu übertragen.

Gegen die Abtretung wurden von der Gesellschaft Süd-Kamerun nachstehend verzeichnete Gegenleistungen gewährt:

a) Als einmalige Entschädigung:

2 Gewehre	à 20,00 M.	40,00 M.
5 Haumesser	1,10 M.	5,50 M.
5 St. Stoff (Coton rugé)	4,00 M.	20,00 M.
1 Paket Pulver	6,00 M.	6,00 M.
5 Hüte	1,48 M.	7,40 M.
5 Feze	0,61 M.	3,05 M.
5 Spiegel	0,46 M.	2,30 M.
5 Blechteller	0,46 M.	2,30 M.
5 Riemen	0,40 M.	2,00 M.
		88,55 M.

Die nebenstehenden Abbildungen sind Schnitzarbeiten von Afrikanern, die Europäer darstellen. Diese Arbeiten entstanden nicht als Kunstwerke im europäischen Sinn, sondern waren magische oder Gebrauchsgegenstände, teilweise sogar Kinderspielzeug. Sie entstammen verschiedenen Gegenden Afrikas.

Bilder der Afrikaner von den Europäern

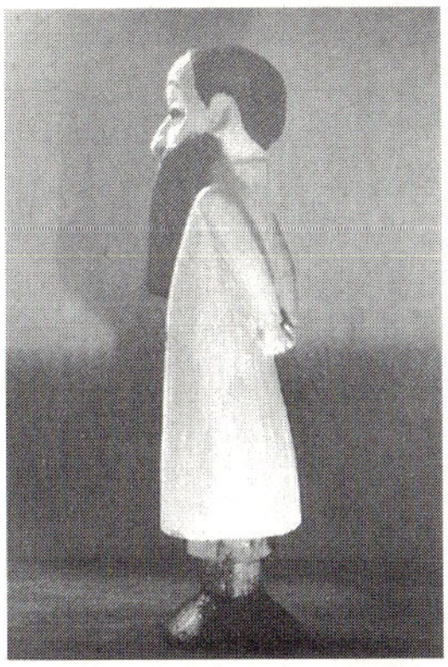

Links: **Missionsgeistlicher** (Belgisch-Kongo – heute Zaire). Rechts: **Deutscher Kolonialoffizier in Ostafrika** (heute Tansania)

Europäer, in der Hängematte getragen, (unteres Kongogebiet)

Kaiser Wilhelm II. (Deutsch-Ostafrika, heute Tansania). Der Schnitzer hat den Kaiser nie persönlich gesehen, aber doch dessen auf offiziellen Bildern sorgfältig kaschierten mißgebildeten Arm bemerkt!

b) Die Gesellschaft Süd-Kamerun übernimmt Mosono, Mambana und den genannten Dorfältesten gegenüber die formelle Verpflichtung, ihnen sowie ihren Nachkommen und Nachfolgern und allen Mitgliedern der Dörfer alles von ihnen ausgesuchte und für ihre Bedürfnisse nötige Terrain in alle Zukunft ungehindert zur Benutzung und Bebauung zu überlassen. [. . .]

Zit nach: Helmut Stoecker (M 7.3). S. 186 f.

M 7.9 „Anwerbung" von Arbeitskräften – Aus dem Bericht einer Handelsfirma an das Reichskolonialamt

Die Beschaffung von afrikanischen Arbeitskräften war ein zentrales Problem der Kolonialverwaltung. Vor allem zugunsten der Plantagengesellschaften ließ sie immer brutalere Mittel zu. Dies führte zur Verarmung und Zerstörung vieler Dörfer, was wiederum die deutschen Handelsfirmen als Beeinträchtigung ihrer Geschäfte verstanden.

Das Bezirksamt erhält vom Gouvernement den Befehl, eine bestimmte Zahl von Arbeitern zu einer bestimmten Stelle zu schaffen. Es gibt diesen Befehl, sofern ein Arbeiterkommissar in dem Bezirk ansässig ist, an diesen weiter, oder es schickt eine Anzahl von Soldaten in die betreffenden Dörfer. Es ist nur zu natürlich, sobald sich nur ein Soldat blicken läßt, daß jeder Mann, der laufen kann, flüchtet. Der Soldat gibt sein Verlangen dem Häuptling kund, soundsoviele Leute zu stellen. Der Häuptling erklärt, die Leute seien weggelaufen. Dann werden die alten Männer als Geiseln mitgenommen, oder die Soldaten veranstalten eine Razzia, durchstreifen die nähere Umgebung, greifen jeden Menschen, dessen sie habhaft werden können, auf, und um sich seiner Person zu sichern, legen sie ihm einen Strick um den Hals. Ist so die nötige Anzahl zusammen, marschieren die Soldaten mit ihren Opfern zur Station ab. Ob sie auf der Station der Form wegen noch einmal gefragt werden, ob sie freiwillig zur Arbeit gehen wollen, entzieht sich meiner Beurteilung. Aber fest steht, daß in den meisten Fällen den Leuten keine Mitteilung gemacht wird, wohin sie geschickt werden sollen und wieviel Lohn sie verdienen.[1]

Zit. nach: Helmuth Stoecker (M 7.3). S. 261

[1] Auswärtige Arbeitskräfte wurden mit Fünfjahresverträgen angeworben. Sie erhielten freie Verpflegung und Unterbringung und ca. 50 Mark pro Jahr. Nach amtlichen deutschen Unterlagen starben pro Jahr ca. 10% der Plantagenarbeiter.

Der „Wilde" als Schaustück in europäisierter Umgebung... **und seine „Zivilisierung"**: Koch, Küchenjunge und Soldat (Askari), Kamerun

M 7.10 1905 – Bittschrift der Akwa- (Duala)-Häuptlinge an den Deutschen Reichstag

Die Bittschrift wurde vom Reichstag angenommen und lag den Abgeordneten im Februar 1906 gedruckt vor. Sie löste scharfe Angriffe auf die Kolonialpolitik der Regierung von seiten liberaler und sozialdemokratischer Abgeordneter aus. Die Bittschrift wurde auch der Presse zugespielt und von dieser stark beachtet.

An den allerdurchlauchtigsten allergnädigsten[1] deutschen Reichstag Berlin.

Bonaku, Duala-Kamerun, den 19. Juni 1905.

Dem „Deutschen Reichstag" senden wir, die unterzeichneten Häuptlinge von „Bonambla-Duala Kamerun", dem heutigen Berichte beiliegend, unsere Beschwerden in nummerierten Bogen, um unsere hohen Herren des „deutschen Reichstag" in Kenntnis über sämmtlichen Unfug, der durch das Kaiserliche Gouvernement von „Kamerun" unter Leitung des Herrn Gouverneur v. *Puttkamer* hier bei uns verübt wird, besonders, was er bisher an unseren „King" und Häuptlingen und dem ganzen Volke gethan hat.
Da solche Behandlungen, wie die beiliegenden Blätter schildern, *Unruhe* im *Lande* erregen, und dem Volke leicht Reiz zu Ungeziemtheiten geben, und wir Häuptlinge sowie das ganze Volk dem „deutschen Reiche" *nicht abhängig* oder in irgend einen bösen Zustand kommen möchten, wie andere ungebildeten Völker es gleich *gemacht hätten,* haben wir für geratener ersehen, unserem „allerdurchlauchtigsten allergnädigsten deutschen Reichstag" die Mitteilung zu machen, damit dortseits *befohlen sein* möchte, daß zur Vermeidung etwaiger Unregelmäßigkeiten, die Quälereien des hiesigen „deutschen Gouvernements" an uns und unserem „King" ein Ende nehmen möchten. [...]
Uns befriedigen Vorschlag über unsere Klagen, dürfen wir alleruntertänigst hier, wie folgt, unserem „allerdurchlauchtigsten allergnädigsten deutschen Reichstag" eröffnen, nämlich:
Den Herrn Gouverneur *v. Puttkamer*, dessen *Richtern, Bezirksamtmännern,* kurz seine *ganze Regierungsbesatzung* wollen wir nicht mehr hier haben. [...]
Als Ersatz-Gouvernement bitten wir alleruntertänigst, uns *Consulat*[2] anstatt Assessorismus[3] senden zu wollen, *Assessorismus* wollen wir nie wieder haben, diese verderben die Regierung, und machen die *redliche „deutsche Macht"* zu einer *wucherischen* und *gäunerischen Macht!* – Also fort mit dem Assessorismus zum Ersatze: *Consulat!*

(Duala – als Haupthafen der Kolonie – sollte zu einer europäisch wirkenden Stadt mit Wasserversorgung, Abwässerkanälen und breiten Straßen ausgebaut werden. Dazu wurden zahlreiche Häuser der Afrikaner abgerissen – teilweise ohne Entschädigung. Ein erheblicher Teil der Arbeit mußte ohne Bezahlung geleistet werden.)

Anfang Juli 1903 wurden wir Duala-Häuptlinge vor den Herrn Regierungs-Rath *von Brauchitsch* geladen, es wurde uns bei der Sitzung eröffnet, daß wir „Duala" von nun an Kopfsteuer zahlen müssen, beginnend mit dem letzten Quartal laufenden Jahres, zahlungspflichtig ist jede erwachsene Person beides Geschlechts [...]. In einer Versammlung des ganzen *Duala Volks* erwähnten zwei angesehene Leute aus dem Volk, Namens:

1. Edimo Elang-Bonaku,
2. Bebe Ndumbe a Singi-Bonanjo, daß das Volk nicht im Stande sei, Steuer zu zahlen, genehmigen wir die Einführung der Versteuerung an den Gouverneur, so wird später bei unserem vermögenslosen Volk blutige und gar mörderische Zänkereien im Lande entstehen, wenn einer seine Steuer nicht bezahlen kann, und soll zur Verbüßung seines Steuerbetrages von seinem Häuptlinge verhaftet werden. – Der Herr Regierungs-Rath *v. Brauchitsch* erfuhr diese Äußerungen der beiden Obengenannten, ließ dieselben am 22. Juli laufenden Jahres zur Untersuchungshaft wegen ihrer Ausäußerungen während der öffentlichen Versammlung verhaften, und verurtheilte beide je mit *5 Jahren* Freiheitsstrafe am 23. desselben Monats, und transportierte sie zur Zwangsarbeit nach „Campo" hiernach nach dem Bezirksamt „Kribi". [...]
Im Jahr 1904 fuhr ein englischer Kaufmann von Duala nach seiner Geschäftsniederlassung „Jabassi" oberhalb des Kamerunflusses, und engagierte ungefähr *12 Dualaleute* als Canoeruderer, während der Fahrt schallte er die durch Hunger und im Rudern ohne Pause verschmachteten Ruderer, doch schneller zu rudern, während diese stärker ruderten, erhob er (sich) in seiner sinnlosen Wuth, seinen bei sich führenden *Karabiner,* drehte sich um und schoß den Steuermann des Canoes sofort tot; die Leiche fiel in den Fluß, die Mitgefährten fanden dieselbe, und

zeigten sie dem Herrn Stationschef Dr. Rigler in Jabassi, zu seinem Augenzeugnis.

Die Verwandten des Erschossenen brachten die Begebenheit zur Anzeige vor das Kaiserliche Bezirksgericht in Duala.

Entscheidender Richter dieses Prozesses war „Herr Assessor Kirchhof." Der englische Mörder gestand seine That zu und zur Verzweiflung der Hinterbliebenen des Erschossenen wurde der Mörder *nur mit 4 Monaten* Freiheitsstrafe bestraft.

Häuptling *Duala Ngongi von Bonadibong,* als Familien-Oberhaupt des Ermordeten, begab sich zu Herrn Regierungs-Rath v. Brauchitsch, und beschwerte sich über das gefällte Urtheil, zur Antwort erhielt er nur, ein Europäer könne nicht zum Tode verurtheilt werden, wenn er einen *schwarzen Duala* in irgend welcher Weise um das Leben gebracht hat.

(Es folgt eine längere Reihe von Beschuldigungen weißer Personen wegen 23 verschiedener Straftaten.)

Von dem ersten hier regierten Kaiserlichen Gouverneur bis auf den heutigen regierenden Gouverneur, werden wir trotz unsere mehrmaligen Bitten, die schreckliche Gewohnheit zu lassen, stets für ein jedes geringes Vergehen in Civil- oder Strafprozeße mittelst einer *Seekuhpeitsche* oder eines dicken in *Kohlentheer* eingetauchten und im scharfen Sande umgewüllten und steifgetrockenten Tau ohne Rücksicht der *Person* mit 25 Hieben gepeitscht, öfters bei etwas schwereren Fällen, wird man mit 75 Hieben bestraft [...].

(Die Bittschrift war von King Akwa und 27 Häuptlingen unterzeichnet [alle mit xxx]. Sobald die Kolonialverwaltung davon erfuhr, stellte sie die Unterzeichner vor Gericht [Dezember 1905] und verurteilte sie zu schweren Freiheitsstrafen – wegen Beleidigung zu je einmal 9, 7, 3, $2\frac{1}{2}$ und $1\frac{1}{2}$ Jahren, die übrigen zu drei Monaten –, alle Strafen in Verbindung mit Zwangsarbeit. Der Gouverneur rechtfertigte die Urteile des Richters damit, daß dieser in der Bittschrift eine Auflehnung gegen die deutsche Regierung gesehen habe, setzte aber das Strafmaß deutlich herab.)

Stenographische Berichte über die Verhandlungen des Reichstags. Berlin 1906. Bd. 222, S. 3393 ff.

[1] Anredeformel für einen Monarchen – dies und die sprachlichen und orthographischen Besonderheiten zeigen, daß den Duala nicht (wie bei späterer Gelegenheit) ein deutscher Jurist als Berater verfügbar war.

[2] Vorstellungen der Duala sind hier unklar – konsularische Beziehungen gibt es gewöhnlich nur zwischen souveränen Staaten, und die Duala strebten nicht die Unabhängigkeit Kameruns an.

[3] in Deutschland seinerzeit verwendeter Begriff, um das Verhalten arroganter und autoritärer Karrierebeamter zu kennzeichnen.

M 7.11 1906 – Aufforderung des Reichstags an die Regierung, den Rechtsschutz der Kolonialbevölkerung zu verbessern

Der Haushaltsausschuß (!) des Reichstages forderte im März 1906 die Regierung auf:

I. [...] Maßregeln dafür zu treffen, daß den Eingeborenen der Schutzgebiete zunächst auf dem Gebiete des Strafrechts, des Strafprozesses und der Disziplinargewalt im Sinne der §§ 2 und 3 des Schutzgebietgesetzes erhöhte Rechtsgarantien gewährt werden;

II. [...] schon jetzt Anordnung dahin zu treffen, daß gegenüber in Untersuchungshaft befindlichen Angeschuldigten die Anwendung von körperlicher Züchtigung, Zwangsarbeit und Kettenhaft regelmäßig ausgeschlossen ist;

III. [...] durch einen völlig unabhängigen, nach Möglichkeit mit Richterqualität bekleideten Beamten eine eingehende Untersuchung über die Beschwerdepunkte der Akwa-Leute durchführen zu lassen und über das Ergebnis der Untersuchung und über die nach Ziffer I demnächst zu schaffenden Schutzmaßnahmen der Eingeborenen dem Reichstag Mitteilung zu machen.

(Gouverneur v. Puttkamer wurde 1906 abberufen; die spätere Verwaltung verhielt sich vorsichtiger und arbeitete besser. Das Gesundheitswesen und das Schulsystem, das überwiegend von den Kirchen unterhalten wurde, entwickelten sich positiv.)

Stenographische Berichte (M 7.10). Bd. 222, S. 3399 ff.

M 7.12 Die Entwicklung Kameruns 1890—1913

	1890	1900	1912/13
afrikan. Bevölkerung			2,6 Mill.[1]
weiße Bevölkerung	137	528	1871
davon: Beamte und Militär	20	86	460
Missionare	18	71	144
Kaufleute	71	182	614
Landwirte	11	92	182
sonstige Berufe	12	39	160
Frauen und Kinder	5	58	311
Plantagengesellschaften		13	58
afrikanische Plantagenarbeiter		3766	17800
deutsches Kapital in Mill. Mark			96
davon: Handel			38
Landwirtschaft			18
Verkehr			40
Export in Mill. Mark	4		29
Import in Mill. Mark	4,5		35

Zusammenstellung nach Albert Wirz: Vom Sklavenhandel zum kolonialen Handel. (Atlantis) Zürich/Freiburg 1972. S. 24 ff.

[1] Der Wert weicht von dem des Ploetz (s. S. 141) ab – wahrscheinlich wegen des Gebietstausches von 1911.

Die einseitige Wirtschaftsstruktur des Kolonialismus ist bis heute erhalten geblieben: 1982 erzielte Kamerun gut 50% seiner Exporterlöse mit Erdöl, den Rest mit Kakao (eine von den Deutschen begonnene Produktion), Kaffee, Holz und Baumwolle. Nur 5% des Exports waren Fertigprodukte.

M 7.13 1899 – Staatssekretär von Bülow begründet im Reichstag die Vorlage zur Vergrößerung der deutschen Kriegsflotte

Der englische Premierminister hatte schon vor längerer Zeit gesagt, daß die starken Staaten immer stärker und die schwachen immer schwächer würden. Alles, was seitdem geschehen ist, beweist die Richtigkeit dieses Wortes. Stehen wir wieder vor einer neuen Theilung der Erde [. . .]? Ich glaube das nicht, ich möchte es namentlich noch nicht glauben. Aber jedenfalls können wir nicht dulden, daß irgend eine fremde Macht, irgend ein fremder Jupiter zu uns sagt: Was tun? die Welt ist weggegeben. Wir wollen keiner fremden Macht zu nahe treten, wir wollen uns aber auch von keiner fremden Macht auf die Füße treten lassen. (Bravo!)[1]

[. . .] Es ist Zeit, es ist hohe Zeit, daß wir gegenüber der seit zwei Jahren wesentlich veränderten Weltlage, im Hinblick auf die inzwischen erheblich modifizierten Zukunftsaussichten uns klar werden über die Haltung, die wir einzunehmen haben gegenüber den Vorgängen, die sich um uns herum abspielen und vorbereiten, und welche die Keime in sich tragen für die künftige Gestaltung der Machtverhältnisse für vielleicht unabsehbare Zeit. Untätig beiseite stehen, wie wir das früher oft getan haben, entweder aus angeborener Bescheidenheit (Heiterkeit) oder weil wir ganz absorbiert waren durch unsere inneren Zwistigkeiten, oder aus Doktrinarismus – träumend beiseite stehen, während andere Leute sich in den Kuchen teilen, das können wir nicht und wollen wir nicht (Beifall). Wir können das nicht aus dem einfachen Grunde, weil wir jetzt Interessen haben in allen Weltteilen. [. . .] Die rapide Zunahme unserer Bevölkerung, der beispiellose Aufschwung unserer Industrie, die Tüchtigkeit unserer Kaufleute, kurz die gewaltige Vitalität des deutschen Volkes haben uns in die Weltwirtschaft verflochten und in die Weltpolitik hineingezogen. Wenn die Engländer von einer Greater Britain reden, wenn die Franzosen sprechen von einer Nouvelle France, wenn die Russen sich Asien erschließen, haben auch wir Anspruch auf ein größeres Deutschland (Bravo! rechts, Heiterkeit links), nicht im Sinne der Eroberung, wohl aber im Sinne der friedlichen Ausdehnung unseres Handels und seiner Stützpunkte. Ihre Heiterkeit, meine Herren von der Linken, macht mich nicht einen Augenblick irre. Wir können nicht dulden und wollen nicht dulden, daß man zur Tagesordnung übergeht über das deutsche Volk. (Lebhafter Beifall rechts. Zurufe links – Glocke des Präsidenten)

[Von Bülow zählt alle imperialistischen Mächte auf und betont bei jeder, wie gut man sich mit ihr bisher verständigt habe; zuletzt wendet er sich Großbritannien zu:]

Und was England angeht, so sind wir gern bereit, auf der Basis voller Gegenseitigkeit und gegenseitiger Rücksichtnahme in Frieden und Eintracht mit ihm zu leben. Aber gerade weil unsere auswärtige Lage jetzt eine günstige ist, müssen wir dieselbe benutzen, um uns für die Zukunft zu sichern.

Daß diese Zukunft eine friedlich sein möge, das wünsche ich, und das wünschen wir alle. Ob diese Zukunft eine friedliche sein wird, das kann Ihnen niemand sagen. Es ist die Eigenthümlichkeit unserer Zeit auf dem Gebiete der auswärtigen Politik, daß jeden Tag neue Reibungsflächen entstehen können. [...]

In Frankreich kann die Regierung der Volksvertretung kaum genug tun in Ausgaben für Flottenzwecke. Rußland hat das Tempo seiner Flottenverstärkung verdoppelt, Amerika und Japan machen in dieser Beziehung gewaltige Anstrengungen, und England, welches die mächtigste Flotte der Welt besitzt, ist unausgesetzt bemüht, dieselbe zu vergrößern. Ohne eine wesentliche Erhöhung des Sollbestandes unserer Flotte können wir neben Frankreich und England, neben Rußland und Amerika unsere Stellung in der Welt nicht behaupten, und wir haben eine Stellung in der Welt zu behaupten. [...] Wenn wir uns nicht eine Flotte schaffen, die ausreicht, unsern Handel, unsere Landsleute in der Fremde, unsere Missionen (Aha! links) und die Sicherheit unserer Küsten zu schützen, so gefährden wir die vitalsten Interessen des Landes.

Stenographische Berichte über die Verhandlungen des Reichstags. Berlin 1900. Bd. 168, S. 3293

[1] In Klammern die Zurufe aus dem Plenum.

M 7.14 1906 – Friedrich von Holstein, bis 1900 einflußreicher politischer Beamter, über die Folgen der deutschen Flottenrüstung

Ich glaube mich zu erinnern, daß wir[1] in der Flottenfrage einer und derselben Ansicht waren, nämlich

1. je stärker wir zur See rüsten, desto fester drücken wir England an Frankreich heran;
2. wir können, selbst wenn wir die Steuern verdreifachen, niemals eine Flotte herstellen, die der englisch-französischen, ja auch nur der englischen allein gewachsen ist;
3. in einem Kriege gegen Frankreich allein spielt, wie das Jahr [18]70 zeigt, die Flotte eine Nebenrolle;
4. es ist eine Bedrohung und Herausforderung Englands, daß der Flottenverein es seit Jahren bei jeder neuen Flottenforderung offen ausspricht, die Rüstungen seien gegen England gerichtet. [...]

Marschall[2] sagte mir im Sommer, nachdem wir einen ganzen Tag lang alle auswärtigen Fragen durchgesprochen hatten: „Ja, die Flotte, das ist die größte Gefahr." Die Gefahr wird dadurch vergrößert, daß beim Schiffbau (Panzerplatten etc.) ungezählte Millionen zu verdienen sind, viel mehr als bei Kolonien. Nicht jeder, der nach Schiffen schreit, ist ein uneigennütziger Patriot. Deutschland steht und fällt mit seinem Landheer, dafür muß jedes Opfer gebracht werden. Die Flotte vermehrt die Zahl unserer Feinde, wird aber niemals stark genug.

Es ist nicht Handelsrivalität allein, die England uns verfeindet. Die ist auch vorhanden nach Amerika und Japan hin. Was die Engländer aufschreckt, ist unser beschleunigter Flottenbau und mehr die antienglische Motivierung derselben. Es ist tatsächlich, nicht einmal, sondern wiederholt und keineswegs nur von nicht amtlichen Stellen aus, erklärt worden, daß unsere Flottenrüstungen ihre Spitze gegen England richten und daß die Herrschaft auf dem Meere uns zukommt. Mit Erklärungen dieser Art steht Deutschland allein da. Wir können uns nicht beklagen, wenn man auf englischer Seite uns schließlich ernst nimmt.

Zit. nach: Werner Frauendienst (Hrsg.): Friedrich von Holstein: Die Geheimen Papiere. (Vandenhoeck) Göttingen 1961. Bd. 4, S. 406.

[1] Holstein und der Adressat seines Briefes, der Diplomat Alexander von Brandt
[2] Marschall von Bieberstein, 1906 Botschafter in Konstantinopel

M 7.15 1907 – Bernhard Dernburg über Ziele und Methoden deutscher Kolonialpolitik

Nachdem der Reichstag wegen seines Widerstands gegen die Kolonialpolitik der Regierung im Dezember 1906 aufgelöst worden war, spielten im Wahlkampf koloniale Themen eine wichtige Rolle („Hottentottenwahlen" 1907). Dernburg hielt im Januar 1907 zwei stark beachtete Reden vor Wirtschaftsvertretern in Berlin; im Mai wurde er Staatssekretär des neugebildeten Reichskolonialamts (nach heutigen Begriffen Chef eines Ministeriums).

Kolonisieren, ganz gleichgültig, ob es sich um Plantagen-Kolonien oder Ansiedelungs-Kolonien handelt, heisst die Nutzbarmachung des Bodens, seiner Schätze, der Flora, der Fauna und vor allem der Menschen zugunsten der Wirtschaft der kolonisierenden Nation. Diese Nation ist dafür zu der Gegengabe ihrer höheren Kultur, ihrer sittlichen Begriffe, ihrer besseren Methode verpflichtet. [...]

Das Ziel der deutschen Großindustrie ist klar, möglichst alle Stadien von der Kontrolle über das Rohprodukt an bis zur feinsten Verfeinerung in eine Hand zu bringen, wie z. B. in der Eisenindustrie vom Besitz der Kohlen und Erzgruben bis zur Herstellung des armierten Kriegsschiffes alles in einer Einheit zu vereinigen und in anderen Industrien in ähnlicher Weise. Durch diese Geschlossenheit soll erzielt werden, was den Erfolg einer in sich vollkommenen Industrie bedeutet, nämlich unter Ausschaltung aller unnötigen Glieder und der Ausschaltung des Zwischenhandels in der intensivsten Weise, soweit möglich, selbständige und durch die Mannigfaltigkeit der Erzeugnisse möglichst unabhängige Gebilde zu schaffen. Diese Tendenz, die Sie bei der deutschen Großindustrie erkennen können, ist auch in der Weltwirtschaft in den letzten 20 Jahren mehr oder weniger zum Durchbruch gelangt.

Das Stadium der Entwicklung ist naturgemäß ein langes. Länder mit hoher geistiger und wirtschaftlicher Kultur fallen einem als Kolonien nicht zu. Dieses Entwicklungsstadium kostet erhebliche Mittel. Aber es liegt durchaus nicht an dem, was von jener Seite behauptet wird, die noch kürzlich verlangt hat, daß im Interesse der nationalen Arbeit die Kolonien aufgegeben werden müssen, daß die Heimat von diesem Entwicklungsstadium nichts habe. Im Gegenteil, die Vorteile, welche die großen Ausgaben des Reichs, sei es für die friedliche Entwicklung, sei es selbst für die kriegerische Okkupation der Kolonien, gebracht haben, sind nahezu ausschließlich der deutschen arbeitenden Bevölkerung zugefallen. Alle diese Ausgaben werden selbst, soweit sie Unternehmergewinn darstellen, in produktive Arbeit umgesetzt und sind zum weitaus größten Teile [...] als Arbeitslohn verausgabt worden, und es ist dabei kein Unterschied, ob dieses Geld ausgegeben ist für Transporte und Schiffsbauten, für Hafenanlagen und Eisenbahnen, für Uniformen, Kanonen oder Munition. Es ist für den deutschen Arbeiter ganz gleichgültig, ob es für werbende Zwecke ausgegeben ist oder für zerstörende. Wenn irgend jemand einen Vorteil davon gehabt hat und von der Weiterentwicklung haben wird, ehe die Produktionskosten an die Eingeborenen gezahlt werden, so ist es der deutsche Arbeiterstand.

Bernhard Dernburg: Zielpunkte des Deutschen Kolonialwesens. (Mittler) Berlin 1907, S. 6f. und 19f.

M 7.16 1914 – Selbstverständnis eines Rüstungsproduzenten

Diesen Aufgaben, Pflichten und Sorgen wird eine Waffenfabrik auf die Dauer nur dann in freudigem Schaffen gewachsen sein, wenn Vorstand und Beamte von dem ethischen Bewußtsein durchdrungen sind, durch ihre Mitarbeit am Rüstungswerk dem Interesse der nationalen Verteidigung wie der Kulturentfaltung zu dienen. Es kann nicht scharf genug ausgesprochen werden, daß in der Rüstungsfähigkeit eines Volkes ein Gradmesser für seine Kraft und Entwicklungsfähigkeit beruht, wie im Kriege selbst ein Schutzmittel gegen die Entartung der Rasse gegeben ist. Heraklit[1] hält mit Recht den Krieg für den erzeugenden Vater und beherrschenden König aller Dinge. Denn aus ihm erwächst eine Spannung der Kräfte, die auch bei dem Friedenswerk der Kultivierung nicht entbehrt werden kann. Dauernder Friede hat keine kulturfördernde Kraft; sie wohnt dem Frieden nur inne, wenn ihm ein für die Wahrung nationaler Interessen geführter Krieg vorangegangen ist. Die Entwicklungsgeschichte vieler Völker zeigt, daß ein überlanger Friede mancherlei Gefahren für das nationale Gedeihen, für die physische und moralische Gesundheit des Volkes in sich schliesst. Es ist die gesundeste Politik, ein Volk in seiner Widerstandsfähigkeit zu heben, denn der Besitz von Macht ist wichtiger als der von Reichtum. Dem wohlverstandenen Ringen um Macht folgt das hohe Gut der Rassengesundheit. Ein siegreicher Krieg führt zu einer Hochflut neuer Lebensbetätigung, wie die Entfaltung Deutschlands nach seinem letzten grossen Kriege es beweist.

Zit. nach: Rheinische Metallwaren- und Maschinenfabrik Düsseldorf-Derendorf 1889–1914 – Festschrift. Düsseldorf 1914. S. 2f.

---

[1] griechischer Philosoph (um 500 v. Chr.)

M 7.17 1912 – Wirtschaft und Rüstung – Aus dem Jahresbericht der Industrie- und Handelskammer Essen

Unter den allgemeineren Überlegungen, die durch den Verlauf und die Ereignisse des letztverflossenen Jahres nahegelegt werden, tritt groß und ernst auch in diesem Jahre wiederum in den Vordergrund die Mahnung an unser deutsches Volk, in seinen Anstrengungen, seine Rüstung zu vervollständigen, nicht zu erlahmen. Denn seine Achtung in der Welt, sein politisches und wirtschaftliches Wohlergehen steht im engsten Zusammenhang mit seiner Kriegsbereitschaft und seiner militärischen Stärke. [...] Denn so groß diese Lasten auch sein mögen, so sind sie im Vergleich mit dem, was im Falle eines Krieges politisch und wirtschaftlich, im ganzen wie für jeden einzelnen – und nicht zum wenigsten auch für den Arbeiter – auf dem Spiele steht, verschwindend gering. Oder kann vielleicht angenommen werden, daß es möglich sein würde, im Falle eines unglücklichen Krieges das stolze Gebäude unserer sozialen Gesetzgebung, welches aufgebaut ist auf der festen Zuversicht in die dauernde Leistungsfähigkeit unserer Gewerbetätigkeit, aufrechtzuerhalten? Wer das annehmen würde, dürfte sich schwer täuschen. Mit vielem andern würde auch dieser stolze soziale Bau zusammenbrechen, ungezählte Arbeiterfamilien würden ins Elend zurückgeworfen werden. Deshalb müssen jene Lasten, die mit Recht als Versicherungsprämien bezeichnet sind, getragen werden.

Jahresbericht der Industrie- und Handelskammer Essen für 1912. Essen 1913. S. 5f.

M 7.18 1914 – Sinn und Zweck der Flottenrüstung in einem Lesebuch für Volksschüler

267. *Von unsern Kriegsschiffen.* Gestern habe ich einen Jungen gesehen, der wie ein kleiner Matrose aussah. Er trug eine blaue Mütze mit flatternden Bändern, und darüber stand geschrieben: „Seiner Majestät Schiff Rheinland". Vielleicht will er später ein richtiger Matrose werden oder gar ein Kapitän; dann kommt er auf ein Kriegsschiff und fährt hinaus auf das wogende blaue Meer.

Unser Kaiser hat viele Kriegsschiffe, die wir zusammen Flotte nennen, und die Soldaten auf diesen Schiffen mit der blauen Jacke und der offenen Brust gehören zur Kaiserlichen Marine. Die Kriegsschiffe sind ganz verschieden eingerichtet, aber alle sind viel größer und gewaltiger als die Schiffe, die auf dem Rhein fahren. Sie sind mit großen und kleinen Kanonen ausgerüstet und haben wohl an tausend Mann Besatzung. Der Bruder unsers Kaisers, Prinz Heinrich, ist viele Jahre auf Kriegsschiffen gefahren, bis er zuletzt Großadmiral geworden ist; das gilt so viel wie Generalfeldmarschall bei den Soldaten auf dem Lande. Und ein Sohn unsers Kaisers, Prinz Adalbert, ist auch ein rechter Seemann geworden.

Unsere Kriegsschiffe beschützen die deutschen Untertanen in weiter fremder Welt. Im Jahre 1897 hatten die Chinesen katholische Missionare ermordet; da kamen alsbald mächtige Kriegsschiffe angefahren und bestraften die Übeltäter. Die Chinesen mußten einen Hafen abgeben, damit unsere Schiffe sichere Unterkunft haben und schnell bei der Hand sein können. Einige Jahre später haben die Chinesen sogar unsern deutschen Gesandten in ihrer Hauptstadt Peking ermordet. Da sind wiederum Kriegsschriffe gekommen, und die Besatzung des Schiffes „Iltis" besonders hat heldenmütig gekämpft. Die Chinesen mußten die Anführer bestrafen und viel Geld bezahlen. Ein Bruder des chinesischen Kaisers ist sogar nach Berlin gekommen, um Abbitte zu leisten. Das alles haben unsere Kriegsschiffe fertiggebracht.

Lesebuch für die katholischen Volksschulen der Rheinprovinz. Zweiter Teil: Mittelstufe, (Crüwell) Dortmund 1914. S. 284

Ansätze zur theoretischen Erörterung des Imperialismus

M 7.19 1902 – Die Theorie des britischen Sozialisten John A. Hobson über Natur und Konsequenzen des Imperialismus

Hobson stellte die Behauptung auf, daß die Kolonien, die die Großmächte seit den 1880er Jahren erworben hatten, wirtschaftlich ein Verlustgeschäft waren und bleiben würden.

Welches ist das direkte wirtschaftliche Ergebnis des Imperialismus? Eine große Verausgabung von öffentlichen Geldern für Schiffe, Kanonen, Militär- und Marinebedarf, die weiter zunimmt und enorme Gewinne abwirft, wenn es zum Krieg oder zum Alarmzustand kommt; zusätzliche öffentliche Anleihen und bedeutende Fluktuationen an den heimischen und ausländischen Börsen; mehr Posten für Soldaten und Seeleute sowie im diplomatischen und konsularen Dienst; Verbesserung der ausländischen Investitionen durch die Einführung der britischen Flagge anstelle einer ausländischen; Erwerbung von Märkten für gewisse Kategorien von Exportwaren sowie Schutz und Hilfe von einigem Ausmaß für den britischen Handel in diesen Fabrikaten; schließlich Beschäftigungsmöglichkeiten für Ingenieure, Missionare, Grubenspekulanten, Farmer und andere Auswanderer. [...]
Wenn die £ 60 000 000, welche jetzt als ein Ausgabeminimum für Rüstungskäufe in Friedenszeiten angesetzt werden dürfen, einer genauen Analyse unterworfen würden, könnte das meiste hiervon direkt bis in die Kasse gewisser Firmen hinein verfolgt werden [...].
Angesichts der Rolle, die nichtwirtschaftliche Faktoren, wie Patriotismus, Abenteuerlust, militärischer Unternehmungsgeist, politischer Ehrgeiz und Philanthropie[1], bei der imperialen Ausweitung spielen, mag es als eine einseitig ökonomische Geschichtsauffassung erscheinen, wenn man den Finanziers soviel Macht zuschreibt. Und es trifft zu, daß die Antriebskraft des Imperialismus nicht primär eine finanzielle ist. Die Finanzen dirigieren die imperiale Maschine, lenken ihre Energie und bestimmen ihr Arbeiten, sie bilden jedoch nicht den Brennstoff der Maschine, noch erzeugen sie direkt Kraft. Die Finanz manipuliert die patriotischen Kräfte, welche Politiker, Soldaten, Philanthropen und Händler hervorbringen. Die Begeisterung für eine Expansion ist zwar stark und echt, aber regellos und blind; erst das finanzielle Interesse besitzt jene Qualitäten der Konzentration und der klarblickenden Kalkulation, die erforderlich sind, um den Imperialismus in Gang zu bringen. Ein ehrgeiziger Staatsmann, ein Soldat des Grenzgebiets, ein übereifriger Missionar, ein drängelnder Händler mögen einen Schritt imperialer Ausdehnung anraten oder sogar anfangen, sie mögen mithelfen, die patriotische öffentliche Meinung von der dringenden Notwendigkeit eines abermaligen Vorstoßes zu überzeugen, doch die letzte Entscheidung bleibt bei der Finanzmacht. Zu dem direkten Einfluß der großen Finanzhäuser auf die „hohe Politik", kommt ihre Lenkung der öffentlichen Meinung vermittels der Presse, die in allen „zivilisierten" Ländern mehr und mehr ihr gefügiges Werkzeug wird. [...]
Solange England für gewisse wichtige Kategorien von fabrikmäßig hergestellten Gütern auf den Weltmärkten praktisch ein Monopol besaß, war der Imperialismus unnötig. In den letzten dreißig Jahren aber wurde diese Fabrikations- und Handelsüberlegenheit stark beeinträchtigt. Andere Staaten, namentlich Deutschland, die Vereinigten Staaten und Belgien, rückten mit großer Geschwindigkeit vor, und wenn sie auch die Zunahme unseres äußeren Handels nicht etwa unterbunden oder auch nur gehemmt haben, macht ihre Konkurrenz es uns doch immer schwieriger, die ganze Überproduktion unserer Fabriken mit Gewinn abzusetzen. Das Vordringen dieser Nationen auf unseren alten Märkten, ja in unseren eigenen Besitzungen, macht es dringend notwendig, daß wir energische Maßnahmen ergreifen, um uns neue Absatzgebiete zu sichern. Diese müssen [nach Meinung der Imperialisten] in bisher unerschlossenen Gebieten liegen, hauptsächlich in den Tropen, wo große Menschenmassen leben, deren wachsende wirtschaftliche Bedürfnisse unsere Fabrikanten und Kaufleute decken können. [...]
Es besteht [nach Hobsons Meinung] keinerlei Notwendigkeit, neue Absatzgebiete zu erschließen; die Binnenmärkte können unbegrenzt ausgedehnt werden. Was immer in England produziert wird, kann auch in England konsumiert werden, vorausgesetzt, das „Einkommen" bzw. die Warennachfra-

gekraft ist richtig verteilt. Unrichtig erscheint diese Behauptung nur wegen der unnatürlichen und ungesunden Spezialisierung, der unser Land unterworfen ist. Diese Spezialisierung ist erst durch die falsche Verteilung der wirtschaftlichen Mittel verursacht worden. Gewisse Industriezweige, die eigens für den Außenhandel produzieren, sind überentwickelt. Hätte die industrielle Revolution in einem England stattgefunden, das allen Klassen gleichen Zugang zu Land, Bildung und Gesetzgebung gewährte, dann wäre die Spezialisierung in der Industrie nicht so weit gegangen. (Dennoch wäre durch Erweiterung des Reservoirs an schöpferischen und organisatorischen Talenten ein vernünftigerer Fortschritt erzielt worden.) Der Außenhandel wäre in dem Fall zwar weniger bedeutend, dafür aber stabiler. Der Lebensstandard für alle Teile der Bevölkerung würde höher sein. [. . .]

Der Gegensatz zur Demokratie führt uns zu den Wurzeln des Imperialismus als politisches Prinzip. Nicht nur wird der Imperialismus dazu benutzt, jene wirtschaftlichen Reformmaßnahmen zu vereiteln, die heute als notwendig für das reibungslose Funktionieren der Maschinerie einer Regierung durch das Volk anerkannt werden; er wirkt auch darauf hin, das Funktionieren der Maschine selbst zu verhindern. Repräsentative Institutionen eignen sich in bezug auf die Menschen wie auf die Methoden schlecht für ein Weltreich. Wie ein großes heterogenes Gemisch „niederer Rassen" von Beamten in einem Londoner Ministerium und seinen Emissären regiert wird, entzieht sich der Kenntnis und Kontrolle des Volkes. [. . .]

Die Autokratie, ob es nun ein Kaiser oder ein Kabinett ist, behauptet, daß jede wirksame Parteikritik unpatriotisch sei und an Verrat grenze. [. . .]

Zit. nach: John A. Hobson: Der Imperialismus. (Kiepenheuer & Witsch) Köln 1968. S. 68 f., 76 f., 85 f., 98, 141, 146

---

1 Menschenfreundlichkeit

M 7.20 1916 – Wladimir I. Lenins Theorie des Imperialismus

Lenin knüpfte u. a. auch an Hobsons Arbeit an, kritisierte sie aber grundsätzlich. Sein Werk erschien 1920 auch in deutscher Sprache, erlangte aber erst in den dreißiger Jahren größere Wirksamkeit. – Lenin sah die Expansion der Industriestaaten als Folge der Entwicklung des Kapitalismus seit dem Ende des 19. Jahrhunderts:

Die Konkurrenz wandelt sich zum Monopol. Die Folge ist ein gigantischer Fortschritt in der Vergesellschaftung[1] der Produktion. Im besonderen wird auch der Prozeß der technischen Erfindungen und Vervollkommnungen vergesellschaftet.

Das ist schon etwas ganz anderes als die alte freie Konkurrenz zersplitterter Unternehmer, die nichts voneinander wissen und für den Absatz auf unbekanntem Markte produzieren. Die Konzentration ist so weit fortgeschritten, daß man einen ungefähren Überschlag[2] aller Rohstoffquellen (beispielsweise der Eisenerzvorkommen) in dem betreffenden Lande und sogar, wie wir sehen werden, in einer Reihe von Ländern, ja in der ganzen Welt machen kann. Ein solcher Überschlag wird nicht nur gemacht, sondern die riesigen Monopolverbände bemächtigen sich dieser Quellen und fassen sie in einer Hand zusammen.

Die Ausschaltung der Krisen durch die Kartelle ist ein Märchen bürgerlicher Ökonomen[3], die den Kapitalismus um jeden Preis beschönigen wollen. Im Gegenteil, das Monopol, das in *einigen* Industriezweigen entsteht, verstärkt und verschärft den chaotischen Charakter, der der *ganzen* kapitalistischen Produktion in ihrer Gesamtheit eigen ist. Das Mißverhältnis zwischen der Entwicklung der Landwirtschaft und der Industrie, das für den Kapitalismus überhaupt charakteristisch ist, wird noch größer. Die privilegierte Stellung, die die am stärksten kartellierte sogenannte *Schwer*industrie, besonders die Kohlen- und Eisenindustrie, einnimmt, ruft in den übrigen Industriezweigen eine „gesteigerte Planlosigkeit" hervor. [. . .]

Für den alten Kapitalismus, mit der vollen Herrschaft der freien Konkurrenz, war der Export von *Waren* kennzeichnend. Für den neuesten Kapitalismus, mit der Herrschaft der Monopole, ist der Export von *Kapital* kennzeichnend geworden. [. . .] Freilich, wäre der Kapitalismus imstande, die Landwirtschaft zu entwikkeln, die jetzt überall weit hinter der Industrie zurückgeblieben ist, könnte er die Lebenshaltung der Massen der Bevölkerung heben, die trotz des schwindelerregenden technischen Fortschritts überall ein Hunger- und Bettlerdasein fristet – dann könnte von einem Kapitalüberschuß nicht die Rede sein. Und das ist auch das „Argument", das allgemein von kleinbürgerlichen Kritikern des Kapitalismus vorgebracht wird. Aber dann wäre der Kapitalismus nicht

Kapitalismus, denn die Ungleichmäßigkeit der Entwicklung wie das Hungerdasein der Massen sind wesentliche, unvermeidliche Bedingungen und Voraussetzungen dieser Produktionsweise. Solange der Kapitalismus Kapitalismus bleibt, wird der Kapitalüberschuß nicht zur Hebung der Lebenshaltung der Massen in dem betreffenden Lande verwendet – denn das würde eine Verminderung der Profite der Kapitalisten bedeuten –, sondern zur Steigerung der Profite durch Kapitalexport ins Ausland, in rückständige Länder. In diesen rückständigen Ländern ist der Profit gewöhnlich hoch, denn es gibt dort wenig Kapital, die Bodenpreise sind verhältnismäßig nicht hoch, die Löhne niedrig[4] und die Rohstoffe billig.

Wir haben gesehen, daß der Imperialismus seinem ökonomischen Wesen nach Monopolkapitalismus ist. Schon dadurch ist der historische Platz des Imperialismus bestimmt, denn das Monopol, das auf dem Boden der freien Konkurrenz und eben aus der freien Konkurrenz erwächst, bedeutet den Übergang von der kapitalistischen zu einer höheren ökonomischen Gesellschaftsformation. Es sind insbesondere vier Hauptarten der Monopole oder Haupterscheinungsformen des Monopolkapitalismus hervorzuheben, die für die in Betracht kommende Epoche charakteristisch sind.

Erstens: Das Monopol ist aus der Konzentration der Produktion auf einer sehr hohen Stufe ihrer Entwicklung erwachsen. Das sind die Monopolverbände der Kapitalisten, die Kartelle, Syndikate und Trusts. Wir sehen, welch gewaltige Rolle sie im heutigen Wirtschaftsleben spielen. [...]

Zweitens: Die Monopole haben in verstärktem Maße zur Besitzergreifung der wichtigsten Rohstoffquellen geführt, besonders in der ausschlaggebenden und am meisten kartellierten Industrie der kapitalistischen Gesellschaft: der Kohlen- und Eisenindustrie. Die monopolistische Beherrschung der wichtigsten Rohstoffquellen hat die Macht des Großkapitals ungeheuer gesteigert und den Gegensatz zwischen der kartellierten und nichtkartellierten Industrie verschärft.

Drittens: Das Monopol ist aus den Banken erwachsen. Diese haben sich aus bescheidenen Vermittlungsunternehmungen zu Monopolisten des Finanzkapitals gewandelt. Drei bis fünf Großbanken einer beliebigen der kapitalistisch fortgeschrittensten Nationen haben zwischen Industrie- und Bankkapital eine „Personalunion" hergestellt und in ihrer Hand die Verfügungsgewalt über Milliarden und aber Milliarden konzentriert, die den größten Teil der Kapitalien und der Geldeinkünfte des ganzen Landes ausmachen. Eine Finanzoligarchie[5], die ein dichtes Netz von Abhängigkeitsverhältnissen über ausnahmslos alle ökonomischen und politischen Institutionen der modernen bürgerlichen Gesellschaft spannt – das ist die krasseste Erscheinungsform dieses Monopols.

Viertens: Das Monopol ist aus der Kolonialpolitik erwachsen. Den zahlreichen „alten" Motiven der Kolonialpolitik fügte das Finanzkapital noch den Kampf um Rohstoffquellen hinzu, um Kapitalexport, um „Einflußsphären" – d.h. um Sphären für gewinnbringende Geschäfte, Konzessionen, Monopolprofite usw. – und schließlich um das Wirtschaftsgebiet überhaupt. [...]

Monopole, Oligarchie, das Streben nach Herrschaft statt nach Freiheit, die Ausbeutung einer immer größeren Anzahl kleiner oder schwacher Nationen durch ganz wenige reiche oder mächtige Nationen – all das erzeugte jene Merkmale des Imperialismus, die uns veranlassen, ihn als parasitären[6] oder in Fäulnis begriffenen Kapitalismus zu kennzeichnen. Immer plastischer tritt als eine Tendenz des Imperialismus die Bildung des „Rentnerstaates"[7], des Wucherstaates hervor, dessen Bourgeoisie in steigendem Maße von Kapitalexport und „Kuponschneiden"[8] lebt. [...] Im großen und ganzen wächst der Kapitalismus bedeutend schneller als früher, aber dieses Wachstum wird nicht nur im allgemeinen immer ungleichmäßiger, sondern die Ungleichmäßigkeit äußert sich auch im besonderen in der Fäulnis der kapitalkräftigsten Länder (England). [...]

Dadurch, daß die Kapitalisten eines Industriezweiges unter vielen anderen oder eines Landes unter vielen anderen usw. hohe Monopolprofite herausschlagen, bekommen sie ökonomisch die Möglichkeit, einzelne Schichten der Arbeiter, vorübergehend sogar eine ziemlich bedeutende Minderheit der Arbeiter zu bestechen und sie auf die Seite der Bourgeoisie des betreffenden Industriezweiges oder der betreffenden Nation gegen alle übrigen hinüberzuziehen. Diese Tendenz wird durch den verschärften Antagonismus[9] zwischen den imperialistischen Nationen wegen der Aufteilung der Welt noch verstärkt. So entsteht der Zusammenhang von Imperialismus und Opportunismus, der sich am frühesten und krassesten in England auswirkte, weil dort gewisse imperialistische Züge der Entwicklung bedeutend früher als in anderen Ländern zutage traten.

Zit. nach: Wladimir I. Lenin: Werke. (Dietz) Berlin 1988. Band 22, S. 209, 212, 244, 245, 304–307

---

1 Vergesellschaftung – kollektive Produktion, der aber im Kapitalismus eine private Aneignung des Gewinns gegenübersteht
2 Kalkulation, Berechnung
3 Wirtschaftswissenschaftler
4 s. S. 76 u. M 4.16, was Marx über Entstehung und Aneignung des Mehrwerts sagt
5 Oligarchie – Herrschaft einer kleinen Zahl mächtiger Personen
6 schmarotzerhaft
7 Rentner hier: Bezieher von Gewinn aus seinem angelegten Kapital (nicht Unternehmer!)
8 Als einzige Tätigkeit der Renter galt das Abschneiden der „Kupons" zu den Aktien, die man zum Empfang des Gewinns vorlegen mußte.
9 (unversöhnlicher) Gegensatz

M 7.21 1969 – Ein moderner Historiker zur Interpretation des Imperialismus

Die [...] soziale Variante des imperialistischen Denkens, nämlich der Hinweis darauf, daß gerade der Lebensstandard der breiten Massen der Arbeiterschaft mit dem Erfolg oder Mißerfolg einer expansiven Politik in Übersee untrennbar verknüpft sei, war bei den zeitgenössischen Politikern ein besonders beliebtes Argument. Cecil Rhodes und Joseph Chamberlain in England oder Friedrich Naumann in Deutschland, um nur einige zu nennen, rechtfertigten ihren nationalen Imperialismus besonders gern mit der These, daß nur eine kraftvolle überseeische Politik der Arbeiterschaft auf die Dauer ein wirtschaftlich gesichertes Dasein zu schaffen vermöge.

Dennoch wird man sagen dürfen, daß wirtschaftliche Motive, sowohl solche primärer als auch solche abgeleiteter Art, nur in Verbindung mit politischen Erwartungen und Sehnsüchten nationalistischer Färbung zur Steigerung der imperialistischen Leidenschaften der Zeit beigetragen haben. Erst in dem Streckbett nationaler Rivalitäten entwickelte der moderne Kapitalismus imperialistische Züge. Die primären Ursachen des Imperialismus jener Epoche sind in dem Nationalismus eben jener Schichten zu suchen, welche im Zuge der Entwicklung der industriellen Gesellschaft nach oben getragen wurden, nicht aber in vermeintlich objektiven Bedürfnissen des Kapitalismus nach überseeischen Märkten als solchen. Wie leicht man in dieser Hinsicht zu Fehlurteilen gelangen kann, zeigt das Beispiel etwa des französischen Staatsmanns Jules Ferry, der einer unwilligen Nation beständig die wirtschaftlichen Vorteile neuen Kolonialerwerbs pries, im Grunde aber von dem vitalistischen[1] Motiv geleitet wurde, daß „Nationen nur groß seien durch die Aktivität, die sie entwickeln". Große koloniale Erwerbungen sollten gleichsam die französische Nation vor bedeutende neue Aufgaben stellen und dergestalt als Anreiz zur Entfaltung neuer dynamischer Energien dienen. [...]

Dieser neue militante Imperialismus, der sich bisweilen mit den niedrigsten Instinkten der Massen verband und die bizarrsten Blüten des „Jingoismus" und brutaler Machtverherrlichung hervorbrachte, fand zusätzliche Unterstützung von seiten der Sozialdarwinisten[2], welche die Lehre vom „Kampf ums Dasein" auf das Völkerleben übertrugen. In England waren es vor allem K. Pearson und B. Kidd, die die weltpolitischen Rivalitäten ihrer Zeit als einen unerbittlichen Kampf höherer und niederer Rassen deuteten. [...] Doch auch auf dem Kontinent, vor allem aber in Deutschland, fanden diese völkisch-deterministischen[3] Theorien viel Anklang, so insbesondere in den Schriften des *Alldeutschen Verbandes,* aber auch bei angesehenen Publizisten wie Friedrich Naumann und Friedrich von Bernhardi. In den Spuren des Sozialdarwinismus aber begannen sich alsbald auch rassische Theorien von der Überlegenheit der „nordischen Völker" zu entwickeln, wie beispielsweise bei Houston Stewart Chamberlain, der in seinen *Grundlagen des 19. Jahrhunderts* einen primitiven Slawenhaß predigte.

Wolfgang J. Mommsen: Das Zeitalter des Imperialismus. (Fischer) Frankfurt 1969, S. 18 f.

---

1 Eine vitalistische Ideologie sieht Staaten und Gesellschaften von einer biologischen Lebensenergie angetrieben.
2 Ideologen, die die biologische Theorie Charles Darwins (1809—1882) in unwissenschaflicher Weise auf die Gesellschaft übertrugen.
3 Ideologie, die die Geschichte als von den Rassenmerkmalen vorherbestimmt ansah.

Aufgaben zu Kapitel 7

❶ Beginnen Sie Ihre Arbeit an dem Kamerun-Material bei den Bildern, indem Sie die europäischen Vorstellungen vom Afrikaner, die in den Abbildungen S. 150 u. 152 sichtbar werden, mit der Einsicht in das Wesen der Europäer vergleichen, die sich in den Arbeiten einfacher afrikanischer Menschen ausdrückt (S. 151)! Beurteilen Sie das Ausmaß an Neugierde und Einfühlungsvermögen, das sich hier ziegt!

❷ Untersuchen Sie, was deutsche Kolonialpolitiker, Kaufleute, Landwirte und Beamte in Kamerun anstrebten, und mit welchen Wertvorstellungen, Denkmustern und Methoden sie ihre Ziele verfolgten! (M 7.4—7.9)

❸ Tragen Sie alle Informationen über das wirtschaftliche und soziale Leben der Duala zusammen und erörtern Sie, welche Auswirkungen die deutsche Politik darauf haben mußte! Weisen Sie z.B. nach, wie sich die Unterdrückung der Polygamie auf die Existenzsicherung des einzelnen, auf Alte und Kranke, auf den Arbeitsmarkt und auf die politiischen Machtverhältnisse auswirkte! (M 7.2, 7.3, 7.10 u. 7.11)

❹ Welche Spuren hat die deutsche Kolonialpolitik in Gesellschaft und Wirtschaft Kameruns hinterlassen? (Berücksichtigen Sie auch die ethnischen Verhältnisse!) (M 7.1, Karte S. 147 und M 7.12)

❺ Interpretieren Sie die Ziele und Rechtfertigungen deutscher Kolonialpolitik, die Bernhard Dernburg im Januar 1907 im Reichstagswahlkampf der deutschen Öffentlichkeit vorstellte! (M 7.15)

❻ Untersuchen Sie die Argumentation für eine offensive deutsche Weltmachtpolitik, die die Reichsregierung 1899 im Reichstag vorstellte, und klären Sie ihren Interessenhintergrund! (s. Darstellung S.143—145 und M 7.15—7.17)

❼ Betrachten Sie die Ausdehnung des deutschen Kolonialreichs, die Mittel seines Erwerbs und seiner Erhaltung und seine wirtschaftliche Bedeutung (s. Darstellung S. 140—143), und entwickeln Sie daraus eine Kritik an der deutschen Kolonial- und Flottenpolitik! Versuchen Sie dabei nicht, aus der Sicht des später Geborenen, der alles besser weiß, zu werten, sondern versuchen Sie zu verstehen, was die Menschen vor 100 Jahren zu ihrem Verhalten veranlaßte!

❽ Interpretieren Sie vor dem Hintergrund der Tatsachen die Texte, die Kolonialismus und Flottenpolitik rechtfertigen und berücksichtigen Sie dabei besonders den Appell an die Arbeiterschaft, den sie fast alle enthalten! (s. Darstellung S. 143—145 u. M 7.15, 7.17, 7.18 u. 8.19)

❾ Stellen Sie nun eine Zusammenfassung Ihrer Arbeitsergebnisse zu Ursachen und Funktionen des Imperialismus zusammen und lesen Sie die beiden theoretischen Texte von Hobson und Lenin! Welche Zusammenhänge werden hier zwischen den verschiedenen Fakten hergestellt? (M 7.19 und 7.20) Welchen Zusammenhang stellt Lenin zwischen Kaptialismus, Monopolbildung, Imperialismus und entstehendem Sozialismus her ?

❿ Vergleichen Sie die Position einers modernen Historikers (Wolfgang Mommsen — M 7.21) mit denjenigen Hobsons und Lenins!

Wir können an diesem Punkt auf verschiedene Fragen eingehen, die in früheren Kapiteln dieses Buches aufgeworfen worden sind:

⓫ Inwieweit hat der Imperialismus bis 1914 dazu beigetragen, Afrika (und andere Teile der heutigen Dritten Welt) in den Prozeß der Industrialisierung einzubeziehen, und inwieweit hat er gerade die Voraussetzungen für eine agrarische und für eine industrielle Revolution verschlechtert, wenn nicht gar zerstört?

⓬ Ist überhaupt der Prozeß der Industrialisierung, wie besonders in den Kapiteln 3 und 7 beschrieben worden ist, in Afrika wiederholbar? (Berücksichtigen Sie dabei, welche Umstände Deutschland vor 1914 bei der Bewältigung von Bevölkerungswachstum, Ernährung, Kaptialbeschaffung, Arbeitsplatzschaffung und technologischem Fortschritt halfen!) Ist die „Verspätung", von der z.B: Deutschland und die USA in der Phase der Hochindustrialisierung profitierten, für Afrika noch ein Vorteil? — Sicher können Sie jetzt nicht sagen, was heutzutage Afrika helfen kann. Aber Sie können sagen, was wahrscheinlich nicht helfen wird.

8 Die bürgerliche Gesellschaft in der Hochindustrialisierung – Modernisierung oder Feudalisierung?

8.1 Gesellschaftsstruktur

Im Revolutionsjahr 1848 war die deutsche Gesellschaft noch eine Agrargesellschaft mit einigen bedeutenden industriellen Inseln; und sogar 1871, im Jahr der Gründung des Deutschen Reiches, arbeiteten mehr Menschen in der Landwirtschaft als im gewerblich-industriellen Sektor. Um 1900 aber war die Industriegesellschaft voll ausgebildet. Sie war nicht einfacher, sondern komplizierter als die alte Agrargesellschaft: Marx und Engels hatten vorausgesagt, daß die Gesellschaftsstruktur sich unausweichlich auf den Gegensatz von nur noch zwei ▷ Klassen – Bourgeoisie und Proletariat – hin entwickeln würde; Handwerker, kleine Geschäftsleute, Bauern und Beamte würden im Proletariat aufgehen. Die tatsächliche Entwicklung erfüllte diese Erwartungen zum Teil, verlief aber in vieler Hinsicht auch ganz anders. Trotz des gewaltigen Anwachsens der Arbeiterschaft, die mit ihren Angehörigen um 1914 fast die Hälfte der deutschen Bevölkerung ausmachte, verschwanden die kleineren sozialen Gruppen nicht.

Die Gesellschaft auf dem Lande

Der wirtschaftliche und gesellschaftliche Modernisierungsprozeß war um 1900 auch auf dem Lande deutlich vorangeschritten, wenn auch der Adel im Osten und im Süden Deutschlands noch viel Einfluß besaß und die Arbeitgeber-Arbeitnehmer-Verhältnisse an frühere Zeiten erinnerten. Trotzdem mußten ▷ Rittergüter und bäuerliche Betriebe nach den Regeln des Marktes arbeiten. Wenn auch der Staat in seiner Außenhandels- und Sozialpolitik viel Rücksicht auf die großagrarischen Interessen nahm, so schaltete er die Mechanismen der Konkurrenz doch nicht völlig aus. Der Nahrungsmittelimport aus Rußland und den USA zwang die Landwirtschaft zur Modernisierung, die vor allem bei den Großbetrieben zu einer beträchtlichen Verschuldung führte. Auch wenn sie sich wirtschaftlich selbst behaupten mußten, waren die preußischen Gutsbesitzer, besonders die adligen, gesellschaftlich mehr als nur Agrarunternehmer. Ihre enge Verbindung zur Monarchie, zur Verwaltung und zur Armee hatte ihnen gewisse Privilegien erhalten und sicherte ihnen einen großen politischen Einfluß (→ M 8.13). Diese vorteilhafte Lage des Adels läßt sich nur erklären, wenn man zugleich einige Eigenarten des deutschen ▷ Bürgertums berücksichtigt. (s. S. 165 ff.)

Die Lage der Landarbeiter war teilweise noch durch historische Besonderheiten gekennzeichnet (Teile des Lohns in Naturalien, Wohn- und Anbaurechte, Geltung der preußischen Gesindeordnung von 1810), näherte sich aber langsam industriellen Arbeitsverhältnissen an. Je rückständiger die regionale Sozialverfassung war, desto stärker waren konservative Gesinnung und Anhänglichkeit an die historischen Autoritäten ausgebildet. Vor allem östlich der Elbe hatten die konservativen Parteien ihre Hochburgen, und von hier kam der preußische Soldat, wie ihne seine Offiziere sich wünschten – anspruchslos und gehorsam. SPD und ▷ Gewerkschaften hatten hier nirgendwo größere organisatorische Erfolge. Auf den großen Gütern östlich der Elbe war der jährliche Wechsel der Arbeitskräfte sehr hoch. Junge Leute zogen es vor, durch Weggang in die großen Industriezentren ihre Lage zu verbessern, statt sich in Arbeiterorganisationen auf dem Lande zu betätigen. An die Stelle derer, die fortzogen oder nach Amerika aus-

Gutsbetrieb um 1900. Rings um das schloßartige Gutshaus gruppieren sich außer den landwirtschaftlichen Einrichtungen Brennerei, Ziegelei und Stärkefabrik, im Hintergrund links oben Arbeiterhäuser.

wanderten, traten in Ostdeutschland in wachsender Zahl polnische Arbeitskräfte (häufig aus dem russischen Teil Polens). Um 1910 wurden jährlich allein ca. 400 000 Wanderarbeiter angeworben, die als Ausländer und ohne zureichende Deutschkenntnisse leicht zu kontrollieren und notfalls bequem abzuschieben waren. Die Bauernschaft in Deutschland umfaßte ein breites Spektrum. In den reichen landwirtschaftlichen Gebieten Nord- und Westdeutschlands, Bayerns und einiger Teile Schlesiens entwickelte sich ein breiter bäuerlicher Mittelstand, wirtschaftlich erfolgreich (besonders in der Nähe industrieller Absatzgebiete) und selbstbewußt. In den von Natur aus weniger begünstigten Mittelgebirgen, wo überdies häufig die Realteilung den Boden unter mehreren Erben zersplitterte, überwog eher die bäuerliche Armut. Die Bauern bewiesen Initiative, indem sie Genossenschaften zur Vermarktung ihrer Produkte, für den Einkauf und zur Beschaffung von Krediten gründeten (z. B. die heute noch bestehenden Raiffeisengenossenschaften). Wenn sie bei Wahlen häufig Parteien bevorzugten, die nicht zu den traditionellen Anhängern der preußischen Monarchie zählten (gelegentlich in Südwestdeutschland sogar die SPD), zeigten sie, daß sie ihr Schicksal nicht ganz so ergeben hinnahmen wie die meisten Kleinbauern und Landarbeiter im Osten.

Das Bürgertum

Das 19. Jahrhundert und die Jahre bis 1914 werden allgemein als das bürgerliche Zeitalter bezeichnet, die Gesellschaften der Industrieländer als ▷ bürgerliche Gesellschaften. Das erklärt sich weniger aus der Größe des Bürgertums – es war immer Minderheit – als vielmehr aus seiner Dynamik. In dieser Epoche war es die entscheidende wirtschaftliche, kulturelle und – in den meisten Staaten – politische Kraft. Nicht nur Marx sprach hier von einer ▷ Klasse (was die Vorstellung des Klassenkampfes mit einschloß). Das Bürgertum bestimmte die materielle Wirklichkeit und das Bewußtsein der Gesellschaft; erst um 1900 trat ihm die Arbeiterschaft konkurrierend gegenüber (→ M 8.1).
Das europäische Bürgertum als eine gesellschaftliche Einheit und als politischer Stand entwickelte sich etwa vom 11. Jahrhundert an zusammen mit den Städten in Mittel- und Westeuropa und in Italien. Bürger waren ursprünglich ein Teil der städtischen Bevölkerung, die Handel und (etwas später auch) Handwerk betrieben und innerhalb des ▷ Feudalismus verfassungsmäßige Sonder- und Eigenrechte genossen, die bis zur Autonomie reichen konnten.
Mit der Industrialisierung wurde das Bürgertum zur wirtschaftlich wichtigsten gesellschaftlichen Klasse in Europa. Für Marx wie

für viele bürgerliche Wissenschaftler seiner Zeit wurde Bürgertum mit ▷ Kapitalismus identisch: Das Bürgertum (auch Bourgeoisie genannt) war die Klasse, die die Produktionsmittel besaß und mit ihrer Hilfe die Arbeiterklasse (das Proletariat) ausbeutete und beherrschte und damit fortfahren würde, bis eine sozialistische ▷ Revolution die Ungleichheit der Eigentumsverhältnisse beseitigen würde. Obwohl die ▷ Konzentration die Zahl der selbständigen Unternehmen schrumpfen ließ, wuchsen Zahl und Reichtum der Kapitalbesitzer in der zweiten Phase der Industrialisierung schneller als zuvor, auch wenn viele von ihnen keinen großen Einfluß mehr auf die Wirtschaft hatten.

Die Bourgeoisie (d.h. die Besitzer größerer Vermögen) ging in Deutschland wie in anderen Industrieländern gesellschaftliche, seltener geschäftliche Verbindungen mit der feudalen Schicht ein, während sie sich nach unten hin (außer gegen akademisch-bildungsbürgerliche Gruppen) fest abgrenzte. Das Bürgertum übernahm zum Teil auch eine Reihe von adligen (feudalen) Lebensformen und Werten; das äußerte sich besonders in der Bedeutung, die allem Militärischem beigelegt wurde. Diese Entwicklung strahlte auch stark bis ins Kleinbürgertum aus. Man hat hier später von einer „Feudalisierung" der deutschen Gesellschaft gesprochen und darin eine Behinderung der Entwicklung demokratischer Strukturen gesehen (→ M8.14). Für diese Interpretation spricht nicht zuletzt, daß die Bourgeoisie sich auch im politischen Bereich (ähnlich wie in Frankreich und Großbritannien) mit den historischen Eliten verständigte, statt ihre wirtschaftliche Machtstellung in aller Konsequenz auszunutzen. In Verwaltung, Diplomatie und Heer blieben starke Positionen des Adels bestehen, und adlig waren bis 1917 alle Reichskanzler und die Mehrheit

Eliten der Gesellschaft: Offiziere in der Tanzstunde (1900) und der Großindustrielle Walther Rathenau, der sich 1907 von Edvard Munch, einem der kontroversen modernen Maler seiner Zeit, malen ließ

Bürgerliche Familie um 1900

der Staatssekretäre im Reich und der Minister in den Bundesstaaten. Die Ursachen für diesen Kompromiß zwischen alten und neuen Eliten sah man schon um 1900 in der Angst beider Partner vor der Arbeiterschaft bzw. deren politischer Partei, der SPD, die seit 1890 die meisten Wähler bei den Reichstagswahlen zählte und offenbar unbegrenzt weiter wuchs. Eine konsequente Parlamentarisierung hätte früher oder später zur Beteiligung der Arbeiter an der Macht führen müssen (→ M 8.13, 8.15 u. 8.19).

Die Entwicklung des mittleren und kleineren Bürgertums entsprach nur zum Teil den Prognosen von Marx und Engels. Gewiß sanken viele kleine Geschäftsinhaber und Handwerker in proletarische Verhältnisse ab, und viele Selbständige führten eine Existenz an der Grenze der Armut und verdienten weniger als gesuchte Facharbeiter. Dennoch verschwanden die sozialen Gruppen zwischen Großbürgertum und Proletariat nicht. Das soziale Gefüge in diesem Bereich wurde eher noch komplizierter. Die Zahl der selbständigen Handwerker nahm zu. Gerade mit den großen Städten wuchs die Menge der Dienstleistungs- und der Kleinhandelsbetriebe. Die Bauwirtschaft wurde nur in begrenztem Umfang industrialisiert, und die technische Entwicklung des Wohnens schuf neue Arbeitsbereiche (Installation, Elektrotechnik), die zahlreichen Kleinbetrieben eine Existenz boten. Mit Gas- und Elektromotor wurden Ende des 19. Jahrhunderts Kleinmaschinen möglich, die den Zwang zum Großbetrieb, der von der großdimensionierten und arbeits- und kapitalaufwendigen Dampfmaschine ausging, durchbrachen.

Die wachsenden Aufgaben der öffentlichen Hand und die Staatsunternehmen Post und Eisenbahn ließen die Zahl der kleinen und mittleren Beamten mächtig anwachsen. Diese verstanden sich ganz entschieden als Angehörige des Bürgertums, obwohl sie nach marxistischer Sicht eindeutig proletarisch waren und ein entsprechendes Bewußtsein hätten entwickeln müssen. Daß sie z. T. gewerkschaftlich organisiert waren und SPD wählten, widerspricht dem nur vordergründig.

Zur gleichen Zeit entstand in der Industrie mit den ▷ Angestellten eine neue, rasch wachsende Gruppe von Arbeitnehmern, die wiederum in sich selbst außerordentlich stark nach Tätigkeit, Qualifikation, Einkommen und Status differenziert war. Ungeachtet ihrer Rolle als Arbeitnehmer und ihres zum Teil mäßigen Einkommens verstanden sich die Angestellten ganz überwiegend als Repräsentanten der Unternehmensleitung; die damals übliche Bezeichnung der Angestellten als Privat-

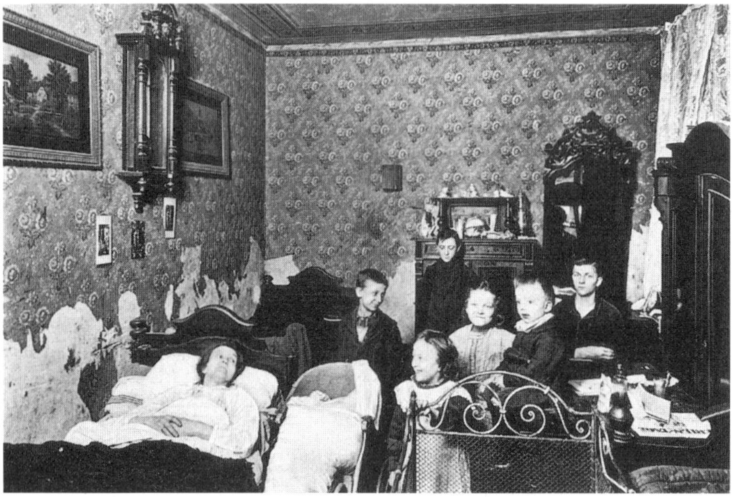

Stube einer Arbeiterfamilie mit sieben Kindern (Fotografie aus der Wohnungsenquête der Berliner Ortskrankenkasse 1913)

oder Industriebeamte gab ihnen ohnehin einen Anstrich von Obrigkeit. Sie hielten auf Distanz zur Arbeiterschaft, organisierten sich selten in den sozialistischen Gewerkschaften und zogen meist eigene Verbände vor (→ M 8.5).

Die Arbeiterschaft

Auch die größte gesellschaftliche Klasse des bürgerlichen Zeitalters, die Arbeiterschaft, erweist sich bei näherer Betrachtung als ein keineswegs einfaches und einheitliches Gebilde. Die Unterschiede in Qualifikation und Entlohnung, Herkunft, allgemeiner Bildung und politischem Bewußtsein waren groß. Ein großer Teil der Handwerksgesellen in traditionellen Berufen verstand sich ausdrücklich nicht als Arbeiter. Hochqualifizierte Arbeiter in großen Unternehmen wie etwa den Krupp-Werken sahen dank guter Bezahlung und günstiger Sozialleistungen ihre Lage anders als die große Zahl unqualifizierter Arbeiter, die Ende des 19. Jahrhunderts aus agrarischen Gebieten neu in die Industriezentren kamen. Hunderttausende von Polen im Ruhrgebiet, schon durch ihre Sprache und ihre katholische Frömmigkeit deutlich von der deutschen Bevölkerung getrennt, verstanden sich zuerst als Polen und dann erst als Arbeiter. Sie organisierten sich nur zögernd in der deutschen Arbeiterbewegung. So wird es verständlich, daß der Kohlenbergbau, Schlüsselindustrie der Industrialisierung und in vielen Ländern die Branche mit der radikalsten Arbeiterschaft, in Deutschland vor 1914 relativ konfliktarm war, weil seine Arbeiterschaft gewerkschaftlich unterorganisiert und dazu in drei konkurrierende Gewerkschaften gespalten war. Der deutsche Metallarbeiter-Verband war eine der ersten Gewerkschaften, die alle Arbeiter einer ganzen Industrie repräsentieren wollte; trotz seiner Dynamik und seiner Erfolge konnte er bis 1914 die Berufsgewerkschaften in der Eisen- und Stahlindustrie und im Maschinenbau nicht verdrängen.

Bei aller inneren Differenzierung war die deutsche Arbeiterschaft vor 1914 die bestorganisierte Europas. 1913 zählten die sozialistisch orientierten Gewerkschaften in Deutschland über 2,5 Mill. Mitglieder, die SPD 1,1 Mill. (→ M 8.12). In Berlin gab es 118000 organisierte Sozialisten, in ganz Frankreich nur 93000. SPD und Gewerkschaften wuchsen zwischen 1890 und 1914 zu riesigen Organisationen heran. In zahllosen lokalen Gliederungen gab es Tausende von bezahlten Ämtern und eine unübersehbare Zahl von ehrenamtlichen Funktionen. In den vielfältigen Wirtschaftsbetrieben (Konsumgenossenschaften, Zeitungen, kleinere Fabriken) und in den Allgemeinen Ortskrankenkassen verfügte die Arbeiterbewegung auch über eine stabile materielle Basis.

Proletarier? „Herrschaftliche“ Köchin und Zimmermann

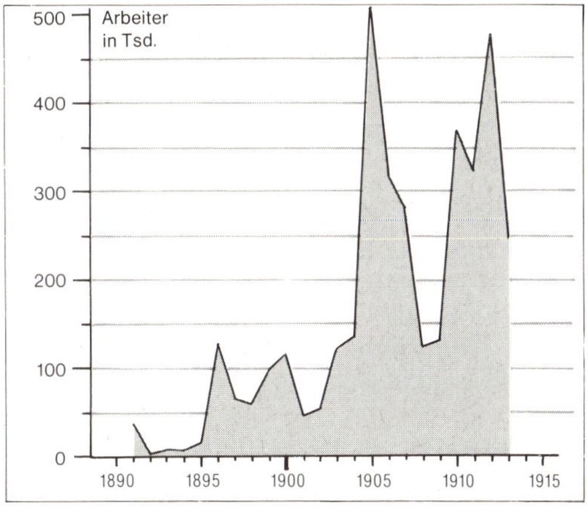

Zahl der Arbeiter, die an Streiks teilnahmen oder von Aussperrungen betroffen waren
Nach: G. Hohorst u. a.: Sozialgeschichtliches Arbeitsbuch. (Beck) München 1975. S. 132

Partei und Gewerkschaften waren nicht nur politische Organisationen, sondern auch der Rahmen einer ganzen Arbeiterkultur. Weiterbildung, Freizeitgestaltung und Feiern hatten ihren Ort in den Sport- und Gesangvereinen, Büchereien und Bildungsveranstaltungen. Man war Arbeiter nicht nur in der Fabrik, sondern auch im privaten Bereich. Der bürgerlichen Kultur stand eine Arbeiterkultur gegenüber; aber der Gegensatz war kein absoluter (→ M 8.3 u. 8.4). Von den Bildungswerten bis zu den äußeren Formen des Feierns und des Sports gab es verblüffende Ähnlichkeiten zwischen beiden Klassen. Die hauptamtlichen Funktionäre der SPD und der Gewerkschaften mit ihren kleinbürgerlichen Wertvorstellungen und Lebensweisen sind nach der gescheiterten Revolution von 1918 teils verspottet, teils als Arbeiterverräter angeklagt worden; gleichwohl dürften sie die Mehrheit der deutschen Arbeiter zuverlässig repräsentiert haben: Sie verfochten in den Arbeitskämpfen entschieden die Interessen der Arbeiterschaft; mit ihren zahlreichen Zeitungen kämpften sie für die Interessen der Arbeiterklasse. Aber nur eine Minderheit in SPD und Gewerkschaften hatte eine Revolution als Ziel vor Augen. Sozialdemokraten waren antibürgerlich, teilten aber bestimmte bürgerliche Wertvorstellungen und Bildungsideale; sie wollten die Aufhebung des Privateigentums an Produktionsmitteln, hofften aber zugleich, daß dies gewaltlos mit den Mitteln des Wahlrechts und des Parlamentarismus möglich sein würde, sie glaubten ernsthaft an die internationale Solidarität der Arbeiterklasse, identifizierten sich aber gleichzeitig mit dem deutschen Nationalstaat. Das Bürgertum sah in seiner Mehrheit immer nur die Bedrohungen seines Status, die von der Arbeiterschaft ausgingen, und fürchtete sich vor einer sozialistischen Revolution. Nur eine Minderheit erkannte vor 1914, daß diese Arbeiterbewegung großenteils bereit war, sich in eine bürgerlich-kapitalistische Gesellschaft zu integrieren. Die Bedingung dafür war, daß ihre materielle Lage sich besserte und die sozialen und politischen Ungleichheiten sich verringerten.

8.2 Modernisierungschancen der deutschen Gesellschaft vor 1914

Die deutsche Gesellschaft vor 1914 kannte viele Trennungslinien, die von unten nach oben sehr viel schwerer zu überwinden waren, als dies heute der Fall ist. Trotz der inneren Unterschiede des Bürgertums kann man doch sagen, daß die Grenze gegenüber der Arbeiterschaft die am stärksten ausgeprägte der damaligen deutschen Gesellschaft war. Für den Kleinbürger war es eine Katastrophe, wenn er oder seine Kinder zu Arbeitern – besonders zu Fabrikarbeitern – wurden. Die Furcht vor dieser sehr realen Möglichkeit wurde zur Furcht vor der Arbeiterschaft selbst.

Sie ließ große Teile des Kleinbürgertums betont konservativ und nationalistisch reagieren und erzeugte einen Hang zum Autoritären und Militärischen, der nach 1918 zu einer überschweren Belastung für die Republik werden sollte. Von der anderen Seite der Trennlinie her erfuhr der Arbeiter, daß er als politischer Bürger und als Mitglied einer modernen Industriegesellschaft nicht respektiert wurde.
Auch die Situation der Frauen war um 1900 schwer erträglich. Wahlrecht, Universitäten und die meisten qualifizierten Berufe waren ihnen verwehrt; in der Ehe waren sie nach dem Bürgerlichen Gesetzbuch dem Manne untergeordnet. Eine zunächst kleine und vorwiegend bürgerliche Minderheit unter den Frauen kämpfte für die Gleichberechtigung mit dem Manne (1865 Gründung des Allgemeinen Deutschen Frauenvereins, ab 1890 Entwicklung einer sozialistischen Frauenbewegung). Ihre Erfolge blieben bis 1918 bescheiden. Die Lage der Arbeiterinnen und Arbeiterfrauen besserte sich nur im Rahmen der allgemeinen Arbeitszeitverkürzungen und Lohnerhöhungen. Neue Arbeitsplätze entstanden (Handel, Verwaltung, Elektroindustrie), und 1912 nahmen Frauen ein Drittel aller Arbeitsplätze ein, ganz überwiegend unqualifizierte und schlecht bezahlte ohne Aufstiegschancen. Der Zugang zur Universität – ab 1900 zögernd gewährt – stand nur Frauen aus dem Bürgertum offen, und auch sie stießen spätestens im Beruf auf unüberwindliche Barrieren. Das Wahlrecht blieb allen Frauen bis 1918 verwehrt. Immerhin durften sie ab 1908 Mitglieder politischer Parteien werden. 1914 war jedes sechste SPD-Mitglied weiblich, und auch das Zentrum nahm Frauen auf, während die Liberalen ablehnend blieben (→ M 8.7). Trotz aller Behinderungen eroberten intellektuell und politisch selbstbewußte Frauen bis 1914 Startpositionen, von denen aus sie in der Weimarer Republik einigen Einfluß gewannen.
Wie stabil das deutsche Kaiserreich langfristig hätte sein können, hing davon ab, ob die Verteilung der Privilegien starr war oder ob den breiten Massen der Bevölkerung wenigstens bescheidene Chancen gegeben wurden, ihre Lage zu verbessern.
Eine Einebnung der krassen Einkommensunterschiede war vor 1914 nicht absehbar, solange nicht eine Revolution die Verhältnisse radikal verändert hätte. Eine Umverteilung der Mittel durch eine gezielte Steuerpolitik lag noch außerhalb der Vorstellungen der bürgerlichen Politik. Schon die Einführung einer Einkommensteuer und erst recht die Entscheidung für einen progressiven Steuersatz (je höher das Einkommen, desto höher der Steuersatz) hatten große Widerstände hervorgerufen. Ein Spitzensteuersatz von 4% (Bundesrepublik Deutschland 1987: 56%) erschien als ein kaum noch zu steigernder Wert. Immerhin verdoppelte sich der Anteil des Sozialprodukts, den der Staat durch Steuern und Sozialabgaben an sich zog und – sei es für zivile, sei es für militärische Zwecke – ausgab, von 1872 bis 1913 auf ca. 15% (1987: 41%). Damit wuchsen ihm neue, von der liberalen Theorie nicht erwartete wirtschaftliche und soziale Funktionen zu.
Die Einkommen der breiten Massen der Bevölkerung erhöhten sich in der Zeit zwischen 1890 und 1913 spürbar; die allgemeine Hochkonjunktur zwischen 1895 und 1913, die nur von zwei kurzen Rezessionen unterbrochen worden war, und die wachsende Stärke der Arbeiterbewegung hatten dies ermöglicht. Wie weit die Steigerung ging, ist umstritten, da es kein von allen Seiten akzeptiertes Berechnungsmodell für den Reallohn (tatsächlich gezahlte Löhne korrigiert um die Veränderung der Lebenshaltungskosten) gibt und die statistischen Daten vor 1914 noch nicht so systematisch und umfassend wie heute erhoben wurden. Man kann aber davon ausgehen, daß die verfügbare Kaufkraft zwischen 1895 und 1913 um ca. 25% stieg. Die Einkommensunterschiede innerhalb der Arbeiterschaft und zwischen den einzelnen Regionen nahmen ab, blieben aber größer als heute in der Bundesrepublik Deutschland. Qualifizierte Arbeiter erreichten die Einkommen der unteren Angestelltengruppen und vieler kleiner Selbständiger. Im Vergleich zur Frühindustrialisierung kann man von einem bescheidenen Massenwohlstand sprechen. (Die Arbeiterschaft in den USA und Großbritannien hielt zugleich noch einen spürbaren Einkommensvorsprung vor der deutschen.) Die Gewerkschaften setzten 1913 die Verringerung der Arbeitszeit auf 57 Stunden pro Woche durch; bezahlter Urlaub war noch die Ausnahme. Insgesamt sah sich auch ein großer Teil der Arbeiter in seinem Fortschrittsglauben bestätigt.

Kosten der Bildung

Jahr		Ausgaben für Schulen und Hochschulen in Deutschland	*pro 1 000 Einwohner gab es* *Schüler* in Gymnasien u. Realschulen	*Studenten* Deutschland	Frankr.	Engl.
1820	Preußen		1,4	Universitäten 0,50		1830 0,22
1850			2,6	0,36	1856 0,22	
1870/71	Deutsches Reich	143 Mill. Mark	4,2	alle Hoch- 0,50		
1890/91		376 Mill. Mark	9,6	schulen 0,69	0,39	0,49
1910/11		1 144 Mill. Mark	11,4	1,12	0,91	0,65
1985	Bundesrepublik Deutschland	80 667 Mill. Mark	45,9	alle Hochschulen 25,4	22,7	17,7

Zusammenstellung nach: Peter Flora: Indikatoren der Modernisierung (Westdeutscher Verlag) Opladen 1975. S. 110ff. Statistisches Jahrbuch für die Bundesrepublik Deutschland 1987. (Statist. Bundesamt) Wiesbaden 1987. S. 355ff. u. 428. Statistisches Jahrbuch ... 1988. S. 709.

Ausgaben pro Schüler und Jahr in Düsseldorf

	Gymnasium	Volksschule
1873	103,04	23,04
1893	203,83	30,22
1913	388,70	70,77

Ein weiterer Faktor, von dem die Stabilität und Integrationsfähigkeit der deutschen Gesellschaft abhing, waren die Aufstiegschancen, die sie den verschiedenen Gruppen einräumte. Praktisch bedeutete das für eine Klassengesellschaft die Frage, inwieweit Arbeiter, kleine Angestellte und untere Beamte für sich und ihre Kinder die Möglichkeit sahen, „bürgerliche" Existenzen zu erreichen. Der Weg, über den Erwerb und die Mehrung eines kleinen Produktionskapitals Erfolg zu haben, konnte in der Phase der Hochindustrialisierung immer nur eine seltene Ausnahme sein. Der Aufstieg in Beruf und Betrieb dank besonderer Tüchtigkeit war möglich; die Chancen waren für die kaufmännische Angestelltenschaft am ehesten gegeben, für die große Mehrheit der Arbeiter eher gering. Unter diesen Umständen kam dem Schulsystem eine zentrale Bedeutung bei der Verteilung der Chancen für die Kinder zu.

Die Struktur des Schulsystems des deutschen Kaiserreichs war begrenzt geeignet, die Mobilität in der Gesellschaft zu fördern. Soweit der Weg in die Führungspositionen der Gesellschaft nicht ohnehin schon durch das Vermögen vorgezeichnet war, lief er über die höhere Schule und die Universität. In diesen beiden Institutionen blieben Arbeiterschaft und untere Mittelschichten kraß unterrepräsentiert. Für die große Mehrzahl war die sieben-, später achtklassige Volksschule die einzige Bildungsstätte.

Nicht so sehr der Staat als vielmehr die Gemeinden – vor allem Großstädte – begannen aber auch hier vor 1914 mit Verbesserungen (Verkleinerung der Klassen von 60 und mehr Schülern auf ca. 40, Beseitigung des Unterrichts für mehrere Jahrgangsstufen in einer Klasse, moderne Schulbauten und Fachräume für die naturwissenschaftlichen Fächer). Mittel- und Realschulen entstanden zur Vorbereitung für die mittleren kaufmännischen und technischen Berufslaufbahnen, wie die Industrie sie in großer Zahl anbot. Hier öffneten sich auch begrenzte Aufstiegschancen für Kinder aus den Familien von Arbeitern und kleinen Angestellten. Im Vergleich zu den meisten übrigen europäischen Ländern verdienen diese Einrichtungen großes Lob.

Die Jugend, die wir aus unserer Gegenwart in vielen Ländern als besonders aktiven Träger von Veränderung kennen, spielte diese Rolle im Deutschland vor 1914 nur in sehr begrenztem Maße. Schon die scharfen Trennlinien zwischen den gesellschaftlichen Klassen machen es überhaupt schwer, von einer Jugend als einem Ganzen zu sprechen. Bei der Mehrheit der bürgerlichen Jugend überwog die Anpassung an die vorgegebenen Normen und Verhaltensmuster, da die Identifikation mit einem starken, wohlhabenden und expandierenden Deutschland nicht schwerfiel. Die Studentenschaft in ihrer einseitigen Herkunft aus geld- und bildungsbürgerlichen Familien war in ihrer großen Mehrheit besonders konservativ, ja reaktionär.

Im bürgerlichen Lager entstand jedoch um 1900 eine jugendliche Protestbewegung, die Jugendbewegung (nach einem ihrer Bünde häufig „Wandervogel" genannt) (→ M 8.20). Ihr Bewußtsein war eine eigenartige Mischung aus Kritischem und Rückwärtsgewandtem, die auch für ihre Entwicklung nach 1918 charakteristisch wurde. Scharf lehnte man die unaufrichtige Moral der geschäftstüchtigen und karrierebewußten Eltern ab und suchte die „echten“ Werte in der Natur und in der nationalen Geschichte. Ihre gleichzeitige Wendung gegen die moderne technisch-industrielle Welt trug anti-aufklärerische und antirationale Züge. Durch ihre Abwendung von der Politik und der Wissenschaft blieb die Jugendbewegung für den notwendigen Modernisierungsprozeß der deutschen Gesellschaft wirkungslos. (Nach dem Ersten Weltkrieg sollte die zweite Generation der Jugendbewegung eher zu einer Belastung der Republik werden.) Die Grenze zur Arbeiterjugend hat die bürgerliche Jugendbewegung nicht überschreiten können. Jene blieb, soweit sie sich organisierte, in den stabilen Traditionen und den zahlreichen Vereinen der Arbeiterbewegung, die insgesamt in eine demokratische Richtung wiesen.

Trotz dieser vielen negativen Tendenzen kann man die deutsche Geschichte vor 1914 nicht als einen geraden Weg in die Katastrophe sehen. Die Entwicklung von Kunst und Literatur verrät auch die Wirksamkeit und Stärke anderer Kräfte. In den letzten Jahren vor dem Kriege trat eine große Zahl junger Autoren hervor, deren sozialkritische Romane und Theaterstücke breiten Widerhall fanden und die zugleich den Anschluß der deutschen Literatur an die Moderne des Auslands herstellten. Malerei, Plastik und Musik waren in den zwei Jahrzehnten vor 1914 so produktiv wie nur in wenigen Phasen der deutschen Geschichte, und auch hier trat die Kunst aus den engeren Grenzen des nationalen Raumes heraus. Vor allem Berlin, Wien, Dresden und München zogen zahlreiche Künstler aus dem Ausland – besonders aus Nord- und Osteuropa – an. Der Glanz, der über dieser Zeit zu liegen scheint, darf aber nicht vergessen machen, daß die moderne Kunst und Literatur auch Reaktionen aggressiver Provinzialität auslösten und zum Teil dem antisemitischen Vorurteil Nahrung gaben.

Eine Wirkung auf die Öffentlichkeit dürften die Anfänge der modernen Architektur gehabt haben. Das neue Bauen verzichtete auf die historische Dekoration und folgte den praktischen Funktionen der Gebäude. Die modernsten Unternehmen der Großindustrie und die neuen Kaufhauskonzerne und auch die Gewerkschaften bewiesen hier, daß sie neuen Tendenzen offen waren (→ M 8.2). Auch hier stellt sich die Frage, ob eine längere Friedensperiode es ermöglicht hätte, daß Liberalität und Aufklärung sich in der deutschen Gesellschaft durchgesetzt hätten.

8.3 Die politische Entwicklung in den letzten Jahren vor dem Ersten Weltkrieg

Verfassungstext und Verfassungswirklichkeit

Die Verfassung, die das Deutsche Reich bei seiner Gründung 1871 „von oben“ erhalten hatte, war zu diesem Zeitpunkt insofern modern, als sie das allgemeine und gleiche Wahlrecht wenigstens für alle Männer einführte und die Regierung an die Zustimmung der Reichstagsmehrheit zu den Gesetzen und zum Haushalt band. Insoweit diese Verfassung aber den Reichskanzler allein vom Vertrauen des Kaisers abhängig machte, paßte sie kaum in eine moderne Industriegesellschaft, die ihre Stabilität nicht zuletzt den Chancen ihrer Bürger zur wirksamen politischen Teilnahme verdankt. Eine Änderung der Verfassung wurde aber erst 1918 vorgenommen, zwei Wochen, bevor das Kaiserreich zusammenbrach.

Verfassungen wandeln sich allerdings nicht nur durch Änderungen ihres Wortlauts, sondern auch in der Praxis ihrer Anwendung. Diese „Verfassungswirklichkeit“ hat in den 43 Jahren bis zum Beginn des Ersten Weltkriegs eine erkennbare Entwicklung durchgemacht, wobei es – am Maßstab der Demokratisierung gemessen – mehr positive als negative Tendenzen gab. Negativ wirkte sich aus, daß die Einteilung der Wahlkreise nicht den erheblichen Bevölkerungsverschiebungen nach 1871 angepaßt wurde, was einseitig die konservativen Parteien auf Kosten der SPD begünstigte. Die direkte Wahl jedes Abgeordneten in einem Wahlkreis durch die absolute Mehrheit der Wähler führte bei den häufig notwendigen zweiten Wahlgängen zu Wahlbündnissen der Parteien und zu Ergebnissen, die den ursprünglichen Wählerwillen stark verzeichneten. In der Reichstagswahl von 1907 („Hottentotten-Wahlen“, s. S. 157) erhielt die Konservative Partei mit knapp 10% der Stimmen gut 15% der Reichstagsmandate, die SPD mit der dreifachen Zahl an Wählern dagegen nur gut 10%. Auch die Entwicklung in einigen Bundesländern war ungünstig. Während in den süddeutschen Staaten die Demokratisierung Fortschritte machte, hielt Preußen, das mit Abstand größte Land, mit geringen Modifikationen am ▷ Dreiklassenwahlrecht fest. Vor allem aus Kreisen der Schwerindustrie wurden immer wieder die alten Pläne vorgebracht, ein allein von der Wirtschaft zu wählendes Oberhaus als zusätzliches verfassungsmäßiges Organ zu schaffen (s. S. 106, → M 5.6). Bemerkenswert ist dabei aber, daß bis auf einige Handelskammern nicht einmal die großen ▷ Interessenverbände der Industrie diesen Gedanken ernsthaft unterstützten. Die Regierungsvorlage von 1899, die das ▷ Koalitionsrecht der Arbeiter einzuschränken beabsichtigte und ein Sonderstrafrecht für streikende Arbeiter vorsah („Zuchthausvorlage"), beweist die Existenz reaktionärer Tendenzen. Daß diese Vorlage wegen des Widerstands aller Parteien außer der beiden konservativen im Reichstag glatt durchfiel, darf aber zugleich als Zeichen für rechtsstaatliches und demokratisches Denken interpretiert werden.

Positive Ansätze zeigten sich nach der Jahrhundertwende auch insofern, als die öffentliche Meinung und damit die Wahlen an Gewicht gewannen. Politische Fehlleistungen des Kaisers und seines Kanzlers Fürst von Bülow erschütterten das Vertrauen vieler Deutscher in das bestehende politische System. Vor allem die katastrophale internationale Wirkung eines Interviews, das Wilhelm II. 1908 dem „Daily Telegraph" gab[1] und das der Kanzler ungelesen zur Veröffentlichung freigegeben hatte, verstärkte die Kritik an den Befugnissen des Kanzlers und des Kaisers. Das Scheitern seiner Pläne zur Finanzreform im Reichstag veranlaßte von Bülow, dem Kaiser seinen Rücktritt anzubieten. Daß dieser erst mit einer gewissen Verzögerung angenommen wurde, verhüllte nur unzulänglich, daß hier zum ersten Male der Reichstag einen Kanzler gestürzt hatte. Der Ansatz zur Parlamentarisierung der Verhältnisse, der sich hier

Öffentliche Kritik an Wilhelm II.: „Ist es noch weit, Papa?" (Karikatur des „Kladderadatsch", einer satirischen Zeitschrift mit nationaler Einstellung, zum 25jährigen Jubiläum der Thronbesteigung, 1913)

andeutete, erwies sich spätestens in der internationalen Krise von 1914 als zu schwach.

Die SPD zwischen Revolution und Integration

Im Hinblick auf eine Demokratisierung des Deutschen Reichs verdient auch die Entwicklung des Parteiensystems eine positive Bewertung. – Der Linksliberalismus wurde 1910 durch den Zusammenschluß dreier kleinerer Parteien zur Fortschrittlichen Volkspartei gestärkt. Das katholische Zentrum hatte zwar 1908 zu seiner eigenartigen Kooperation mit den Konservativen und der Reichsregierung zurückgefunden, hielt aber an der Sicherung des bestehenden Reichstagswahlrechts fest, weil es davon profitierte.

Diese beiden bürgerlichen Parteien – Fortschrittliche Volkspartei und Zentrum – fanden auch zu gewissen Kontakten mit der SPD. Sie schlossen immer häufiger Wahlbündnisse mit ihr zur gegenseitigen Unterstützung bei zweiten Wahlgängen. Insofern die Bürgerlichen ihre Wähler aufforderten, in bestimmten Wahlkreisen die Gegner der Sozialdemokraten

[1] In einem Interview mit der britischen Zeitung hatte Wilhelm II. sich in peinlicher Weise als Freund und Ratgeber Englands, die Mehrheit der Deutschen aber als englandfeindlich dargestellt und in dilettantischer Weise versucht, das britische Verhältnis zu Frankreich und Rußland zu stören.

nicht zu wählen oder sogar für den SPD-Kandidaten zu stimmen, ebneten sie der SPD den Weg heraus aus der Isolation der „Umsturzpartei“ (→ M 8.16 u. 8.17).
Die SPD war seit den Reichstagswahlen von 1890 die nach Stimmen und Mitgliedern größte deutsche Partei, 1912 mit fast 30% der Sitze die größte Fraktion im Reichstag (→ M 8.12). Längst wurde sie nicht mehr nur von Industriearbeitern gewählt, sondern auch von Angestellten, kleinen Gewerbetreibenden und einigen Akademikern. In einer Gesellschaft, die den Zeitgenossen außerordentlich stabil vorkam und in der mit der lange anhaltenden Konjunktur seit 1894 der wirtschaftliche Fortschritt gesichert schien, mußte sich auch das Bewußtsein der SPD im Vergleich zu ihren Anfangszeiten ändern. Sie wurde den anderen parlamentarischen Parteien ähnlicher, indem sie an der Gesetzgebungsarbeit aktiv teilnahm, um die praktischen Lebensumstände der Arbeiter zu verbessern und den politischen Einfluß des Reichstags zu vermehren. Dieser „reformistische“ Kurs der Mehrheit der Reichstagsfraktion wurde theoretisch und publizistisch von Eduard Bernstein gestützt, der forderte, die Marxsche Theorie zu „revidieren“, d. h. sie an diejenigen wirtschaftlichen und politischen Tatsachen anzupassen, die Marx nicht vorhergesehen hatte. Da die Revolution nicht in den von Marx und Engels erwarteten Zeiträumen zu erwarten sei, müsse sich auch die praktische Politik ändern. So wie schon Friedrich Engels in seinen letzten Lebensjahren einen evolutionären Weg zur Veränderung der Gesellschaft für möglich gehalten hatte, so glaubte auch Bernstein, daß das Proletariat ohne eine Revolution seine Ziele erreichen könne. Vor allem die Gewerkschaften dachten ähnlich (→ M 8.9 u. 8.11).
Diese Position blieb nicht unbestritten. Ein Flügel der Parteiführung (unter ihnen Karl Kautsky, Karl Liebknecht und Rosa Luxemburg), aber auch eine größere Zahl örtlicher Parteiorganisationen im Rheinland und in Sachsen sahen im Revisionismus und seiner reformistischen politischen Praxis Verrat an den Zielen des Proletariats. Sie forderten die Fortsetzung eines entschlossenen Klassenkampfes und sahen im Massenstreik das entscheidende Kampfmittel (→ M 8.10).
Der Streit wurde vor 1914 nicht ausgetragen, sondern durch Kompromißformeln überdeckt. Erst der Erste Weltkrieg führte zur Verschärfung der Gegensätze; 1917/1918 brach die deutsche Arbeiterbewegung in zwei selbständige Richtungen – Sozialdemokratie und radikaler Sozialismus bzw. Kommunismus – auseinander. Möglicherweise hätte eine längere Friedensphase das Übergewicht der revisionistischen Richtung gesichert. Es hätte sich so schon früher das Parteimuster herausbilden können, das mit seinen drei Elementen einer bürgerlich-liberalen, einer bürgerlich-christlichen und einer sozialdemokratischen Partei die spätere Politik bis hin zu unserer Gegenwart prägte. Man kann sich eine Entwicklung vorstellen, die in Deutschland zu einer konstitutionellen Monarchie nach britischem Vorbild hätte führen können.
Solche Überlegungen lassen leicht außer acht, daß auch 1914 noch nicht entschieden war, ob die alten politischen und ein Teil der neuen wirtschaftlichen Eliten eine solche Entwicklung zu dulden bereit waren. Der Klassenkampf war noch nicht zuende, am wenigsten der von oben. In Regierungskreisen sah man die Kooperation mit dem Zentrum wiederholt nur als einen Notbehelf, bis man das Wahlrecht würde geändert und die Macht der SPD gebrochen haben. Die Führung der Armee dachte bis zuletzt daran, die Truppen im Innern gegen die organisierte Arbeiterschaft einzusetzen. Die Kommandogewalt des Kaisers (und preußischen Königs) über die Armee konnte der Kontrolle des Reichstags nicht unterworfen werden. Der Versuch von 1908, die Entscheidung über Krieg und Frieden an die Zustimmung des Reichstages zu binden, scheiterte. Sogar die schwere Verfassungskrise im Gefolge der Zaberner Affäre, als Kaiser und Kanzler Provokationen der Armee gegen die elsässische Bevölkerung deckten und alle Parteien außer den Konservativen einen Mißtrauensantrag gegen den Reichskanzler unterstützten, führte nicht zu dessen Entlassung; der entscheidende Durchbruch zur Parlamentarisierung war wieder gescheitert. Ein halbes Jahr später, in der Julikrise 1914, ließ eine Handvoll Männer in der deutschen Regierung und Diplomatie die lang aufgestauten Spannungen in Europa in den Weltkrieg eskalieren. Der Reichstag aber, überrollt von der Welle des Patriotismus und ohne Information über den wirklichen Gang der Dinge, bewilligte unter Einschluß der SPD die erforderlichen Geldmittel für die Kriegsführung.

Überlegungen zur weiteren Arbeit

In diesem Kapitel müssen wir unsere Untersuchung des Industriezeitalters in Deutschland zu einem Abschluß führen. Das wird nicht leicht sein angesichts der vielen Widersprüche, auf die wir bis jetzt gestoßen sind: 1914 stand das Deutsche Reich auf dem Höhepunkt seiner Macht, geprägt von einer hochmodernen Industrie, einem breiten relativen Wohlstand und einer außerordentlichen militärischen Stärke. Es forderte eine Weltmachtrolle, die der Großbritanniens ebenbürtig war. Zugleich empfanden viele deutsche Politiker, Unternehmer und Intellektuelle und andere Gruppen der Gesellschaft ihre eigene Position und die des Reiches von innen und außen bedroht.
Wir haben einen eindrucksvollen gesellschaftlichen Modernisierungsprozeß vor uns, in dem auch demokratische Werte und Verhaltensmuster stärker wurden; aber 1914 trug Deutschland entscheidend zur Auslösung des Ersten Weltkriegs bei, und das Erbe des Kaiserreichs sollte nach 1918 zur übergroßen Belastung für die erste deutsche Republik werden.
Wie das Kapitel 7 ist auch dieses schwieriger als die früheren, weil es auf viele Ergebnisse des vorhergehenden Unterrichts zurückgreifen muß. Zugleich ist es nicht auf eine einzelne Dimension der Geschichte beschränkt, sondern stellt zwischen Wirtschaft, Gesellschaft, Kultur und Politik Verbindungen her. Das bedeutet zugleich, daß wir einem synchronen Verfahren folgen, d. h. eine Art von Querschnitt anlegen werden. Insofern das Bewußtsein der Menschen vor 1914 ihr Handeln entscheidend beeinflußt hat, werden wir dem viel Aufmerksamkeit widmen und ideologiekritisch verfahren. – Für Kurse, denen zur lokalen und regionalen Geschichte Material zur Verfügung steht, bietet sich auch hier die Gelegenheit zu einer Fallstudie.

Materialien zu Kapitel 8

Bürgertum und Proletariat am Vorabend des Ersten Weltkriegs

M 8.1 1940/41 – Rückblick auf die Zeit vor 1914 aus der Perspektive des Exils

Der Schriftsteller Stefan Zweig (1881 – 1942) entstammte dem Wiener Großbürgertum. 1938, nach dem Zwangsanschluß Österreichs an das Deutsche Reich, emigrierte er. Er schrieb den folgenden Text in Brasilien kurz vor seinem Freitod; was er hier für das alte Österreich formuliert, kann weitgehend auch für das Deutschland vor 1914 gelten.

Wenn ich versuche, für die Zeit vor dem Ersten Weltkriege, in der ich aufgewachsen bin, eine handliche Formel zu finden, so hoffe ich am prägnantesten zu sein, wenn ich sage, es war das goldene Zeitalter der Sicherheit. Alles in unserer fast tausendjährigen österreichischen Monarchie schien auf Dauer gegründet und der Staat selbst der oberste Garant dieser Beständigkeit. Die Rechte, die er seinen Bürgern gewährte, waren verbrieft vom Parlament, der frei gewählten Vertretung des Volkes, und jede Pflicht genau begrenzt. Unsere Währung, die österreichische Krone, lief in blanken Goldstücken um und verbürgte damit ihre Unwandelbarkeit. Jeder wußte, wieviel er besaß oder wieviel ihm zukam, was erlaubt und was verboten war. Alles hatte seine Norm, sein bestimmtes Maß und Gewicht. Wer ein Vermögen besaß, konnte genau errechnen, wieviel an Zinsen es alljährlich zubrachte, der Beamte, der Offizier wiederum fand im Kalender verläßlich das Jahr, in dem er avancieren werde und in dem er in Pension gehen würde. Jede Familie hatte ihr bestimmtes Budget, sie wußte, wieviel sie zu verbrauchen hatte für Wohnung und Essen, für Sommerreise und Repräsentation, außerdem war unweigerlich ein kleiner Betrag sorgsam für Unvorhergesehenes, für Krankheit und Arzt bereitgestellt. [...] Niemand glaubte an Kriege, an Revolutionen und Umstürze. Alles Radikale, alles Gewaltsame schien bereits unmöglich in einem Zeitalter der Vernunft.

Dieses Gefühl der Sicherheit war der erstrebenswerteste Besitz von Millionen, das gemeinsame Lebensideal. Nur mit dieser Sicherheit galt das Leben als lebenswert, und immer weitere Kreise begehrten ihren Teil an diesem kostbaren Gut. Erst waren es nur die Besitzenden, die sich dieses Vorzugs erfreuten, allmählich aber drängten die breiten Massen heran. [...]

In diesem rührenden Vertrauen, sein Leben bis auf die letzte Lücke verpalisadieren zu können gegen jeden Einbruch des Schicksals, lag trotz aller Solidität und Bescheidenheit der Lebensauffassung eine große und gefährliche Hoffart. Das neunzehnte Jahrhundert war in seinem liberalistischen Idealismus ehrlich überzeugt, auf dem geraden und unfehlbaren Weg zur besten aller Welten zu sein. Mit Verachtung blickte man auf die früheren Epochen mit ihren Kriegen, Hungersnöten und Revolten herab als auf eine Zeit, da die Menschheit eben noch unmündig und nicht genug aufgeklärt gewesen. Jetzt aber war es doch nur eine Angelegenheit von Jahrzehnten, bis das letzte Böse und Gewalttätige endgültig überwunden sein würde, und dieser Glaube an den ununterbrochenen, unaufhaltsamen „Fortschritt" hatte für jenes Zeitalter wahrhaftig die Kraft einer Religion; man glaubte an diesen „Fortschritt" schon mehr als an die Bibel, und sein Evangelium schien unumstößlich bewiesen durch die täglich neuen Wunder der Wissenschaft und der Technik. [...] Auch im Sozialen ging es voran; von Jahr zu Jahr wurden dem Individuum neue Rechte gegeben, die Justiz linder und humaner gehandhabt, und selbst das Problem der Probleme, die Armut der großen Massen, schien nicht mehr unüberwindlich. Immer weiteren Kreisen gewährte man das Wahlrecht und damit die Möglichkeit, legal ihre Interessen zu verteidigen, Soziologen und Professoren wetteiferten, die Lebenshaltung des Proletariats gesünder und sogar glücklicher zu gestalten – was Wunder darum, wenn dieses Jahrhundert sich an seiner eigenen Leistung sonnte und jedes beendete Jahrzehnt nur als die Vorstufe eines besseren empfand? An barbarische Rückfälle, wie Kriege zwischen den Völkern Europas, glaubte man so wenig wie an Hexen und Gespenster; beharrlich waren unsere Väter durchdrungen von dem Vertrauen auf die unfehlbar bindende Kraft von Toleranz und Konzilianz. Heute, da das große Gewitter sie längst zerschmettert hat, wissen wir endgültig, daß jene Welt der Sicherheit ein Traumschloß gewesen. Aber doch, meine Eltern haben darin gewohnt wie in einem steinernen Haus. Kein einziges Mal ist ein Sturm oder eine scharfe Zugluft in ihre warme, behagliche Existenz eingebrochen: freilich hatten sie noch einen besonderen Windschutz: sie waren vermögende Leute, die allmählich reich und sogar sehr reich wurden, und das polsterte in jenen Zeiten verläßlich Fenster und Wand.

Stefan Zweig: Die Welt von gestern. (Suhrkamp) Frankfurt 1947. S. 16 ff.

M 8.2 1912 – Modernes bürgerliches Bewußtsein. Der Architekt Peter Behrens über den Zusammenhang zwischen Industrie und Architektur

P. Behrens (1868 – 1940) war einer der wichtigsten deutschen Architekten seiner Zeit. Er arbeitete u. a. für die Reichsregierung und die Farbwerke Hoechst. Zu seinen Mitarbeitern zählten Architekten, die später Weltruhm erlangten: Le Corbusier, Gropius und Mies van der Rohe.

Es scheint, als ob die logische Konsequenz, die Energie und die zuverlässige Tüchtigkeit der Industrie und des Großkaufmannsstandes, denen die rapide wirtschaftliche Entwicklung unseres Reiches zu danken ist, nicht immer den klar und logisch entwickelten Formgedanken anerkennten, sondern daß dieser leicht einem dilettantischen Zug nach Romantik und Prunksucht zum Opfer fällt, wenn gewiß auch an manchen Orten des Reiches, wie auch in Düsseldorf, Beispiele vorhanden sind, die als ernste, künstlerische Arbeiten, als Schöpfung eines neuen Typus angesehen werden können.

Die moderne Entwicklung, die über das wohlgeordnete Kleinstadtidyll weit hinaus, die Weltstädte zu einer unorganisierten Wirrnis zu füh-

ren droht, stellt neue Aufgaben an die Baukunst, die nur im Geiste der Industrie und der Großkaufmannschaft erfüllt werden können.
Die Entfaltung monumentaler Kunst ist stets der Ausdruck eines bestimmten Machtkreises seiner Zeit gewesen.
Wenn man in diesem Sinne im Mittelalter von der Kunst der Kirche, in der Barockzeit von der Kunst der Könige, bei den Formen um 1800 von bürgerlicher Kunst sprechen kann, so glaube ich nun, daß heute unsere reich erblühte Industrie wieder einen Machtkreis bildet, der nicht ohne Einfluß auf die Kultur bleiben kann. [. . .]
Als klassische Vorbilder für die Geschlossenheit und Großkörperlichkeit können uns die italienischen Palastbauten in ihrer ungeteilten Einfachheit sein.
Der Palazzo Strozzi in Florenz ist wohl das am meisten charakteristische und unerreichte Beispiel kubischer Monumentalität. Keine für die Raumanordnung des Innern unnötige Vor- oder Rücksprünge zergliedern die bündige Flächenwirkung der Fassaden. [. . .]
Bei dem Bau eines Bureaugebäudes für die Mannesmannröhren-Werke schien mir die Aufgabe darin zu liegen, den Zweck und die materielle Notwendigkeit des Hauses durch künstlerische Mittel zu vergeistigen, d. h. also den Charakter eines Bureaugebäudes, und mit aller Absicht einen Typus anzustreben. Den Typus zu finden ist ja in aller Kunst, besonders aber in der Architektur das wichtigste Ziel. [. . .]

Zit. nach: Mannesmannröhren-Werke AG: Zur Erinnerung an die Einweihung des Mannesmann-Gebäudes. Düsseldorf 1912. S. 84 f.

M 8.3 um 1900 – Arbeiterleben in einer von Schwerindustrie bestimmten jungen Stadt: (Duisburg-)Hamborn

Diese Texte wurden von einem Hamborner Volksschullehrer, Heinrich Kaut, als Diktatübungen verfaßt und veröffentlicht.

Streifzug durch die Kolonien

In weiten Bogen zieht sich da eine eintönige Häuserkette durch das Feld: Kolonien. Kleine Häuser sind es. Einige Meter zurück liegen die Ställe und dann kommt das Feld. Das sind die alten Kolonien, in denen jede Familie eine eigene Haustür hat. Wer einmal in diesem kleinen Häuschen wohnt, zieht nicht leicht aus. Man lebt und wohnt darin so schön für sich.
Schönere Räume bieten die großen Kolonien, die im Viereck zusammen stehen und schnurgerade Straßen begrenzen. Eine Haustür hat da viel durchzulassen. Aber jede Wohnung hat ihre Abschlußtür. Auch da wohnen die Menschen, wenn sie wollen, ganz für sich. Die Bewohner dieser Blocks haben kein Feld, höchstens draußen am Bruch ein Schrebergärtchen. Dafür aber gibt's einen schönen, weiten Innenhof mit Anlagen, Bäumen, Bänken, Spielplätzen, Sandhaufen und Pfosten zum Wäschetrocknen. An allen Ecken mahnen Schilder: Das Befahren der Hofplätze ist untersagt.
Nun die Augen auf und zugesehen, was das Leben in den Kolonien alles mit sich bringt!
Die Straßen sind nicht gepflastert. In den Rinnsteinen spielen die Kinder und watscheln die Gänse. Da sitzen die Kleinen und spielen Füße baden. Andere haben weiße oder bunte Kreide in den Händen und bemalen die Häuserwände.
Frau laufen barfuß umher. Sie bringen die Ziege oder das Schaf auf die Wiese. Andere binden sich die Röcke hoch und putzen. Wieder andere stehen mit aufgerollten Ärmeln da und schwatzen und plaudern wie laute Spatzen. Oder sie sitzen auf den Treppenstufen und schälen Kartoffeln oder flicken, häkeln, stricken.
In den Fenstern liegen die Kostgänger. Sie haben den ganzen Tag geschlafen und müssen gleich zur Nachtschicht. Die Kostfrau macht ihnen die Butterbrote und die Kaffeeteuten fertig.
Wie fein die Fenster manchmal aussehen! Oft findet man Blumenbänke mit reicher Schnitzarbeit. Fast alle Fenster haben Blumen. [. . .]
Von sehr viel fleißiger Arbeit erzählen auch die gehäkelten Fensterbehänge. Ab und zu sieht man aber auch armselige Fenster, die weder Blumen noch Gardinen zeigen, sondern nur eine alte Bettdecke vorgesteckt haben.
An sehr vielen Fenstern sieht man Schilder: „Büglerin", „Strickmaschine", „Kost und Logis", „Drehrolle" usw. Die Koloniebewohner sind durchweg arbeitsame Leute. Auch die Frauen wollen etwas mit verdienen. [. . .]
Abends, besonders im Sommer, ist es recht lustig in der Kolonie. Überall ist Musik. Manchmal gibt's auch Zank und Schlägerei. Aber meist sitzen die Leute gemütlich auf den Treppenstufen und scherzen und rauchen und plaudern.

Wer hat schon beobachtet, wie dann die Pulle herumgereicht wird?

Lohntagstrubel

Welch buntes Leben und Treiben ist doch heute auf der Straße! So viele Menschen sieht man doch sonst nicht draußen. Vor den Wirtschaften stehen Gruppen von Männern. Sie reden, rufen, lachen und lärmen und reichen die Schnapspulle herum. Einige schwanken schon hin und her, sie haben schon zu viel getrunken. –
Es ist Lohntag. Die Arbeiter der Zechen und Fabriken bekommen ihren Lohn. Schau nur! Da zeigt einer dem Kameraden die Lohntüte. Wie er schimpft! Aha, ihm ist sicher viel abgezogen worden. Richtig! Er zählt es auf: Vorschuß 20,00 Mark, Miete 12,50 Mark, Steuer 16,00 Mark, Krankengeld usw.
Nichts wird am Lohntag so eingehend besprochen wie die Lohntüte. Der Kostgänger z. B. ist wütend, daß sie so genau Inhalt und Abzüge angibt. Es möchte sich ein wenig am Kostgeld vorbeimachen. Aber alles Radieren und Durchstreichen nützt nichts, die Kostfrau kann es sehen, sie sieht scharf.
Alles, jung und alt, freut sich auf den Lohntag. Das ist ja der Tag, der Geld ins Haus bringt. Die Mutter putzt alles, wie vor einem Fest. Sie geht einkaufen. Schwer beladen kommt sie heim. Die Kinder stürzen ihr schon entgegen und reißen den Kuchen oder das Obst aus dem Korbe. [...]
Am meisten aber hat der Wirt zu tun. Lohntags wird die Wirtschaft nicht leer. Die große elektrische Orgel spielt fast in einem fort. Immer wieder werfen die Menschen Groschen hinein. Viele Männer sitzen am Abend noch da. Und neben ihnen liegt noch der Wäschepack und die Kaffeteute. Ein Zeichen, daß sie noch nicht daheim waren. Die Lohntüte liegt zerrissen auf dem Tisch oder am Boden. Zu Hause aber weint und wartet eine traurige Mutter.
Lohntags gibt es oft Streit und Schlägereien. An jeder Straßenecke steht ein Polizist. Anderen Tags liest man immer von Schlägereien, oft von Mord.
Und dann muß jeder wieder an seine Arbeit gehen. Wer bummelt, hat Strafgeld zu zahlen und das gibt Abzüge.
Erst in vierzehn Tagen ist wieder Lohntag. Wer nicht fein sparsam sein Geld einteilte, muß darben bis zum nächsten Lohntag.

Zit. nach: Hartmut Pietsch (Hrsg.): Industrialisierung und soziale Frage in Duisburg. (Braun) Duisburg 1982. S. 71 f.

M 8.4 1913 – Eine junge Sozialwissenschaftlerin über Vereine in der Industriestadt Hamborn und die Lage der Frauen

Ein Blick auf die Aufstellung der Vereine, die die Stadt Hamborn in ihren drei letzten Jahresberichten veröffentlicht hat, läßt ganz besonders die große Zahl der sogenannten Vergnügungsvereine auffallen. So gibt es z.B. mit Ausschluß der Polen-Vereine[1] und der kirchlichen Gesangsvereine 44 Gesang-Vereine, 33 Musik-Vereine und 15 Dilettanten- und Theater-Vereine. Außerdem gibt es 12 Turnvereine, 9 Radfahrer-Vereine, 12 Fußballspielvereine, 13 Militär-Brieftauben-Vereine, 9 Rauchklubs, 34 Kegelklubs und 29 Geselligkeits-Vereine. Die kirchlichen Vereine setzen sich zusammen aus 16 katholischen und 14 evangelischen. Wirtschaftliche und berufliche Interessen verfolgen 2 Haus- und Grundbesitzer-Vereine, 5 Vereine zur Wahrung geschäftlicher Interessen, dann die 2 Lehrer-Vereine, 10 Knappen-Vereine[2], 7 Zahlstellen der vereinigten Bergarbeiter-Verbände, 7 freie Gewerkschaften, 5 christliche Verbände und 5 Hirsch-Duncker-Verbände[3] und andere mehr. Auch Zuchtvereine fehlen diesem reichen Kranze von Vereinen nicht. So gibt es 4 Kanarien-Zuchtvereine, 1 Geflügel- und 5 Kaninchen-Zuchtvereine. Die Polen haben 10 Berufs-Gewerkvereine, 9 Musik-Gesangvereine und Radfahrerklubs, 14 Kirchen-Vereine, 4 sonstige national-polnische Vereine, 1 Konsum-Verein, 4 Lotterie-Vereine, 4 Wahl-Vereine und 1 Temperenzler-Verein. Aus dieser Fülle von Vereinen sollte man schon auf ein recht stark betontes Gemeindebestreben schließen dürfen. Aber alle Vereine leiden mehr oder minder unter dem großen Bevölkerungswechsel und auch unter der Arbeitszeiteinteilung seiner Mitglieder in Tag- und Nachtschicht. [...]
Fragen wir uns aber, wem diese Vereine in der Hauptsache dienen, so müssen wir sagen, der Jugend! Die unverheirateten Burschen und die jung verheirateten Paare sind es fast ausschließlich, die sich am Vereinsleben beteiligen. [...]
Von einer Seite hat allerdings für den Arbeiter bereits eine mächtige Kraft eingesetzt, das ist die Organisation (die Gewerkschaft)!
Von meinen Untersuchungen waren von 488 Ehemännern 293 organisiert, die Zahl würde bedeutend höher sein, wenn nicht viele, durch das negative Resultat des Streiks im März 1912

entmutigt, ausgetreten wären. Denn von der Macht der Organisation und ihrer Notwendigkeit waren alle überzeugt, nur stellten sie den Erfolg in Frage, solange die drei Verbände nicht zu einem einzigen großen Arbeiterverbande verschmolzen seien. Die Organisation hebt und trägt den einzelnen über sich selbst hinaus, sie macht Streben nach Wissen und seelischer Vertiefung lebendig, sie klärt den Arbeiter über den Zusammenhang auf, der zwischen seiner ihm bisher so gering scheinenden Arbeit und der Entwicklung der deutschen Industrie besteht.
Anders die Frau! Nur die unverheiratete oder jung verheiratete beteiligt sich in der Regel an den außerhäuslichen Vergnügungen, die Mutter hält sich im allgemeinen fern. Wir haben mehrfach darauf hingewiesen, wie das wachsende Nomadentum unserer Industriebevölkerung die gesellschaftliche Lage des einzelnen immer mehr isoliert. Eine Fremde unter Fremden, die sie nicht verstehen, ihre Persönlichkeit nicht kennen, lebt sie dahin, in ruhelosem Lebenskampfe, den die Launen der Conjunktur, der Mangel an Existenzsicherheit ihr aufzwingt.

Li Fischer-Eckert: Die wirtschaftliche und soziale Lage der Frauen in dem modernen Industrieort Hamborn im Rheinland. (Starke) Hagen 1913. S. 131 f.

---

1 Die Schwerindustrie zog viele polnische Arbeiter an, die ein reges Vereinsleben entwickelten.
2 Berufsvereine von Bergleuten
3 liberal orientierte Gewerkschaften, die nicht streikten

Strukturen und Veränderungen

M 8.5 1912 – Angestellte: Lage und Bewußtsein einer neuen sozialen Gruppe

Die Angestellten sind eine relativ junge Gruppe von Arbeitnehmern; um 1850 gab es den Begriff noch nicht, später sprach man von „Fabrikbeamten"; 1882 zählte man in Deutschland ca. 300 000, 1907 bereits 1,3 Mill. Angestellte, ihre Zahl wuchs rascher als die jeder anderen Gruppe. Die Soziologie, um 1910 selbst noch eine junge Wissenschaft, interessierte sich stark für die Angestellten, deren Berufsverbände wiederum Soziologen mit der Untersuchung der Lage der Angestellten beauftragten. So kam der Soziologe und Volkswirtschaftler Emil Lederer zu folgender Analyse:

Die Zusammenfassung der beiden Hauptkategorien (der technischen und kaufmännischen Angestellten) unter *einen* Oberbegriff ist auf die analoge *soziale* Position wenigstens der numerisch größten Teile der einzelnen Gruppe zurückzuführen. Die beiden Gruppen empfangen ihre soziale Charakterisierung, die für sie ausschlaggebend wird, nicht von ihrer technischen oder wirtschaftlichen Funktion, sondern hauptsächlich von ihrer Stellung zu den ausschlaggebenden Klassen der Unternehmer und Arbeiterschaft. Diese *Zwischenstellung*, zwischen den Klassen, also etwas *Negatives*, ist das soziale Kriterium der Angestelltenschaft und entscheidet sowohl im Bewußtsein der Angestellten selbst als in dem der Allgemeinheit *mehr* als die *positive technische Funktion*. [...]
Als Ergebnis der statistischen Daten sei festgestellt:

1. Das rapide Anschwellen der Angestelltenschichten seit 1882, mehr noch seit 1885 ist die Konsequenz der Betriebskonzentration, der Entwicklung zum Großbetrieb; es schließt zugleich für die große Masse den Übergang zur Selbständigkeit aus; die Klassenzugehörigkeit zur Angestelltenschaft wird – auch individuell – eine dauernde.
3. Die Beschäftigung kaufmännischen Personals auch in der Industrie schafft einen Konnex der beiden großen Angestelltengruppen, der auch organisatorisch von Bedeutung zu werden beginnt.
4. Die Bedeutung der Angestellten wird gesteigert durch ihre *lokale* Verteilung, durch die Konzentration überdurchschnittlich großer Massen von Angestellten (im Verhältnis zur berufstätigen Bevölkerung) in den Großstädten.
5. [...] Die Angestelltenschaft steht ihrer ganzen Position nach nicht in diesem Verhältnis zur kapitalistischen Wirtschaftsordnung (wie die Arbeiterschaft, die sie abschaffen will), – sie erstrebt nur eine Reform, nicht eine Umstürzung und Änderung von Grunde aus. Das Charakteristikon der Angestellten wäre demnach: Vereinigung der Merkmale der unselbständig Berufstätigen, aber beeinflußt durch die (technisch bedingte) Vorzugsposition gegenüber der Arbeiterschaft. In weiterer Konsequenz desselben: Konservatismus, Sozialpolitik als Mittel zur Erhaltung und Hebung des Standard of Life. Das Ideal, welchem die Privatangestellten zustreben, ist bereits in der Position der Staatsbeamten zum größten Teile verwirklicht. Nur daß das wesentlichste Merkmal, die dauernde Position nicht unmittelbar postuliert wird. Läßt

sich durch den Hinweis auf die Staatsbeamtenschaft die Richtung gut kennzeichnen, in welcher sich fast alle Angestelltenpolitik bewegt, so ist sie doch als Politik unselbständig Berufstätiger, wie bereits erwähnt, genötigt, fast alle Mittel der Arbeitersozialpolitik auch für sich auszuwerten. [...]
Trotz dieser weitgehenden Parallelität zur Politik der Arbeiterschaft wird man die der Angestellten sehr wohl von ihr unterscheiden können. Sie wird doch wesentlich dadurch bestimmt, daß die Angestellten vom Mittelstand her kommen, und danach streben, eine mittelständische Existenz zu erhalten, resp. zu erreichen.

Zit. nach: Günter Schönbrunn (Hrsg.): Das Bürgerliche Zeitalter. (Bayr. Schulbuchverlag) München 1980. S. 775.

M 8.6 1912 — Soziale Zusammensetzung der höheren Beamtenschaft in Preußen als Zeichen für gesellschaftliche Beharrung einer Elite (Angaben in %)

	adelig	Berufe der Väter Beamte u. Offiziere	freie Berufe, Professoren	Landwirte	Handel u. Industrie
Oberpräsidenten und Regierungspräsidenten	70,8	58,3	2,1	31,3	8,3
Oberräte, Direktoren und Polizeipräsidenten	26,1	43,6	14,7	22,7	19,0
Regierungsräte und -assessoren	29,9	48,0	14,3	18,4	19,2
Landräte	55,7	47,4	6,2	31,6	14,8

Nach: Gerhard A. Ritter, Jürgen Kocka: Deutsche Sozialgeschichte 1870—1914. (Beck) München ^{3}1982, S. 369.

M 8.7 um 1900 – Frauenpolitik

A – Bürgerliche Frauenbewegung

Anita Augspurg (1857–1943) entstammte einer Akademikerfamilie; ihre umfangreiche journalistische und organisatorische Arbeit blieb parteilich ungebunden.

Das neue Bürgerliche Gesetzbuch für das deutsche Reich sollte ein Vierteljahrhundert nach der Reichsgründung geschaffen werden. Zum ersten Mal in der deutschen Reichsgeschichte meldeten Frauen als wesentlich Beteiligte ihre Ansprüche auf Berücksichtigung und Gleichstellung im Zivilrecht an. Es gelang, Zentren für Agitation und Aufklärung der Frauen in weiten Kreisen zu schaffen. Man kann die Geburtsstunde der radikalen, politisch ernst zu nehmenden deutschen Frauenbewegung von jener Zeit datieren. Bei diesem Anlaß überzeugte sich Anita Augspurg, daß ohne gründliche Fachkunde im Zivil- und Staatsrecht alles, was sich Frauenbewegung nannte, dilettantisch und problematisch bleiben müsse, solange es nicht auf solidem Boden der Zivil- und Staatsgesetzgebung aufgebaut werde. Sie war ferner der völlig berechtigten Ansicht, daß die Interessierung und Befragung männlicher Juristen keine genügende Garantie für die Forderungen bieten könne, welche die Frauen hinsichtlich ihrer Rechtslage an eine moderne Gesetzgebung zu stellen haben, daß Frauen vielmehr selbst zur Wahrnehmung und Sicherung ihrer Rechte über die nötigen juristischen Kenntnisse verfügen müßten. Deshalb beschloß sie, sich dem Rechtsstudium zu widmen. [...] Die nötigen Rechtskenntnisse durch juristisches Studium zu erwerben, war damals in Deutschland noch nicht möglich, sondern mußte in vorgeschrittenen Ausländern geschehen. Anita Augspurg wählte die freie Schweiz. [...] Zur rechtsgültigen Immatrikulation in der Schweiz genügte das Zertifikat für Unterrichtsbefähigung an höheren Mädchenschulen, das sie besaß, die nötige Beherrschung der alten Sprachen erwarb sie durch Privatunterricht.

Zit. nach: Lida Heymann: Anita Augspurg: Erlebtes – Erschautes. (Anton Hain) Meisenheim 1972. S. 16 f.

B – Das Bürgerliche Gesetzbuch und die Frau

Das Bürgerliche Gesetzbuch trat zum 1. Januar 1900 in Kraft.

§ 1354 Dem Manne steht die Entscheidung in allen das gemeinschaftliche eheliche Leben betreffenden Angelegenheiten zu; er bestimmt insbesondere Wohnort und Wohnung.
Die Frau ist nicht verpflichtet, der Entscheidung des Mannes Folge zu leisten, wenn sich die Entscheidung als Mißbrauch seines Rechtes darstellt.

§ 1355 Die Frau erhält den Familiennamen des Mannes.

§ 1356 Die Frau ist, unbeschadet der Vorschriften des § 1354, berechtigt und verpflichtet, das gemeinschaftliche Hauswesen zu leiten.

Zu Arbeiten im Hauswesen und im Geschäfte des Mannes ist die Frau verpflichtet, soweit eine solche Tätigkeit nach den Verhältnissen, in denen die Ehegatten leben, üblich ist.

§ 1357 Die Frau ist berechtigt, innerhalb ihres häuslichen Wirkungskreises die Geschäfte des Mannes für ihn zu besorgen und ihn zu vertreten. Rechtsgeschäfte, die sie innerhalb dieses Wirkungskreises vornimmt, gelten als im Namen des Mannes vorgenommen, wenn nicht aus den Umständen sich ein Anderes ergibt.

Der Mann kann das Recht der Frau beschränken oder ausschließen. Stellt sich die Beschränkung oder die Ausschließung als Mißbrauch des Rechtes des Mannes dar, so kann sie auf Antrag der Frau durch das Vormundschaftsgericht aufgehoben werden. [. . .]

§ 1363 Das Vermögen der Frau wird durch die Eheschließung der Verwaltung und Nutznießung des Mannes unterworfen (eingebrachtes Gut). [. . .]

§ 1627 Der Vater hat kraft der elterlichen Gewalt das Recht und die Pflicht, für die Person und das Vermögen des Kindes zu sorgen.

C – Die sozialdemokratische Frauenbewegung

Polizeibericht (Wuppertal-)Elberfeld (1906)

Die in meinem Jahresberichte vom 30. August 1905 kurz erwähnte sozialdemokratische Frauenbewegung hat seitdem so unverkennbare Fortschritte gemacht, daß sie jetzt schon als ein wesentlicher Faktor einer revolutionären Bewegung innerhalb der Industriearbeiterbevölkerung betrachtet werden muß. Um die Bewegung in bestimmte Bahnen zu lenken und um eine feste organisierte Basis für dieselbe zu haben, werden die „Vereine für Frauen und Mädchen der Arbeiterklasse“ gebildet.

Der Bildung dieser Vereine gehen stets mehrere, von einflußreichen Führern der sozialdemokratischen Partei einberufene öffentliche Volksversammlungen voraus, zu denen die Frauen und Töchter der Arbeiter ganz besonders eingeladen werden und in welchen die Redner solche Angelegenheiten erörtern, welche besonders geeignet sind, in den Frauen das Interesse für die sozialdemokratischen Bestrebungen zu erwecken. Besonders beliebte und wirksame Themata sind:

„Die Frau als Fabrikarbeiterin und Lohndrükkerin.

Die neuen Zollgesetze und Verteuerung der Lebensmittel.

Die Fleischnot infolge der Grenzsperre.[1]

Die ‚Verpfaffung‘[2] der Schulen.

Politische Gleichberechtigung der Frauen, Forderungen des aktiven und passiven Wahlrechts für dieselben im Reich, Staat und in den Gemeinden.“

In diesen Versammlungen werden stets eine Anzahl Exemplare des Organs der Frauenbewegung „Die Gleichheit“ an die anwesenden Frauen verteilt und zum Abonnement auf das Blatt aufgefordert. Nach den Versammlungen beginnt die Agitation von Haus zu Haus, in der sich regelmäßig Frauen bekannter Sozialdemokraten hervortun. Sind auf diese Weise die Grundlagen geschaffen und eine, wenn auch anfangs nicht erhebliche Zahl von Frauen und Mädchen für das Vorhaben gewonnen, so wird zur Vereinsgründung geschritten. [. . .]

Die „belehrende Lektüre“ besteht außer der „Gleichheit“ aus dem Kommunistischen Manifest, Grundsätze und Forderungen der Sozialdemokratie von Kautsky und Schoenlank und anderen Schriften der sozialdemokratischen Parteiliteratur. [. . .]

B u. C zit. nach: Heinz Niggemann (Hrsg.): Frauenemanzipation und Sozialdemokratie. (Fischer) Frankfurt 1981. S. 283 f. u. 162 f.

[1] Importsperre für Fleischimporte (zur Sicherung des inländischen Preisniveaus).

[2] Wachsender Einfluß der Kirchen auf die Unterrichtsinhalte der Schulen.

D – Frauenorganisation in der Zentrumspartei

Aus einem Protokoll der Bezirksvorstandssitzung Düsseldorf (14. 2. 1912)

Eine lange Debatte drehte sich um [die] Frauenorganisation. Es wurde allgemein betont, daß die Frau Mirbach über ihre Befugnisse hinausgehe. Die Frauen hätten sich strikt den Anweisungen des Bezirksvorsitzenden zu fügen. Ohne Wissen und Einladung des Vorsitzenden hätten die Frauen keine Versammlung abzuhalten.

Es soll im Tageblatt ein Artikel erscheinen, worin die Frauen der besseren Stände für die Frauenorganisation gewonnen werden sollen. Bezüglich der Lokalfrage, meinte Herr Kaplan Tillmann, möchten sich die Bezirksvorsitzenden mit der Pfarrgeistlichkeit in Verbindung setzen. Im Sinne der Anregungen wurde beschlossen.

Stadtarchiv Düsseldorf

M 8.8 1914 – Verteilung der Jahreseinkommen 1913/1914 in Preußen

3. Jenseits davon finden Sie die 91 reichsten Preußen!

1. Verlängern Sie das Diagramm auf 1,1 m, um Platz für ca. 270 000 Personen zu gewinnen, die bis zu 100 000 Mark pro Jahr verdienten (die Wohlhabenden).

4. Das höchste Jahreseinkommen in Deutschland 1914 hatte Bertha Krupp v. Bohlen u. Halbach. Wie weit müßte das Diagramm reichen, um ihre ca. 24 Mill. Mark eintragen zu können?

2. Verlängern Sie das Blatt um weitere 10 m – hierher gehören die 5 124 Preußen mit einem Jahreseinkommen zwischen 100 000 und 1 000 000 Mark.

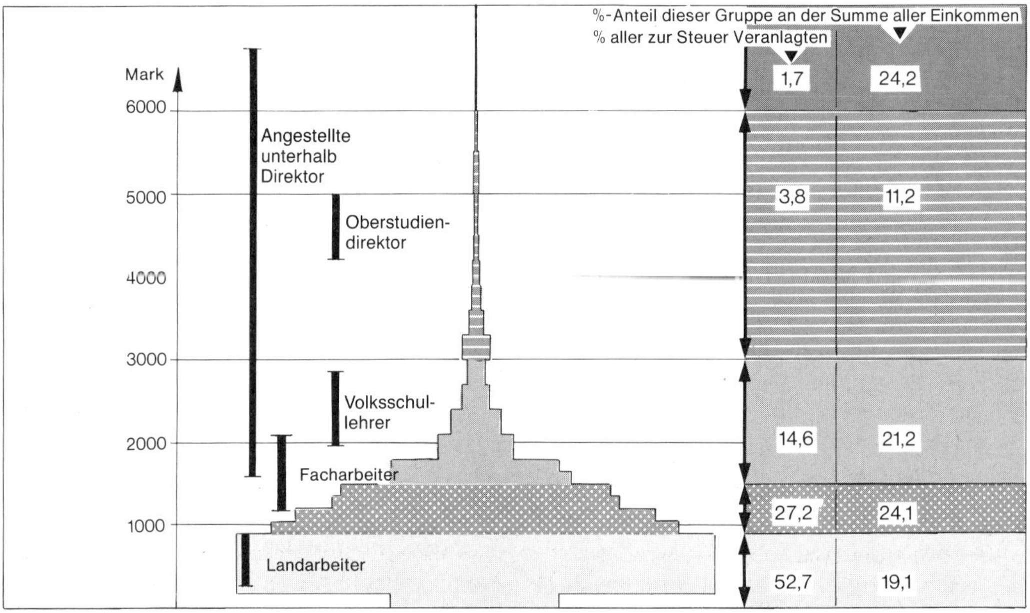

Zahlenwerte nach: Statistisches Jahrbuch für den Preußischen Staat. (Königl. Statistisches Landesamt) Berlin 1915. S. 287 ff.

Die Verteilung des Reichtums im internationalen Vergleich: Die 5% der Bevölkerung mit den höchsten Einkommen erhielten in Preußen 1854 21% und 1913 30% aller Einkommen; in Großbritannien zum Vergleich erzielten sie 1880 48% und 1913 43%. 1913 besaßen in Preußen die 182 000 Personen, die Vermögen von 100 000 Mark und mehr versteuerten, 57% aller Kapitalwerte, darunter fast das gesamte industrielle Vermögen.

Der Streit innerhalb der Linken um die Konsequenzen der historischen Entwicklung

M 8.9 1897 – Der Streit in der SPD um die Verbindlichkeit der Marxschen Lehre. Der Revisionismus

Eduard Bernstein (1850–1932), der zum führenden Kopf der Revisionisten wurde, eröffnete 1897 die Debatte darüber, ob man nicht die Theorie von Karl Marx im Lichte neuer Erfahrungen überprüfen und modernisieren müsse.

Wenn man unter Verwirklichung des Sozialismus die Errichtung einer in allen Punkten streng kommunistisch geregelten Gesellschaft versteht, so trage ich allerdings kein Bedenken zu erklären, daß mir dieselbe noch in ziemlich weiter Ferne zu liegen scheint. Dagegen ist es meine feste Überzeugung, daß schon die gegenwärtige Generation noch die Verwirklichung von sehr viel Sozialismus erleben wird, wenn nicht in der patentierten Form, so doch in der Sache. Die stetige Erweiterung des Umkreises der gesellschaftlichen Pflichten, d. h. der Pflichten und der korrespondierenden Rechte der einzelnen gegen die Gesellschaft, und der Verpflichtungen der Gesellschaft gegen die einzelnen, die Ausdehnung des Aufsichtsrechts der in der Nation oder im Staat organisierten Gesellschaft über das Wirtschaftsleben, die Ausbildung der demokratischen Selbstverwaltung in Gemeinde, Kreis und Provinz und die Erweiterung der Aufgaben dieser Verbände – alles das heißt für mich Entwicklung zum Sozialismus. Die Übernahme von Wirtschaftsbetrieben aus der privaten in die öffentliche Leitung wird diese Entwicklung natürlich begleiten, aber sie wird nur allmählich vor sich gehen können. [...] Es ist aber auch, sobald die Gemeinschaft von ihrem Rechte der Kontrolle der wirtschaftlichen Verhältnisse gehörigen Gebrauch macht, die faktische Überführung von wirtschaftlichen Unternehmungen in öffentlichen Betrieb nicht von der fundamentalen Bedeutung, wie man gewöhnlich glaubt. In einem guten Fabrikgesetz kann mehr Sozialismus stecken als in der Verstaatlichung einer ganzen Gruppe von Fabriken.

Ich gestehe es offen, ich habe für das, was man gemeinhin unter „Endziel des Sozialismus" versteht, außerordentlich wenig Sinn und Interesse. Dieses Ziel, was immer es sei, ist mir gar nichts, die Bewegung alles. Und unter Bewegung verstehe ich sowohl die allgemeine Bewegung der Gesellschaft, d.h. den sozialen Fortschritt, wie die politische und wirtschaftliche Agitation und Organisation zur Bewirkung dieses Fortschritts. Die Sozialdemokratie hat also danach den baldigen Zusammenbruch des bestehenden Wirtschaftssystems, wenn es als Produkt einer großen, verheerenden Geschäftskrisis gedacht ist, weder zu gewärtigen noch wünschen. Was sie zu tun, und noch auf lange Zeit hinaus zu tun hat, ist, die Arbeiterklasse politisch zu organisieren und zur Demokratie auszubilden, und für alle Reformen im Staat zu kämpfen, welche geeignet sind, die Arbeiterklasse zu heben und das Staatswesen im Sinne der Demokratie umzugestalten.

Zit. nach: Helga Grebing: Arbeiterbewegung. (dtv) München 1985. S. 156.

M 8.10 1905 – Die Position der Linken in der SPD

Rosa Luxemburg (1870–1919), die bedeutendste Theoretikerin der SPD, trat 1905 – bestärkt durch die Revolution in Rußland – entschieden für einen revolutionären Kurs der SPD ein.

[...] Dieses Erziehungswerk sowie die aufreizende und revolutionierende Wirkung der gesamten gegenwärtigen deutschen Politik werden sich darin äußern, daß der Fahne der Sozialdemokratie in einer ernsten revolutionären Periode alle jene Scharen plötzlich Folge leisten werden, die jetzt in scheinbarer politischer Stupidität gegen alle Organisationsversuche der Sozialdemokratie und der Gewerkschaften unempfindlich sind. Sechs Monate einer revolutionären Periode werden an der Schulung dieser jetzt unorganisierten Massen das Werk vollenden, das zehn Jahre Volksversammlungen und Flugblattverteilungen nicht fertigzubringen vermögen. Und wenn die Verhältnisse in Deutschland für eine solche Periode den Reifegrad erreicht haben, werden im Kampfe die heute unorganisierten, zurückgebliebenen Schichten naturgemäß das radikalste, das ungestümste, nicht das mitgeschleppte Element bilden. Wird es in Deutschland zu Massenstreiks kommen, so werden fast sicher nicht die Bestorganisierten – gewiß nicht die Buchdrucker –, sondern die schlechter oder gar nicht Organisierten, die Bergarbeiter, die Textilarbeiter, vielleicht gar die Landarbeiter, die größte Aktionsfähigkeit entwickeln.

Auf diese Weise gelangen wir aber auch in Deutschland zu denselben Schlüssen in bezug auf die eigentlichen Aufgaben der *Leitung*, auf die Rolle der Sozialdemokratie gegenüber den Massenstreiks, wie bei der Analyse der russischen Vorgänge. Verlassen wir nämlich das pedantische Schema eines künstlich von Partei und Gewerkschafts wegen kommandierten demonstrativen Massenstreiks der organisierten Minderheit und wenden wir uns dem lebendigen Bilde einer aus äußerster Zuspitzung der Klassengegensätze und der politischen Situation mit elementarer Kraft entstehenden wirklichen Volksbewegung zu, die sich sowohl in politischen wie in ökonomischen stürmischen Massenkämpfen, Massenstreiks entladet, so muß offenbar die Aufgabe der Sozialdemokratie nicht in der technischen Vorbereitung und Leitung des Massenstreiks, sondern vor allem in der *politischen Führung* der ganzen Bewegung bestehen.

Die Sozialdemokratie ist die aufgeklärteste, klassenbewußteste Vorhut des Proletariats. Sie kann und darf nicht mit verschränkten Armen fatalistisch auf den Eintritt der „revolutionären Situation" warten, darauf warten, daß jene spontane Volksbewegung vom Himmel fällt. Im Gegenteil, sie muß, wie immer, der Entwicklung der Dinge *vorauseilen*, sie zu *beschleunigen* suchen. Dies vermag sie aber nicht dadurch, daß sie zur rechten und unrechten Zeit ins Blaue hinein plötzlich die „Losung“ zu einem Massenstreik ausgibt, sondern vor allem dadurch, daß sie den breitesten proletarischen Schichten den unvermeidlichen Eintritt dieser revolutionären Periode, die dazu führenden inneren *sozialen Momente* und die *politischen Konsequenzen* klarmacht. Sollen breiteste proletarische Schichten für eine politische Massenaktion der Sozialdemokratie gewonnen werden und soll umgekehrt die Sozialdemokratie bei einer Massenbewegung die wirkliche Leitung ergreifen und behalten, der ganzen Bewegung *im politischen Sinne* Herr werden, dann muß sie mit voller Klarheit, Konsequenz und Entschlossenheit die *Taktik*, die *Ziele* dem deutschen Proletariat in der Periode der kommenden Kämpfe zu stecken wissen.

Rosa Luxemburg: Gesammelte Werke. (Dietz) Berlin ^{3}1981. Bd. 1, 2. S. 145 f.

M 8.11 1905 – Resolution des Fünften Kongresses der Gewerkschaften Deutschlands in Köln

Der Fünfte deutsche Gewerkschaftskongreß erachtete es als eine unabweisbare Pflicht der Gewerkschaften, daß sie die Verbesserung aller Gesetze, auf denen ihre Existenz beruht und ohne die sie nicht in der Lage sind, ihre Aufgaben zu erfüllen, nach besten Kräften fördern und alle Versuche, die bestehenden Volksrechte zu beschneiden, mit aller Entschiedenheit bekämpfen.

Auch die Taktik für etwa notwendige Kämpfe solcher Art hat sich genau so, wie jede andere Taktik, nach den jeweiligen Verhältnissen zu richten.

Der Kongreß hält daher auch alle Versuche, durch die Propagierung des politischen Massenstreiks eine bestimmte Taktik festlegen zu wollen, für verwerflich; er empfiehlt der organisierten Arbeiterschaft, solchen Versuchen energisch entgegenzutreten.

Den Generalstreik, wie er von Anarchisten und Leuten ohne jegliche Erfahrung auf dem Gebiete des wirtschaftlichen Kampfes vertreten wird, hält der Kongreß für undiskutabel; er warnt die Arbeiterschaft, sich durch die Aufnahme und Verbreitung solcher Ideen von der täglichen Kleinarbeit zur Stärkung der Arbeiterorganisation abhalten zu lassen.

Zit. nach: Helga Grebing (M 8.9). S. 159

M 8.12 Mitgliederentwicklung der SPD und der Freien Gewerkschaften

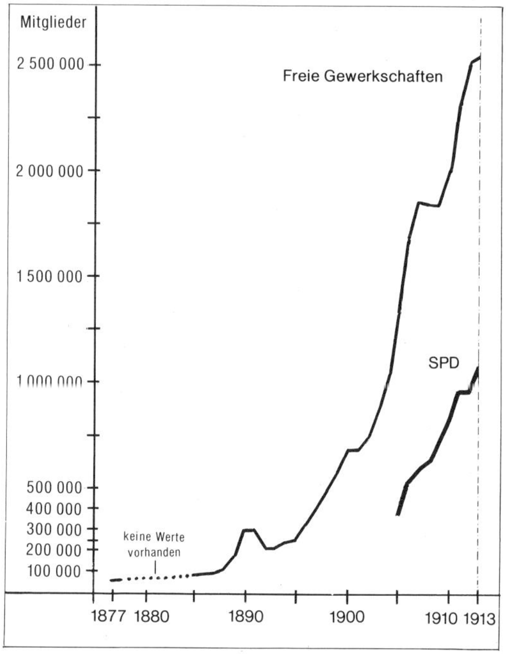

Neben den Freien (= SPD-nahen) Gewerkschaften gab es 1913 die Christlichen Gewerkschaften mit 350 000 und die Hirsch-Dunckerschen Gewerkvereine mit ca. 100 000 Mitgliedern.

Die Kräfte der Beharrung

M 8.13 um 1900 – Aus den 1936 veröffentlichten Erinnerungen des konservativen Politikers Elard von Oldenburg-Januschau[1]

Trat schon bei der Frage der Landwirtschaft der Gegensatz zwischen uns Konservativen und dem Freisinn[2] zutage, so verschärfte sich dieser Gegensatz bei der Frage des Heeres ganz erheblich. Die Tatsache, daß das Deutsche Reich nach außen ein Bild vollster Ordnung bot, vernebelte uns Konservativen den Blick für die Gefahren der Angriffe auf die Landwirtschaft und das Heer nicht. Denn einst hatte ja auch der Takt-

schritt der römischen Legionäre die Erde erzittern lassen, und doch erlosch der Glanz dieses Staates auf Nimmerwiedersehen.
Wir hatten dies geschichtliche Bild vor Augen und wußten, daß gerade das rapide Anwachsen der großen Städte im Römischen Reich die Bevölkerung zu einem Abströmen vom Lande nach den Mittelpunkten des Verkehrs veranlaßt hatte, weil sie dort für leichte Arbeit reichlichen Lohn fanden. Wir wußten ebenfalls, daß diese Arbeitsmöglichkeiten im Laufe der Zeit versiegten, daß die Masse sich nicht mehr daran gewöhnen konnte, einfacher zu leben und den Ruf aufnahm: Panem et circenses![3]
Wir wußten schließlich, daß die Regierung Roms, von bleicher Furcht ergriffen, glaubte, den Massen Genüge tun zu müssen, indem sie ihnen billiges Brot gab, billiger, als es die römischen Fluren erzeugen konnten. Damals packte den römischen Bauer die Furcht vor der wirtschaftlichen Vernichtung. Er verließ seine Scholle, er ging ebenfalls in die Städte und vermehrte die Zahl der Unzufriedenen. Der Ruf panem et circenses schlug drohend an die Tore der staatlichen Ordnung Roms.
Es erscholl der Schrei nach den römischen Legionen. Aber ihre Kraft war gebrochen. Der römische Landmann stellte nicht mehr das Gros des römischen Heeres. Ihre Rolle hatten die Söldner aus fremden Ländern eingenommen. Das einst so stolze Rom sank zusammen, als der erste Stoß der Germanen es berührte. Dieses Schicksal fürchteten wir auch für uns, Grund genug, um unsere landwirtschaftlichen Forderungen desto nachhaltiger zu vertreten, aber auch Grund genug, um die Einrichtung der preußischen Armee vor allen Versuchen der Zersetzung zu bewahren.

Elard von Oldenburg-Januschau: Erinnerungen. (Koehler & Amelang) Leipzig 1936. S. 76 f.

---

1 Zur Person des Verfassers: → M 2.12 (S. 43)
2 Freisinn – Linksliberalismus (Freisinnige Vereinigung)
3 Brot und Spiele

M 8.14 1912 – Entwurf des Festprogramms zur Hundertjahrfeier der Firma Krupp

Brief von Gustav Krupp v. Bohlen u. Halbach an den Oberhofmarschall (Zeremonienmeister) Kaiser Wilhelms II.

Hochzuverehrender Herr Oberhofmarschall!

E. E. beehre ich mich den Empfang des geneigten Telegrammes vom gestrigen Tage zu bestätigen und meinen ergebensten Dank für dasselbe zum Ausdruck zu bringen. Ich entnahm der Depesche mit Dankbarkeit und Freude, daß S. M. der Kaiser und König die Verlegung der Jahrhundertfeier der Firma Krupp auf den Anfang August zu genehmigen allergnädigst geruht haben.
Sobald E. E. in der Lage sein werden, mir nähere Bestimmung wegen des für die Feier in Aussicht zu nehmenden Tages zugehen zu lassen, werde ich mir gestatten, einen Programmentwurf E. E. zur Genehmigung zu unterbreiten. Es sei mir jedoch gestattet, schon heute der Bitte und der Hoffnung Ausdruck zu verleihen, daß S. M. geruhen möge, allerhöchstseinen Aufenthalt hierselbst auf zwei Tage zu bemessen, da die Hundertjahrfeier selbst einen Tag in Anspruch nehmen wird, und ich es für meine Pflicht halte, S. M. bei allerhöchstseiner ersten Anwesenheit hierselbst seit meiner Verheiratung die seither entstandenen Erweiterungen der Gußstahlfabrik in Essen zu zeigen. Es handelt sich da in erster Linie um die großen Werkstattneubauten für die Lieferung von Geschützen und Türmen für S. M. Marine. [...]
Sodann lasse ich für die Jahrhundertfeier eine Sammlung artilleristischer Gegenstände vorbereiten, die in möglichst übersichtlicher Weise S. M. einen Überblick über die Entwicklung der Artillerie bei Krupp geben soll. Endlich sind schon seit einiger Zeit Vorbereitungen für ein Reiterspiel im Gange, das meine Frau und ich unter Teilnahme von Werksangehörigen vor S. M. aufführen möchten, um auch dadurch unsere Dankbarkeit für die durch die Anwesenheit S. M. uns zuteil gewordene Ehre zum Ausdruck zubringen.

(Nach dem Wunsch von Gustav Krupp v. Bohlen und Halbach sollte ein historisches Reiterturnier den Höhepunkt der Festlichkeiten bilden. Nach dem Textheft lautete die Begrüßungsansprache von „Ritter Gustav":)

Ihre Kaiserliche Hoheit, lang lebe Ihr Reich! Das ist der Turnierplatz, liebe Bertha, auf dem ich vor Dir und dem Kaiser reiten werde: Ich bitte nun um Deinen Segen, Liebste. (Sie gibt ihm ihr Tuch; er küßt ihre Hand.) — Danke!

(Das Turnier wurde in letzter Minute abgesagt, weil es auf einer der Krupp-Zechen zu einem schweren Unglück gekommen war.)

Zit. nach: Willi Boelcke (Hrsg.): Krupp und die Hohenzollern in Dokumenten. (Athenaion) Frankfurt 1970. S. 208

---

[1] Gustav Krupp v. B. u. H. war als Gatte der Alleinerbin Bertha Krupp nur ein „angeheirateter" Krupp.

M 8.15 1905 – Die Handelskammer Essen zum Verhalten der Regierung beim Bergarbeiterstreik von 1905

Nicht zuletzt die Durchsetzung von Arbeiterausschüssen (vgl. M 4.22 – 27, S. 94 ff.) verletzte den „Herr-im-Haus"-Anspruch der schwerindustriellen Unternehmer. In ihrem offiziellen Jahresbericht bezog die Handelskammer Stellung.

Daß in einem Augenblick, wo man einem flagranten Kontrakt- und Rechtsbruch Hunderttausender gegenüberstand, in einem Augenblick, wo eine rücksichtslose Verurteilung dieses Kontrakt- und Rechtsbruches im Interesse der Aufrechterhaltung unserer Rechts- und Staatsordnung erste Pflicht und ein machtvolles und unerbittliches Feststehen im Interesse der Zurückdämmung einer politischer Hetze gefährlichster Art erstes Erfordernis gewesen wäre, daß man in einem solchen Augenblicke dem Drängen einer mangelhaft informierten öffentlichen Meinung, die sich blindlings auf Seiten der Bergarbeiter stellte, nachgebend, ohne das Resultat der von den Bergbautreibenden selbst geforderten und von der Regierung eingeleiteten Untersuchung abzuwarten, staatlicherseits zu Konzessionen sich herbeiließ, erachtet die Handelskammer für einen fundamentalen politischen Fehlgriff, der die Autorität von Staat und Unternehmertum an der Wurzel treffen mußte und dessen Tragweite sich noch gar nicht abschätzen läßt. Diese unzeitgemäße Stellungnahme der Regierung mußte bei den Massen den Eindruck hervorrufen, als ob die Sozialdemokratie einen großen Sieg erfochten hätte. [. . .] Sie mußte aber auch den Eindruck hervorrufen, als ob wirklich Mißstände vorhanden seien, als ob Ursachen vorgelegen hätten die den Streik berechtigt erscheinen ließen, während doch, wie die amtliche Untersuchung ergeben hat, von irgendwelchen Mißständen einschneidender oder allgemeiner Art überhaupt nicht die Rede sein konnte.

Zit. nach: Wolfram Fischer: Das Herz des Reviers. (Bracht) Essen 1965. S. 287

Wahlen und Entscheidungen

M 8.16 1907 – Reichstagswahlkampf: Reichskanzler von Bülow und seine Einflußnahme zugunsten der konservativen Kräfte

Aus einem Brief an den Vorsitzenden des „Reichsverbandes gegen die Sozialdemokratie":

Entgegen der leider in einigen liberalen Köpfen noch herrschenden Idee, daß die Reaktion im Reiche von rechts drohe und Seite an Seite mit der Sozialdemokratie zu bekämpfen sei, liegt nach meiner festen Ueberzeugung die wahre Reaktion oder die wahre Gefahr der Reaktion bei der Sozialdemokratie. [. . .] Als nun das Zentrum sogar bei einer Angelegenheit, die die deutsche Waffenehre und unser Ansehen vor der Welt berührte und unmittelbar nach der freimütigen Aussprache über unerträgliche Einmischungen in den inneren Kolonialdienst eigenwillig den verbündeten Regierungen eine unannehmbare Klausel aufzunötigen suchte, und als es dann mit Hilfe der Sozialdemokratie einen sachgemäßen freisinnigen Antrag niederstimmte, mußte von dem verfassungsmäßigen Mittel zur Wahrung der Autorität der Regierung Gebrauch gemacht und der Reichstag aufgelöst werden. Die Abstimmung vom 13. Dezember war ein Schlag gegen die verbündeten Regierungen und die nationale Würde. Ich arbeite mit jeder Partei, welche die großen nationalen Gesichtspunkte achtet. Wo diese Gesichtspunkte mißachtet werden, hört die Freundschaft auf. Niemand in Deutschland will ein persönliches Regiment. Die große Mehrheit des deutschen Volkes will aber erst recht kein Parteiregiment. [. . .] Mögen die Verhältnisse in den einzelnen Wahlkreisen noch so große Verschiedenheiten aufweisen, die Parteien, die am 13. Dezember an der Seite der Regierung standen, werden von vornherein im Auge zu behalten haben, was sie damals einigte: der Kampf für Ehr' und Gut der

Nation gegen Sozialdemokraten, Polen, Welfen und Zentrum. Ich stelle die Sozialdemokraten voran, weil jede Niederlage der Sozialdemokratie eine Warnung für ihren blinden Uebermut, eine Stärkung des Vertrauens in den ruhigen Fortschritt unserer inneren Entwicklung und eine Befestigung unserer Stellung nach außen wäre, und weil dadurch zugleich die Möglichkeit erschwert würde, daß eine bürgerliche Partei mit Hilfe der sozialdemokratischen eine dominierende Stellung gegen die anderen bürgerlichen Parteien einnimmt.

Zit. nach: Gerhard A. Ritter (Hrsg.): Historisches Lesebuch 2. (Fischer) Frankfurt 1967. S. 308 f.

M 8.17 1907 – Empfehlungen der Parteien für die Stichwahlen[1]

Nationalliberale Partei: Wähler in Stadt und Land! Wenige Tage trennen uns von den Stichwahlen. Es gilt alle Kraft einzusetzen, um den Erfolg des 25. Januar zu sichern. Die Sozialdemokratie macht die wildesten Anstrengungen, um in der Stichwahl ihre schwere Niederlage wieder auszugleichen. Das Zentrum kann unter der Parole Wahlenthaltung der Sozialdemokratie in einer Reihe von Wahlkreisen zu Mandaten verhelfen. Tausende und Abertausende haben ihr Wahlrecht nicht ausgeübt. Nützt die letzten Tage zu eifriger Arbeit! Bietet alles auf, die Säumigen zur Wahlurne zu bringen! Noch ist eine nationale Mehrheit nicht gesichert. In 90 Stichwahlen ist die Sozialdemokratie, in 32 das Zentrum beteiligt. Die Gefahr, daß Zentrum und Sozialdemokratie die Mehrheit behalten, ist keineswegs beseitigt. Auf zur letzten nationalen Arbeit! Tue jeder liberale Wähler seine Schuldigkeit, um der Sache des Vaterlandes zum Siege zu verhelfen.

Freisinnige Vereinigung: Die Hauptwahlen haben eine sichere Mehrheit für die Bewilligung nationaler Forderungen ergeben, dagegen erscheint jetzt die Gefahr der Bedrohung bedeutsamer liberaler Errungenschaften (Reichstagswahlrecht, Koalitionsrecht, Gleichberechtigung für alle Staatsbürger), für deren Aufrechterhaltung und Ausbau wir stets eingetreten sind, wesentlich nähergerückt. Wir fordern daher unsere Parteifreunde im Lande auf, nur solchen Kandidaten in der Stichwahl ihre Stimme zu geben, die durch Programm und Persönlichkeit eine sichere Gewähr dafür bieten, daß sie nicht der politischen und geistigen Reaktion Hilfsdienste leisten.

Die *Sozialdemokraten*: Unter keinen Umständen dürfen Konservative, Reichspartei, Bund der Landwirte, Antisemiten und Nationalliberale eine sozialdemokratische Stimme bei den Stichwahlen erhalten. Für die anderen Parteien empfehlen wir folgende Stellungnahme unserer Genossen: Voraussetzung für die Unterstützung einer dieser Parteien bei den Stichwahlen muß die Verpflichtung des Kandidaten sein, daß er 1. gegen jede Verschlechterung des allgemeinen gleichen geheimen und direkten Wahlrechts stimmen wird, 2., daß er jeden Versuch, das Koalitionsrecht einzuschränken, unbedingt zurückweisen wird; 3., daß er sich gegen jedes wie immer geartete Ausnahmegesetz erklären wird.

Die *Zentrumspartei* beschließt diejenigen Kandidaten zu unterstützen, die für das Reichstagswahlrecht eintreten, gegen eine Beschränkung des Koalitionsrechts, für die Sozialreform, gegen Ausnahmegesetze, für den Toleranzantrag und für volle Religionsfreiheit sind. – Die Leitung der *bayerischen Zentrumspartei* beschließt, die Wahl eines liberalen Kandidaten unter keinen Umständen zu unterstützen. Wo die Liberalen, wie in München II, in der Minderheit geblieben sind, wird Wahlenthaltung empfohlen, andernfalls, wo sie in der Hauptwahl die Mehrheit erzielt haben, wie in München I, oder günstige Aussichten für die Stichwahl haben, wie in Erlangen-Fürth, wird direkt die Abgabe eines sozialdemokratischen Stimmzettels empfohlen.

Zit. nach: Gerhard A. Ritter (M 8.16). S. 309 f.

[1] Für das Reich galt das Mehrheitswahlrecht. Falls im 1. Wahlgang kein Abgeordneter 50% der Stimmen erreicht hatte, fand ein 2. Wahlgang (Stichwahl) zwischen den beiden stimmenstärksten Kandidaten statt.

M 8.18 Ergebnisse der Reichstagswahlen 1871—1912

Jahr	1871		1874		1877		1878		1881		1884		1887		1890		1893		1898		1903		1907		1912	
Wahlbeteiligung	50,7%		60,8%		60,3%		63,1%		56,1%		60,3%		77,2%		71,2%		72,2%		67,7%		75,3%		84,3%		84,5%	
	S[1]	%[2]	S	%	S	%	S	%	S	%	S	%	S	%	S	%	S	%	S	%	S	%	S	%	S	%
Konservative	57	14,1	22	6,9	40	9,7	59	13,0	50	16,3	78	15,2	80	15,2	73	12,4	72	13,5	56	11,1	54	10,0	60	9,4	43	9,2
Reichspartei	37	8,9	33	7,2	38	7,9	57	13,6	28	7,4	28	6,9	41	9,8	20	6,7	28	5,7	23	4,4	21	3,5	24	4,2	14	3,0
Nationalliberale	125	30,1	155	29,7	128	27,2	99	23,1	47	14,7	51	17,6	99	22,3	42	16,3	53	13,0	46	12,5	51	13,9	54	14,5	45	13,6
Liberale	30	7,2	3	1,0	13	2,5	10	2,7	—	—	—	—	—	—	—	—	—	—	—	—	—	—	—	—	—	—
Liberale Vereinigung	—	—	—	—	—	—	—	—	46	8,4	}						13	3,9	12	2,5	9	2,6	14	3,2	}	
Deutsche Fortschrittspartei	46	8,8	49	8,6	35	7,7	26	6,7	60	12,7	67	17,6	32	12,9	66	16,0	24	8,7	29	7,2	21	5,7	28	6,5	42	12,3[4]
Deutsche Volkspartei	1	0,5	1	0,4	4	0,8	3	1,1	9	2,0	7	1,7	—	1,2	10	2,0	11	2,2	8	1,4	6	1,0	7	1,2	}	
Zentrum	63	18,6	91	27,9	93	24,8	94	23,1	100	23,2	99	22,6	98	20,1	106	18,6	96	19,1	102	18,8	100	19,8	105	19,4	91	16,4
Welfen	7	1,6	4	1,8	4	1,6	10	1,7	10	1,7	11	1,7	4	1,5	11	1,6	7	1,3	9	1,4	6	1,0	1	0,7	5	0,7
SPD	2	3,2	9	6,8	12	9,1	9	7,6	12	6,1	24	9,7	11	10,1	35	19,8	44	23,3	56	27,2	81	31,7	43	28,9	110	34,8
Polen	13	4,5	14	3,8	14	4,0	14	3,6	18	3,8	16	3,6	13	2,8	16	3,4	19	3,0	14	3,1	16	3,7	20	4,0	18	3,6
Dänen	1	0,5	1	0,4	1	0,3	1	0,3	2	0,3	1	0,3	1	0,2	1	0,2	1	0,2	1	0,2	1	0,2	1	0,1	1	0,1
Elsaß-Lothringer	—	—	15	4,5	15	3,7	15	3,1	15	3,0	15	2,9	15	3,1	10	1,4	8	1,5	10	1,4	9	1,1	7	1,0	9	1,3
Sonstige[3]	—	2,0	—	0,9	—	0,5	—	0,3	—	0,3	—	0,2	3	0,8	7	1,7	21	5,2	31	7,8	22	6,1	33	6,9	19	4,9

1 S = Zahl der Reichstagssitze. Geteilt durch 4 ergibt sie — außer für 1871 — den annähernden prozentualen Anteil der Fraktionen an der Gesamtzahl der Sitze (397 Abgeordnete)
2 % = prozentualer Stimmanteil im 1. Wahlgang.
3 Ab 1893 vor allem antisemitische Gruppen.
4 Ab 1910 Fortschrittliche Volkspartei (vgl. Diagramm S. 102)

Nach: Gerhard A. Ritter (Hrsg.): Historisches Lesebuch 2. (Fischer) Frankfurt 1967. S. 366 ff.

Die Zukunft der deutschen Gesellschaft

M 8.19 1896 – Bürgerliche Kritik am deutschen Bürgertum

Max Weber (1864 – 1920) war einer der bedeutendsten Sozialwissenschaftler und politischen Theoretiker. In seiner Antrittsrede an der Universität Freiburg ging er weit über akademische Fragen hinaus. Er begann mit einer Würdigung der „Junker", des preußischen Adels, und ihres größten Vertreters, Bismarcks:

Die Gutshöfe des Ostens waren die Stützpunkte der über das Land dislozierten[1] herrschenden Klasse Preußens, der soziale Anschlußpunkt des Beamtentums, – aber unaufhaltsam rückt mit ihrem Zerfall, mit dem Schwinden des sozialen Charakters des alten Grundadels, der Schwerpunkt der politischen Intelligenz in die Städte. *Diese* Verschiebung ist das entscheidende *politische* Moment der agrarischen Entwicklung des Ostens.

Welches aber sind die Hände, in welche jene politische Funktion des Junkertums hinübergleitet, und wie steht es mit ihrem politischen Beruf?

Ich bin ein Mitglied der bürgerlichen Klassen, fühle mich als solches und bin erzogen in ihren Anschauungen und Idealen. Allein es ist der Beruf gerade unserer Wissenschaft, zu sagen, was ungern gehört wird, – nach oben, nach unten, und auch der eigenen Klasse, – und wenn ich mich frage, ob das Bürgertum Deutschlands heute reif ist, die politisch leitende Klasse der Nation zu sein, so vermag ich *heute* nicht diese Frage zu bejahen. Nicht aus eigener Kraft des Bürgertums ist der deutsche Staat geschaffen worden, und als er geschaffen war, stand an der Spitze der Nation jene Cäsarengestalt aus anderem als bürgerlichem Holze.[2] Große machtpolitische Aufgaben wurden der Nation nicht abermals gestellt; weit später erst, schüchtern und halb widerwillig, begann eine überseeische „Machtpolitik", die diesen Namen nicht verdient.[3]

Und nachdem so die Einheit der Nation errungen war und ihre politische „Sättigung" feststand, kam über das aufwachsende erfolgstrunkene und friedensdurstige Geschlecht des deutschen Bürgertums ein eigenartig „unhistorischer" und unpolitischer Geist. [...]

Nur allzu offenkundig sehnt sich ein Teil des Großbürgertums nach dem Erscheinen eines neuen Cäsar, der sie schirme: nach unten gegen aufsteigende Volksmassen, nach oben gegen sozialpolitische Anwandlungen, deren ihnen die deutschen Dynastien verdächtig sind.[4]

Und ein anderer Teil ist längst versunken in jene politische Spießbürgerei, aus welcher die breiten Schichten des Kleinbürgertums noch niemals erwacht sind. Schon als nach den Einheitskriegen die ersten Anfänge positiver politischer Aufgaben der Nation nahe traten, der Gedanke einer überseeischen Expansion, – da fehlte ihm selbst jenes einfachste *ökonomische* Verständnis, welches ihm gesagt hätte, was es für den Handel Deutschlands in fernen Meeren bedeutet, wenn an den Küsten umher die deutschen Fahnen wehen. [...]

Werden andere Klassen die Träger einer politisch größeren Zukunft sein? Selbstbewußt meldet sich das moderne Proletariat als Erbe der bürgerlichen Ideale. Wie steht es mit seiner Anwartschaft auf die politische Leitung der Nation?

Wer heute der deutschen Arbeiterklasse sagen würde, sie sei politisch reif oder auf dem Weg zur politischen Reife, der wäre ein Schmeichler und strebte nach der fragwürdigen Krone der Popularität.

Ökonomisch sind die höchsten Schichten der deutschen Arbeiterklasse weit reifer, als der Egoismus der besitzenden Klassen zugeben möchte, und mit Recht fordert sie die Freiheit, auch in der Form des offenen organisierten ökonomischen Machtkampfes ihre Interessen zu vertreten. *Politisch* ist sie unendlich unreifer, als eine Journalistenklique, welche ihre Führung monopolisieren möchte, sie glauben machen will. Gern spielt man in den Kreisen dieser deklassierten Bourgeois mit den Reminiszenzen aus der Zeit vor 100 Jahren – man hat damit in der Tat erreicht, daß hier und da ängstliche Gemüter in ihnen die geistigen Nachkommen der Männer des Konvents[5] erblicken. Alleine sie sind unendlich harmloser, als sie selbst sich erscheinen, es lebt in ihnen kein Funke jener katilinarischen Energie der Tat, aber freilich auch kein Hauch der gewaltigen *nationalen* Leidenschaften, die in den Räumen des Konventes wehten. Kümmerliche politische Kleinmeister sind sie, – es fehlen ihnen die großen Machtinstinkte einer zur politischen Führung berufenen Klasse.

Max Weber: Gesammelte politische Schriften. (Mohr) Tübingen [3]1971. S. 19ff.

---

1 disloziert – verteilt, verstreut
2 Gemeint ist Bismarck
3 Weber verfocht eine entschiedene imperialistische Politik als neue nationale Aufgabe.

[4] Die Sozialpolitik, nicht zuletzt die Wilhelms II., schien einem Teil des Bürgertums gefährlich (s. M 8.15)
[5] Konvent – französisches Parlament der radikalen revolutionären Phase (1792 – 1794).
[6] Catilina – römischer Politiker, der 63 v. Chr. einen Staatsstreich versuchte.

M 8.20 1913 – Jugendkultur des deutschen Bürgertums: Aufruf zum Ersten Freideutschen Jugendtag auf dem Hohen Meißner

Verschiedene Organisationen der Jugendbewegung riefen zu einem Treffen am 12. 10. 1913 auf dem Hohen Meißner (Berg bei Kassel) auf. Die Erinnerung an 1813 und die „Freiheitskriege" gegen Napoleon gaben Anlaß zu einer Erörterung der Ziele der Jugend. Diese waren an Natur und Vaterland orientiert und gegenüber Technik, Zivilisation und naturwissenschaftlicher Vernunft skeptisch bis ablehnend.

Die deutsche Jugend steht an einem geschichtlichen Wendepunkt. Die Jugend, bisher aus dem öffentlichen Leben der Nation ausgeschaltet und angewiesen auf eine passive Rolle des Lernens, auf eine spielerisch-nichtige Geselligkeit und nur ein Anhängsel der älteren Generation, beginnt sich auf sich selbst zu besinnen. Sie versucht, unabhängig von den trägen Gewohnheiten der Alten und von den Geboten einer häßlichen Konvention sich selbst ihr Leben zu gestalten. Sie strebt nach einer Lebensführung, die jugendlichem Wesen entspricht, die es ihr aber zugleich auch ermöglicht, sich selbst und ihr Tun ernst zu nehmen und sich als einen besonderen Faktor in die allgemeine Kulturarbeit einzugliedern. Sie möchte das, was in ihr an reiner Begeistung für höchste Menschheitsaufgaben, an ungebrochenenem Glauben und Mut zu einem adligen Dasein lebt, als einen erfrischenden, verjüngenden Strom dem Geistesleben des Volkes zuführen, und sie glaubt, daß nichts heute unserm Volke nötiger ist als solche Geistesverjüngung. Sie, die im Notfall jederzeit bereit ist, für die Rechte ihres Volkes mit dem Leben einzutreten, möchte auch im Kampf und Frieden des Werktags ihr frisches reines Blut dem Vaterlande weihen. Sie wendet sich aber von jenem billigen Patriotismus ab, der sich die Heldentaten der Väter in großen Worten aneignet, ohne sich zu eigenen Taten verpflichtet zu fühlen, dem vaterländischen Gesinnung sich erschöpft in der Zustimmung zu bestimmten politischen Formeln, in der Bekundung des Willens zu äußerer Machterweiterung und in der Zerreißung der Nation durch die politische Verhetzung. Die unterzeichneten Verbände haben, jeder von seiner Seite her, den Versuch gemacht, den neuen Ernst der Jugend in Arbeit und Tat umzusetzen; sei es, daß sie den Befreiungskampf gegen den Alkohol aufnahmen, sei es, daß sie eine Veredlung der Geselligkeit oder eine Neugestaltung der akademischen Lebensformen versuchten, sei es, daß sie der städtischen Jugend das freie Wandern und damit ein inniges Verhältnis zu Natur und Volkstum wiedergaben und ihr einen eigenen Lebensstil schufen, sei es, daß sie den Typus einer neuen Schule als des Heims und Ursprungs einer neugearteten Jugend ausgestalteten. Aber sie alle empfinden ihre Einzelarbeit als den besonderen Ausdruck eines ihnen allen gemeinsamen Gefühls vom Wesen, Wert und Willen der Jugend, das sich wohl leichter in Taten umsetzen als auf Formeln bringen läßt. Diesen neuen, hier und da aufflammenden Jugendgeist haben sie als den ihnen allen gemeinsamen erkannt und den Beschluß gefaßt, aus Gesinnungsgenossen nunmehr auch Bundesgenossen zu werden. Uns allen schwebt als gemeines Ziel die Erarbeitung einer neuen edlen deutschen Jugendkultur vor.

Zit. nach: Werner Kindt (Hrsg.): Grundschriften der Jugendbewegung. (Diederichs) Düsseldorf 1963. Bd. 1, S. 93

M 8.21 1914 – Reichskanzler v. Bethmann Hollwegs persönliche Gedanken in der Julikrise

Persönliche Gespräche, aufgezeichnet von seinem Berater Kurt Riezler:

Abends auf der Veranda unter dem Nachthimmel langes Gespräch über die Lage. Die geheimen Nachrichten, die er mir mitteilt, geben ein erschütterndes Bild. Er sieht die englisch(-)russischen Verhandlungen über eine Marineconvention[1], Landung in Pommern sehr ernst an, letztes Glied in der Kette. Lichnowsky[2] viel zu vertrauensselig. Der liesse sich von den Englaendern hereinlegen. Russlands militärische Macht schnell wachsend; bei strategischem Ausbau Polens die Lage unhaltbar. Österreich immer schwächer und unbeweglicher; die Unterwühlung von Norden und Südosten her sehr weit vorgeschritten. Jedenfalls unfähig, für eine deutsche Sache als unser Verbündeter in den

Krieg zu ziehen. Die Entente weiss das, wir infolgedessen völlig lahmgelegt. [. . .]
Diesmals ist es schlimmer wie 1912, denn diesmal ist Oesterreich gegen die serbisch-russischen Umtriebe[3] in der Verteidigung. Eine Aktion gegen Serbien kann zum Weltkrieg führen. Der Kanzler erwartet von einem Krieg, wie er auch ausgeht, eine Umwälzung alles Bestehenden. Das Bestehende sehr überlebt, ideenlos, „alles so sehr alt geworden". Heydebrand[4] habe gesagt, ein Krieg würde zu einer Stärkung der patriarchalischen Ordnung und Gesinnung führen. Der Kanzler empört über solchen Unsinn. Überhaupt ringsherum Verblendung, dicker Nebel über dem Volke. In ganz Europa das gleiche. Die Zukunft gehört Russland, das wächst und wächst und sich als immer schwererer Alb auf uns legt. [. . .]
Der Kanzler sehr pessimistisch über den geistigen Zustand Deutschlands. Elender Niedergang der politischen Oberfläche. Die Individuen als solche immer kleiner und unbedeutender, nirgend wird etwas Grosses und Gerades gesagt. Versagen der Intelligenz, der Professoren.

Kurt Riezler: Tagebücher, Aufsätze, Dokumente. (Vandenhoeck) Göttingen 1972. S. 182 f.

---

[1] Vereinbarung über gemeinsames Vorgehen der beiden Kriegsflotten
[2] deutscher Botschafter in London
[3] im Zusammenhang mit der Ermordung des österreichischen Thronfolgers in Sarajevo
[4] Ernst von H. und der Lasa (1851 – 1924), Vorsitzender der Konservativen Partei; einflußreicher Gegner innenpolitischer Reformen und der Außenpolitik Bethmann Hollwegs

M 8.22 7. August 1914 – Neugier auf Katastrophen: Thomas Mann an seinen Bruder Heinrich bei Ausbruch des Krieges

Ich bin noch immer wie im Traum, – und doch muß man sich jetzt wohl schämen, es nicht für möglich gehalten und nicht gesehen zu haben, daß die Katastrophe kommen mußte. Welche Heimsuchung! Wie wird Europa aussehen, innerlich und aeußerlich, wenn sie vorüber ist? Ich persönlich habe mich auf eine vollständige Veränderung der materiellen Grundlagen meines Lebens vorzubereiten. Ich werde, wenn der Krieg lange dauert, mit ziemlicher Bestimmtheit das sein, was man „ruiniert" nennt.[1] In Gottes Namen! Was will das besagen gegen die Umwälzungen, namentlich die seelischen, die solche Ereignisse im Großen zur Folge haben müssen! Muß man nicht dankbar sein für das vollkommen Unerwartete, so große Dinge erleben zu dürfen? Mein Hauptgefühl ist eine ungeheuere Neugier – und, ich gestehe es, die tiefste Sympathie für dieses verhaßte, schicksals- und rätselvolle Deutschland, das, wenn es „Civilisation" bisher nicht unbedingt für das höchste Gut hielt, sich jedenfalls anschickt, den verworfensten Polizeistaat der Welt zu zerschlagen.[2]

Zit. nach: Thomas Mann, Heinrich Mann: Briefwechsel 1900 – 1949. (Fischer) Frankfurt 1975. S. 108.

---

[1] Thomas Mann hatte sich finanziell übernommen.
[2] Gemeint ist das Russische Reich.

Das Kaiserreich aus der Perspektive unserer Zeit

M 8.23 Die wissenschaftliche Diskussion um die Beurteilung der Entwicklung Deutschlands bis 1914

Position A

In der Auseinandersetzung mit den industriellen und agrarischen Wachstumsstörungen schwenkte die Reichsregierung dann seit 1876 um und verfolgte das Programm einer antiliberal-konservativen Sammlung, deren Pfeiler die großen Produktionsinteressen in Industrie und Landwirtschaft bildeten. Spektakulär trat dieses „Kartell der schaffenden Stände" mit dem Schutzzollsystem von 1879 an das Licht der Öffentlichkeit.[1] Fortab bildeten Spielarten einer solchen konservativen Sammlungspolitik die Basis der Reichspolitik bis 1918. Parallel verlief eine folgenschwere Entliberalisierung vieler politischer und gesellschaftlicher Bereiche. Da diese Prozesse von Bismarck mitvorangetrieben wurden und seine ungeheure Autorität die Ergebnisse mitlegitimierte, wurden vor 1890 fatale Weichen für die gesamte folgende Reichsgeschichte gestellt. Deshalb erfaßte Bamberger[2], dessen weltkluger Skepsis ein Personenkult zuwider war, die Konsequenzen mit seinem Urteil, daß Bismarck „die Bahnen bestimmt" habe, „in denen sich die Institutionen, die Gesetze, und was noch wichtiger ist, die Geister bewegen". Denn das entscheidende erste Dutzend Jahre der

Sammlungspolitik fiel noch in die Ära der bonapartistischen[3] Halbdiktatur, und die flankierenden Maßnahmen – von der Puttkamerschen Beamtenpolitik bis zur staatlichen Sozialversicherung, von den berufsständischen Experimenten volkswirtschaftlicher Beratungsgremien für die Reichsregierung bis zur überseeischen Expansion – zementierten noch in der Bismarck-Ära diesen Weg in den antiliberalen, autoritären neudeutschen Obrigkeitsstaat. Zu Recht konnte daher Hans Rothfels nach 1945 über die fortgesetzte „Hemmung bürgerlichen Mündigwerdens" und „die Verherrlichung der Ausflüchte" in der deutschen Politik urteilen, daß der erste Reichskanzler, „wie lang und verschlungen auch der Weg Bismarcks zu Hitler gewesen ist, [...] als der Verantwortliche für eine Wendung, mindestens aber die Legitimierung einer Wendung" erscheine, „deren fatale Steigerung bis zum Gipfel in unseren Tagen nur allzu augenscheinlich geworden ist."

Hans-Ulrich Wehler: Das Deutsche Kaiserreich 1871–1918. (Vandenhoeck) Göttingen [5]1983. S. 68.

---

[1] s. S. 105 ff.

[2] Ludwig B. (1823–1899), liberaler Politiker, Gegner Bismarcks

[3] Bezieht sich auf Diktatur und Kaisertum Napoleons III. (Bonaparte) von Frankreich, der seine Macht nicht mehr traditionell, sondern auf die Zustimmung der Massen (also plebiszitär) stützte.

Position B

Der Hansabund[1] hat zwischen 1909 und 1914 große Teile der bürgerlichen Mitte mobilisiert und politisiert, er hat vielfältige und heterogene Interessen – nicht optimal, aber bis zu einem gewissen Grade – integriert. Er war ein Verband, der die Funktionsfähigkeit der Parteien nicht mehr hinderte oder sie wie der BdL[2] antiparlamentarisch umfunktionierte; er entwickelte sie vielmehr. Er hat, sehr zielbewußt auf Betreiben Rießers, der als Vorsitzender überhaupt den Kurs weitgehend bestimmt hat, den Kampf gegen die Sozialdemokraten vermieden – z. T. aus Rücksicht auf die Angestellten in den eigenen Reihen, z. T. in der Hoffnung auf eine allmähliche Integration der Reformisten, vor allem aber, weil er sich nicht von der Priorität[3] des Kampfes gegen Rechts abbringen lassen wollte. Freilich, dem Konzept des Linksblocks von Bassermann bis Bebel, [...] hat er nicht angehangen, dazu war die Schwelle beim „nationalen" Bürgertum noch bei weitem zu hoch, dazu war der selbstbewußte Machtwille nicht stark genug – und was immer einzelne Politiker denken mochten, für diese Politik hätte sich wohl im einzelnen, aber niemals im Grundsatz eine Mehrheit der bürgerlichen Wähler gefunden. [...]

Natürlich war die Forderung zur Wahlrechtsreform in Preußen, die Forderung des Pluralstimmrechts, antiquiert. [...] Aber die Forderung nach Neueinteilung der Wahlkreise führte durchaus schon an die Grenze des Systems, zielte auf seine Verbürgerlichung, und Rießers Kalkül in bezug auf die rechte Sozialdemokratie läßt sich nicht in die Unterscheidung von Sammlung der Mitte und Linksblock einordnen. Punktuelle Mehrheitsbildungen sind allemal ein Ansatz zu funktionsfähigen Mehrheiten, ein Ansatz, nicht mehr, nicht weniger.

Die antifeudale Sammlung des Hansabunds war vor 1914, vom Resultat her gesehen, nicht erfolgreich, insofern ist sie gescheitert. Daran besteht nicht der geringste Zweifel. Sie ist gescheitert,

(1) weil sie die rechten Nationalliberalen und die ihnen affiliierten[4] Verbände nicht gewinnen konnte,
(2) weil das Zentrum Gegner blieb,
(3) weil sie ein Bündnis mit den Sozialdemokraten nicht eingehen wollte, aber auch – nach Lage der Dinge auf der Linken – nicht eingehen konnte: Sie hatte keine Mehrheit, und natürlich ist sie
(4) am Herrschaftssystem gescheitert.

Lohnt es sich dann überhaupt, davon viel Aufhebens zu machen? Ich glaube doch. Das wesentliche Resultat ist: Man kann vor 1914 nicht von einer Polarisierung zwischen rechts und links sprechen, vielmehr behauptet sich eine reformerische Mitte, dafür war der Hansabund Symptom und Promotor zugleich. Und diese Mitte nahm an Gewicht zu: Die Kursänderungen des Zentrums nach 1912 sind der wichtigste Faktor dabei. Es gab eine „Koalition im Werden" – zwischen Parteien und gesellschaftlichen Kräften. [...]

Das Reformpotential der bürgerlichen Gesellschaft war größer als es das Klischee von der Untertanengesellschaft wahrhaben will. Hier gibt es [...] eine Kontinuität zur Weimarer Koalition. Insofern ist das „Scheitern" relativ.

Thomas Nipperdey: Organisierter Kapitalismus, Verbände und die Krise des Kaiserreichs. In: Geschichte und Gesellschaft 5. (1979). S. 431 f.

---

[1] Unternehmerverband der „modernen" Industrien (Elektro, Chemie, Maschinen), in Konkurrenz zum „Centralverband" (s. S. 124).

[2] Bund der Landwirte

[3] Vorrang [4] angeschlossen

Aufgaben zu Kapitel 8

❶ Beschreiben Sie anhand der statistischen Daten (M 6.1 und 6.3) und der Darstellung (S. 164 – 167 und S. 169 f.) die Veränderung der gesellschaftlichen Struktur in Deutschland! Erörtern Sie das Ausmaß ihrer vertikalen Mobilität, d. h. die Chancen zu sozialem Auf- und Abstieg! (s. Darstellung S. 170 f. und M 8.5 – 8.6)

❷ Versuchen Sie, ein möglichst differenziertes Bild des Bürgertums, seines Selbstbewußtseins und seiner Ängste zu geben! (s. Darstellung S. 165 – 168, M 8.1, 8.2 und 8.5)
Analysieren Sie den Stil der Kruppschen Hundertjahrfeier und die Sprache des Briefes an den Hofmarschall als Ausdruck des gesellschaftlichen Selbstverständnisses eines der mächtigsten Bürger Deutschlands! (M 8.14)

❸ Nehmen Sie Stellung zu den Zielen der (bürgerlichen) deutschen Jugendbewegung und zu deren Tauglichkeit bei der Bewältigung der Zukunftsprobleme der deutschen Industriegesellschaft. (s. Darstellung S. 171 f. und M 8.20).

❹ Geben Sie – ähnlich wie in der vorigen Aufgabe – ein möglichst vielfältiges Bild der wirtschaftlichen und gesellschaftlichen Lage der Arbeiter! Berücksichtigen Sie dabei sowohl die Tendenz zur Herausbildung einer abgesonderten Arbeiterkultur am Beispiel der jungen Industriestadt (Duisburg-)Hamborn (M 8.3 und 8.4) als auch die Tendenzen zu einer Integration der Arbeiterschaft in eine bürgerlich bestimmte Gesellschaft!

❺ Untersuchen Sie – unter Einschluß der Angestellten – die materielle und bewußtseinsmäßige Lage der Arbeitnehmerschaft und die Widerspiegelung dieser Verhältnisse in der Diskussion um den richtigen Weg von SPD und Gewerkschaften! (s. Darstellung S. 168 f. u. 173 f., M 8.5 und 8.9 – 8.12)
Bei dieser wie der folgenden Aufgabe kann es wieder sehr hilfreich sein, örtliche und regionale Geschichtsquellen zu erschließen; Bilder von Personen, Architektur, alte Zeitungen, Lebenserinnerungen usw. können eine wichtige Ergänzung sein, wenn die Begriffe abstrakter werden. Das Material dieses Buches erlaubt Ihnen auch, zu bestimmten Themen „Längsschnitte" anzulegen. So enthalten z. B. die meisten Kapitel Informationen zur Lage der Frauen – besonders der Frauen der Unterschichten –, mit denen Sie die Entwicklung im 19. Jahrhundert betrachten können. (s. Darstellung S. 72 u. 170, M 1.9, 4.1 – 4.3, 4.8, 4.14, 4.21, 8.3, 8.4, 8.7)

❻ Untersuchen Sie das politische Verhalten der alten politischen Eliten und der Regierung angesichts der aufsteigenden Arbeitnehmerschaft, und vergleichen Sie damit die Entwicklung im Reichstag und im Verhältnis zwischen den Reichstagsparteien! (s. Darstellung S. 172 f. und M 8.13 – 8.16)

❼ Analysieren Sie die Kritik Max Webers am deutschen Bürgertum (M 8.19); legen Sie die ihr zugrundeliegenden Vorstellungen von Politik offen. Wenden Sie die Maßstäbe der bürgerlich-liberalen Parteien und der SPD an, um zu einem Urteil über die politische Entwicklung in Deutschland zwischen 1900 und 1914 zu gelangen!

❽ Vergleichen Sie die Industriegesellschaft in Deutschland 1914 mit der vor- und frühindustriellen Gesellschaft; beschreiben Sie die wichtigsten Unterschiede der Struktur und der Wertvorstellungen! Welche alten Probleme sind (weitgehend) gelöst worden, welche neuen sind entstanden? – Beurteilen Sie, inwieweit und nach welchen Maßstäben man von einem Fortschritt sprechen kann! Formulieren Sie dementsprechend eine wirtschaftlich-gesellschaftliche Bilanz der Industrialisierung in Deutschland!

❾ Unsere Überlegungen führen auf die entscheidende Frage hin, inwieweit in Deutschland zusammen mit der Industrialisierung eine gesellschaftliche und politische Situation entstanden war, die eine aggressive Außenpolitik und eine reaktionäre Innenpolitik förderte. Lesen Sie dazu bitte M 8.23; vergleichen Sie die Positionen zweier heutiger Historiker und versuchen Sie sie mit den Informationen, die Sie aus diesem Kurs gewonnen haben, zu ergänzen, um ein abschließendes Urteil über die deutsche Gesellschaft von 1914 zu gewinnen! (Die beiden Positionen unterscheiden sich in wichtigen Punkten, sind aber nicht notwendig Alternativen, von denen die eine richtig, die andere falsch wäre!)

Hinweise zur Arbeit mit Quellen

Die Quelleninterpretation ist eine Arbeit, die viele Methoden umfaßt und verschiedene Arbeitsstrategien erfordert.

1 Die Arbeit mit schriftlichen Quellen

Das nachfolgende Schema versteht sich als pragmatischer Ansatz, der zeigen will, wie man sich in den Umgang mit schriftlichem Quellenmaterial einüben kann.
Es werden zunächst vorbereitende Arbeitsschritte (1 – 5) genannt, die zur eigentlichen Arbeit – der inhaltlichen Auseinandersetzung mit der Quelle – hinführen sollen. Diese vorbereitenden Arbeitsschritte müssen nicht bei jeder Quelle und in gleichem Umfang regelmäßig durchgeführt werden, sie sollen uns aber klarmachen, daß historische Quellen einen anderen Zugriff erfordern als z. B. fiktionale Texte im Deutschunterricht.

Vorbereitende Schritte

1. *Feststellen der Quellengattung* und Kennzeichnung ihrer Eigenart, Aussagemöglichkeit, Grenzen und Manipulierbarkeit (Urkunde, Vertrag, Rede, Brief, Tagebuch, Plakat, Bild etc.).
2. *Überprüfen der Quellenüberlieferung* und des Risikos von Eingriffen bei der Entstehung, Weitergabe und Publikation. (In der Regel muß der Lehrer Hinweise geben, da sie nicht in der Quelle selbst enthalten sind bzw. der Schüler sie nur schwer beschaffen kann. Die Quellenkritik bezieht sich u. a. auf Herkunft, Überlieferung, Authentizität und Informationswert der Quelle.)
3. *Sichern des Sachverständnisses:* Die Sache durchschauen, sie einem Gegenstandsbereich zuordnen können; Namen von Personen und Orten, genannte Organisationen und Ereignisse klären, den Bezug zum eigenen (Hintergrund-)Wissen herstellen; reichen die Kenntnisse nicht, ist der Rückgriff auf historische Darstellungen angebracht.
4. *Erstes Lesen und Sichern des „Wort"-Verstehens:* „Wort" ist hier im weitesten Sinne gemeint; nichts darf unverstanden bleiben; der Inhalt muß vollständig geklärt werden. Mögliche Hilfsmittel: der Kontext, Lexika, Fragen an den Lehrer.
5. *Rekonstruieren des historischen Umfeldes:* Der geschichtliche Ort, die geschichtliche Zeit und der Ereigniszusammenhang, denen die Quelle angehört, müssen verdeutlicht werden.

Interpretation des Textes

1. *Bestimmen des Urhebers und des Adressaten:* Angaben zur Biographie, zum sozialen Status, zur politischen Gruppe im Umfeld des Verfassers; Situation, Interessen und Erwartungen des Urhebers wie des Adressaten.
   Mögliche Fragen, die man hierzu stellen kann: Ist der Verfasser von den Ereignissen betroffen, von einer der Seiten eines Konfliktes begünstigt oder benachteiligt oder bedroht? Ist er ein „Insider", ein zufälliger Zeuge oder Beteiligter, ist er berufsmäßiger oder ungeübter Berichterstatter? Wieviel Erkenntnis erlauben ihm seine Bildung, seine Herkunft, sein Beruf und seine Rolle bei dem Ereignis? Ist er in der Lage, zuverlässig zu berichten? An welchen Adressaten will er sich wenden und mit welchen Erwartungen und Absichten? Hat er (denkbare) Gründe, etwas zu verändern, zu betonen, zu verschweigen, umzudeuten, zu übertreiben oder zu verharmlosen? — Trifft dies zu, wie hat er das getan? — Wie hätte man den Vorgang anders darstellen können?
2. *Erfassen der Aussagen und Intentionen:* Die verschiedenen Ebenen der Aussagen beachten: offenkundiger Inhalt und Kern der Aussagen, aber daneben offene und verdeckte Absichten oder Anspielungen.
   Mögliche Fragen: Wie argumentiert der Verfasser? Beruft er sich auf Werte, Interessen, Gesetzmäßigkeiten? Bringt er Gefühle ins Spiel? Welche Begriffe und Vergleiche verwendet der Verfasser? — Welche Assoziationen lösen sie aus, welche Gefühle, Urteile (und Vorurteile) und welche Wertungen wecken sie beim Adressaten und beim heutigen Leser? Was für eine Sicht der Dinge wird offenkundig oder unterschwellig gefördert?

3. *Erklären, Deuten und Diskutieren der Ergebnisse der Quellenanalyse:* Dazu gehören der Rückgriff auf eigene historische Kenntnisse und Erfahrungen, das Einordnen der Erkenntnisse, die man bei der Arbeit mit der Quelle gewonnen hat und die Formulierung einer eigenen Stellungnahme.
Mögliche Fragen: Ist das erzielte Ergebnis zumindest plausibel? Ist es mit bisherigen Erkenntnissen vereinbar? Wenn nicht, ist die Argumentation, die zum Ergebnis führte, nachvollziehbar? Sind die Maßstäbe, die zur Wertung herangezogen werden, dem Gegenstand angemessen? Hat die Arbeit den Erkenntnisstand erweitert?

2 Die Arbeit mit statistischen Quellen

„Statistiken beruhen auf der Annahme, daß das, was nicht zählbar ist, auch nicht existiert." (William Woodruff, Wirtschaftshistoriker)

Statistiken sind wichtige Quellen der Erkenntnis und beliebte Argumentationshilfen; sie versprechen wissenschaftlich genaue und zugleich handlich aufbereitete Daten; aber sie erfüllen unsere Erwartungen nicht immer. Moderne und historische Statistiken bedürfen sorgfältiger und kritischer Auswertung, wenn sie zuverlässige Aussagen ergeben sollen.
Statistiken erfassen meß- und zählbare Merkmale (Bevölkerungszahlen, Produktionsmengen usw.). Ihre Daten sind häufig sehr genau, aber für sich allein genommen fast bedeutungslos (Zahl der Geburten pro Jahr, Kohleförderung pro Mann und Schicht).Die Genauigkeit von Statistiken ist keine Selbstverständlichkeit; waren vor dem 20. Jahrhundert und besonders auf wirtschaftlichem Gebiet Begriffe und Methoden noch ungenau, so sind es später häufig manipulative Absichten, die Zweifel wecken können. (Je nach Wahl der Berufsgruppe und des „Warenkorbs" der Lebensbedürfnisse kann man das Lohnniveau der Arbeiter 1900—1913 als steigend oder als stagnierend nachweisen.) Auch wenn man davon ausgehen kann, daß die Herausgeber von Schulbüchern eine sorgfältige Auswahl getroffen haben, sollte man immer wieder nach der Herkunft der Daten, der Zuverlässigkeit ihrer Erhebung und ihrer Vergleichbarkeit über längere Zeiträume und über Grenzen hinweg fragen. (So sind z.B. Daten zur Arbeitslositkeit vor 1914 in den verschiedenen Ländern nach unterschiedlichen Merkmalen und nirgendwo zuverlässig erfaßt worden.)
Der *erste Schritt* bei der Arbeit mit Statistiken besteht darin, ein Merkmal auszuwählen, das als *Indikator* für einen umfassenden Tatbestand geeignet ist – z. B. die Kohleproduktion als Gradmesser für Energieeinsatz und Industrialisierung zwischen 1870 und 1914 (davor spielten tierische Energie und Wind- und Wasserkraft eine sehr große Rolle, danach modifizierte der Einsatz von Erdöl das Bild).
Da die einzelnen Daten für sich nur minimale Informationen darstellen, kommen im Unterricht nur aufbereitete Statistiken zum Einsatz, die die Werte für größere Einheiten (Staaten) und längere Zeiträume sammeln. (Das bringt besonders im Falle Deutschlands, dessen Gebiet und politische Struktur sich von 1871 bis 1945 wiederholt grundlegend geändert haben, erhebliche Schwierigkeiten mit sich.)
Wichtigste Methode der Auswertung von statistischen Daten ist die Herstellung von *quantitativen Beziehungen* zwischen ihnen – stark vereinfacht und auf die Bedürfnisse des Unterrichts beschränkt der *Vergleich*. Man kann *zeitgleiche Unterschiede* zwischen verschiedenen *Einheiten* (z. B. Staaten) hinsichtlich eines *Merkmals* (Staatsausgaben) beschreiben. (Vgl. M 1.1, wo es Schwierigkeiten mit den Vergleichsjahren gibt.) Man kann dieselben *Einheiten* (Staaten) hinsichtlich desselben *Merkmals* (Staatsausgaben) aber auch über einen *Zeitraum* hinweg vergleichen. Dabei lassen die *absoluten Zahlen* (Gesamtausgaben des Staates) z.B. für die Zeit 1700—1715 erkennen, daß Frankreich z.B für die Kriegsführung über mehr Mittel verfügte als England. Vergleicht man aber die *relativen Werte* (Ausgaben bezogen auf die Einwohnerzahl), so wird sichtbar, daß das kleinere England offenbar eine leistungsfähigere Wirtschaft hatte als das dreimal größere Frankreich.
Mit praktisch einer einzigen Ausnahme wird man im Geschichtsunterricht keine rechnerischen Vergleichsverfahren einsetzen, sondern sich damit begnügen, durch Umsetzung von Zahlenwerten in *Diagramme* die Unterschiede sichtbar zu machen: *Säulendia-*

gramme z. B. eigenen sich gut, die Situation zu verschiedenen Zeitpunkten darzustellen (s. S. 9, Europäische Bevölkerungsentwicklung). *Kurvendiagramme* geben besonders gut kontinuierliche Entwicklungen von Produktion, Parteimitgliedschaft oder Bevölkerungsentwicklung wieder (s. S. 54, Konjunktur und Auswanderung). *Sektorendiagramme* sind gut geeignet, die Verteilung eines „Kuchens" zu veranschaulichen (s. S. 10, Aufgliederung der Lebenshaltungskosten einer Familie um 1800).

Ein rechnerisches Verfahren wird meist dann unumgänglich, wenn ganz unterschiedliche Beobachtungsmerkmale in Beziehung zueinander gesetzt werden sollen, etwa die zeitliche Entwicklung der Bevölkerungsgröße eines Landes und seine Getreideproduktion. Man kann dann *Indexwerte* bilden, indem man die unterschiedlichen Merkmale für ein festzulegendes Basisjahr gleich 100 setzt und die Werte für die voraufgehenden oder nachfolgenden Jahre als Prozentwerte der Basisdaten errechnet. (Eine 4%-Steigerung drückt sich als Index 104 aus.) Setzt man die Daten von zwei oder mehr Indexreihen in Kurvendiagramme um, so erhält man gut ablesbare und leicht vergleichbare Größenmengen (s. S. 34, Sachsen-Anhalt: Preise der Rittergüter, Roggenpreis und Verschuldung).

In jedem Falle geben Statistiken nur dann sinnvolle Ergebnisse, wenn man die Fragestellung aus einem größeren, d. h. nicht-statistischen Zusammenhang entwickelt und danach wieder in einen solchen interpretierend einordnet.

Für detailliertere Informationen zur Arbeit mit Statistiken muß man Fachliteratur heranziehen, z. B.:

Albin Atzerodt u. a.: Quelle und Statistik im Kollegunterricht. (Oldenbourg) München 1977.

Erläuterung wichtiger Begriffe

Adel – politisch und sozial privilegierter Stand einer Feudalgesellschaft; meist mit besonderen Rechten am Boden und gegenüber den von ihm beherrschten Bauern ausgestattet; als Stand gebunden an die Monarchie, die er im 19. Jahrhundert zusammen mit den eigenen Privilegien verteidigte. (→ S. 10 ff.)

Aktiengesellschaft – wirtschaftliches Unternehmen, dessen Grundkapital in Aktien eingeteilt ist, die (nach Einführung an der ▷ Börse) frei gehandelt werden können, und deren Inhaber nicht persönlich, sondern nur mit ihrem Aktienanteil haften; wegen der Möglichkeit der Mobilisierung vieler (auch kleinerer) Kapitalbeträge und der begrenzten Haftung beliebte Unternehmensform des 19./20. Jahrhunderts.

Angestellte – im 19. Jahrhundert entstandene Gruppe von Arbeitnehmern, die Aufgaben der Unternehmensleitung erfüllen und dafür gewisse Vorteile genießen (festes Gehalt statt Stundenlohn, bessere Bedingungen bei Kündigung und Versicherungen). (→ S. 179 f.)

Arbeiter – die abhängigen Arbeitskräfte des Industriezeitalters; gegenüber den zünftigen Handwerksgesellen ohne korporativen Schutz, zunächst allein vom Marktwert ihrer individuellen Arbeitskraft abhängig; ihre wachsende Zahl und zunehmende Organisation verstärkten ihr kollektives Bewußtsein als gesellschaftliche Klasse und politische Macht; der Sozialismus sieht die Arbeiter (Proletarier) als eine ▷ Klasse, die sich gegenüber der Bourgeoisie (den Kapitalbesitzern) in einem Klassenkampf befindet, an dessen Ende die Ablösung des Kapitalismus durch den Sozialismus stehen müsse. Die historische Erfahrung der starken inneren Differenzierung der Arbeiterschaft, ihres teilweise geringen Klassenbewußtseins und ihres Schrumpfens mit dem Wachsen der Dienstleistungsfunktionen stellen den Klassenbegriff in Frage. (→ S. 69 ff.)

Aufklärung – intellektuell-gesellschaftliche Bewegung des 17. und 18. Jahrhunderts, die im Vertrauen auf die Vernunft des Menschen von einem gesellschaftlichen und politischen Fortschritt in materieller, intellektueller und moralischer Hinsicht überzeugt war.

Börse – Ort, an dem Waren und Vermögensanteile (Aktien) nach Angebot und Nachfrage gehandelt werden; sichert eine höchstmögliche Beweglichkeit des Kapitals und ist seit der Industrialisierung zentraler Ort für Entscheidungen einer kapitalistischen Wirtschaft.

Bürger (bürgerlich, Bürgertum) – ursprünglich der politisch privilegierte Teil der mittelalterlichen städtischen Bevölkerung (Kaufleute, später auch Handwerker); als Träger der nichtagrarischen Produktion und später der Industrialisierung seit dem späten 18. Jahrhundert zur führenden gesellschaftlichen Schicht aufgestiegen. Nach Marx die Eigentümer des Kapitals und als solche eine Klasse (Bourgeoisie), die die Arbeiterschaft (Proletariat) ausbeutet und beherrscht; mittlerweile zunehmend in sich differenziert; der ökonomisch-soziale Begriff B. (bourgeois) ist von dem politischen Begriff (citoyen, Staatsbürger) zu unterscheiden. (→ 68 ff.)

Bürgerliche Freiheiten – Grundrechte des politischen Bürgers (citoyen), die die bürgerliche Gesellschaft zunächst gegen die Monarchie erkämpfte (u. a. Meinungs- und Pressefreiheit, Recht auf Leben, körperliche Unversehrtheit, Eigentum, Freiheit der Person und Rechtssicherheit).

Demokratie (demokratisch) – gesellschaftliches und politisches Ordnungsprinzip, das auf der politischen Gleichheit aller ▷ Bürger (citoyen) beruht und bei dem alle Staatsgewalt vom Volke ausgeht. Im Sinne des ▷ Liberalismus wird die Herrschaft des Volkes verfassungsmäßig geregelt und durch gewählte Vertreter im ▷ Parlament ausgeübt **(repräsentative Demokratie)**; die Klassentheorie des ▷ Marxismus hat zu einem abweichenden Demokratiebegriff geführt (Herrschaft des Volkes im Sinne von Proletariat).

Dreiklassenwahlrecht – Zensuswahlrecht, bei dem das Gewicht der Stimmen der Steuerleistung der Wähler entspricht: Die Gruppe der größten Steuerzahler, die das erste Drittel des Steueraufkommens aufbringt, wählt ein Drittel der Abgeordneten, die ärmsten Steuerzahler, die das letzte Drittel der Steuern aufbringen, erhalten ebenso ein Drittel der Abgeordneten wie die mittlere Gruppe. Wer keine Steuern zahlt oder Fürsorgehilfe bezieht, hat kein Wahlrecht. Das D. sicherte in Preußen bis 1918 weniger als einem Viertel der Bevölkerung eine Zweidrittelmehrheit in den Stadträten und den preußischen Landtagen.

Fabrik – die charakteristische Produktionsstätte des Industriezeitalters, gekennzeichnet durch Arbeitsteilung und den Einsatz von Kraft- und Werkzeugmaschinen; in ihr arbeiten vorwiegend Arbeiter.

Feudalismus (feudal) – historische Gesellschaftsordnung einer vorwiegend von der Landwirtschaft lebenden Gesellschaft; sie wird beherrscht von einer adligen Oberschicht (▷ Adel), die dank besonderer Verfügungsrechte über Boden und Personen die Masse der bäuerlichen Bevölkerung politisch und sozial beherrscht.

Gewerkschaften – Organisationen der ▷ Arbeiterschaft, die der Wahrung ihrer Interessen hinsichtlich Lohn und Arbeitsbedingungen dienen; sie entstanden in der ersten Hälfte des 19. Jahrhunderts und mußten lange um ihre Anerkennung als Verhandlungspartner von Staat und Unternehmern kämpfen. Die sozialistischen Gewerkschaften verstanden sich nicht einfach als Interessenvertretungen, sondern als Teil einer Arbeiterbewegung, die die Überwindung der Klassengesellschaft zum Ziel hat. Christliche und liberale Gewerkschaften (Hirsch-Dunckersche Gewerkvereine) – stets sehr viel kleiner als die sozialistischen „freien" Gewerkschaften – strebten keine tiefgreifenden gesellschaftlichen Änderungen an. (→ S. 168 f.)

Grundherrschaft – gesellschaftliche und politische Herrschaft des ▷ Adels über Bauern, die sich auf adlige Verfügungsrechte am Boden stützte (d. h. „dingliche" Herrschaft im Gegensatz zu der „persönlichen" Abhängigkeit der ▷ Leibeigenschaft). Die (häufig nicht sehr bedeutenden) Schutzfunktionen mußten von den Bauern mit Abgaben und Diensten entgolten werden. (→ S. 10 f.)

Gutsherrschaft – Form der Grundherrschaft, bei der die untertänigen Bauern in den wirtschaftlichen Zusammenhang eines Ritterguts eingebunden waren. (→ S. 10 f.)

Interesse – Haltungen, Erwartungen und Forderungen von Personen, Gruppen oder ganzen ▷ Klassen gegenüber ihrer wirtschaftlichen, sozialen und kulturellen Umgebung, d. h. konkrete materielle Ansprüche, die ihre Existenz (und häufig ihre Privilegien) sichern sollen; Interessen können bewußt wahrgenommen und offen vertreten, aus taktischen Gründen aber auch verschleiert werden. (Der wirtschaftlich-gesellschaftliche Begriff des Interesses darf also nicht mit dem psychologischen Begriff für „Neugierde" verwechselt werden!)

Interessenverbände – in der zweiten Hälfte des 19. Jahrhunderts entstehende Organisationen von Wirtschaftszweigen, Branchen und Regionen zum Zweck der publizistischen und politischen Vertretung ihrer Interessen gegenüber Regierung, Gesetzgebung und Öffentlichkeit. (→ S. 124)

Intervention (Interventionismus) – Eingriff des Staates in die Wirtschaft einer kapitalistischen Gesellschaft – durch Subventionen, Zölle und andere lenkende Maßnahmen. Obwohl Interventionen nach der ▷ liberalen Theorie überflüssig und sogar schädlich sein sollen, sehen sich alle kapitalistischen Staaten seit dem 19. Jahrhundert immer häufiger dazu gezwungen, um Ausmaß und Folgen von ▷ Wirtschaftskrisen zu begrenzen. (→ S. 104 f.)

Investition – langfristige produktive Anlage von ▷ Kapital in Sachgütern zum Zwecke der Gewinnerzielung. Der Gegenbegriff ist der Konsum, d. h. der Verbrauch von Gütern und Dienstleistungen durch Staat und Individuen. Die **Investitionsrate** ist volkswirtschaftlich der Teil der gesamten Wertschöpfung, der zum Ersatz alter und zur Schaffung neuer Investitionen verwendet wird.

Kapital – in einem Wirtschaftsunternehmen wie in einer Volkswirtschaft (Kapitalstock) die in Geldwert ausgedrückte Summe aller geldlichen und sachlichen Vermögenswerte – Geldforderungen, Gebäude, Maschinen, Waren etc. –, die zum Zwecke der Produktion von Waren und Dienstleistungen und damit zur Erzielung von Gewinn und Vermehrung des Kapitals eingesetzt werden.

Kapitalismus – Wirtschafts- und Gesellschaftsordnung, die gekennzeichnet ist durch das Privateigentum an Produktionsmitteln (Kapital), Ausrichtung der Produktion an Gewinn und Kapitalvermehrung, Regelung der

Produktion über einen (möglichst freien) ▷ Markt und eine konjunkturell schwankende Entwicklung der Gesamtwirtschaft (Aufschwung und ▷ Wirtschaftskrise). Gesellschaftlich ist eine kapitalistische Gesellschaft bestimmt durch den Konflikt zwischen dem kapitalbesitzenden Bürgertum und der großen Mehrheit derer, die nur ihre Arbeitskraft einsetzen können (im 19. Jahrhundert weitgehend identisch mit der Arbeiterschaft, bei Marx dem Proletariat).

– **organisierter Kapitalismus** – in der jüngeren Geschichtswissenschaft Bezeichnung für eine Wirtschaftsordnung, in der das freie Funktionieren des ▷ Marktes durch die Macht einer kleinen Zahl großer Unternehmen, ihre ▷ Kartelle, Syndikate und ▷ Monopole und durch ihre Zusammenarbeit mit dem Staat stark eingeschränkt ist.

– **staatsmonopolistischer Kapitalismus** – im ▷ Marxismus verwendeter Begriff für eine Wirtschaftsordnung, in der der Staat als Hilfsmittel der großen ▷ Monopole deren wirtschaftliche, gesellschaftliche und politische Macht sichert.

Kartell – Absprache zwischen einer kleinen Zahl größerer Unternehmen zur Regelung von Produktionsmengen und Preisen in einem bestimmten ▷ Markt. Geschieht diese Regelung durch gemeinsame Vertriebsbüros und -firmen, spricht man von **Syndikaten**. (→ S. 123)

Klassen – im Verständnis bürgerlicher und marxistischer Autoren des 19. Jahrhunderts große gesellschaftliche Einheiten, die sich in einem dauerhaften Konfliktverhältnis miteinander befinden (bei Marx Bourgeoisie und Arbeiterklasse).

Koalitionen – Zusammenschlüsse von Personen zur Verfolgung gemeinsamer Ziele; im 19. Jahrhundert bezeichnet das **Koalitionsrecht** das Recht u. a. der Arbeiter, sich zusammenzuschließen; vor allem in der frühen Industrialisierung wurde dies durch **Koalitionsverbote** zu verhindern versucht; Aufhebung der Koalitionsverbote in Preußen 1865, was aber das Fortbestehen von anderen Behinderungen nicht ausschloß.

Kommunismus – Begriff mit mehreren Bedeutungen: 1. politische Theorien, die die Abschaffung des Privateigentums an Produktionsmitteln (z. T. auch jeglichen Privatbesitzes) und eine Gesellschaft materiell völlig gleicher Menschen anstrebten; 2. andere Bezeichnung für den Marxismus; 3. Bezeichnung für die letzte Stufe der historischen Entwicklung im Sinne des historischen Materialismus.

Konjunktur – der zwischen den Extremen einer maximalen Produktion (Hochkonjunktur, Boom) und einer Absatzkrise schwankende Verlauf der wirtschaftliche Lage einer an Gewinnerzielung und ▷ Markt orientierten Wirtschaft.

Konzentration – Sammlung der Produktion in der Hand einer immer kleineren Zahl immer größerer Unternehmen (▷ Kartell, ▷ Monopol). (→ S. 121 f.)

Leibeigenschaft – bis zur Bauernbefreiung (in Deutschland ca. 1800) die persönliche Abhängigkeit von Bauern und anderen Personen auf dem Lande vom ▷ Adel (im Gegensatz zur dinglichen Abhängigkeit über den Boden im Falle der ▷ Grundherrschaft); Schutzfunktionen des Adels wurden dabei durch Abgaben und Dienste entgolten.

Liberalismus (liberal, Liberale) – eines der bedeutendsten Modelle gesellschaftlicher, wirtschaftlicher und politischer Ordnung; entstanden im 18. Jahrhundert, erreichte es im 19. Jahrhundert seine größte Wirksamkeit als die Ideologie des ▷ Bürgertums und des ▷ Kapitalismus. Im Mittelpunkt des Liberalismus steht die größtmögliche Freiheit des Individuums vom Staat. Diese Freiheit beruht auf der rechtlichen und politischen Gleichheit der ▷ Bürger, der Beschränkung und Kontrolle der Regierung durch ▷ Verfassung, ▷ Parlament und unabhängige Gerichte und der Sicherung der ▷ bürgerlichen Freiheiten (Grundrechte). Entscheidend für den wirtschaftlichen Liberalismus waren das Prinzip der Chancengleichheit und die uneingeschränkte Verfügung über das Eigentum. (→ S. 20 f.)

Manufaktur – zentralisierte Produktionsstätte, in der marktorientiert und arbeitsteilig produziert wurde; im Vergleich zur Fabrik ist der Einsatz von spezialisierten Maschinen und von Energie noch eng begrenzt; der Einsatz größerer Wasserräder und von Dampfmaschinen markiert den Übergang zur ▷ Fabrik und zum Industriezeitalter.

Markt – ursprünglich ein Ort und ein Zeitraum, heute ein abstrakter Begriff für ein Geflecht von Angebots- und Nachfragebeziehungen für Kapital, Güter, Dienstleistungen und Arbeitskraft, in denen sich Preise und Umsatzmengen herausbilden.

Marxismus – Von Karl Marx (1818–1883) und Friedrich Engels (1820–1895) begründete und in vielfältigen Formen weiterentwickelte Philosophie und Gesellschaftslehre. In ihrem Mittelpunkt stehen die Kritik der bürgerlichen Gesellschaft und die Geschichtsphilosophie des historischen Materialismus, die die Notwendigkeit und historische Zwangsläufigkeit der Überwindung des ▷ Kapitalismus und der Errichtung einer klassenlosen (kommunistischen) Gesellschaft begründet. (→ S. 76, 88 ff.)

Merkantilismus – Wirtschaftstheorie des Absolutismus (17. und 18. Jahrhundert), die Reichtum und Macht des absolutistischen Staates und Herrschers durch Förderung des Bevölkerungswachstums, intensivere Nutzung der Arbeitskraft, hochwertige gewerbliche Produktion (▷ Manufakturen) und dauerhafte Exportüberschüsse zu fördern strebte.

Monarchie – Herrschaft eines erblichen oder auf Lebenszeit gewählten Fürsten über einen Staat; soweit die fürstliche Macht nicht durch eine ▷ Verfassung und Repräsentanten der Untertanen beschränkt ist, spricht man von **absoluter Monarchie**; wenn eine Legislative durch ein gewähltes ▷ Parlament und unabhängige Gerichte die Respektierung der Volkssouveränität sichern, spricht man von **konstitutioneller Monarchie.**

Monopol – in der Wirtschaft die Beherrschung des ▷ Marktes für ein Produkt durch einen einzigen oder einige wenige durch ▷ Kartelle und Syndikate verbundene Anbieter.

Nation – im späten 18. Jahrhundert beherrschender Begriff für die (wünschenswerte) Übereinstimmung von Staaten mit ethnisch, historisch und kulturell möglichst homogenen Bevölkerungen **(Nationalstaaten)**. Insofern der **Nationalismus** das monarchische Prinzip als Grundlage des Staates überflüssig machte, trug er zum politischen Aufstieg des ▷ Bürgertums bei. Die Schwierigkeit der Abgrenzungen der Nationen nach außen und gegen „Minderheiten" nach innen ließen den Nationalismus zur Quelle zahlreicher innerer Konflikte und blutiger Kriege werden. (→ S. 100)

Parlament – Körperschaft, in der Abgeordnete die ▷ Bürger eines Staates vertreten, an der Gesetzgebung teilnehmen und die Regierung beeinflussen und kontrollieren; der **Parlamentarismus** als politisches Prinzip wurde vor allem vom bürgerlichen ▷ Liberalismus des 19. Jahrhunderts geprägt; der ▷ Marxismus lehnt ihn als Instrument bürgerlicher Klassenherrschaft ab.

Partei – Zusammenschluß von Individuen mit ähnlichen Wertvorstellungen und Interessen; ihr Ziel ist (häufig auf dem Wege der parlamentarischen Demokratie), politische Herrschaft zu erlangen oder sie zumindest zu kontrollieren und zu beeinflussen. Parteien entstanden in Deutschland in der zweiten Hälfte des 19. Jahrhunderts als lockere Verbindungen von Abgeordneten; mit zunehmender Verfestigung der Organisationen wurden Ende des 19. Jahrhunderts die ersten Parteien zu Massenorganisationen (SPD, in gewissem Maße auch das Zentrum). In der repräsentativen ▷ Demokratie des westlichen ▷ Parlamentarismus verstehen sich Parteien als Mittler zwischen ▷ Bürgern und staatlichen Institutionen. (→ S. 102 f.)

Plantage – agrarischer Großbetrieb in den Tropen oder Subtropen, in dem mit großem Einsatz einheimischer menschlicher Arbeitskraft (bis ins frühe 19. Jahrhundert auch Sklaven) hochwertige Produkte für den Weltmarkt erzeugt werden; negative Folgen für Wirtschaft und Gesellschaft der Erzeugerländer.

Privileg – Sonderrechte einzelner Personen oder ganzer Gruppen im ▷ Feudalismus; der ▷ Liberalismus lehnt Privilegien um der Gleichheit der ▷ Bürger willen ab; trotzdem entstanden auch in ▷ Demokratien Privilegien.

Rationalisierung – Analyse und Gestaltung von Produktionsprozessen mit dem Zweck der Kostenminderung und Qualitätssteigerung; häufig verbunden mit wachsendem Maschineneinsatz, stärkerer Arbeitsteilung und Verringerung menschlicher Arbeit.

Restauration – Periode der europäischen Geschichte 1815–1848, in der vor allem die Monarchen Preußens, Österreichs, Rußlands und Frankreichs die soziale und politische Ordnung auf den Stand vor der Revolution von 1789 zurückführen wollten. Der Versuch scheiterte an den Revolutionen von 1830 und 1848. (→ S. 100)

Revisionismus – theoretische Strömung in der SPD seit etwa 1900 (E. Bernstein), die die Theorie des ▷ Marxismus für korrekturbedürftig hält und vor allem einen nicht-revolutionären Weg zur Überwindung der Klassengesellschaft im Rahmen der bestehenden politischen Institutionen anstrebt. Die entsprechende politische Praxis wurde als **Reformismus** bezeichnet. (→ S. 173 f.)
Revolution – krisenhaft rasche, häufig von Gewalt begleitete dauerhafte Veränderung der sozialen Struktur und des politischen Systems einer Gesellschaft. Der Begriff orientiert sich vor allem an den Revolutionen von 1789, 1848 und 1917. Ursprünglich galten vor allem unterprivilegierte und unterdrückte Gruppen als Träger der Revolution; inzwischen ist der Begriff so stark erweitert, daß man auch Revolutionen „von oben" und langdauernde Prozesse (industrielle Revolution) in den Begriff einbezieht.
Rittergut – bis zum Anfang des 19. Jahrhunderts landwirtschaftliches Gut mit ▷ Grundherrschaft über untertänige Bauern, das Adligen (Rittern) vom Landesherren u. a. für Kriegsdienste verliehen wurde; mit dem Ende des Lehnswesen und der Aufhebung der Standesvorrechte des ▷ Adels (Preußen 1808) wurde das Rittergut zu einem normalen agrarischen Wirtschaftsbetrieb.

Schutzzoll – Importzoll, der die Produktion eines Landes so lange gegen überlegene ausländische Konkurrenz schützen soll, bis sie ein international erfolgreiches Qualitäts- und Preisniveau erreicht hat. (→ S. 104 f.)
Sozialismus – Begriff mit mehreren Bedeutungen: 1. (häufig synonym mit ▷ Kommunismus) Bezeichnung für politische Theorien, die die Aufhebung des Privateigentums und die Entstehung einer klassenlosen Gesellschaft zum Ziel haben: 2. andere Bezeichnung für marxistische und andere sozialistische politische Bewegungen; 3. im historischen Materialismus Phase zwischen dem ▷ Kapitalismus und dem Kommunismus (Diktatur des Proletariats, die die Grundlagen des Kommunismus schafft).
Sozialprodukt – in Geldwert ausgedrückt die Gesamtheit des Wertes der Produktion und der Dienstleistungen einer Volkswirtschaft in einem Jahr. Es kann nach Entstehung (Sektoren), Verwendung (▷ Investition, Konsum) und Verteilung (Kapitalseite, Arbeitnehmer, Staat) differenziert werden.
Stand (Stände) – Ordnungsbegriff vergleichbar ▷ „Klasse" und „Schicht"; Gesellschaften im ▷ Feudalismus werden nach Ständen gegliedert, die nach ihren ▷ Privilegien eindeutig definiert sind und als unveränderlich gelten. Die Menschen werden Mitglieder ihres Standes durch Geburt und haben wenig Chancen, in einen anderen Stand überzuwechseln. (→ S. 10 f.)
Streik – Form des kollektiven Protests durch Verweigerung vereinbarter Leistungen – im 19. und 20. Jahrhundert besonders organisierte Form der Arbeitsniederlegung durch ▷ Arbeiter und ▷ Angestellte mit dem Ziel, ihre Interessen gegenüber der Kapitalseite durchzusetzen; insoweit der Streik politischer Natur war und der Revolutionierung der Gesellschaft dienen sollte, sprach man vom **Massenstreik.**
Subvention – Mittel des Staates zur ▷ Intervention in den Wirtschaftsprozeß; die Formen sind vielfältig: direkte Beiträge zu den Investitionskosten oder zur Produktion, Steuer- und Zollerlaß, Außenzölle, Garantiepreise, Absatz- und Aufkaufgarantien usw.

Verfassung – politisches Grundgesetz eines Staates (Sammlung historischer Dokumente [England] oder einheitlich verfaßtes Dokument [USA, Frankreich]), das das Verhältnis zwischen Herrscher und Volk bzw. die Verteilung und Kontrolle der politischen Macht regelt.
Verlag (Verlagssystem, Verleger) – Organisation dezentraler, arbeitsteiliger handwerklicher Produktion außerhalb der Zünfte (und häufig auf dem Lande) durch Kaufleute, die Vorprodukte und Geräte „vorlegten"; im 14. Jahrhundert entstanden, Blüte im 18./19. Jahrhundert.

Wirtschaftskrise – gewöhnlich durch Überproduktion bzw. zu geringen Konsum ausgelöste Störung einer Marktwirtschaft, die durch eine Eskalation von Produktionseinschränkung, Entlassung von Arbeitskräften und dadurch weiter sinkender Nachfrage zu Firmenzusammenbrüchen, sinkendem Lebensstandard und sozialer Unruhe führt.

Zunft – ursprünglich im Mittelalter entstandene, in Deutschland meist nach 1800 aufgelöste korporative Vereinigungen von Handwerkern (meist je Handwerk eine Zunft), die der gemeinsamen Ordnung und Verteilung der Produktion, der sozialen Fürsorge und oft der politischen Teilhabe dienten. (→ S. 13 f.)

Literaturhinweise

Vorschlag für eine kleine Handbücherei

Es ist eine große Hilfe im Unterricht und zugleich ein Anstoß, den Umgang mit Sekundärliteratur zu üben, wenn im Fachraum oder in der Schulbücherei ein kleiner Bestand an Büchern zum Thema zur Verfügung steht. Es ist nicht leicht, hierzu Vorschläge zu machen. Das 19. Jahrhundert mit Industrialisierung, sozialer Frage, internationaler Politik und Imperialismus gehört zu den Schwerpunkten historischer Forschung. Die Menge der Veröffentlichungen, die im Buchhandel erhältlich sind und sich nicht nur an ein kleines Fachpublikum wenden, ist so groß, daß jede Auswahl willkürlich erscheinen muß und leicht um ein Mehrfaches vergrößert werden kann. Unter diesem Vorbehalt ist auch die folgende Liste zu verstehen (mit * gekennzeichnete Titel sind Taschenbücher):

Gesamtdarstellungen

Reinhard Rürup: Deutschland im 19. Jahrhundert 1815 – 1871. (Vandenhoeck) Göttingen 1984*

Hans Ulrich Wehler: Das Deutsche Kaiserreich 1871 – 1918. (Vandenhoeck) Göttingen [5]1983*

Dieter Langewiesche: Europa zwischen Restauration und Revolution 1815 – 1849. (Oldenbourg) München 1985

Lothar Gall: Europa auf dem Weg in die Moderne 1850 – 1890. (Oldenbourg) München 1985

Gregor Schöllgen: Das Zeitalter des Imperialismus. (Oldenbourg) München 1986

Thomas Nipperdey: Deutsche Geschichte 1800 – 1866. (Beck) München 1983

Gordon Craig: Deutsche Geschichte 1866 – 1945. (Beck) München 1980

Fischer Weltgeschichte:

(26) Louis Bergeron (Hrsg.): Das Zeitalter der europäischen Revolutionen 1780 – 1848. (Fischer) Frankfurt [18]1987*

(27) Guy Palmade (Hrsg.): Das bürgerliche Zeitalter. (Fischer) Frankfurt [9]1986*.

(28) Wolfgang Mommsen: Das Zeitalter des Imperialismus. (Fischer) Frankfurt 1969*

(29) David Fieldhouse (Hrsg.): Die Kolonialreiche seit dem 18. Jahrhundert. (Fischer) Frankfurt 1976*

Einzeldarstellungen

Martin Broszat u. a. (Hrsg.): Deutsche Geschichte der neuesten Zeit vom 19. Jahrhundert bis zur Gegenwart (dtv) München 1985 ff.* (Die Reihe ist auf 30 Bände geplant. Die Darstellungen richten sich an ein breiteres Publikum und besonders an Schüler; sie enthalten kurze Quellenteile.)

Hans-Ulrich Wehler (Hrsg.): Neue Historische Bibliothek. (edition suhrkamp) Frankfurt/M. 1983 ff.* (Die Themenbände dieser Reihe repräsentieren den jeweils neuesten Forschungsstand und sind eher für Studium und Wissenschaft gedacht.)

Ernst Engelberg: Bismarck. (Siedler) Berlin 1985

Lothar Gall: Bismarck – Der weiße Revolutionär. (Ullstein) Frankfurt 1983*

Fritz Fischer: Griff nach der Weltmacht. (Droste) Düsseldorf 1967

Wirtschaft

Friedrich-Wilhelm Henning: Das vorindustrielle Deutschland 800 – 1800. (Schöningh-UTB) Paderborn [4]1985*

ders.: Die Industrialisierung in Deutschland 1800 – 1914. (Schöningh-UTB) Paderborn [6]1984* (Diese beiden Bände sind die am besten lesbare Wirtschaftsgeschichte.)

Hermann Aubin, Wolfgang Zorn (Hrsg.): Handbuch der deutschen Wirtschafts- und Sozialgeschichte, Bd. 2. (Klett-Cotta) Stuttgart 1976

David Landes: Der entfesselte Prometheus. (dtv) München 1983*

Carlo Cipolla, K. Borchardt (Hrsg.): Europäische Wirtschaftsgeschichte, Bd. 3 und 4. (Gustav Fischer) Stuttgart 1985*

Wilhelm Abel: Agrarkrisen und Agrarkonjunkturen. (Parey) Hamburg/Berlin [3]1978

Gesellschaft

Dieter Langewiesche, Klaus Schönhoven (Hrsg.): Arbeiter in Deutschland. (Schöningh) Paderborn 1981

Jürgen Kocka: Unternehmer in der deutschen Industrialisierung. (Vandenhoeck) Göttingen 1975

Jürgen Kuczynski: Geschichte des Alltags des deutschen Volkes, Bde. 2 – 4. (Pahl-Rugenstein) Köln [2]1981 ff.

Rolf Engelsing: Zur Sozialgeschichte deutscher Mittel- und Unterschichten. (Vandenhoeck) Göttingen [2]1978

Kolonialismus/Imperialismus

Rudolf von Albertini: Europäische Kolonialherrschaft 1880 – 1940. (Atlantis) Zürich 1976

Horst Gründer: Geschichte der deutschen Kolonien. (Schöningh-UTB) Paderborn 1985*
Julius Lips: Der Weiße im Spiegel der Farbigen. (Seemann) Leipzig 1983
Wolfgang Mommsen: Imperialismus: Seine geistigen, politischen und wirtschaftlichen Grundlagen. (Hoffmann & Campe) Hamburg 1977
Hans-Ulrich Wehler (Hrsg.): Imperialismus. (Kiepenheuer & Witsch) Köln ³1976

Regionalgeschichte

Urs Diederichs (Hrsg.): Schleswig-Holsteins Weg ins Industriezeitalter. (Christians) Hamburg 1986
Kurt Düwell, Wolfgang Köllmann (Hrsg.): Rheinland-Westfalen im Industriezeitalter. 4 Bde. (Hammer) Wuppertal 1983 – 1985.
Klaus Eiler (Hrsg.): Hessen im Zeitalter der industriellen Revolution. (Insel) Frankfurt 1984
Hermann Glaser (Hrsg.): Industriekultur deutscher Städte und Regionen. (Beck) München – in dieser Reihe:
Hermann Glaser (Hrsg.): Industriekultur in Nürnberg. 1980
Jochen Boberg u. a. (Hrsg.): Exerzierfeld der Moderne. Industriekultur in Berlin, 2 Bde. 1984 u. 1986
Volker Plagemann (Hrsg.): Industriekultur in Hamburg. 1984
Wilhelm Kohl (Hrsg.): Westfälische Geschichte. Bd. 3 (Patmos/CVK) Düsseldorf, Bielefeld 1984
Franz Petri und Georg Droege (Hrsg.): Rheinische Geschichte. Bd. 3. (Schwann) Düsseldorf 1979
dies.: Bild- und Dokumentenband. (Schwann) Düsseldorf 1978.
Henning Rischbieter (Hrsg.): Hannoversches Lesebuch. 2 Bde. (Friedrich) Velber ²1978

Quellen

Mehrere Taschenbuchverlage bieten ständig ein breites Repertoire an historischen Quellensammlungen, mit denen man gut eine preiswerte Handbücherei aufbauen kann; allerdings sind die meisten Titel nur eine begrenzte Zeit im Handel. Nachfolgend werden nur einige Titel mit festem Einband bzw. in Paperback genannt, die längerfristig zur Verfügung stehen sollten.

Günter Schönbrunn (Hrsg.): Das bürgerliche Zeitalter 1815 – 1914. (Bayr. Schulbuchverlag) München 1980
Werner Pöls (Hrsg.): Deutsche Sozialgeschichte 1815 – 1870. (Beck) München ³1979.
Gerhard A. Ritter, Jürgen Kocka (Hrsg.): Deutsche Sozialgeschichte 1870 – 1914. (Beck) München ³1982

Umfangreiches statistisches Material bieten die folgenden drei Bände:

Wolfram Fischer u. a. (Hrsg.): Sozialgeschichtliches Arbeitsbuch I (1815 – 1870). (Beck) München 1982.
Gerd Hohorst u. a. (Hrsg.): Sozialgeschichtliches Arbeitsbuch II (1870 – 1914). (Beck) München ²1978
Gerhard A. Ritter u. a. (Hrsg.): Wahlgeschichtliches Arbeitsbuch 1871 – 1918. (Beck) München 1980

In der Freiherr-vom-Stein-Gedächtnisausgabe ausgewählter Quellen zur deutschen Geschichte des Mittelalters und der Neuzeit (Wissenschaftliche Buchgesellschaft) sind u. a. erschienen:

Günther Franz (Hrsg.): Quellen zur Geschichte des deutschen Bauernstandes in der Neuzeit (1500 – 1950). Darmstadt ²1976
Michael Behnen (Hrsg.): Quellen zur deutschen Außenpolitik im Zeitalter des Imperialismus. Darmstadt 1977
Walther Steitz (Hrsg.): Quellen zur deutschen Wirtschafts- und Sozialgeschichte im 19. Jahrhundert bis zur Reichsgründung. Darmstadt 1980
ders.: Quellen zur deutschen Wirtschafts- und Sozialgeschichte von der Reichsgründung bis zum Ersten Weltkrieg. Darmstadt 1985
Hans Fenske (Hrsg.): Im Bismarckschen Reich 1871 – 1890. Darmstadt 1978
ders.: Unter Wilhelm II. 1890 – 1918. Darmstadt 1982.

Register

Das Register weist die wichtigsten Erwähnungen von Begriffen, Ortsnamen und Personennamen nach, die für das Thema von Bedeutung sind. **Fettdruck** bezeichnet Stellen, die besonders wichtig für das Verständnis eines Sachverhalts sind. ▷ verweist auf eine Kurzdefinition in den Erläuterungen S. 197 ff.